权威·前沿·原创

皮书系列为
“十二五”“十三五”国家重点图书出版规划项目

智库成果出版与传播平台

中国社会科学院创新工程学术出版资助项目

反腐倡廉蓝皮书

BLUE BOOK OF COMBATING CORRUPTION AND UPHOLDING INTEGRITY

中国反腐倡廉建设报告 No.10

REPORT ON COMBATING CORRUPTION AND UPHOLDING INTEGRITY IN CHINA No.10

中国社会科学院中国廉政研究中心 / 编

主　　编 / 王京清　陈光金　孙壮志

执行主编 / 蒋来用

社会科学文献出版社

SOCIAL SCIENCES ACADEMIC PRESS (CHINA)

图书在版编目(CIP)数据

中国反腐倡廉建设报告. No.10 / 中国社会科学院中国廉政研究中心编；王京清，陈光金，孙壮志主编. --北京：社会科学文献出版社，2021.5
（反腐倡廉蓝皮书）
ISBN 978-7-5201-8155-6

Ⅰ.①中… Ⅱ.①中… ②王… ③陈… ④孙… Ⅲ.①反腐倡廉-研究报告-中国 Ⅳ.①D630.9

中国版本图书馆 CIP 数据核字（2021）第 054953 号

反腐倡廉蓝皮书
中国反腐倡廉建设报告 No.10

编　　者 / 中国社会科学院中国廉政研究中心
主　　编 / 王京清　陈光金　孙壮志
执行主编 / 蒋来用

出 版 人 / 王利民
责任编辑 / 陈　颖　桂　芳

出　　版 / 社会科学文献出版社 · 皮书出版分社（010）59367127
地址：北京市北三环中路甲 29 号院华龙大厦　邮编：100029
网址：www.ssap.com.cn
发　　行 / 市场营销中心（010）59367081　59367083
印　　装 / 天津千鹤文化传播有限公司

规　　格 / 开 本：787mm × 1092mm　1/16
印 张：27　字 数：404 千字
版　　次 / 2021 年 5 月第 1 版　2021 年 5 月第 1 次印刷
书　　号 / ISBN 978-7-5201-8155-6
定　　价 / 128.00 元

本书如有印装质量问题，请与读者服务中心（010-59367028）联系

版权所有 翻印必究

编 委 会

主　　编　王京清　陈光金　孙壮志

执行主编　蒋来用

专家组成员　李秋芳　李雪勤　王晓霞　陈光金　李　炜

撰稿人员　（按照姓氏笔画排序）

于　琴　王　阳　王　虎　王　炳　王田田
王松强　毛瑞康　叶君谊　田　坤　田芝健
吉启卫　朱克江　任　涛　刘　普　许天翔
孙　通　孙大伟　何圣国　邹洪凯　张　静
张承钧　张缯昕　陈　振　罗星明　金伟东
周兴君　孟贵芳　胡　爽　袁惠军　谌　华
蒋来用

主要编撰者简介

王京清　中国社会科学院原副院长、党组副书记，中国廉政研究中心理事长。主要研究领域：党风廉政建设与反腐败、党史党建、马克思主义理论。

陈光金　中国社会科学院中国廉政研究中心副理事长，社会学研究所所长，研究员、博士生导师。主要研究领域：农村社会学、社会分层与流动、私营企业主阶层。

孙壮志　中国社会科学院中国廉政研究中心副理事长，研究员、博士生导师。主要研究领域：国际政治、上海合作组织、党风廉政建设与反腐败。

蒋来用　中国社会科学院中国廉政研究中心秘书长，社会学研究所廉政建设与社会评价研究室主任，中国社会科学院特殊学科廉政学学科带头人，副研究员。主要研究领域：廉政学、信用评级、住房保障。

中国社会科学院中国廉政研究中心简介

中国社会科学院中国廉政研究中心（以下简称“中心”）是在中央纪委和中国社会科学院党组关怀支持下成长起来的院级廉政专业化智库，成立于2009年12月8日。中心成立之初，中央纪委驻中国社会科学院纪检组为其代管单位。2015年3月，根据中央纪委“三转”要求和派驻机构改革意见，中国社会科学院党组研究决定，中心由中国社会科学院社会学所代管，设立廉政研究室并作为其秘书处。同年，中心被列为中国社会科学院首批11家高端专业化智库之一，办公室设在廉政研究室。中心聘请42名国内学术功底深厚的专家学者和反腐败经验丰富的实务工作者担任常务理事、理事；聘请25名专家组成学术和咨询指导委员会；聘请12名专家担任特约研究员。

中心目前是国内最有影响力的廉政智库之一，坚持“以对策研究为主、团队合作为主、内部报送成果为主”的方针，依托多学科和人才优势，紧紧围绕中央和中央纪委党风廉政建设和反腐败工作重大决策部署，开展“治理公款大吃大喝”“完善个人有关事项报告制度”“国际反腐败体制机制比较研究”“惩治和预防腐败体系绩效测评”“中外预防和打击腐败措施比较研究”“廉政文化建设研究”“事业单位防治腐败研究”“廉政学特殊学科建设”“党和国家监督体系绩效测评研究”等研究，产出了一批高质量的优秀成果。中心内部报送研究报告180多篇，成果先后得到习近平、赵乐际、王岐山、贺国强、吴官正等中央领导同志的批示90多次，不少成果成为推进全国反腐倡廉建设的决策依据，有的成果转化为具体政策措施。

2011年起，中心持续开展“中国惩治和预防腐败绩效测评研究”，其中问卷调查数据曾被习近平总书记在十八届中央纪委三次全会、五次全会、六次全会、七次全会上的讲话采用。中心对中国党风廉政和反腐败斗争状况持续跟踪研究，2011 年起每年发布一部《中国反腐倡廉建设报告》（反腐倡廉蓝皮书），被中央电视台等媒体大量报道，已成为国内外了解中国廉政建设状况的品牌图书；2015 年起出版“中国廉政智库丛书”。中心还先后出版了《反腐败体制机制国际比较研究》《王阳明廉政思想与行为研究》《廉政文化建设理论与实践研究》《新时代廉政建设策略研究》等著作，发表大量学术论文和理论文章。中心专家还经常接受中央主要媒体的采访，承担对外宣传任务，协助和配合有关部门“讲好中国反腐败的故事”。

中心不断推动研究机制创新，积极开展学术研究和交流，在全国率先开展廉政学学科建设，在中国社会科学院大学、上海大学招收廉政学方向博士、硕士研究生，与多所高校和科研机构合作探索研究生培养新模式；2018 年 9 月，创办《廉政学研究》辑刊，加快构建中国特色廉政学“三大体系”。在北京市、河北省张家口市、四川省成都市、黑龙江省哈尔滨市、浙江省杭州市、山西省太原市等地成功举办了 13 届中国廉政研究论坛，该论坛已成为国内具有较强影响力的高层次学术交流平台。在湖南省、四川省、山西省、黑龙江省、浙江省、陕西省、福建省、江苏省等地设立 12 个廉政调研基地，同时还与湖南省、四川省、山西省、河北省、黑龙江省、江苏省、甘肃省、福建省、江西省、天津市、深圳市、青岛市、厦门市等地开展课题研究合作。举办“中欧廉政智库高端论坛”，与联合国、欧盟、OECD、国际反腐败学院等国际机构开展学术交流，与俄罗斯、法国、美国、澳大利亚、乌克兰、德国、新加坡、柬埔寨、马来西亚、尼日利亚等 20 多个国家和地区建立了学术联系。

中心地址和联系方式

地址：北京市东城区建国门内大街 5 号

邮编：100732

电话兼传真：+86（010）85195127

邮箱：jiangly@ cass. org. cn

前言

本书是中国社会科学院中国廉政研究中心课题组第10部反腐倡廉建设年度报告。本书从以下两个方面展开分析，提出对策建议。

1. 中国反腐倡廉建设发展总体情况

2020年是极不平凡的一年。面对错综复杂的国际形势、艰巨繁重的改革发展稳定任务特别是突如其来的新冠肺炎疫情，以习近平同志为核心的党中央统筹中华民族伟大复兴战略全局和世界百年未有之大变局，统筹疫情防控和经济社会发展，坚定稳妥推进全面从严治党、党风廉政建设和反腐败斗争，团结带领全党全军全国各族人民齐心协力、迎难而上，“十三五”圆满收官，“十四五”全面擘画。在党中央的坚强领导下，各级纪检监察机关和广大纪检监察干部围绕中心、服务大局，勇担使命、忠诚履职，在实践中深化了对新时代纪检监察工作高质量发展的认识，充分发挥监督保障执行、促进完善发展作用，为决胜全面建成小康社会、实现第一个百年奋斗目标提供坚强保证。

2. 中国反腐倡廉建设社会调查情况

中国社会科学院中国廉政研究中心课题组克服疫情影响，坚持长期定点跟踪调查和随机抽样相结合的研究方法，于2020年6~12月在7个省（区、市）14个区县32个街道（镇）124个村居进行了“经济社会发展与全面从严治党成效”问卷调查，回收有效问卷3702份；5~12月分别在7个省（区、市）14个区县的干部、专业技术人员、企业管理人员中进行了“全面从严治党和反腐倡廉建设”问卷调查，回收有效问卷2163份，并采取座谈会、实地考察、个别访谈等多种方式展开调研，取得了新的调研成果。

2020年的问卷调查结果显示，反腐败高压态势持续保持，92.1%的干部、86.4%的专业技术人员、85.2%的企业管理人员认为党和政府惩治和预防腐败的工作力度“非常大”或“比较大”。反腐败制度务实管用，87.3%的干部、82.7%的专业技术人员认为现在制定的党风廉政建设和反腐败法律法规制度质量“很高”或“较高”。党建营造不想腐的氛围，88.9%的干部、84.9%的专业技术人员、84.2%的城乡居民认为，目前共产党员先锋模范作用发挥得“非常好”或“比较好”。作风建设效果持续释放，94.5%的干部、90.4%的专业技术人员、83%的企业管理人员、87.9%的城乡居民认为，当前执行中央“八项规定”精神效果“非常好”或者“较好”。反腐败满意度和信心度较高，群众幸福感、获得感和安全感有保障，92.6%的干部、87.4%的专业技术人员、88.7%的企业管理人员、89.9%的城乡居民对当前反腐败工作表示“满意”或“比较满意”。96.1%的干部、91.8%的专业技术人员、90.1%的企业管理人员、92.3%的城乡居民对今后5～10年党风廉政建设和反腐败斗争“有信心”或“比较有信心”。在重大疫情中，干部群众对党和政府的认可度、满意度和信任度尤其高。98.4%的干部、86.2%的专业技术人员、92.5%的企业管理人员、96.3%的城乡居民对疫情防控管理工作“非常满意”或“比较满意”。这充分印证了廉政建设的客观效果。

但调查也发现腐败风险和找关系求人现象仍然存在，行贿风险和成本不够高，社会对腐败的容忍度较高，形式主义和官僚主义顽疾仍然突出，基层信息公开不平衡。课题组建议，大力推进清廉建设，继续保持反腐败高压态势，系统治理行贿行为，厚植反腐败社会基础，精准地治理形式主义、官僚主义，继续提高信息公开质量，适应现代化需要提升“智治”水平，不断释放党和国家监督体系的效能。

本年度“反腐倡廉蓝皮书”的作者来自中国社会科学院中国廉政研究中心和地方纪检监察工作实务部门。本书涉及的大量统计和调查数据，由于来源不同、口径不同、调查时点不同，可能存在不尽一致的情况，请在引用时认真核对。

本年度“反腐倡廉蓝皮书”获得中国社会科学院创新工程的资助，调研活动的组织、协调以及报告的撰写，由中国社会科学院中国廉政研究中心负责。

王京清、陈光金、孙壮志审定了本书，李秋芳、李雪勤对总报告提出了具体修改意见，蒋来用负责统稿工作。社会科学文献出版社在出版方面给予了大量支持，做了大量工作，在此表示诚挚谢意。

摘　要

《中国反腐倡廉建设报告 No. 10》是中国社会科学院中国廉政研究中心2020年的研究成果之一，展示了课题组问卷调查、国情调研等研究成果，由总报告、评估篇、专题篇、案例篇、创新实招和附录组成。

总报告对一年多来全国党风廉政建设和反腐败工作实践及其成效进行了全面梳理。课题组认为，过去一年党和国家监督体系彰显治理效能，不敢腐的震慑有力保持，不能腐的制度笼子越扎越紧，公共资金、资产、资源监管不断规范，社会信用体系支撑作用日益明显，腐败防控体系越来越完善。课题组问卷调查结果显示，反腐败高压态势持续保持，反腐败制度务实管用，政治监督效果明显，公职人员廉洁度、反腐败满意度和信心度较高，不想腐的氛围不断浓厚，群众幸福感、获得感和安全感有保障。但调查也发现腐败风险和找关系求人现象仍然存在，行贿风险和成本不够高，社会对腐败的容忍度较高，形式主义和官僚主义顽疾仍然突出，基层信息公开不平衡。课题组建议，大力推进清廉建设，继续保持反腐败高压态势，系统治理行贿行为，厚植反腐败社会基础，精准地治理形式主义、官僚主义，继续提高信息公开质量，适应现代化需要提升“智治”水平，不断释放党和国家监督体系的效能。

评估篇专门研究设计纪检监察机关信息公开评估指标体系，根据网站公开的信息，对地方纪检监察机关信息公开状况进行评估，分析了当前纪检监察机关信息公开的状况，指出了存在的问题，提出了进一步推进纪检监察机关信息公开的对策建议。

专题篇基于中心课题组对我国民众餐饮浪费行为和态度的问卷调查，深入了解我国餐饮浪费的现状，分析了餐饮浪费的成因和存在的问题，建议强化激励约束机制，问责与激励并重，严格监督制度执行，建立长效机制；对一年来社会反响强烈的学术不端典型案例进行了剖析，介绍了最近我国针对学术不端采取的措施，提出了治理的对策和思路；同时，课题组还基于对湖南永州“清廉中国”大数据实验室的研究，分析了大数据帮助基层走出监督和监管困境的作用。《国有企业反腐败存在的困难、问题与治理》一文，对国有企业的成功经验进行归纳总结，对妨碍国有企业健全“三不腐”机制的现实问题进行研究，对党和国家进一步深入构建国有企业“三不腐”机制提出针对性建议。

案例篇以山西朔州破解“双管干部”条块分割监督难题的实践与探索、江苏苏州用大数据贯通“四项监督”研究、四川苍溪探索解决“谁来监督纪委”问题的实践与思考、浙江杭州推进清廉乡村建设的实践与思考为题，介绍了地方各级纪委监委推进基层反腐倡廉高质量发展的经验和典型做法。

创新实招通过专家推荐和评比，从《中国纪检监察报》《中国纪检监察》《党风廉政建设》等媒体2020年公开的新闻报道以及国情调研中搜集和筛选了典型做法，并进行了简要评析。

附录是通过专家评选方式确定的2020年中国党风廉政建设和反腐败工作的十件大事。

目 录

Ⅰ 总报告

Ⅱ 评估篇

Ⅲ 专题篇

Ⅳ 案例篇

Ⅴ 创新实招

Ⅵ 附录

皮书数据库阅读**使用指南**

总报告

General Report

B.1 大力推进清廉建设 更好发挥党和国家监督体系治理效能

中国社会科学院中国廉政研究中心课题组*

摘　要：2020年，党和国家监督体系彰显治理效能，作风建设名片呈现金色，不敢腐的震慑有力保持，不能腐的制度笼子越扎越紧，公共资金、资产、资源监管不断规范，社会信用体系支撑作用日益明显，腐败防控体系越来越完善。课题组问卷调查显示，反腐败高压态势持续保持，反腐败制度务实管用，党建营造不想腐的氛围，政治监督效果明显，作风建设效果持续释放，公职人员廉洁度、反腐败满意度和信心度较高，

* 课题组组长：蒋来用，中国社会科学院中国廉政研究中心秘书长、社会学研究所廉政建设与社会评价研究室主任。执笔人：蒋来用；王田田，中国社会科学院中国廉政研究中心副秘书长、副研究员；孙大伟，中国社会科学院中国廉政研究中心副秘书长、社会学研究所廉政建设与社会评价研究室副研究员；田坤，中国社会科学院马克思主义研究院副研究员；于琴，中国社会科学院社会学研究所廉政建设与社会评价研究室助理研究员；许天翔，中国社会科学院社会学研究所廉政建设与社会评价研究室助理研究员；何圣国，中国社会科学院中国廉政研究中心科研助理。

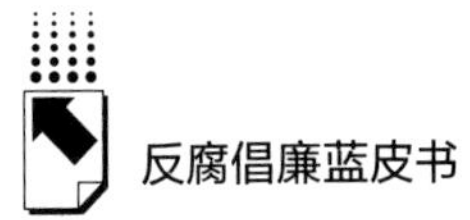

群众幸福感、获得感和安全感有保障，充分印证了廉政建设的客观效果。但调查也发现腐败风险和找关系求人现象仍然存在，行贿风险和成本不够高，社会对腐败的容忍度较高，形式主义和官僚主义顽疾仍然突出，基层信息公开不平衡。课题组建议，大力推进清廉建设，继续保持反腐败高压态势，系统治理行贿行为，厚植反腐败社会基础，精准地治理形式主义、官僚主义，继续提高信息公开质量，适应现代化需要提升“智治”水平，不断释放党和国家监督体系的效能。

关键词： 监督体系 作风建设 反腐败 纪检监察 社会诚信

2020 年是极不平凡的一年。面对世界百年未有之大变局、错综复杂的国际形势、艰巨繁重的改革发展稳定任务特别是突如其来的新冠肺炎疫情，以习近平同志为核心的党中央统筹中华民族伟大复兴战略全局，统筹疫情防控和经济社会发展，坚定不移推进全面从严治党、党风廉政建设和反腐败斗争，团结带领全党全军全国各族人民齐心协力、迎难而上，“十三五”圆满收官，“十四五”全面擘画。中国社会科学院中国廉政研究中心课题组克服疫情影响，坚持长期定点跟踪调查和随机抽样相结合的研究方法，于 2020 年 6～12 月在 7 个省（区、市）14 个区县 32 个街道（镇）124 个村居进行了“经济社会发展与全面从严治党成效”问卷调查，回收有效问卷 3702 份；5～12 月分别在 7 个省（区、市）14 个区县的干部、专业技术人员、企业管理人员中进行了“全面从严治党和反腐倡廉建设”问卷调查，回收有效问卷 2163 份，并采取座谈会、实地考察、个别访谈等多种方式展开调研，取得了新的调研成果。

一　党和国家监督体系彰显治理效能

2020年，以党内监督为主导，行政监督、监察监督、审计监督、司法监督、社会监督等各类监督力量相互协调，党和国家监督体系不断完善，为推进中央重大决策部署落实、惩治违纪违法行为、纠治不正之风发挥了重要作用。

（一）各级党委全面落实主体责任

党委（党组）落实主体责任是党内监督体系的重要内容。为推动责任落实、不断健全制度体系、明确要求，2020年3月9日，中共中央办公厅印发《党委（党组）落实全面从严治党主体责任规定》[①]，将落实全面从严治党主体责任的责任清单、任务清单进一步细化，明确规定监督追责问责内容和方式，为领导干部知责明责、守责负责尽责提供了遵循和保障。2020年以来，各地各部门积极探索落实主体责任的方式方法，如结合实际细化主体责任清单，及时向上一级党委报告主体责任落实情况，压实党组织书记第一责任人责任，健全主体责任考核制度，对落实主体责任不力的精准问责追究，等等。河北、山东、江西、贵州、青海等地对组织领导疫情防控、脱贫攻坚工作不力，监督教育管理缺位导致严重违纪问题发生等行为进行问责通报，倒逼基层党组织和主要负责人切实担当管党治党责任。为抓好中央决策部署的落实，国务院2020年10月派出督查组，赴北京、江苏、青海等14个省（区、市）就稳就业保民生、保市场主体、扩大内需等开展第七次大督查和专项督查，对不作为、乱作为严肃问责。问卷调查数据显示，95.5%的干部、89.8%的专业技术人员、83.0%的企业管理人员、82.4%的城乡居民认为，党中央的重大决策部署贯彻落实效果“非常好”或“比较好”。课题组实地调研中也了解到，各级党委和政府执行中央决定，其中最为突出的

① 《中共中央办公厅印发〈党委（党组）落实全面从严治党主体责任规定〉》，中国政府网，http://www.gov.cn/zhengce/2020-03/13/content_5491053.htm。

是抗击新冠肺炎疫情政令畅通。在党中央的坚强领导下，全国人民万众一心，迅速扭转疫情局势，将“危”转变成“机”，取得重大战略成果。92.8%的城乡居民认为政府部门防疫抗疫工作的透明度“非常好”或者“比较好”。91.3%的城乡居民认为，疫情期间政府结合实际快速调整服务方式的效果“非常好”或者“比较好”。国务院继续取消和下放行政许可事项33项，[①] 全面落实“六稳”“六保”任务，深化“放管服”改革，加大减税降费等政策执行效果较好。施行《优化营商环境条例》，我国营商环境国际排名上升15位。[②] 2020年，中国国内生产总值首次突破100万亿元大关，达到1015986亿元，增长2.3%。在新冠肺炎疫情仍在其他国家泛滥的环境下，中国经济超预期增长，成为2020年唯一正增长的主要经济体。

（二）纪委监委认真履行监督专责

各级纪检监察机关不断对标对表党中央重大决策部署，坚持党中央重大决策部署到哪里，监督检查就跟进到哪里，推动党中央确定的各项政策措施落实落地，确保全面完成全年经济社会发展目标任务。2020年1月19日，中央纪委国家监委首次向社会公开发布查处形式主义、官僚主义问题的数据，增加“贯彻党中央重大决策部署有令不行、有禁不止，或者表态多调门高、行动少落实差，脱离实际、脱离群众，造成严重后果”等突出问题方面的数据。截至2020年12月31日，全国查处此类形式主义、官僚主义问题3203个，批评教育帮助和处理4997人，党纪政务处分2392人。[③]

2020年，各级纪检监察机关围绕疫情防控重点工作、重点环节，科学精准稳慎有效实施了监督。[④] 中央纪委国家监委印发《关于贯彻党中央部署

① 《国务院关于取消和下放一批行政许可事项的决定》，中国政府网，http：//www.gov.cn/zhengce/content/2020－09/21/content_ 5545345.htm。

② 《中国营商环境排名跃升至全球第31位》，中国经济网，http：//www.ce.cn/xwzx/gnsz/gdxw/201910/25/t20191025_ 33433272.shtml。

③ 《2020年12月全国查处违反中央八项规定精神问题18505起》，中央纪委国家监委网站，http：//www.ccdi.gov.cn/toutiao/202101/t20210126_ 234809.html。

④ 《科学精准稳慎有效实施监督》，《中国纪检监察报》2020年2月17日。

要求　做好新型冠状病毒感染肺炎疫情防控监督工作的通知》，要求各级纪检监察机关自觉服从服务疫情防控大局，跟进监督。为保障党中央关于抗疫的重大决策部署落实落地，纪检监察机关依纪依法对责任履行不到位的干部问责。2020 年上半年，针对疫情防控中存在的失职失责、违规违纪等问题，武汉市纪检监察机关累计问责处理 2756 人次，立案查处 313 人；湖北省处理防控工作中失职失责和违规违纪问题 14534 个，处理 15509 人。[①] 紧绷疫情防控的弦，问责力度并没有因为取得重大成果而放松。2021 年 1 月，石家庄市藁城区、黑龙江省望奎县、哈尔滨市松北区、吉林省通化市、宁波市奉化区、遵义市红花岗区、海口市龙华区等多个地方对疫情防控不力的党员干部问责。疫情防控中有力的监督得到了大多数群众的认可。84.8% 的城乡居民认为，监督机构在防控重大突发事件中发挥的作用效果“非常好”或“比较好”。

2020 年，各级纪检监察机关聚焦扶贫领域腐败和作风问题，着力对脱贫工作绩效、脱贫政策连续性稳定性，以及脱贫摘帽后“不摘责任、不摘政策、不摘帮扶、不摘监管”情况进行监督检查，对搞数字脱贫、虚假脱贫的严肃问责，严厉惩治贪污侵占、虚报冒领、截留挪用、吃拿卡要、优亲厚友等违纪违法行为，促进建立解决相对贫困的长效机制，推动脱贫攻坚政策措施落到实处。上半年，中央纪委国家监委对广西等 7 个省区的 52 个尚未摘帽贫困县督导调研，并印发指导意见，对深化扶贫领域腐败和作风问题专项治理做出部署。[②] 新疆、宁夏、辽宁等地纪检监察机关前移监督关口，主动下沉一线，集中开展信访排查、走访监督、问题督办、执纪问责，压实脱贫攻坚主责部门责任。2020 年 1～11 月，各级纪检监察机关对履行脱贫攻坚责任不力的 9554 名党员领导干部问责；查处扶贫领域腐败和作风问题 5.69 万起，批评教育帮助和处理 8.5 万人，其中党纪政务处

① 《观察丨去年全国纪检监察机关问责 8.6 万人》，中央纪委国家监委网站，http：//www.ccdi.gov.cn/yaowen/202102/t20210203_235313.html。

② 《各级纪委监委严厉惩治扶贫领域突出问题　全力保障脱贫攻坚决战决胜》，中央纪委国家监委网站，http：//www.ccdi.gov.cn/yaowen/202011/t20201107_229572.html。

分 3.57 万人。[①] 扶贫领域投入大量资金资源，腐败风险较高，但问卷调查显示，除了将近 1/4 的城乡居民表示“不了解”外，67.4% 的认为扶贫领域的腐败“不太严重”或“不存在”腐败，仅 7.9% 认为“非常严重”或“比较严重”。中国扶贫攻坚战的胜利，不仅是近 1 亿贫困人口摆脱贫困、所有贫困县全部摘帽的人间奇迹，也是廉洁促进发展的经典范例。

（三）巡视巡察持续强化政治监督

党的十九大以来，巡视更加突出政治监督。2020 年在新冠肺炎疫情特殊背景下中央开展第五、第六轮巡视的突出特点是，聚焦监督党的路线方针政策、党中央重大决策部署、习近平总书记重要指示的贯彻落实，巡视效果得到被巡视单位人员的肯定。90.62% 的干部和 87.5% 的专业技术人员认为，最近几年开展的政治巡视效果“非常好”或者“比较好”。2020 年的巡视对象为中央和国家机关单位与省、区、市。截至 2020 年底，中央巡视组对 67 个中央和国家机关单位、地方党组织进行了常规巡视，对 31 个省（区、市）和新疆生产建设兵团实现巡视全覆盖。2020 年中央第六轮对地方党组织的巡视，首次配备了巡视指导督导组，通过传导中央巡视做法，夯实责任、联动贯通，推动各级巡视巡察机构提升制度化规范化水平。2020 年 3 月和 11 月，中央纪委国家监委网站先后公布了中央第三轮、第四轮巡视整改情况，共有 40 个中央和国家机关单位党组织、42 个中管企业向社会晒出了整改“成绩单”。被巡视单位党组织通过强化巡视整改主体责任，巩固深化巡视整改成果，建立长效机制，着力解决共性问题和深层次问题，营造良好的政治生态，全面推动本领域事业高质量发展。86% 的干部、85.2% 的专业技术人员认为，近年来巡视工作效果“非常有效”或“比较有效”。

（四）审计监督“经济体检”常态化

2020 年，全国审计机关克服疫情困难满负荷运行，1～11 月全国共审计

① 兰琳宗：《以过硬作风保障决战决胜》，《中国纪检监察报》2021 年 1 月 5 日第 1 版。

6 万多个单位，促进增收节支和挽回损失 2200 多亿元。组织开展中央财政 2 万亿元直达资金专项审计。18 个省接受财政收支审计，各地区各部门清理收回、加快拨付 1050 多亿元，完善规章制度 213 项，提高了资金绩效，落实了过“紧日子”的要求。对全国 832 个贫困县审计全覆盖，向各级纪检监察、司法机关和主管部门移送问题线索及典型问题 5900 余件，督促问责 1.23 万人。组织全国 2 万多人开展疫情防控资金和捐赠款物专项审计，推动加快分配下拨资金 100 多亿元、物资近 1.74 亿件，同时移送套骗资金、倒卖侵占物资等问题线索，建立健全相关制度。重点民生资金和项目审计促使有关部门和地区采取收回、清退、补发、拨付等方式，整改问题金额 830 多亿元，完善制度 380 多项。1.8 万名领导干部接受经济责任审计，查出负有直接责任问题 700 多亿元。审计机关向司法、纪检监察机关等移送重大违纪违法、扰乱经济秩序以及发生在群众身边的“微腐败”“小官巨贪”等问题线索近 4000 件，涉及 4000 多人。截至 2020 年 10 月底，对 2019 年度中央预算执行和其他财政收支审计指出的问题，有关地区、部门和单位已整改问题金额 2110 多亿元，制定完善制度 2350 项，问责 705 人。①

（五）法律监督保障正确行使公共权力

随着国家监察体制改革的推进，检察机关的法律监督维护司法公正、促进依法行政、维护公共利益的功能不断强化，能够通过法律赋予的“调查核实”职权，更有效地对刑事、民事、行政三大诉讼活动进行法律监督，对行政机关违法行使职权或者不行使职权的行为进行纠正，对某些危害公共利益的事件进行调查核实并提起公益诉讼。② 最高人民检察院推广北京、山西、广东经验，向公安机关执法办案管理中心、法制部门或派出所派驻检察室，对立案和侦查活动同步监督。各级检察机关对确有错误的刑事、民事和行政裁判提出抗诉 13561 件，纠正减刑、假释、暂予监外执行不

① 《全国审计工作会议在京召开》，人民网，http：//finance.people.com.cn/n1/2021/0108/c1004－31994184.html。

② 《新时代检察机关法律监督的功能与作用》，《检察日报》2020 年 8 月 5 日。

当38035人次。[①]

为了治理"案子一进门，请托找上门"现象，最高人民检察院党组力度空前狠抓重大事项记录报告制度落实，要求检察人员逐月如实填报过问或干预、插手检察办案等重大事项情况。2020年4月9日，最高人民检察院针对记录报告工作出现的新情况新问题，制发了《关于执行"三个规定"等重大事项记录报告制度若干问题的工作细则》，[②] 进一步规范重大事项填报工作，明确抽查督察、成果运用、责任追究等规定，运用信息技术，在业务系统中研发嵌入执行"三个规定"情况强制填录界面，将不如实记录报告重大事项情况记入廉政意见函。最高人民检察院2020年工作报告显示，2019年"三个规定"实现了对四级检察院全覆盖，记录报告2018年以来有关事项18751件，1290名检察人员因违纪违法被立案查处，54人被追究刑事责任，查处为黑恶势力站台撑腰的检察人员42人。[③] 2020年上半年，全国检察机关共主动记录报告过问或干预、插手检察办案等重大事项23740件，其中反映情况、过问了解的占96.9%，干预插手的仅占1.6%。[④] 3月，最高检发布了6件违反"三个规定"的典型案例，重大事项记录报告制度进一步得到落实。

（六）社会监督助力正风肃纪

群众监督制度机制进一步完善。2020年，在458万人次参与的全国"两会"调查投票中，正风反腐持续位居社会各界关注的热词榜首，体现了社会各界对风清气正政治生态的关注。为了鼓励群众依法、有序、高效地进行监督举报，中共中央办公厅印发《纪检监察机关处理检举控告工作规则》，明确

---

① 《最高人民检察院工作报告》，最高人民检察院网站，https：//www. spp. gov. cn/spp/gzbg/202006/t20200601_ 463798. shtml。

② "三个规定"指《领导干部干预司法活动、插手具体案件处理的记录、通报和责任追究规定》《司法机关内部人员过问案件的记录和责任追究规定》《关于进一步规范司法人员与当事人、律师、特殊关系人、中介组织接触交往行为的若干规定》。

③ 《最高人民检察院工作报告》，最高人民检察院网站，https：//www. spp. gov. cn/spp/gzbg/202006/t20200601_ 463798. shtml。

④ 《始终拧紧落实"三个规定"的发条》，最高人民检察院网站，https：//baijiahao. baidu. com/s? id = 1674340228963825238&wfr = spider&for = pc。

检举控告受理范围，规定检举控告人权利，保障监督权利，鼓励实名检举控告，营造群众监督的良好环境。2020 年 1 ~9 月，全国纪检监察机关共接收信访举报 237.1 万件次，处置问题线索 123.3 万件，[①] 问题线索比上年同期增加 2.8%，检举控告质量有所提升，体现了工作规则的引导规范力度。

舆论监督力度不断增强。互联网技术赋权背景下的舆论监督，激发了公众的监督热情。2020 年舆论监督非常活跃，监督形式呈多元发展趋势，力度增强。新冠肺炎疫情暴发初期，我国紧急启动火神山、雷神山应急医院的建设工程，《人民日报》、央视频等多家媒体进行了全程慢直播，1 月 27 日至 2 月 4 日，“云监工”观看人数累计超过 1 亿人次。由自媒体引爆的山东“合村并居”规划引发公众热议，专家学者的即时解读使得事件二次发酵，倒逼当地政府做出回应，及时纠正工作中产生的偏差。通过网络直播，仝卓“高考舞弊”案浮出水面，经历数天调查后，临汾市纪委监委很快通报了仝卓高考舞弊调查情况。舆论高度关注的山东陈秋媛 16 年前高考被顶替的事件，也通过自媒体发酵引发舆论热议，冠县人民政府随后在网上通报调查进展情况，顶替者被停职。年初，一位女网红将奔驰车开进故宫，引发舆论高度关注，在舆论高压下，故宫博物院做出回应，承认开车进入故宫事件属实，并向公众致歉。网络舆论监督因容易快速形成超级舆论场，相关机构快速回应群众诉求，有利于及时纠正工作偏差。

二　作风建设“名片”呈现金色

2020 年，习近平总书记多次对作风建设提出明确要求；中央政治局常委会会议、中央政治局会议，分别有 18 个、11 个议题涉及作风建设；习近平总书记对贯彻落实向党中央请示报告制度、党风廉政建设和反腐败斗争、防止“低级红”“高级黑”、整治形式主义官僚主义、制止餐饮浪费行为等

① 《中央纪委国家监委通报 2020 年 1 至 9 月全国纪检监察机关监督检查、审查调查情况》，中央纪委国家监委网站，http://www.ccdi.gov.cn/toutiao/202010/t20201023_227736.html。

做出50多次重要批示，为持之以恒加强党的作风建设指明了方向。[①] 各地各部门不断健全制度和机制，持续巩固作风建设成效。

（一）作风制度建设不断健全

2020年，一批针对特定对象群体的制度相继出台。2020年6月20日，第十三届全国人大常委会第十九次会议通过《中华人民共和国公职人员政务处分法》。这是新中国成立以来第一部全面系统规范公职人员惩戒制度的国家法律。师德师风历来受社会关注。教育部等七部门《关于加强和改进新时代师德师风建设的意见》自2019年12月印发以来，全国各地进一步加强教师队伍的监督管理。2020年9月4日，教育部、国家发改委、财政部发布《关于加快新时代研究生教育改革发展的意见》，加强学风建设，严惩学术不端行为。9月22日，教育部发布《关于加强博士生导师岗位管理的若干意见》，9月25日，国务院学位委员会、教育部发布《关于进一步严格规范学位与研究生教育质量管理的若干意见》。系列监督管理规范，对加强教师道德诚信、预防和处置学术不端行为具有积极作用。2020年12月，中央纪委国家监委办公厅印发《关于加强新时代纪检监察干部监督工作的意见》，持续推动建设忠诚干净担当的高素质纪检监察队伍，促进纪检监察工作高质量发展。2020年7月31日，最高人民法院印发《关于深化司法责任制综合配套改革的实施意见》，健全落实"三个规定"工作机制，完善接受外部监督制约机制。中共中央组织部发布的《公务员平时考核办法（试行)》自2020年1月1日起实施。中央组织部印发的《党委（党组）书记抓基层党建工作述职评议考核办法（试行)》自2019年12月30日起施行。

（二）持之以恒落实中央八项规定精神

2020年各级党委政府落实中央八项规定精神丝毫没有松劲。中央领导

---

① 《以优良作风书写非凡答卷——2020年以习近平同志为核心的党中央推进作风建设纪实》，中国政府网，http：//www. gov. cn/xinwen/2021 -01/13/content_ 5579716. htm。

同志以上率下，带头精简随行人员，督促有关方面简化接待。精简会议活动，充分利用信息化手段，减少层层开会陪会现象；简化会议议程，控制会议时间。精简文件简报，制定《中央发文和规格办理标准》，控制发文总量、规格，以党中央或中央办公厅名义发文同比减少28%，以国务院或国务院办公厅名义发文同比减少18.4%。厉行勤俭节约，2020年8月，习近平总书记对制止餐饮浪费行为做出重要指示，中央纪委国家监委及时印发《关于贯彻落实习近平总书记重要批示精神　加强监督执纪坚决制止餐饮浪费行为的工作意见》。中央有关会议筹备服务工作严格落实简朴、节约、安全、高效原则，严控会议经费开支；明确要求政府过“紧日子”，中央本级支出安排负增长，非急需非刚性支出压减50%以上。[①] 截至2020年12月31日，全国查处违反中央八项规定精神问题136203起，批评教育帮助和处理197761人，党纪政务处分119224人。[②] 对作风问题加大公开曝光力度。2020年中央纪委国家监委分4批对26起违反中央八项规定精神典型问题进行了公开曝光，2021年新年前夕，中央纪委国家监委公开通报6起违反中央八项规定精神典型问题，[③] 发挥了警示教育作用。

（三）持续整治形式主义、官僚主义问题

持续整治形式主义、官僚主义是2020年作风建设的重点，相对于2019年的整治，2020年更加突出精准施策、靶向治疗，效果明显。2020年初，中央纪委国家监委对全国查处违反中央八项规定精神问题统计指标做出调整，开始将形式主义、官僚主义问题单列并细化为四个具体问题，引导全国纪检监察机关精准发力亮剑。中共中央办公厅印发了《关于持续解决困扰基层的形式主义问题为决胜全面建成小康社会提供坚强作风保证的通知》，

---

① 《以优良作风书写非凡答卷——2020年以习近平同志为核心的党中央推进作风建设纪实》，新华网，http://www.xinhuanet.com/2021-01/13/c_1126979705.htm。

② 《2020年12月全国查处违反中央八项规定精神问题18505起》，中央纪委监委网站，http://www.ccdi.gov.cn/toutiao/202101/t20210126_234809.html。

③ 《中央纪委国家监委公开通报六起违反中央八项规定精神典型问题》，中央纪委监委网站，http://www.ccdi.gov.cn/toutiao/202012/t20201228_232663.html。

聚焦落实党中央决策部署中的形式主义、文山会海反弹回潮等问题，抓住改进督查检查考核方式这个关键，全面检视、靶向治疗。形式主义、官僚主义治理嵌入党内法规，成为各级领导干部的应尽职责。2020 年 3 月，中央办公厅印发《党委（党组）落实全面从严治党主体责任规定》，明确将持续整治形式主义、官僚主义作为党委（党组）的重要职责。截至 2020 年 12 月 31 日，全国各级纪检监察机关查处形式主义、官僚主义问题 78711 起，批评教育帮助和处理 117606 人，给予党纪政务处分 62595 人①，分别占全国查处违反中央“八项规定”精神问题总数、受批评教育帮助和处理人数以及党纪政务处分人数的 57.79%、59.47%、52.50%。查处的形式主义在履职尽责、服务经济社会发展和生态环境保护方面问题最多，共 60184 起，占 76.46%；贯彻党中央重大决策部署和第三类联系服务群众中的问题相对较少，分别只占 4.07%、4.28%；文风会风方面的问题更少，占 0.83%；其他问题占了 14.36%（见表 1）。经过持续整顿形式主义，79.7% 的城乡居民认为，最近一年“明显改善”或“有所改善”。

表 1　2020 年查处的形式主义、官僚主义问题统计

单位：%，起，人

查处情况	合计	第一类		第二类		第三类		第四类		其他	
		数量	占比	数量	占比	数量	占比	数量	占比	数量	占比
查处问题数	78711	3203	4.07	60184	76.46	3369	4.28	654	0.83	11301	14.36
批评教育帮助和处理人数	117606	4997	4.25	90513	76.96	4865	4.14	1044	0.89	16187	13.76
党纪政务处分人数	62595	2392	3.82	50527	80.72	2341	3.74	269	0.43	7066	11.29

注：第一类指“贯彻党中央重大决策部署有令不行、有禁不止，或者表态多调门高、行动少落实差，脱离实际、脱离群众，造成严重后果”的问题；第二类指“在履职尽责、服务经济社会发展和生态环境保护方面不担当、不作为、乱作为、假作为，严重影响高质量发展”的问题；第三类指“在联系服务群众中消极应付、冷硬横推、效率低下，损害群众利益，群众反映强烈”的问题；第四类指“文山会海反弹回潮，文风会风不实不正，督查检查考核过多过频、过度留痕，给基层造成严重负担”的问题；第五类指其他问题。

资料来源：根据中央纪委国家监委网站资料整理。

① 《2020 年 12 月全国查处违反中央八项规定精神问题 18505 起》，中央纪委国家监委网站，http：//www.ccdi.gov.cn/toutiao/202101/t20210126_234809.html。

三　不敢腐的震慑有力保持

2020年严重疫情期间，反腐节奏和力度丝毫不减，惩治重点领域腐败出重拳，持续整治群众身边的腐败问题用猛力，国际追逃追赃驰而不息，信访举报量、立案数和处分数均出现同比下降，惩治腐败效能不断提升。

（一）信访举报量、立案数和处分数同比下降

中央纪委国家监委网站发布2020年十大反腐热词，包括“严”“不敢腐”“政务处分法”“受贿行贿一起查”“主动投案”“打伞破网”“以案促改”“倒查20年”“影子公司”“家风不正”[①]，反腐热词的背后，是波澜壮阔的全面从严治党实践。其中“倒查20年”是对刑法追诉时效的形象描述，体现了党和国家的反腐决心，打破了腐败分子“高枕无忧”“安全着陆”的美梦，终身问责成为干部履职的常态，在严字当头的反腐环境下，信访举报、立案、处分数是判断惩治职务违法犯罪力度的重要指标。2019年上半年全国纪检监察机关信访量出现掉头向下趋势[②]，2020年上半年，全国纪检监察机关不仅信访量出现下降，立案数和处分数也相应出现下降（见表2）。据统计，2020年上半年，全国纪检监察机关共接受信访举报143.1万件次，立案28.6万件，处分24万人，同比信访举报数下降11.1%，立案数下降9.2%，处分数下降5.5%。信访举报数、立案数以及处分数的同比下降，正是惩治腐败效能提升的积极效应。

（二）疫情严重不减反腐节奏与力度

据中央纪委国家监委网站数据统计，2019年9月至2020年12月，共有

① 《2020年度十大反腐热词》，中央纪委国家监委网站，http://www.ccdi.gov.cn/toutiao/202012/t20201225_232515.html，2020年12月28日。

② 中国社会科学院中国廉政研究中心课题组：《压倒性胜利不断巩固深化　建设“清廉中国”充满信心》，载《反腐倡廉蓝皮书NO.9》，社会科学文献出版社，2020。

表 2　2016～2020 年全国纪检监察机关信访举报、立案、处分数

时间		信访举报(万件次)	立案(万件)	处分(万人)
2016 年	上半年	120. 5	19. 3	16. 3
	全年	253. 8	41. 3	41. 5
2017 年	上半年	131. 9	25. 6	21
	全年	273. 3	52. 7	52. 7
2018 年	上半年	168. 3	30. 2	24
	全年	344	63. 8	62. 1
2019 年	上半年	160. 9	31. 5	25. 4
	全年	329. 4	61. 9	58. 7
2020 年	上半年	143. 1	28. 6	24

资料来源：根据中央纪委国家监委网站资料整理。

22 名中管干部接受审查调查，2020 年共有 18 名中管干部落马（见表 3），中央“打虎”行动没受疫情影响，力度依然大。其中，有的领导干部是退休多年之后被查处。在 2020 年全国“两会”上，最高人民检察院的工作报告显示，2019 年受理各级监委移送职务犯罪 24234 人，同比上升 50. 6%。已起诉 18585 人，同比上升 89. 6%；不起诉 704 人，退回补充调查 7806 人次，不起诉率、退补率同比增加 1. 1 个和 16. 3 个百分点。[①] 最高人民法院工作报告显示，2019 年审结贪污贿赂、渎职等案件 2. 5 万件 2. 9 万人，其中被告人原为中管干部的 27 人。[②] 斐然的“打虎”成绩彰显出中央有贪必肃、有腐必反的坚定决心。

（三）出重拳惩治重点领域腐败

煤炭资源领域反腐。习近平总书记在十九届中央纪委四次全会上强调，加大国有企业反腐力度，加强国家资源、国有资产管理，查处地方债务风险

① 《2020 年最高人民检察院工作报告》，中华人民共和国最高人民检察院网站，https://www. spp. gov. cn/spp/gzbg/202006/t20200601_ 463798. shtml，2020 年 5 月 25 日。

② 《2020 年最高人民法院工作报告》，全国人民代表大会网，http://www. npc. gov. cn/npc/c30834/202006/81672e572afa4a7392bfcdb7da997f8f. shtml，2020 年 6 月 2 日。

表3　2019年9月至2020年12月落马的中管干部

序号	姓名	落马前职务	落马时间	备注
1	张　琦	海南省委常委、海口市委书记	2019－09－06	
2	姜国文	黑龙江省哈尔滨市政协主席	2019－09－24	
3	云公民	中国华电集团有限公司原党组副书记、总经理	2019－10－24	
4	马　明	内蒙古自治区政协副主席	2019－12－01	
5	张志南	福建省委常委、副省长	2020－04－12	2020年第一名接受审查调查的省部级干部，也是2020年第一名在任上落马的“老虎”
6	孙力军	公安部党委委员、副部长	2020－04－19	2020年第一名在任上落马的中央部委领导干部
7	张　和	河北省委原常委、副省长	2020－04－29	
8	胡问鸣	原中国船舶重工集团有限公司党组书记	2020－05－12	
9	任　华	新疆维吾尔自治区政府副主席	2020－06－01	2020年第一名落马的女性省部级干部
10	邓恢林	重庆市副市长、公安局局长	2020－06－14	
11	刘国强	辽宁省政协原副主席	2020－07－13	
12	王　勇	海南省政协副主席	2020－07－13	
13	李金早	文化和旅游部党组副书记	2020－07－29	
14	骆家駹	中粮集团有限公司党组成员、总会计师	2020－08－18	
15	龚道安	上海市副市长、市公安局局长	2020－08－18	
16	李　伟	北京市政协副主席	2020－08－25	
17	文国栋	青海省副省长、海西蒙古族藏族自治州州委书记、柴达木循环经济试验区党工委书记	2020－09－06	
18	史文清	江西省人大常委会原副主任	2020－09－21	
19	董　宏	中央巡视组原副部级巡视专员	2020－10－02	
20	刘宝华	国家能源局党组成员、副局长	2020－10－17	
21	王立科	江苏省委常委、政法委书记	2020－10－24	
22	童道驰	海南省委常委、三亚市委书记	2020－11－01	

资料来源：根据中央纪委国家监委网站公开数据整理。

中隐藏的腐败问题。从中央纪委国家监委网站公开通报的 2020 年上半年 40 名国企领导人员中看，有 16 人来自能源矿产领域，占 40%，其中“煤”成为 2020 年国家资源领域反腐的一个关键词。内蒙古“对 2000 年以来全区煤炭资源开发利用情况进行全方位透视会诊”，按照中央纪委国家监委的纪检监察建议，对煤炭领域违纪违法问题靶向整治，开展专项巡视，紧盯重点人、重点事、重点问题倒查 20 年。青海针对煤炭领域违纪违法问题和矿区非法开采问题展开调查，相关部门和企业存在的问题暴露，“煤老虎”相继落马。2020 年 11 月 30 日，云南省集中通报了 8 起煤炭资源领域腐败问题典型案例，并且启动了煤炭资源领域腐败问题专项整治，对涉煤领域信访举报、问题线索、涉煤案件进行全面清查起底。

政法领域反腐。7 月，中央政法委决定在黑龙江省哈尔滨市及呼兰区、江苏省徐州市及云龙区、河南省三门峡市及灵宝市、四川省宜宾市及珙县 5 个市本级及 4 个县（市、区）的政法单位、2 所监狱开展全国政法队伍教育整顿试点工作，有 35 家试点单位、1.6 万名干警参加①。瞄准“有案不立、压案不查、有罪不究”，违反防止干预司法“三个规定”②，法官检察官离任后违规担任律师或法律顾问或充当司法掮客，政法干警违规经商办企业、违规参股借贷、配偶子女及其配偶违规从事经营活动等问题，有针对性地进行试点。试点监狱对减刑、假释、暂缓执行案件倒查 20 年。试点期间，立案审查调查 448 人，移送司法机关 39 人，处分处理 2247 人，其中开除党籍、开除公职 26 人，辞退 5 人。处分处理人数占试点单位干警总数的 14%。2021 年起将自下而上在全国政法系统铺开；到 2022 年一季度前，完成教育整顿任务。

国企反腐。2020 年 3 月中纪委发出通知，要求严惩中管企业中的腐败。近两年，中管企业受查的领导人员较多。2019 年 9 月至 2020 年 8 月，接受

① 《全国政法队伍教育整顿试点工作圆满收官》，正义网，http://www.jcrb.com/xztpd/ZT2021/202101/zyzfhy/zy20212/202101/t20210106_2239688.html。

② “三个规定”指的是《领导干部干预司法活动、插手具体案件处理的记录、通报和责任追究规定》《司法机关内部人员过问案件的记录和责任追究规定》《关于进一步规范司法人员与当事人、律师、特殊关系人、中介组织接触交往行为的若干规定》。

审查调查的中管干部中有 3 个是企业领导人，同比增长 33.3%。课题组发现，2020 年全年至少 77 名国企领导人被中央纪委国家监委网站公开通报。通报显示，在 77 名国企领导干部中，能源矿产领域 26 人，占 34%；投资领域 17 人，占 22%；交通建设领域 11 人，占 14%；烟草、外贸、钢铁、旅游等领域占 30%。国有企业被通报的领导干部大多数是党委书记、董事长、总经理、总会计师，有的长期在同一岗位任职，普遍存在靠企吃企、设租寻租、关联交易、内外勾结侵吞国有资产等问题。各地查处国有企业力度也在加大，贵州省重拳出手整治“茅台乱象”，截至 2020 年 7 月，贵州茅台酒股份有限公司已有 13 名高管被查处，“靠酒吃酒”、“以酒谋私”、家族式腐败等问题盘根错节，通过反腐可提升企业治理水平，彰显国有企业核心价值，化解国有企业重大风险。

表 4　2020 年通报的国有企业领导人员接受审查调查情况

序号	姓名	职务	通报时间
中管干部			
1	胡问鸣	原中国船舶重工集团有限公司党组书记	2020 年 5 月 12 日
2	骆家駹	中粮集团有限公司党组成员、总会计师	2020 年 8 月 18 日
中央一级企业干部			
3	颜忻新	南广铁路公司原副总经理	2020 年 12 月 29 日
4	黄智洋	中国光大实业有限公司党委委员	2020 年 12 月 8 日
5	王　鹏	东方电气集团市场部原副部长	2020 年 11 月 13 日
6	殷济海	中石化化工销售公司华东分公司原党委书记	2020 年 11 月 20 日
7	孔德春	中合置业有限公司原董事长	2020 年 10 月 19 日
8	史克臣	兰新铁路甘青公司原董事长	2020 年 9 月 30 日
9	朱慧民	中国光大实业集团董事长	2020 年 9 月 23 日
10	米抗民	中国供销集团财务部副经理	2020 年 9 月 11 日
11	李成章	新兴铸管股份有限公司党委书记	2020 年 9 月 10 日
12	赵洪月	神华包头能源公司副总经理	2020 年 7 月 21 日
13	何绍青	甘肃省烟草专卖局党组成员	2020 年 7 月 1 日
14	孙建晞	中铁二院工程集团原副巡视员	2020 年 6 月 15 日
15	王殿贵	中烟实业原副总经理	2020 年 6 月 15 日
16	曹　义	中铁八局原巡视员	2020 年 5 月 20 日
17	朱天寿	中石油长庆油田原总工程师	2020 年 1 月 17 日

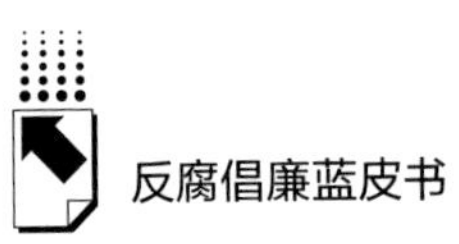

续表

序号	姓名	职务	通报时间
省属国有企业干部			
18	张同勤	甘肃能化集团原副总经理	2020 年 12 月 30 日
19	曹纪生	太原重型机械集团原总经济师	2020 年 12 月 21 日
20	李宁平	甘肃电投集团原党委书记	2020 年 12 月 18 日
21	何宗仁	甘肃省物产集团监事会主席	2020 年 12 月 17 日
22	李建忠	冀中能源集团原副总经理	2020 年 12 月 11 日
23	张丹力	陕西煤业化工集团原副总经理	2020 年 12 月 8 日
24	牛志刚	青海省信用担保集团有限责任公司副总经理	2020 年 12 月 5 日
25	苏日勒格	内蒙古矿业集团总经理	2020 年 12 月 4 日
26	祁玉民	华晨汽车集团原董事长	2020 年 12 月 4 日
27	杨连发	天津一商集团有限公司原总经理	2020 年 12 月 1 日
28	张伟杰	天津房地产集团原副总经理	2020 年 11 月 27 日
29	邢国友	天津天保控股有限公司原董事长	2020 年 11 月 25 日
30	杜美林	太原重型机械集团副总经理	2020 年 11 月 21 日
31	魏刚	沈阳煤业集团原总工程师	2020 年 11 月 20 日
32	高昇	内蒙古森林工业集团副总经理	2020 年 11 月 11 日
33	王挺	四川金融控股集团副总经理	2020 年 11 月 10 日
34	卢平	湖南中烟公司党组书记、总经理	2020 年 10 月 30 日
35	何黎峰	西藏天海集团原党委书记	2020 年 10 月 23 日
36	袁维森	吉林省农业投资集团董事长	2020 年 10 月 19 日
37	范卫民	太原重型机械集团原党委常委	2020 年 10 月 12 日
38	曹大岭	青海省能源发展集团党委委员	2020 年 10 月 8 日
39	李舫金	广州金融控股集团党委书记	2020 年 10 月 8 日
40	李锋	内蒙古电影集团原董事长	2020 年 9 月 24 日
41	向日炎	云南机场集团公司原党委副书记	2020 年 9 月 22 日
42	苗玉刚	天津轨道交通集团原董事长	2020 年 9 月 21 日
43	肖天任	四川煤炭产业集团原董事长	2020 年 9 月 18 日
44	胡占杰	黑龙江省地煤集团原董事长	2020 年 8 月 28 日
45	李昌伟	四川省能源投资集团副总经理	2020 年 8 月 26 日
46	张福生	内蒙古电力公司原总经理	2020 年 8 月 26 日
47	张天喜	呼伦贝尔农垦集团党委书记	2020 年 8 月 25 日
48	岳胜利	中原资产管理公司原总裁	2020 年 7 月 29 日
49	景宏年	四川省煤炭产业集团党委书记	2020 年 7 月 28 日
50	李宝锟	天津城投集团党委书记	2020 年 7 月 16 日

续表

序号	姓名	职务	通报时间
51	张良海	山西省同煤集团党委委员	2020 年 7 月 14 日
52	武长青	云南锡业集团纪委书记	2020 年 7 月 13 日
53	郝福坤	黑龙江龙煤鸡西矿业原董事长	2020 年 7 月 9 日
54	钟晓云	原江西稀有金属钨业控股集团总经理	2020 年 7 月 2 日
55	张剑	江苏汇鸿国际集团股份有限公司党委书记、董事长	2020 年 6 月 24 日
56	张斌成	中陕核工业集团公司董事长	2020 年 6 月 23 日
57	张金虎	甘肃农垦集团党委原副书记	2020 年 6 月 16 日
58	金平钰	新疆有色集团党委副书记、董事	2020 年 6 月 14 日
59	罗永隆	云南省能源投资集团副总裁	2020 年 5 月 19 日
60	袁海科	陕西延长石油集团副总经理	2020 年 5 月 19 日
61	邱庆新	广东旅游控股集团副总经理	2020 年 5 月 16 日
62	张宏永	山西国资运营公司党委委员	2020 年 5 月 15 日
63	陶关亮	云南水投原党委书记	2020 年 5 月 13 日
64	邸国军	北京能源集团总会计师	2020 年 5 月 12 日
65	邢连华	天津渤海轻工投资集团原董事长	2020 年 5 月 9 日
66	郭勇	四川省铁路产业投资集团董事长	2020 年 4 月 30 日
67	杨永宽	内蒙古地质矿产集团原副董事长	2020 年 4 月 29 日
68	涂慕溪	福建高速公路集团党委书记	2020 年 4 月 27 日
69	莫若平	内蒙古煤炭地质勘查公司原党委书记	2020 年 4 月 18 日
70	郝胜发	内蒙古煤炭地质勘查公司党委书记	2020 年 4 月 18 日
71	李灵翔	四川省机场集团有限公司副总经理	2020 年 4 月 10 日
72	孟志泉	包头钢铁公司党委原副书记	2020 年 4 月 3 日
73	王玉柱	天津物产集团原董事长	2020 年 3 月 31 日
74	薛昇旗	内蒙古能源发电投资集团董事长	2020 年 3 月 20 日
75	顾小蓉	广东省广物控股集团副职	2020 年 1 月 8 日
76	郑雄	原广东省商贸控股集团党委书记	2020 年 1 月 6 日
77	刘健	安徽国元控股原党委书记	2020 年 1 月 3 日

资料来源：中央纪委国家监委网站，课题组搜集整理。

金融领域反腐。金融领域腐败风险一旦与市场风险、政治风险交织在一起，容易引发系统性风险。金融腐败往往涉案金额巨大，动辄上千万元甚至上亿元。2020 年被查处的金融领域党员干部主要来自银行业、金融监管部门、非银行金融机构等，其中靠行吃行、亦官亦商，金融监管内部严重失守，金融监管内鬼问题突出，信贷审批权腐败造成多名行长落马。[①] 2020 年审理的金融干部中，中国华融资产管理股份有限公司原董事长赖小民受贿金额最高，高达 17.88 亿元，被称为“新中国金融贪腐第一案”。赖小民等金融领域腐败案件，透露出当前金融领域反腐败斗争形势依然严峻复杂，而查处这些案件，释放出党和国家坚决惩治金融领域腐败问题的决心。

人防系统反腐。人防系统领域由于业务面广、涉及金额大，易成为腐败的重灾区，近年来，远离公众视野的人防系统领导干部违纪违法问题突出，全国多地纪委开展了人防系统腐败问题专项治理工作，多名人防系统领导干部被查处，并在人防部门管理规范化、协助方式机制化、工作人员专门化等方面取得显著成效。

医疗卫生领域反腐。2020 年医疗系统反腐风暴升级，针对制售假药、骗保、过度医疗等突出问题，2020 年 6 月 30 日，中央纪委国家监委网站公布了四川省成都市纪委监委通报的 4 起医疗卫生领域典型案例，这也是中央纪委国家监委网站首次集中通报此类典型案例。2020 年 12 月 30 日，中央纪委国家监委网站公布了四川省人民医院原党委书记、院长李元峰接受审查调查的消息；2020 年，民航局民用航空医学中心（民航总医院）原党委副书记、主任（院长）李松林，云南省阜外心血管病医院原副院长马林昆等医疗系统领导干部相继落马。全国各地临床试验机构、医药研究所、乡镇卫生院、社区卫生服务中心等多名基层卫生系统领导干部被查。[②] 2020 年医疗卫生领域案件频频曝光，从中可以窥见医疗领域腐败问题盘根错节，腐败风险点密集。

高校领域反腐。2020 年以来，高校反腐持续发力，一批藏在象牙塔中的蠹虫被惩处。截至 2020 年 11 月，有 28 名高校厅局级领导被查处，接受纪律审查和监察调查的 17 名高校领导中，6 名为党委书记，7 名为校长（院

---

① 《金融领域反腐：严查以贷谋私、监管失守、靠行吃行等问题》，中央纪委国家监委网站，http：//www. ccdi. gov. cn/toutiao/202101/t20210102_ 233121. html，2021 年 1 月 2 日。

② 《医疗领域反腐：有人一手把脉问诊，一手袖里吞金》，中央纪委国家监委网站，http：//www. ccdi. gov. cn/yaowen/202101/t20210118_ 234031. html，2021 年 1 月 19 日。

长)[①]，“一把手”占 76.47%。《关于深化中央纪委国家监委派驻机构改革的意见》实施以来，党委书记和校长列入中央管理的高校纪检体制改革拉开序幕。31 所中管高校纪委书记的提名、考察，由中央纪委国家监委会同主管部门党组进行，对中管高校纪委书记的考核工作由中央纪委国家监委进行。高校纪检监察机构拥有了监察权，监督能力大幅提升。[②] 同时巡视巡察在高校深化，发现了一些腐败问题。高校腐败案件密集曝光，充分证明监督体制改革的成效。

（四）持续惩治群众身边“微腐败”

2020 年是全国脱贫决战时刻，扶贫工作项目多、资金体量大，容易滋生腐败问题。全国纪检监察机关持续深化扶贫领域腐败和作风问题专项治理。2020 年 4 月，中央纪委国家监委针对未摘帽的贫困地区印发《关于〈关于切实加强七省区 2020 年扶贫领域腐败和作风问题专项治理工作的指导意见〉的通知》，加强对广西、四川、贵州、云南、甘肃、宁夏、新疆等七省区纪委监委 2020 年扶贫领域腐败和作风问题专项治理工作的指导。截至 2020 年 10 月中旬，各级纪检监察机关已查处扶贫领域腐败和作风问题 25 万余个，处理 35 万余人。[③]

扫黑除恶，打击“保护伞”。2019 年全国共起诉涉黑犯罪 30547 人、涉恶犯罪 67689 人，同比分别上升 194.8% 和 33.2%，[④] 全国法院审结涉黑涉恶犯罪案件 12639 件 83912 人。[⑤] 坚持“是黑恶犯罪一个不放过、不是黑恶

---

① 《破解高校一把手监督难》，中央纪委国家监委网站，http://www.ccdi.gov.cn/toutiao/202010/t20201019_227326.html，2020 年 10 月 19 日。

② 《破解高校一把手监督难》，中央纪委国家监委网站，http://www.ccdi.gov.cn/toutiao/202010/t20201019_227326.html，2020 年 10 月 19 日。

③ 毛翔：《监督保障决战决胜纪检监察机关铁纪护航脱贫攻坚》，中央纪委监察部网站，http://www.ccdi.gov.cn/yaowen/202010/t20201017_227257.html，2020 年 10 月 17 日。

④ 《2020 年最高人民检察院工作报告》，中华人民共和国最高人民检察院网站，https://www.spp.gov.cn/spp/gzbg/202006/t20200601_463798.shtml，2020 年 5 月 25 日。

⑤ 《2020 年最高人民法院工作报告》，全国人民代表大会网，http://www.npc.gov.cn/npc/c30834/202006/81672e572afa4a7392bfcdb7da997f8f.shtml，2020 年 6 月 2 日。

犯罪一个不凑数"，促进深挖根治。坚决"打伞破网"，严惩公职人员涉黑涉恶犯罪，起诉"保护伞"1385 人，同比上升 295. 7%。[①] 实行"打财断血"，综合运用判处财产刑、追缴、没收违法所得等手段，铲除黑恶势力经济基础。专项斗争开展以来，一批作恶多端的"沙霸""路霸""菜霸""村霸"依法受到惩处。

（五）国际追逃追赃驰而不息

2020 年新冠肺炎疫情国际大流行，国际追逃追赃一刻没停歇。2020 年 3 月 30 日，中央反腐败协调小组国际追逃追赃工作办公室正式启动"天网 2020"行动。国家监委牵头职务犯罪国际追逃追赃专项行动，最高人民法院牵头犯罪嫌疑人、被告人逃匿、死亡案件追赃专项行动，公安部牵头"猎狐"专项行动，中国人民银行会同公安部等相关部门开展预防、打击利用离岸公司和地下钱庄向境外转移赃款专项行动，中央组织部会同公安部等开展违规办理和持有因私出国（境）证件治理工作。8 月 10 日，国家监委向十三届全国人大常委会报告了开展反腐败国际追逃追赃工作情况：2014 年至 2020 年 6 月，从 120 多个国家和地区追回外逃人员 7831 人，追回赃款 196. 54 亿元。[②] 截至 2020 年 6 月 30 日，追逃追赃"天网 2020"行动共追回外逃人员 589 人，其中党员和国家工作人员 152 人。[③] 2019 年，全国人民法院审结外逃腐败分子回国受审案件 321 件。[④]

国际社会反腐合作不断深化。二十国集团于 2010 年成立反腐败工作组，正式将反腐败纳入合作议程。2020 年 10 月 22 日，二十国集团首次反腐败

---

① 《2020 年最高人民检察院工作报告》，中华人民共和国最高人民检察院网站，https：//www. spp. gov. cn/spp/gzbg/202006/t20200601_ 463798. shtml，2020 年 5 月 25 日。

② 《全国人大常委会首次听取国家监委专项工作报告》，中央纪委国家监委网站，http：//www. ccdi. gov. cn/toutiao/202008/t20200811_ 223601. html，2020 年 8 月 10 日。

③ 《疫情下追逃追赃一刻不停"天网 2020"行动追回 589 人》，中央纪委国家监委网站，http：//www. ccdi. gov. cn/toutiao/202007/t20200710_ 221699. html，2020 年 7 月 10 日。

④ 《2020 年最高人民法院工作报告》，全国人民代表大会网，http：//www. npc. gov. cn/npc/c30834/202006/81672e572afa4a7392bfcdb7da997f8f. shtml，2020 年 6 月 2 日。

部长级会议以远程视频形式召开。我国与参会各方就发挥二十国集团引领作用、推动反腐败国际合作深入交换意见。会议通过《二十国集团反腐败部长级会议公报》，呼吁二十国集团各方深化反腐败国际追逃追赃协作，加强应对疫情反腐败工作，共同打造廉洁的营商环境。2020 年 11 月 10 日，上合组织成员国元首理事会第二十次会议以远程视频方式举行。习近平主席出席会议并发表重要讲话。与会领导人就提高联合国在全球反腐治理中的权威和作用、支持联合国相关公约等达成重要共识。2020 年 11 月 17 日，金砖国家领导人第十二次会晤以视频方式举行，习近平主席出席会晤并发表重要讲话。会议重申致力于促进国际反腐败合作，金砖国家应就所有与反腐败执法有关问题加强多边框架内合作。

四　不能腐的制度笼子越扎越紧

2020 年，各地区、各部门全面深化改革，不断解决党风廉政建设和反腐败斗争中遇到的新情况新问题，以国家治理体系和治理能力现代化的最新成果，巩固反腐败斗争压倒性胜利。一批从严治党的国家法律、党内法规、规章制度相继实施，一系列反腐败体制机制、源头防腐改革相继落地，制度笼子越扎越紧，腐败防控体系日趋完善。问卷调查显示，88% 的干部、85.2% 的专业技术人员、84.7% 的城乡居民认为，党和政府及其部门预防腐败的措施“非常管用”或“比较管用”。87.3% 的干部、82.7% 的专业技术人员认为，现在制定的党风廉政建设和反腐败法律法规制度质量“很高”或“较高”；85.3% 的干部、81.7% 的专业技术人员认为，党风廉政建设和反腐败法律法规执行效果“非常好”或“比较好”。

（一）纪检监察体制改革取得新进展

1. 监察体制改革有条不紊

中央纪委十九届四次全会把制定监察法实施条例、推动研究制定监察官法、依法履行制定监察法规职权作为全年重点工作。《监察官法》草案已提交全国人大常委会,[①] 全国人大监察和司法委员会等立法相关机构开展了一系列《监察官法》立法调研。根据《宪法》《监察法》的规定，各级监委向本级人大常委会报告专项工作有序推进。2020 年 8 月 10 日，十三届全国人大常委会第二十一次会议听取了国家监委关于开展反腐败国际追逃追赃工作情况的报告，这是全国人大常委会首次听取国家监委专项工作报告。

2. 派驻机构改革继续深化

各级纪检监察机关进一步完善派驻监督体制机制，进一步健全以联合办案、互通信息、共享资源等为主要内容的“派驻机构——地方纪委监委”协作机制，探索以上级纪委监委派驻形式监督国有企事业单位的有效机制，扩展垂直管理单位纪检监察体制改革试点。《关于深化中央纪委国家监委派驻机构改革的意见》精神向基层延伸，党委书记和校长列入中央管理的高校纪检体制改革落地之后，省属高校纪检监察体制改革也逐步深化。派驻机构改革得到大多数干部的认可，73.1% 的干部认为，派驻机构工作效果“非常有效”或“比较有效”。

3. 巡视巡察监督格局更为严密高效

十九届中央纪委四次全会工作报告提出，要深化政治巡视和巡视整改，进一步发挥巡视的利剑作用。2020 年，党中央在中央国家机关开展内部巡视，并深化省区市巡视，促进市县巡察向基层延伸。问卷调查结果显示，90.62% 的干部认为，最近几年政治巡视效果“非常好”或“比较好”。86% 的干部认为近年来巡视工作效果“非常有效”或“比较有效”，表明巡视巡察监督格局具有成效。

（二）党内法规和法律制度进一步完备

1. 检举控告制度不断健全

遇到违法犯罪行为，91.7% 的干部、89.8% 的专业人员选择检举控告。

---

① 《监察官法草案初稿已提交全国人大常委会》，中国新闻网，https：//www. chinanews. com/gn/2020/03 - 21/9132985. shtml。

在保障党员、群众行使监督权力的同时，也必须维护党员、干部的合法权益。2020年1月21日，中共中央办公厅发布《纪检监察机关处理检举控告工作规则》，进一步明确检举控告受理范围，畅通检举控告渠道，依规保障检举控告人权利，建立健全告知反馈机制、保密制度、奖励保护机制等，鼓励知情人客观真实反映问题。同时，该规则把诬告陷害行为作为重点治理对象，强调纪检监察机关要对检举控告进行分析甄别，曝光诬告陷害的典型案例，对通过诬告陷害获得不当利益的，建议有关单位予以纠正，给那些受到诬告陷害的党员干部澄清正名，保护党员干部干事创业积极性。

2. 主体责任制度不断完善

88.5%的干部认为，现阶段落实全面从严治党主体责任的效果“非常好”或“比较好”。全面从严治党的效果之所以得到绝大多数干部的认同，与3月9日中共中央办公厅发布《党委（党组）落实全面从严治党主体责任规定》直接关联。这项制度对全面从严治党的规定日益精细。一是责任内容更加细化。在责任主体上，区分了地方党委和单位（系统）党组，根据两类党组织的各自特点量身定制责任内容，责任内容更有针对性。二是职责分工更加明确。对党委（党组）书记、领导班子成员、党的建设工作领导小组、纪检机关、党委办公厅（室）、职能部门、办事机构、机关工委等主体职责规定得详细具体。三是责任落实措施更加可行。对常委会议（党组会议）专题研究全面从严治党工作、责任清单、年度任务安排进行了量化细化，对加强全面从严治党调查研究、宣传教育、提醒谈话、公开通报、教育培训都有明确要求。

3. 党组织建设制度不断丰富

2020年7月13日，中共中央发布《中国共产党基层组织选举工作条例》，对党代会代表的产生、委员会的产生、选举的实施、呈报审批等做出规定，同时严禁拉帮结派、拉票贿选、跑风漏气等非组织行为，严防黑恶势力、宗族势力、宗教势力干扰破坏选举。抓好中央委员会、中央政治局、中央政治局常委会建设是党和国家兴旺发达、长治久安的保障。9月30日，中共中央发布《中国共产党中央委员会工作条例》，着眼于加强中央委员会工作，对党中央的领导地位、领导体制、领导职能、领导方式、决策部署、自身建设等做出规定，为落实“两个维护”要求、保证中央权威和集中统一领导提供了基本遵循。

4. 政务处分立法基本定型

2020 年 6 月 20 日，第十三届全国人民代表大会常务委员会第 19 次会议通过了《中华人民共和国公职人员政务处分法》。该法是新中国成立以来第一部全面系统规范公职人员惩戒制度的国家法律，[①] 统合吸收了《公务员法》《行政机关公务员处分条例》《事业单位工作人员处分暂行规定》等法律法规规章中关于公职人员处分的有关规定，明确了应当给予政务处分的违法行为、政务处分的基本原则、使用规则、程序和复审复核途径，为纪检监察机关进行政务处分提供了法律依据。

5. 反腐败刑事法网越织越密

2020 年 10 月 13 日，全国人大常委会第二次审议《刑法修正案（十一）草案》，把实施严重犯罪后的“自洗钱”行为规定为犯罪，同时完善有关洗钱的行为方式，增加地下钱庄通过“支付”结算方式洗钱条款。这些新规定为有效预防、惩治洗钱违法犯罪以及境外追逃追赃提供了法律保障。[②] 该草案拟修订现行刑法中关于非国家工作人员受贿罪、职务侵占罪的规定，主刑之外均附加罚金刑，法定最高刑均提升为无期徒刑，与受贿罪、贪污罪的刑罚相协调。此外，根据宽严相济刑事政策，该草案还调整了挪用资金罪的刑罚。

（三）源头防腐改革进一步推进

减少政府对微观事务的干预，从源头上铲除滋生权钱交易的土壤。2020 年“放管服”改革继续深化，在规范权力运行、优化营商环境方面取得一定成效。9 月 13 日，国务院决定取消外商投资经营电信业务审定意见书核

---

① 邹开红：《完善党和国家监督体系　推进政务处分工作规范化法治化》，《中国纪检监察》2020 年第 13 期，第 15 页。

② 瞿芃：《刑法修正案草案二审稿拟修改洗钱罪　为境外追逃追赃提供充足法律保障》，《中国纪检监察》2020 年 10 月 14 日，第 1 版。

发、典当业特种行业许可证核发、新农药登记试验审查、企业银行账户开户许可证核发等29项行政许可事项，下放成品油零售经营资格审批、县级广播电台电视台变更台名、节目设置范围或节目套数审批等4项行政许可事项的审批层级。此外，还有20项法律设定的行政许可事项将按照法定程序提请全国人大常委会修订法律。党的十八大以来，国务院分16批下放1094项行政许可事项。[①] 2020年5月11日实施的《关于新时代加快完善社会主义市场经济体制的意见》再次强调，全面实施市场准入负面清单制度，以服务业为重点试行进一步放宽准入限制，发挥市场在资源配置中的基础性作用。自2020年7月23日起施行的《外商投资准入特别管理措施（负面清单）（2020年版）》和《自由贸易试验区外商投资准入特别管理措施（负面清单）（2020年版）》大大压缩负面清单事项，全国外商投资准入负面清单由40条减至33条，自贸试验区外商投资准入负面清单由37条减至30条。

2020年7月21日，习近平总书记主持召开企业家座谈会时强调："各级领导干部要光明磊落同企业交往，了解企业家所思所想、所困所惑，涉企政策制定要多听企业家意见和建议，同时要坚决防止权钱交易、商业贿赂等问题损害政商关系和营商环境。"[②] 各地出台一系列规范政商关系的制度，着力营造亲而有矩、清而有为的营商环境。四川省纪委监委印发《关于服务保障民营经济健康发展的十八条措施的通知》，提出政商交往的正面清单和负面清单，既规定哪些行为不可为，又支持公职人员帮助民营企业争取政策、项目和资金。湖南省纪委监委也出台《关于规范政商交往推动构建亲清新型政商关系的意见》，促进党政机关及公职人员与企业正常交往，厘清党政机关及公职人员与企业交往界线，营造亲清新型政商关系。

各领域出台的一系列改革措施，均把腐败防控作为制度建设的重要考量因素。2020年我国增加财政赤字、发行抗疫特别国债筹集2万亿元，为此专

① 李克强：《在国务院第三次廉政工作会议上的讲话（2020年7月23日）》，《中国纪检监察报》2020年8月31日，第2版。

② 习近平：《在企业家座谈会上的讲话（2020年7月21日）》，《人民日报》2020年7月22日，第2版。

门建立了特殊转移支付机制，“使新增财政资金‘一竿子插到底’、迅速落地见效”①。该项改革举措可有效防止“雁过拔毛”式腐败和“跑冒滴漏”。出台《深化新时代教育评价改革总体方案》，推进教育领域党委政府教育工作评价、学校评价、教师评价、学生评价、用人评价制度改革，有利于防范评价指挥棒产生的腐败问题。该方案关于改进高校教师科研评价的指导意见，强调“不得将论文数、项目数、课题经费等科研量化指标与绩效工资分配、奖励挂钩”，有利于防范学术期刊发文、课题立项审批等领域的腐败问题。各地纷纷出台规范医疗行为的规章制度，加强临床检查管理，遏制过度医疗，重点强化对抗肿瘤药物、抗菌药物等的临床使用管理。2020 年 9 月 1 日召开的中央全面深化改革委员会第十五次会议审议通过《关于进一步规范医疗行为 促进合理医疗检查的指导意见》，强化对医疗机构和医务人员行为的监督管理。

五 公共资金、资产、资源监管不断规范

一年多来，党和政府继续加强对公共资金、公共资产、公共资源的监督管理。在监管公共资金方面，政府预决算透明度进一步提升，“三公”经费进一步下降，制止公款餐饮浪费成果进一步巩固，财政资金深耕扶贫，助力实现脱贫攻坚历史性伟业；公共资产方面，国有资产稳中有进增长，以管资本为主的国资监管新体制逐步完善，农村集体资产清核工作收尾；公共资源方面，以政府采购为重点，从严规范公共资源交易，公共资源交易平台建设持续推进，公共资源监督管理亮招频出。

（一）公共资金使用更加高效节俭

2020 年，面对历史罕见的冲击，国务院实施阶段性大规模减税降费，全年为市场主体减负超过 2.6 万亿元，其中减免社保费 1.7 万亿元。新增 2

① 李克强：《在国务院第三次廉政工作会议上的讲话（2020 年 7 月 23 日）》，《中国纪检监察报》2020 年 8 月 31 日，第 2 版。

万亿元中央财政资金并建立直达机制，省级财政加大资金下沉力度，共同为市县基层落实惠企利民政策及时补充财力。

1. 预决算公开力度进一步加大

党的十九大报告要求建立全面规范透明、标准科学、约束有力的预算制度。2020 年，中央部门预算公开进入第 11 个年头。截至 6 月 11 日，102 个中央部门集中公开了本部门本年度预算情况，公开内容包括部门收支总表、部门收入总表、部门支出总表等 8 张报表，中央部门收支总体情况和财政拨款收支等情况得到了全面真实的反映。同往年相比，2020 年中央部门一般公共预算支出公开到支出功能分类项级科目，其中基本支出公开到部门预算支出经济分类款级科目（涉密信息除外）。同时，中央部门项目支出预算公开力度和范围较 2019 年进一步扩大。2020 年中央部门公开的项目数量为 83 个，公开范围涵盖了从项目概述、立项依据到实施主体、实施方案、实施周期再到年度预算安排、绩效目标的全过程。中央各部门项目支出绩效目标管理基本全覆盖，公开范围持续扩大，预算绩效目标审核力度不断加大。2020 年，提交全国人大审议项目的中央部门公开提交审议项目的文本和绩效目标表（涉密部门、涉密信息除外）；中央部门重点项目绩效目标公开数大幅增加至 109 个，是 2019 年的 2 倍多。①

2. “三公”经费大幅下降

2019 年中央财政压缩一般性支出平均幅度为 10%，“三公经费”压减率达 3.8%。2020 年，中央本级支出下降 0.1%，其中非急需非刚性支出压减 50% 以上。2020 年中央本级“三公”经费财政拨款预算安排降至 55.17 亿元，同比减少 25.9 亿元，降幅为 31.9%。其中：因公出国（境）费 6.78 亿元，减少 11.91 亿元，降幅 63.7%；公务用车购置及运行费 45.79 亿元（包括购置费 8.5 亿元、运行费 37.29 亿元），减少 9.58 亿元，降幅 17.3%；公务接待费 2.6 亿元，减少 4.41 亿元，降幅 62.9%。② 由此可见

① 《财政部有关负责人就 2020 年中央部门预算公开答问》，中国政府网，http：//www.gov.cn/xinwen/2020－06/12/content5518990.htm。

② 《2020 年中央本级“三公”经费预算安排情况》，财政部网站，http：//yss.mof.gov.cn/caizhengshuju/202006/t20200611_ 3530081.htm。

中央政府控制一般性支出和削减“三公”经费力度之大，为让老百姓过上好日子，中央政府带头真正过上“紧日子”。

表5　党的十八大以来中央本级“三公”经费预算安排情况

单位：亿元

项目	2020	2019	2018	2017	2016	2015	2014	2013
因公出国(境)费	6.78	18.69	17.63	18.82	20.27	19.38	19.76	21.36
公务用车购置及运行费	45.79	55.37	33.15	35.04	34.41	34.59	41.27	43.99
公务接待费	2.6	7.01	6.28	7.61	8.42	9.19	10.48	14.34
合计	55.17	81.07	57.06	61.47	63.1	63.16	71.51	79.69

资料来源：根据财政部网站财政数据整理。

表6　党的十八大以来中央本级“三公”经费预算执行情况

单位：亿元

项目	2013	2014	2015	2016	2017	2018
因公出国(境)费	16.92	16.2	17.43	17.07	16.83	14.88
公务用车购置及运行费	42.53	35.99	30.88	25.85	23.17	24.33
公务接待费	12.09	6.61	5.42	4.19	3.6	3.64
合计	71.54	58.8	53.73	47.11	43.6	42.85

资料来源：根据财政部网站财政数据整理。

3. 厉行节约、遏制餐饮浪费产生积极效果

2020年8月，习近平总书记就餐饮浪费问题做出重要指示，要求“要加强立法，强化监管，采取有效措施，建立长效机制，坚决制止餐饮浪费行为。要进一步加强宣传教育，切实培养节约习惯，在全社会营造浪费可耻、节约为荣的氛围”。[①] 中央和国家机关认真贯彻落实习近平总书记系列重要指示精神，带头过紧日子。中央和国家机关工委发出公开信，倡议中央和国家机关广大干部职工迅速行动起来，带头向“剩宴”说不，为“光盘”叫

① 《习近平做出重要指示强调　坚决制止餐饮浪费行为切实培养节约习惯　在全社会营造浪费可耻节约为荣的氛围》，新华网，http：//www.xinhuanet.com/politics/leaders/2020－08/11/c_1126353394.htm。

好，在厉行勤俭节约、反对餐饮浪费上走在前、作表率。[①] 党的十九届五中全会严格落实“简朴、节约、安全、高效”的办会原则，专门制定了厉行节约、制止餐饮浪费的会议服务工作方案，全流程各环节都进行了细致安排，确保将勤俭节约的风尚贯彻会议始终。[②] 中央纪委国家监委印发《关于贯彻落实习近平总书记重要批示精神加强监督执纪坚决制止餐饮浪费行为的工作意见》，除对顶风违纪、情节恶劣的依规依纪依法做出处理外，还加大问责力度，对违规公款吃喝、餐饮浪费问题严重的地区、部门、单位，严肃追究领导责任，通报曝光，形成警示震慑。各级党委、政府纷纷采取措施，社会组织、餐饮企业、消费者纷纷响应，餐饮浪费现象引起社会关注，人们的消费习惯朝着节俭方向不断好转。

4. 扶贫惠民资金监管力度增强

面对突如其来的新冠肺炎疫情，各级政府着力优化财政支出结构，把基本民生和脱贫攻坚摆在优先保障地位，扶贫惠民支持力度有增无减。在连续5年每年新增200亿元的基础上，2020年中央财政专项扶贫资金达到创纪录的1461亿元。为支持挂牌督战地区脱贫攻坚，中央财政一次性安排综合性财力补助资金达300亿元；为克服新冠肺炎疫情对经济社会发展的影响，中央财政安排专项扶贫资金14亿元，支持包括湖北在内的7个省份。公共财政资金重点投入领域，是监督管理的重点部位。为了防止公共财政资金结余沉淀、截留挪用，国务院派出14个督查组分赴全国14个省、自治区、直辖市和新疆生产建设兵团开展实地督查，对发现的典型问题通报批评。国务院还建立了“互联网+督查”平台，使遭遇政策不落实的企业和群众可通过这一渠道直接向国务院办公厅督查室及时反映问题。国务院办公厅督查室持续跟踪督办，对敷衍了事、虚假应付、整改不到位的予以曝光追责。继

---

① 《中央和国家机关工委向中央和国家机关干部职工发出公开信倡议　带头制止餐饮浪费　切实培养节约习惯　建设风清气正的政治机关》，新华网，http://www.xinhuanet.com/politics/2020-08/16/c_1126374192.htm。

② 《京西宾馆里的“光盘行动”　党的十九届五中全会厉行节约反对餐饮浪费见闻》，新华网，http://www.xinhuanet.com//mrdx/2020-10/30/c_139478413.htm。

2019 年在全国范围内开展惠民惠农财政补贴资金“一卡通”专项治理后，2020 年财政部等七部委又出台了《关于进一步加强惠民惠农财政补贴资金“一卡通”管理的指导意见》，调整优化惠民惠农财政补贴政策体系，为整治群众身边的腐败建立健全监管长效机制。各级纪检监察机关将脱贫攻坚作为重点监督领域，紧盯扶贫项目资金管理风险隐患，坚决查处贪污侵占、虚报冒领、截留挪用、优亲厚友等问题，全国共查处扶贫领域腐败和作风问题 8.5 万件，剖析典型案例，推动举一反三，持续深化纠治。[①] 2020 年，审计查出严重违纪违法问题资金占比仅为 0.19%。监管制度的不断健全，带来的是财政扶贫资金安全性、规范性的明显提升和违规违纪问题的明显减少。在问卷调查中，除了 24.7% 的城乡居民表示“不了解”之外，67.4% 认为扶贫领域腐败“不太严重”或“不存在”，仅 2.1% 认为“非常严重”，5.8% 表示“比较严重”。

（二）公共资产监管体系进一步完善

1. 国资企业积极克服疫情影响率先恢复增长

国有企业稳中有进态势持续巩固。2019 年国有企业实现营业总收入 625520.5 亿元，利润总额为 35961.0 亿元，同比分别增长 6.9% 和 6.1%[②]。2020 年国有企业克服疫情影响，抢抓国内国际市场回暖机遇，经营企稳向好的态势进一步巩固。2020 年 1～11 月，国有企业营业总收入 556124.8 亿元（见表 7），同比增长 0.8%。[③] 在新冠肺炎疫情在全球蔓延之时，国有企业营业总收入仍保持增势不变，实属相当不易。

---

① 赵乐际：《坚持和完善党和国家监督体系 为全面建成小康社会提供坚强保障——在中国共产党第十九届中央纪律检查委员会第四次全体会议上的工作报告》，中央纪委国家监委网站，http：//www. ccdi. gov. cn/xxgk/hyzl/202002/t20200224_ 212152. html。

② 《2019 年 1～12 月全国国有及国有控股企业经济运行情况》，国务院国资委网站，http：//www. sasac. gov. cn/n2588035/n2588330/n2588370/c15506019/content. html。

③ 《2020 年 1～11 月全国国有及国有控股企业经济运行情况》，国务院国资委网站，http：//www. sasac. gov. cn/n2588035/n2588330/n2588370/c16306995/content. html。

表 7　全国国有及国有控股企业经济运行统计
（2016 年至 2020 年 11 月）

单位：亿元

项目	中央企业					地方国有企业				
	2016 年	2017 年	2018 年	2019 年	2020 年 1 ~ 11 月	2016 年	2017 年	2018 年	2019 年	2020 年 1 ~ 11 月
营业总收入	276783. 6	308178. 6	338781. 8	358993. 8	311788. 2	182194. 4	213836. 3	248718. 9	266526. 7	244336. 6
利润总额	15259. 1	17757. 2	20399. 1	22652. 7	19798. 7	7898. 7	11228. 7	13478. 6	13308. 3	10064. 4

资料来源：根据国务院国资委网站国资数据栏目全国国有及国有控股企业经济运行数据整理。

受疫情冲击，2020 年前三季度全国国有和国有控股企业营收盈利同比出现下滑。但分季度来看，国有企业的营收、利润总额自一季度低点逐季恢复，已接近甚至超过疫情前的水平（见图 1、图 2）。国有企业率先复苏，成为中国经济高质量发展的压舱石，使中国成为 2020 年全球唯一实现经济正增长的主要经济体。

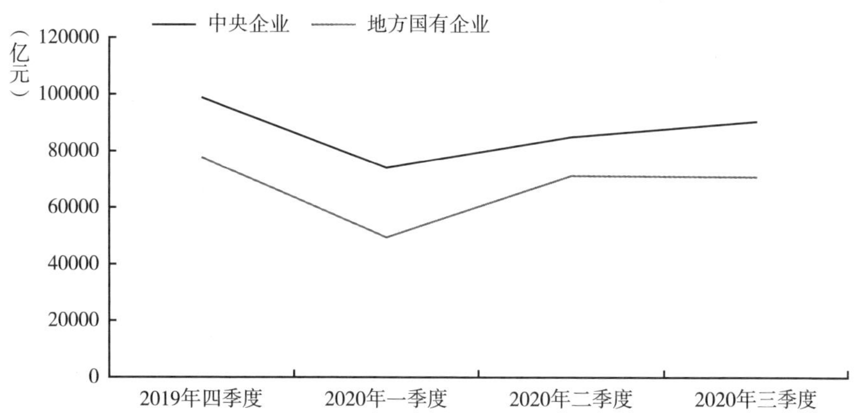

图 1　央企及地方国企营业总收入（2019 年四季度至 2020 年三季度）

资料来源：课题组自制。

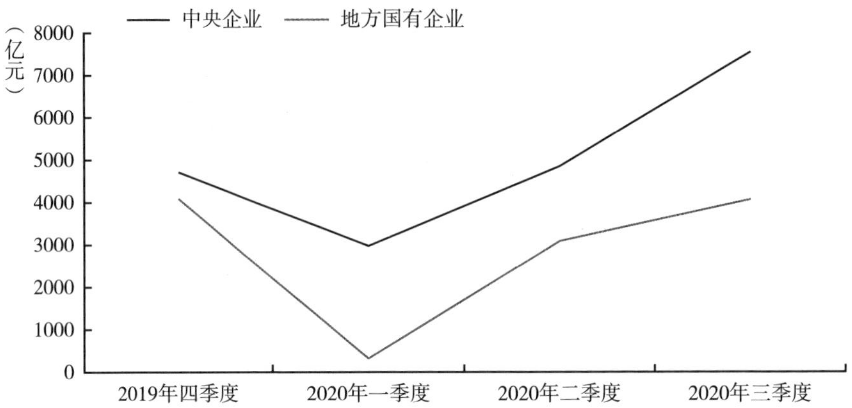

图 2　央企及地方国企利润总额（2019 年四季度至 2020 年三季度）

资料来源：课题组自制。

2. 人大强化监督国有资产职能

党的十八大以来，以习近平同志为核心的党中央高度重视人大在国有资产监督和国有资产治理方面的重要作用。在党中央的坚强领导下，十三届全国人大常委会 2019 年 5 月 22 日制定了《十三届全国人大常委会贯彻落实〈中共中央关于建立国务院向全国人大常委会报告国有资产管理情况制度的意见〉五年规划（2018—2022）》。根据该五年规划所明确的路线图和时间表，十三届全国人大常委会在 2020 年书面报告和审议国有资产管理情况综合报告的同时，听取和审议企业国有资产（不含金融企业）管理情况专项报告；提交企业（不含金融企业）国有资产报表；实现县级地方建立国有资产管理情况报告制度全覆盖。2020 年 12 月 26 日，十三届全国人大常委会第二十四次会议表决通过了《全国人大常委会关于加强国有资产管理情况监督的决定》，针对国有资产管理情况报告、审议、整改问责、公开等多个环节提出相关明确要求，同时就建立人大监督国有资产评价指标体系做出规定。为贯彻党中央部署，国务院 2020 年 12 月 30 日常务会议通过《行政事业性国有资产管理条例（草案）》，将保障行政单位履行职能和所属事业单位提供基本公共服务的行政事业性国有资产，纳入法治轨道管理监督。上述措施进一步健全了国有资产监督法律制度，使党的主张通过法定程序成为

国家意志，将党中央的要求转化为法律规范，为推进国有资产治理体系和治理能力现代化提供了有力的法制保障。

3. 以管资本为主的国资监管新体制进一步完善

2019 年 10 月 19 日，国务院国资委印发《关于加强中央企业内部控制体系建设与监督工作的实施意见》，对中央企业内控体系建设与监督工作提出规范性要求，突出了建立健全内控体系、加强内控体系有效执行、强化内控信息化刚性约束、加强“强监管、严问责”4 个方面的工作重点。10 月 31 日，党的十九届四中全会提出“形成以管资本为主的国有资产监管体制，有效发挥国有资本投资、运营公司功能作用”。国资委 11 月 7 日印发《关于以管资本为主加快国有资产监管职能转变的实施意见》，要求各级国资委转变监管理念，对企业的直接管理转向更强调基于出资关系的监管；调整监管重点，从关注企业个体发展转向更注重国有资本整体功能；改进监管方式，从习惯于行政化管理转向更多运用市场化法治化手段；优化监管导向，从关注规模速度转向更注重提升质量效益。[①] 11 月 8 日国务院国资委印发《关于进一步推动构建国资监管大格局有关工作的通知》，推动构建国资监管大格局、形成国资监管一盘棋。2020 年 1 月 7 日，国资委印发《国资监管提示函工作规则》和《国资监管通报工作规则》，前者突出事前和事中监管，后者强化事后监督问责。[②] 9 月 28 日，国资委向中央企业印发了《关于深化中央企业内部审计监督工作的实施意见》，从强化统一管控能力、有效履行工作职责、聚焦经济责任、突出关键环节、强化境外内部审计、加强内控体系审计、压实整改落实责任、加强出资人对内部审计工作的监管等 8 个方面对中央企业内部审计工作进行规范。9 月 29 日，国务院国资委制发《中央企业违规经营投资问题线索查处工作指引》，进一步规范中央企业违

---

① 《关于印发〈国务院国资委关于以管资本为主加快国有资产监管职能转变的实施意见〉的通知》，国务院国资委网站，http：//xxgk. sasac. gov. cn：8080/gdnps/newContent－2020. jsp? id＝12856298。

② 《关于印发〈国资监管提示函工作规则〉和〈国资监管通报工作规则〉的通知》，国资委网站，http：//xxgk. sasac. gov. cn：8080/gdnps/newContent－2020. jsp? id＝13544661。

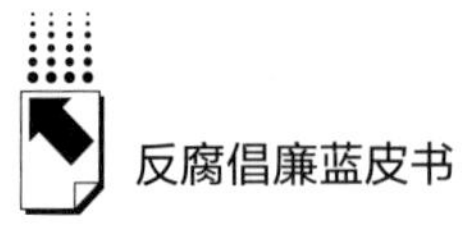

规经营投资问题线索查处，形成职责明确、流程清晰、规范有序的责任追究工作机制。此外，各大央企积极践行全新监督管理体制，加强内部监督治理。2020 年 6 月 30 日前，各中央企业根据《关于加强重大经营风险事件报告工作有关事项的通知》要求，结合实际完善了重大经营风险事件报告制度，以减少经营中发生国有资产损失的风险。

4. 摸清农村集体资产家底并加强监管

全国农村集体资产清产核资工作历时 3 年于 2019 年底基本完成。清产核资结果显示，截至 2019 年底全国共有集体土地 65.5 亿亩，账面资产 6.5 万亿元；集体所属全资企业超 1.1 万家，资产总额 1.1 万亿元。这次清查掌握了集体资产存量、价值和使用情况，使集体资产管理机制进一步规范。为防止集体资产侵占挪用，农业农村部进一步指导农村集体经济组织落实资产登记制度，建立资产保管制度，明确资产发包、租赁经营使用制度，建立资产处置制度和集体资产年度清查制度，使农村集体资产管理制度不断趋于完善。同时，通过加强对集体经济的监督管理，做好日常财务收支定期审计、村干部任期和离任经济责任审计，采用定期通报、责任追究等手段，强化农村集体资产监督管理，扎牢制度的笼子。农村集体资产监督管理平台建设提速，《数字农业农村发展规划（2019～2025 年）》将全国农村集体资产监督管理平台建设作为主要任务，推动农村集体资产财务管理制度化、规范化、信息化。

（三）公共资源交易进一步规范

1. 从严规范政府采购

2020 年全国公共资源交易量排名前 4 的分别是政府采购、工程建设、土地使用权和国有产权，所占比例分别为 51.35%、33.38%、4.74% 和 4.3%。[①] 政府采购占全国公共资源交易量的一半以上，加强对政府采购的监督和管理是公共资源监督管理的重点。“互联网 +”招标采购三年行动于

① 《2020 年全国各类型交易量统计》，全国公共资源交易平台网站，http：//www.ggzy.gov.cn/information/deal/dealCollect.html。

2019 年如期完成，招标采购的透明度、效率与质量获得提高，交易成本进一步降低，招投标活动进一步规范，招标投标市场公平竞争机制得到重塑。2019 年 11 月，财政部颁布了新修订的《政府采购信息公告管理办法》，新办法聚焦信息发布管理，对政府采购信息发布行为进行了重点规范，明确了政府采购信息应当按照财政部规定的格式编制，确保了信息发布制度的稳定性和规范性。2020 年 6 月 11 日，100 个中央部门集中在 2020 年部门预算中公布了部门政府采购预算情况。中央部门已连续第 6 年公布政府采购预算情况，此次预算公开呈现"一增一减"的特征：公布政府采购预算的单位数量较上年增加 3 个，与此同时近 50% 的中央部门政府采购预算金额同上年相比有所下降，政府采购预算更加公开透明，彰显了政府带头过紧日子的决心。[①] 尤其值得一提的是，国务院办公厅 2019 年 7 月 19 日发布《治理高值医用耗材改革方案》，将完善价格形成机制、降低高值医用耗材虚高价格，规范医疗服务行为、严控高值医用耗材不合理使用，健全监督管理机制、严肃查处违法违规行为等作为改革重点。2020 年集中采购范围从药品扩展到医疗器械。11 月 5 日，国家医保局会同相关部门组织开展的冠脉支架集中带量采购，打响了高值医用耗材全国集采的第一枪。拟中选产品均价从 1. 3 万元左右下降至 700 元左右。[②] "灵魂砍价"促使冠脉支架由万元时代跌入百元时代，挤掉了高值医用耗材虚高的价格，切实降低了患者的医疗负担。

2. 有序推进公共资源交易平台建设

李克强总理在国务院第三次廉政工作会议讲话中指出，将公共资源交易全部纳入统一的交易平台，严格项目管理，做到廉洁安全。[③] 标准化是公共资源交易平台良好运行的基础。为此，国家发改委办公厅于 2019 年 5 月印发了《公共资源交易平台服务标准（试行）》。2020 年 7 月 9 日，重庆正式

---

① 《近五成中央部门政采预算低于去年》，中国政府采购网，http：//www. ccgp. gov. cn/jdjc/fxyj/202006/t20200622_ 14516918. htm，2020 年 6 月 22 日。

② 《国家组织集中带量采购，均价大幅降低——心脏支架超万元降至七百块》，人民网，http：//society. people. com. cn/n1/2020/1112/c1008 - 31927757. html，2020 年 11 月 12 日。

③ 《李克强：在国务院第三次廉政工作会议上的讲话》，新华网，http：//www. xinhuanet. com/politics/leaders/2020 - 08/30/c_ 1126431473. htm，2020 年 8 月 30 日。

启动公共资源交易国家标准化试点，试点内容主要包括建立健全全市公共资源交易服务标准体系、标准转化机制，创建公共资源交易服务标准品牌等，力图建立起一套完整的标准化交易服务体系。2019 年 12 月 27 日，国家发改委会同有关部门制发了《全国公共资源交易目录指引》，着力规范场所服务事项，推行网上办理，着力优化平台服务，将清单内公共资源交易全部纳入平台体系，不断提高公共资源配置效率和公平性。此外，为拓展公共资源交易平台覆盖范围，2020 年 7 月 17 日，国家发改委和国家林草局共同制发了《公共资源交易平台系统林权交易数据规范》，推动全国范围内林权交易纳入公共资源交易平台，使后者覆盖范围进一步扩大。

六　社会信用体系支撑作用日益明显

诚实守信是立言立德的基本要求，诚信建设是国家廉政建设的重要内容。2020 年 1 月 1 日起施行的《优化营商环境条例》，提出加强社会信用体系建设，持续推进政务诚信、商务诚信、社会诚信和司法公信建设，提高全社会诚信意识和信用水平。2020 年 5 月 18 日中共中央、国务院印发《关于新时代加快完善社会主义市场经济体制的意见》，提出构建适应高质量发展要求的社会信用体系和新型监管机制。继《社会信用体系建设规划纲要（2014～2020 年）》之后，2020 年 12 月 7 日中共中央发布的《法治社会建设实施纲要（2020～2025 年）》，把推进社会诚信建设纳入其中，作了五年实施要求。不断健全的信用体系、信用法规制度和行业信用标准，正在提高社会的诚信意识和信用水平，在提升国家对社会和经济的现代化治理能力方面的支撑作用逐渐明显。社会诚信体系功能作用不断增强，86.4% 的城乡居民认为，社会诚信体系作用“非常大”或“比较有作用”。

（一）推进政务诚信建设

政务诚信是社会信用体系建设的关键，各类政务行为主体的诚信水平，对其他社会主体诚信建设发挥着表率导向作用。2020 年 1 月 1 日起实施的

《优化营商环境条例》，对推进政务诚信提出要求。中共中央办公厅、国务院办公厅3月3日印发的《关于构建现代环境治理体系的指导意见》，强调建立健全环境治理政务失信记录。5月17日新华社受权播发的中共中央、国务院《关于新时代推进西部大开发形成新格局的指导意见》提出，建立健全地方信用法规体系，加强政务诚信建设，建立健全政府失信责任追究制度。[①] 5月18日，新华社受权播发的《中共中央国务院关于新时代加快完善社会主义市场经济体制的意见》提出，建立政务诚信监测治理体系，建立健全政府失信责任追究制度。加强对权力运行的社会监督约束，建立一支守法守信、高效廉洁的公职人员队伍，有助于提升政府公信力，树立政府公正、公平、清廉的诚信形象。

（二）加大商务诚信建设力度

诚信建设在优化营商环境过程中发挥着重要的支撑作用。2020年11月，国务院办公厅印发《关于全面推行证明事项和涉企经营许可事项告知承诺制的指导意见》，提出全面推行证明事项和涉企经营许可事项告知承诺制，助力营商环境优化。在环境治理领域，2020年3月3日中共中央办公厅、国务院办公厅印发《关于构建现代环境治理体系的指导意见》，强调健全环境治理信用体系、完善企业环保信用评价制度、建立排污企业黑名单制度、建立完善上市公司和发债企业强制性环境治理信息披露制度。[②] 在金融领域，2020年7月中国人民银行会同国家发改委和证监会联合发布《关于公司信用类债券违约处置有关事宜的通知》，深化金融供给侧结构性改革，建立健全债券市场风险防范及化解机制，促进公司信用类债券市场健康发展。国家发改委等三部门联合发文《完善公司信用债违约处置机制》，强调建立健全跨部门失信企业通报及惩戒机制，有关部门依法将有关恶意逃废债

---

① 《中共中央　国务院关于新时代推进西部大开发形成新格局的指导意见》，中国政府网，http：//www. gov. cn/zhengce/2020 -05/17/content_ 5512456. htm。

② 《关于构建现代环境治理体系的指导意见》，中国政府网，http：//www. gov. cn/zhengce/2020 -03/03/content_ 5486380. htm。

信息纳入征信系统及全国信用信息共享平台。[①] 2020 年 10 月 5 日，国务院印发实施的《关于进一步提高上市公司质量的意见》，提出控股股东等履行诚信义务。[②] 在自然资源开发领域，2020 年 7 月 9 日，《自然资源部关于印发〈自然资源统计工作管理办法〉的通知》第 11 条提出："建立违规干预统计工作记录制度和统计信用制度。"[③] 11 月 27 日自然资源部办公厅发出《关于规范矿山储量年度报告管理的通知》，要求强化矿山储量数据质量信用考核。[④] 12 月 5 日国家发改委办公厅下发《关于做好 2021 年煤炭中长期合同签订履行工作的通知》，指出要建立健全信用监管机制。[⑤] 交通运输行业信用管理体系也处于推进过程。2020 年 9 月 27 日中华人民共和国海事局印发《安全诚信航运公司管理办法》，[⑥] 2020 年 11 月 9 日交通运输部办公厅《关于加强全国水路运输市场信用信息管理系统运行管理工作的通知》指出，为推进水路运输市场信用体系建设，进一步强化水路运输市场信用监管，在试运行基础上，全国水路运输市场信用信息管理系统（以下简称系统）正式投入运行。[⑦]

---

① 国家发展改革委等三部门联合发文《完善公司信用债违约处置机制》，信用中国网站，https：//www. creditchina. gov. cn/zhengcefagui/zhengcefagui/zhongyangzhengcefagui1/202007/t20200703_ 201609. html。

② 《关于进一步提高上市公司质量的意见》，信用中国网站，https：//www. creditchina. gov. cn/zhengcefagui/zhengcefagui/zhongyangzhengcefagui1/202011/t20201124_ 217901. html。

③ 《自然资源部关于印发〈自然资源统计工作管理办法〉的通知》，中华人民共和国自然资源部网站，http：//gi. mnr. gov. cn/202007/t20200715_ 2532792. html。

④ 《自然资源部办公厅关于规范矿山储量年度报告管理的通知》，中国政府网，http：//www. gov. cn/zhengce/zhengceku/2020 - 12/03/content_ 5566659. htm。

⑤ 《国家发展改革委办公厅关于做好 2021 年煤炭中长期合同签订履行工作的通知》，中国政府网，http：//www. gov. cn/zhengce/zhengceku/2020 - 12/09/content_ 5568450. htm。

⑥ 《中华人民共和国海事局关于印发〈安全诚信航运公司管理办法〉的通知》，https：//www. creditchina. gov. cn/zhengcefagui/zhengcefagui/zhongyangzhengcefagui1/202011/t20201112 _ 216283. html。

⑦ 《交通运输部办公厅关于加强全国水路运输市场信用信息管理系统运行管理工作的通知》，https：//www. creditchina. gov. cn/zhengcefagui/zhengcefagui/zhongyangzhengcefagui1/202011/t20201123_ 217550. html。

（三）建立健全社会诚信机制

近年来，各类学术不端、师德失范、天价医药费等问题频发，受到社会的广泛关注。对此，党和国家不断加强社会重点领域诚信机制建设。

2020 年 9 月 4 日，教育部、国家发改委、财政部印发《关于加快新时代研究生教育改革发展的意见》，明确要求加强学风建设，严惩学术不端行为。[①] 10 月 7 日修订后的《国家科学技术奖励条例》公布，强调加强科技奖励诚信体系建设，明确评审专家需具有较高学术水平和良好科学道德，在科技活动中违反伦理道德或者有科研不端行为的个人、组织，不得被提名或者授予国家科学技术奖，建立科研诚信严重失信行为数据库，禁止使用国家科学技术奖名义牟取不正当利益。10 月 30 日教育部印发《研究生导师指导行为准则》，要求研究生导师带头维护学术尊严和科研诚信，杜绝学术不端行为，对与研究生联合署名的科研成果承担相应责任；明确导师指导行为中的"不得"，划定了底线。[②] 12 月 7 日教育部印发的《关于破除高校哲学社会科学研究评价中"唯论文"不良导向的若干意见》提出，加强科研诚信建设，健全集教育、预防、监督、惩治于一体的学术诚信体系，建立学术诚信档案，实行科研诚信信息跨部门跨区域共享共用，对严重违背科研诚信的责任人采取联合惩戒措施。坚持对学术不端"零容忍"，对职称评审、项目申报、成果奖励中的学术不端行为从严设限，加大惩治力度。

为规范医药代表学术推广行为，促进医药产业健康有序发展，国家药监局于 2020 年 9 月 22 日发布《医药代表备案管理办法（试行）》，鼓励行业（学）协会建立信用分级管理机制。[③] 2020 年 11 月 20 日，国家医保局官网

---

① 《教育部　国家发展改革委　财政部关于加快新时代研究生教育改革发展的意见》，中华人民共和国教育部网站，http：//www. moe. gov. cn/srcsite/A22/s7065/202009/t20200921_489271. html。

② 《教育部关于印发〈研究生导师指导行为准则〉的通知》，中华人民共和国教育部网站，http：//www. moe. gov. cn/srcsite/A22/s7065/202011/t20201111_499442. html。

③ 《"医药代表备案"正式施行！　鼓励行业（学）协会等社会机构建立信用分级管理机制等》，信用中国网站，https：//www. creditchina. gov. cn/zhengcefagui/zhengcefagui/zhongyangzhengcefagui1/202012/t20201207_219444. html。

公布《医药价格和招采信用评价的操作规范（2020 版）》与《医药价格和招采信用评级的裁量基准（2020 版）》，促进公平有序开展医药价格和招采信用评价工作，统一信用评价工作规则，提升信用评价标准化规范化水平。

为了对社会保险领域严重失信人进行惩戒，切实维护用人单位和参保人员合法权益，人力资源和社会保障部于 2019 年 10 月 28 日印发的《社会保险领域严重失信人名单管理暂行办法》已经实施；[①]《养老服务市场失信联合惩戒对象名单管理办法（试行）》自 2020 年 6 月 1 日起已经实施。[②]

为强化消费信用，2020 年 3 月，国家发改委、中宣部、财政部、商务部、中国人民银行等 23 个部门联合印发《关于促进消费扩容提质加快形成强大国内市场的实施意见》，要求完善个人信息保护制度和消费后评价制度，大力优化线上消费环境，加大力度打击网络刷单炒信等黑色产业链。[③]

为了加强注册会计师行业诚信体系建设，财政部、国务院国资委、银保监会于 2020 年 9 月 25 日印发的《关于加强会计师事务所执业管理 切实提高审计质量的实施意见》，要求提升会计师事务所透明度，并研究推动对执业失信行为的联合惩戒。[④]

（四）持续进行诚信缺失问题治理

2020 年 8 月，中央精神文明建设指导委员会印发《关于开展诚信缺失突出问题专项治理行动的工作方案》，针对当前经济社会中的诚信热点问题和群众反映强烈的失信突出问题，中央文明委有关成员单位集中开展了 10 项诚信缺失突出问题专项治理行动。这次专项治理行动重点项目包括：

---

① 《社会保险领域严重失信人名单管理暂行办法》，中国政府网，http：//www. gov. cn/gongbao/content/2020/content_ 5483884. htm。

② 《民政部关于印发〈养老服务市场失信联合惩戒对象名单管理办法（试行）〉的通知》，中国政府网，http：//www. gov. cn/gongbao/content/2020/content_ 5483883. htm。

③ 《关于促进消费扩容提质加快形成强大国内市场的实施意见》，中国政府网，http：//www. gov. cn/zhengce/zhengceku/2020 - 03/13/content_ 5490797. htm。

④ 《关于加强会计师事务所执业管理 切实提高审计质量的实施意见》，中国政府网，http：//www. gov. cn/zhengce/zhengceku/2020 - 10/26/content_ 5554913. htm。

电信网络诈骗专项治理行动，互联网信息服务领域失信问题专项治理行动，全国防疫物资产品质量和市场秩序专项治理行动，扶贫脱贫失信问题专项治理行动，国家考试作弊专项治理行动，交通运输领域失信问题专项治理行动，骗取社会保险专项治理行动，法院判决不执行问题专项治理行动，金融领域失信问题专项治理行动，生态环境保护失信问题专项治理行动等10项。这是继2018年针对经济社会领域出现的失信突出问题集中进行19项专项治理之后，中央精神文明建设指导委员会又一次开展的诚信缺失专项治理行动。

新型冠状病毒感染肺炎疫情期间，为切实保障疫情防控药品医疗器械安全，2020年2月4日，国家药监局发布《国家药监局关于严厉打击制售假劣药品医疗器械违法行为　切实保障新型冠状病毒感染肺炎疫情防控药品医疗器械安全的通知》，旨在严厉打击制售假劣药品、医疗器械、医用卫生材料等违法犯罪行为。[①] 2020年1月30日，交通部印发《交通运输部关于做好新型冠状病毒感染的肺炎疫情防控物资和人员应急运输优先保障工作的通知》，指出将伪造通行证和假冒应急物资运输的车辆、人员及企业法人，纳入信用管理。[②] 2020年12月18日发布的《国务院办公厅关于进一步完善失信约束制度　构建诚信建设长效机制的指导意见》提出，按照依法依规、保护权益、审慎适度、清单管理的总体思路，进一步规范和健全失信行为认定、记录、归集、共享、公开、惩戒和信用修复等机制，推动社会信用体系迈入高质量发展新阶段，更好地发挥社会信用体系在支撑“放管服”改革和政府职能转变、营造公平诚信的市场环境和社会环境等方面的积极作用。

---

① 《国家药监局关于严厉打击制售假劣药品医疗器械违法行为　切实保障新型冠状病毒感染肺炎疫情防控药品医疗器械安全的通知》，中国政府网，http：//www.gov.cn/zhengce/zhengceku/2020-02/05/content_5474727.htm。

② 《交通运输部关于做好新型冠状病毒感染的肺炎疫情防控物资和人员应急运输优先保障工作的通知》，中华人民共和国交通运输部网站，http：//xxgk.mot.gov.cn/2020/jigou/ysfws/202006/t20200623_3316059.html。

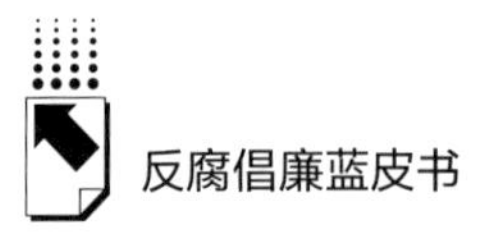

七　社会总体评价、反映问题与对策建议

人民满意不满意是检验全面从严治党工作的最终标准。2020 年是全面建成小康社会收官之年，是决战脱贫攻坚之年，也是遭遇新冠肺炎疫情冲击之年，在前六部分以素描方式展现这一特殊年份中国廉政建设的进程及客观效果的同时，课题组以面向不同人群进行问卷调查为基础，将各类群体对廉政建设的主观感受与客观效果进行验证，就社会反映的突出问题提出相应对策建议。

（一）社会总体评价

1. 反腐败高压态势持续保持“不敢腐”的震慑

党的十九大以来，反腐败态度不变、决心不减，坚定的反腐败决心在广大干部群众心中达成了共识。90.1% 的干部、88.6% 的专业技术人员、84.8% 的企业管理人员、81.3% 的城乡居民认为，党委和政府惩治腐败的态度“非常坚决”或“比较坚决”。88.5% 的城乡居民认为党委和政府惩治和预防腐败“非常努力”或“比较努力”。92.1% 的干部、86.4% 的专业技术人员、85.2% 的企业管理人员认为党和政府惩治和预防腐败的工作力度“非常大”或“比较大”。党的十九大以来，“打虎拍蝇猎狐”的力度丝毫不减，97.4% 的干部、93.4% 的专业技术人员、89.8% 的企业管理人员、85.6% 的城乡居民认为腐败得到“有效遏制”或“在一定范围内遏制”。

2. 反腐败制度务实管用增强不能腐的效果

88% 的干部、85.2% 的专业技术人员、83.8% 的企业管理人员、84.7% 的城乡居民认为党和政府及其部门预防腐败的措施“非常管用”或“比较管用”。87.3% 的干部、82.7% 的专业技术人员认为现在制定的党风廉政建设和反腐败法律法规制度质量“很高”或“较高”。85.3% 的干部、81.7% 的专业技术人员认为党风廉政建设和反腐败法律法规执行效果“非常好”或“比较好”。反腐败制度“笼子”越扎越牢，检举控告积极性较高，正能

量不断聚集，遇到违法犯罪行为，91.7%的干部、89.8%的专业技术人员选择“检举控告”。

3. 党建营造不想腐的氛围

88.9%的干部、84.9%的专业技术人员、84.2%的城乡居民认为，目前共产党员先锋模范作用发挥得“非常好”或“比较好”。83.3%的城乡居民认为，政府工作人员的工作状态“非常敬业”或“比较敬业”。84.8%的干部、74.9%的专业技术人员觉得党员干部目前“非常”或“比较”习惯在受监督和约束的环境中工作生活。57.3%的干部、55.4%的专业技术人员认为当前行使公共权力的人员想腐败的动机“比较弱”或“非常弱”，分别只有6.8%、3.9%的认为“非常强烈”或“比较强烈”。

4. 作风建设效果持续释放

94.5%的干部、90.4%的专业技术人员、83%的企业管理人员、87.9%的城乡居民认为，当前执行中央“八项规定”精神效果“非常好”或者“较好”。95.2%的干部、93.5%的专业技术人员、84.6%的企业管理人员、90.1%的城乡居民认为过去一年公职人员作风“明显改善”或“有所改善”。中央办公厅连续两年发文整治形式主义。79.7%的城乡居民认为最近一年形式主义“明显改善”或“有所改善”。88.8%的干部、86.7%的专业技术人员、80.1%的企业管理人员、80.1%的城乡居民认为，党员干部不作为、慢作为现象“大幅减少”或“有所减少”。83.9%的城乡居民认为领导干部在为人民群众排忧解难方面做得“很好”或“较好”。81.6%的城乡居民认为，领导干部深入群众、联系群众状况“很好”或“较好”。

5. 公职人员廉洁度、反腐败满意度和信心度较高

76.9%的企业管理人员、84.1%的城乡居民认为，接触到的党政领导干部“廉洁”或“大部分廉洁”。81.7%的企业管理人员、86.1%的城乡居民认为接触到的普通公职人员“廉洁”或“大部分廉洁”。92.6%的干部、87.4%的专业技术人员、88.7%的企业管理人员、89.9%的城乡居民对当前反腐败工作表示“满意”或“比较满意”。96.1%的干部、91.8%的专业技术人员、90.1%的企业管理人员、92.3%的城乡居民对今后5~10年党风廉

政建设和反腐败斗争“有信心”或“比较有信心”。

6. 人民群众幸福感、获得感和安全感有保障

廉政建设的最终成效要以人民群众生活质量来检验衡量。93.3%的城乡居民对当前生活“非常满意”或“比较满意”。81.9%的城乡居民认为群众向政府机关反映的突出问题能“全部解决”或“大部分解决”。81.8%的城乡居民认为遇到的干部在办理低保、发放补贴等方面“非常公平”或“比较公平”。92.1%的城乡居民认为基本公共服务均等化“全部实现”或“部分实现”。87%的城乡居民认为，到政府部门办事“非常方便”或“比较方便”。78%的城乡居民认为，政府部门办事效率“非常高”或“比较高”。87.2%的城乡居民认为，到政府部门办事“完全实现”或“部分实现”一次性告知、一站式办理。92.2%的城乡居民认为最近一年没有遇到为非作恶、欺压残害群众的行霸、村霸、区霸等黑恶势力。85.1%的城乡居民表示，在晚上12点之后自己和家人敢外出。在重大疫情中，干部群众对党和政府的认可度、满意度和信任度尤其高。98.4%的干部、86.2%的专业技术人员、92.5%的企业管理人员、96.3%的城乡居民对疫情防控管理工作“非常满意”或“比较满意”。92.8%的城乡居民认为政府部门防疫抗疫工作透明度“非常好”或者“比较好”。91.3%的城乡居民认为，疫情期间政府结合实际快速调整服务方式的效果“非常好”或“比较好”。

（二）社会反映存在的问题

1. 腐败风险仍然存在

78%的企业管理人员、85.7%的城乡居民认为最近一年腐败现象与之前相比“明显减少”或“略有减少”，但腐败存量并未清底，23.8%的干部、10%的城乡居民认为尚未发现的腐败行为数量“较多”或数量“非常多”。78.7%的干部、70.8%的专业技术人员、60.7%的企业管理人员认为当前新增贪污受贿等腐败行为的数量“明显减少”或“略有减少”，增量腐败仍时有发生，3%的干部、2%的专业技术人员、2.8%的企业管理人员认为腐败“少量增多”或“大幅增多”。6.9%的企业管理人员、9.1%的城乡居民认

为“雁过拔毛”、吃拿卡要现象“非常普遍”或“比较普遍”。12.6%的干部、7.7%的专业技术人员、10.5%的企业管理人员认为目前涉黑涉恶腐败和“保护伞”问题“非常多”或“比较多”。虽然认为腐败现象较多的干部群众占比少，但腐败仍然存在，反腐败仍需努力前行。

2. 被动求人现象仍然存在

31.3%的干部、25.2%的专业技术人员、13.4%的城乡居民认为当前办事托人请客现象“非常普遍”或“比较普遍”。11.2%的城乡居民认为，到党政机关办事，不找熟人办不成事的现象“非常普遍”或“比较普遍”。20.7%的城乡居民认为求职找工作，24.4%的认为孩子入园、入学、升学，17.6%的认为工作调动、提薪升职，13.7%的认为看病就医需要托人说情或请客送礼才能办成。如果遇到罚款、查封、拘留等麻烦事，8.1%的城乡居民选择“找熟人关系帮忙解决”，0.6%选择“给执法人员送钱送物”。虽然选择这些的被调查者比例不是很高，但表明改革仍需继续全面深化。

3. 行贿风险和成本不够高

虽然60.4%的企业管理人员、67.8%的城乡居民认为，当前行贿被发现和惩处的风险“非常大”或“比较大”，但仍有10.3%的企业管理人员、12.8%的城乡居民认为，当前行贿被发现和惩处的风险“不大”或“无风险”。有61.5%的干部、60.1%的专业技术人员、59.9%的企业管理人员认为目前巨额行贿、多次行贿的人员“受到严肃处置”，相当一部分受访对象选择了“没有”或“不好说”。

4. 社会对腐败的容忍度较高

有68.0%的干部、62.9%的专业技术人员、45.1%的企业管理人员对腐败“零容忍”，不同群体差异很大。对有能力干事但腐败的领导干部，76.3%的干部、75.6%的专业技术人员、65.2%的企业管理人员、71.8%的城乡居民选择“只要是腐败，不管贡献多大，都应严厉惩处”，但14.3%的干部、12.8%的专业技术人员、19.0%的企业管理人员、11.4%的城乡居民认为“只要给群众办了实事好事，腐败一点可以容忍”。虽然70.8%的干部、67.6%的专业技术人员、47.0%的企业管理人员、57.0%的城乡居民坚持认为“在没有选择的情况下，不能以腐败手段实现正当目的”，但17.1%的干部、15.7%的专业技术人员、28.9%的企业管理人员、27%的城乡居民选择“可以”。

5. 形式主义和官僚主义顽疾仍突出

经过持续整治，形式主义和官僚主义大幅收敛，但在“四风”问题中，形式主义仍然是四类群体选择比例最高的问题，尤其是干部群体，81.4%的选择了“形式主义”；选择比例排第二的是“官僚主义”，只有极少的被调查对象选择了“奢靡之风”和“享乐主义”（见表8）。63.9%的干部、52.8%的专业技术人员、35.7%的企业管理人员认为目前形式主义“非常严重”或“比较严重”。16.5%的城乡居民认为当前领导干部的特权思想和特权现象“非常突出”或“比较突出”，31.0%表示“较少存在”。一些地方个别领导干部在疫情形势严峻时期“耍特权”，不配合防疫登记、不佩戴口罩被拦后态度恶劣，有的干部以善于“协调”为能，不愿按照法纪规定程序办事，习惯找关系希望开辟方便之门和绿色通道，得到特殊“对待”和“关照”。

表8　“四风”问题中，您认为当前哪一种最突出占比调查

单位：%

“四风”	干部	专业技术人员	企业管理人员	城乡居民
奢靡之风	0.8	2.9	5.1	5.0
享乐主义	2.8	4.5	4.7	4.8
形式主义	81.4	76.2	71.1	31.7
官僚主义	11.2	9.8	7.9	3.3
都很突出	2.9	1.6	3.2	5.2
不清楚	—	—	—	47.4
未回答	0.9	5.1	8.1	2.6
合计	100.0	100.0	100.0	100.0

资料来源：课题组2020年问卷调研数据。

6. 基层信息公开不平衡、质量不高

87.8%的城乡居民对当前政务公开效果“非常满意”或“比较满意”。81%的城乡居民认为当前党务公开对保证党员的知情权和监督权的效果“非常好”或“比较好”。79.9%的城乡居民认为村（社区）财务公开的效果

"非常好"或"较好"。79.4%的城乡居民认为目前纪委监委的公开"完全充分"或"比较充分"。相对于政务公开而言，党务公开、村务公开、纪检监察机关的公开力度仍需要加大。出于财力所限、重视程度不高等原因，基层村（居）民自治组织、党组织、纪检监察组织及其基层办事机构的信息公开不平衡，有的信息公开不充分、不及时、不便捷，公开方式滞后于现代化发展形势，群众办事和参与监督不方便，成本较高。

（三）课题组的建议

1. 大力推进清廉建设

坚持一体推进不敢腐、不能腐、不想腐的战略目标，综合施治，标本兼治，惩防并举，不断总结推广运用各地各部门清廉建设中的好经验、好做法，用建设性的思路开展党风廉政建设和反腐败斗争。大力推动廉政学学科建设，系统性培养高素质廉政治理人才，在全社会营造风清气正的政治生态和良好发展环境，为建设清廉中国而持之以恒、坚持不懈地努力。

2. 要继续保持反腐败高压态势

要清醒认识到反腐败斗争的长期性、艰巨性，始终坚持有腐必反、有贪必肃，保持不敢腐的震慑。对工程建设、政府采购、医保社保、审批、国有企业、金融司法等腐败易发领域要常态性保持高压态势，在腐败易发多发领域，推广全国政法队伍教育整顿试点工作经验，继续严肃查处涉黑涉恶腐败和"保护伞"问题。除运用自由刑之外，加大腐败涉案款物的追缴和没收力度，加大罚金刑的运用，挤压腐败获利空间；对减刑、假释、暂缓执行、保外就医实施过程中的违纪违法案件实行倒查，让腐败付出代价，减弱腐败动机。要加大群众身边腐败问题和不正之风的治理力度。继续扫黑除恶，治理惠民资金、乡村振兴等领域的腐败现象。多措并举解决群众上学入园、看病就医、找工作、打官司、做生意等生产生活中要找人才能办的揪心烦心事。

3. 系统治理行贿行为

坚持受贿行贿一起查，加大对行贿的惩处力度，让主动行贿、多次行贿、巨额行贿、长期"围猎"干部的行贿者付出沉重代价。对"找关系""走后

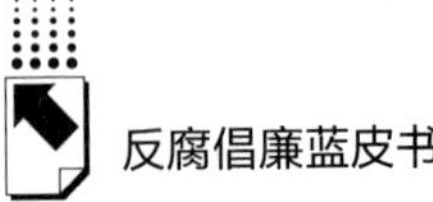

门”等歪风加大监察力度，坚决维护公共机构的廉洁性。加强对领导干部的日常监督，及时甄别、发现并查处有价证券、委托理财、低价购房等隐蔽的行贿方式，实施精确打击。对行贿人加大经济处罚力度，除收缴没收行贿财物和金钱之外，还要按行贿金额予以罚款。修改刑法关于行贿罪的规定，将适用于立功情节“免除处罚”的规定改为管制、拘役等刑罚种类，打消行贿人员“只要交代就没事”的侥幸心理。严格执行“三重一大”集体决策、终身追责等制度，避免个人说了算，增加行贿成本。推行承接非保密的政府工程、项目、服务合同资料等网上公开，接受社会监督。运用法院行贿罪裁判文书、纪委监委查处的行贿处罚决定，建立行贿记录查询系统，加强行贿记录信息运用，只要有行贿记录，就不能参与土地出让、工程建设、政府采购、资金扶持等政府项目。

4. 厚植反腐败的社会基础

持之以恒运用习近平新时代中国特色社会主义思想武装全党、教育干部、指导工作。不断加强党员干部的思想淬炼、政治历练、实践锻炼、专业训练，锤炼对党忠诚、勇于担当、谦虚谨慎、“三严三实”的品格作风，在增进党员干部“不想腐”的思想自觉和防腐拒变的行为自律上下功夫。按照分级管理原则，将腐败案例都制作成警示教育片，用身边人身边事教育干部，让腐败分子身败名裂，打消公职人员腐败念头。通过电视剧、电影、微视频等向社会宣传腐败后的生活窘境、遭人戳脊梁骨、受人鄙视等不利结局，形成腐败没有好下场的深刻印象，让其深知腐败风险和代价。加强对服刑腐败人员从严监管的宣传报道，消除群众认为腐败分子被判刑后仍享有特权的错误认知。积极宣传廉洁典型故事、权力为公而不为私的应然状态，培塑廉洁正能量，引导社会正气。

5. 精准治理形式主义、官僚主义

给形式主义和官僚主义“工笔画像”，让问题呈现得更精准、更细化。中央纪委国家监委应坚持每月公布查处的形式主义、官僚主义问题，统计分类需进一步细分，如“文山会海反弹回潮，文风会风不实不正，督查检查考核过多过频、过度留痕，给基层造成严重负担”问题可细分为文多会多、文风

会风不实不正、督查检查考核过多过频、过度留痕等类型，分别公开统计结果，便于社会监督和科学研究。对“其他”类问题应该像享乐主义和奢靡主义中的“其他”一样注明，如日常生活中要特权、抖官威，防范化解重大风险、精准脱贫、防治污染、扫黑除恶、食品药品安全、思想政治和宣传舆论等工作中的形式主义和官僚主义，将这些问题分门别类公开。继续紧盯发文开会、报文报表、督查检查考核等干部群众反映较多的形式主义和官僚主义，有针对性地治理，久久为功形成常态长效。更多通报形式主义和官僚主义典型案例，建成可供社会查询的数据库，用固化方式和统一标准推进全国治理的规范化。

6. 继续提高信息公开质量

信息公开是推进国家治理体系和治理能力现代化的重要举措，也是发挥民主监督、社会监督、舆论监督作用的保障机制。基层组织与群众直接打交道，直面群众利益，应当主动公开信息。要进一步推进基层党组织党务公开、村组（社区）信息公开、纪检监察机关工作信息公开、便民服务机构办事公开，加强基层组织信息网络公开平台建设，规范公开内容和方式。加强对基层组织信息公开的指导、评估和监督检查，提升基层信息公开的质量和群众满意度。

7. 适应现代化需要提升“智治”水平

国家治理体系和治理能力现代化离不开现代科学技术，纪检监察机关要保障全面建设社会主义现代化目标实现也必须掌握和运用现代科学技术。要大力推动廉政治理的智能化、现代化，在人才、技术、资金等方面加大对纪检监察机构科学技术运用开发的支持和投入，将大数据、人工智能、区块链等技术作为未来监督的战略性举措，支持科研机构与地方建立大数据监督实验室，探索成本低、效能高的大数据运用的新方法、新算法，着力解决欺诈骗保、围标串标、行贿受贿、洗钱等隐蔽性强、常规监督手段难以应对的难题，降低监督成本和代价，提高监督发现问题的效率和精准度。

8. 不断释放党和国家监督体系的效能

秉持系统理念，将各类监督贯通融合、协调协同、统筹衔接推动。在制定监督制度时，进行前瞻性思考、全局性谋划、战略性布局和整体性推进，自觉把监督工作放到坚持完善中国特色社会主义制度和国家治理体系的大局中。在实践中优化配置决策、监督、执行权，建立符合中国特色的权力结构与运行体系，切实把对上负责与对下负责统一起来。尽快出台监察官法，依法履行职权，进一步提升纪检监察机关作为党内监督和国家监察专责机关的监督质效，促进执纪执法贯通、有效衔接司法。继续加大对中央单位和地方巡视巡察工作的指导培训力度，进一步提高巡视发现问题、解决问题的能力。继续推进纪检监察派驻机构改革，更好地发挥派的权威和驻的优势。健全覆盖全社会的征信体系，健全行业之间信用信息共享机制，完善社会失信联合惩戒机制，健全信用修复机制和异议制度，构建以信用为基础的新型监管机制。

参考文献

中国社会科学院马克思主义研究院编《马克思恩格斯列宁论反腐败》，中国方正出版社，2020。

习近平：《习近平谈治国理政》第一卷，外文出版社，2018。

习近平：《习近平谈治国理政》第二卷，外文出版社，2017。

习近平：《习近平谈治国理政》第三卷，外文出版社，2020。

谢伏瞻：《坚持马克思主义方法论　不断提高治国理政水平》，《求是》2018年第12期。

谢伏瞻：《全面建成小康社会的理论与基础》，《中国社会科学》2020年第12期。

王京清：《从百年党史看党的独特优势》，《中国纪检监察报》2021年3月4日第5版。

王京清：《推动新时代哲学社会科学高质量发展》，《人民论坛》2020年第32期。

李雪勤：《清廉中国：反腐败国家战略》，浙江人民出版社，2021。

陈国权、皇甫鑫等：《功能性分权：中国的探索》，中国社会科学出版社，2021。

中国社会科学院中国廉政研究中心编《中国反腐倡廉建设报告 No.9》，社会科学文献出版社，2020。

中国社会科学院中国廉政研究中心编《中国反腐倡廉建设报告 No.8》，社会科学文献出版社，2018。

评估篇

Evaluation Reports

B.2

2020年地方各级纪检监察机关信息公开评估报告

中国社会科学院社会学所“党和国家监督体系绩效测评研究”创新工程项目组*

摘　要：项目组2020年分两次对地方各级纪委监委网站信息公开状况进行评估，结果显示，地方各级纪委监委网站信息公开状况明显好转，呈现以下特征：纪检监察机关层级越高，网上信息公开工作做得越好；上级信息公开工作对下级具有强烈的引领示范效应；地方各级纪委监委网站信息公开水平明显提

* 项目组负责人：蒋来用。项目组成员：蒋来用，中国社会科学院中国廉政研究中心秘书长、社会学研究所廉政建设与社会评价研究室主任；孙大伟，中国社会科学院中国廉政研究中心副秘书长、社会学研究所廉政建设与社会评价研究室副研究员；周兴君，中国社会科学院大学讲师、法学博士；于琴，中国社会科学院社会学研究所廉政建设与社会评价研究室助理研究员；任涛，中国社会科学院中国廉政研究中心科研助理、贵州省沿河土家族自治县纪委干部；朱克江，中国社会科学院中国廉政研究中心科研助理、贵州省德江县委办公室常务科负责人；胡爽，中国社会科学院中国廉政研究中心科研助理、湖南省永州市零陵区邮亭圩镇纪委委员；许天翔，中国社会科学院社会学研究所廉政建设与社会评价研究室助理研究员、何圣国，中国社会科学院中国廉政研究中心科研助理；张缯昕，中国社会科学院大学社会学系研究生。执笔人：蒋来用、周兴君。

高；评估结果呈现“强者恒强，弱者恒弱”现象。但有的纪委监委对信息公开重视不够，上热下冷现象突出；网站内容陈旧，阅读体验感差；公开不全面、不深入，与群众互动性差。建议加强对地方纪检监察机关网站信息公开的顶层设计和业务指导，层层传导压力，强化信息公开监督考核，重视第三方信息公开测评，加强信息公开业务学习培训交流，加强县区纪委监委工作信息公开，培育信息公开的良好文化氛围，提升信息公开整体质量。

关键词： 纪检监察 信息公开 评估指标体系

公开透明是规范权力和防止腐败的有效措施。随着村务公开、政务公开、厂务公开、党务公开等各项公开的不断深入推进，对纪检监察机关工作信息公开也写入党内法规和国家法律，成为党和国家治理体系的重要内容。2017 年 12 月 20 日开始施行的《中国共产党党务公开条例（试行）》明确党的纪律检查机关是党务公开的主体，其中还就纪律检查机关应当公开的内容和范围、程序和方式做了规定。2018 年 3 月，全国人大审议通过的《中华人民共和国监察法》也明确提出了监察工作信息公开的要求。自 2018 年开始，中国社会科学院社会学研究所“党和国家监督体系绩效测评研究”创新工程项目组以全国地方纪检监察机关为评估对象，设计评估指标体系，对地方纪检监察机关工作信息公开情况进行第三方评估，以期推动纪检监察机关提高信息公开水平和质量，让广大人民群众更好地了解和参与监督，从而提高党的执政能力和领导水平，厚植党的执政基础。2020 年 5 月，中央纪委国家监委下发《纪检监察机关互联网网站信息公开技术建设指南（试行）》，对网站信息公开进行了规范。为深入了解文件下发后的具体效果和变化，项目组在 2020 年 8 月和 12 月分别进行了评估。

一　纪检监察工作信息公开评估指标体系和评估方法

为了便于对比，项目组2020年继续沿用2018年的指标体系进行评估。评估指标体系如表1所示。评估方法仍然采用原来的方法，数据从被评估对象网站提取。

表1　纪委监委信息公开评价指标体系

一级指标	二级指标	三级指标
1. 公开平台（10%）	1. 公开渠道（30%）	1. 是否有网络公开渠道（如网站、微信、微博、手机客户端）（50%）
		2. 是否有专门的官方网站（50%）
	2. 检索功能（30%）	3. 是否设置站内检索（50%）
		4. 站内检索功能是否便捷（50%）
	3. 信息更新（40%）	5. 首页头条信息是否经常更新（50%）
		6. 其他栏目信息是否经常更新（50%）
2. 组织结构（10%）	4. 职能任务（20%）	7. 是否公开纪委监委的职能和任务（100%）
	5. 内设和派驻机构（20%）	8. 是否公开内设及派驻机构名称（50%）
		9. 是否公开内设及派驻机构职能职责（25%）
		10. 是否公开内设及派驻机构负责人姓名（25%）
	6. 人员编制（20%）	11. 是否公开纪检监察机关编制数（50%）
		12. 是否公开派驻机构编制数（50%）
	7. 领导班子信息（20%）	13. 是否公开领导职数（25%）
		14. 是否公开领导班子成员姓名（25%）
		15. 是否公开领导班子成员照片（25%）
		16. 是否公开领导班子成员简历（25%）
	8. 人员信息（20%）	17. 是否公开纪检监察机关实有人员数（25%）
		18. 是否公开派驻机构实有人员数（25%）
		19. 是否公开内设机构领导人员姓名（25%）
		20. 是否公开派驻机构领导人员姓名（25%）

续表

一级指标	二级指标	三级指标
3. 部门收支(15%)	9. 预决算(25%)	21. 是否按时公开纪检监察机关预算或决算(50%)
		22. 预算是否便于查找(25%)
		23. 预算公开是否充分(25%)
	10. 预算绩效目标(25%)	24. 是否按时公开纪检监察机关预算绩效目标(50%)
		25. 预算绩效目标公开是否具体客观(50%)
	11. 办案经费(25%)	26. 是否公开纪委审查、监委调查工作经费年度开支总额(50%)
		27. 是否公开大案要案查办支出(50%)
	12. “三公”经费(25%)	28. 是否公开“三公”经费开支总额(50%)
		29. 是否公开“三公”经费开支明细(50%)
4. 制度规定(12%)	13. 上级制度(50%)	30. 网站是否开设制度专栏(34%)
		31. 网站公开制度是否齐全(33%)
		32. 网站公开制度更新是否及时(33%)
	14. 本级制度(50%)	33. 是否公开本级工作制度(50%)
		34. 是否公开本级出台的规范性文件(50%)
5. 工作报告(12%)	15. 可获取(34%)	35. 工作报告是否全文公开(75%)
		36. 工作报告公开是否及时(25%)
	16. 报告新颖(33%)	37. 工作报告是否有创新性做法(100%)
	17. 举措务实(33%)	38. 工作目标吻合度、工作成效数据和事实(100%)
6. 通报曝光(15%)	18. 开设专栏(34%)	39. 网站是否专门开设通报专栏(50%)
		40. 通报专栏更新是否及时(50%)
	19. 案件通报(33%)	41. 是否及时向社会公开发布涉嫌严重职务违法或者职务犯罪(40%)
		42. 是否曝光违反“中央八项规定”精神案例(20%)
		43. 每例违反“中央八项规定”精神案例是否列明涉案人姓名(10%)
		44. 每例违反“中央八项规定”精神案例是否列明涉案人单位和职务(10%)
		45. 每例违反“中央八项规定”精神案例是否列明涉案人违纪事实(10%)
		46. 每例违反“中央八项规定”精神案例是否列明涉案人处分结果(10%)
	20. 通报深度(33%)	47. 是否及时通报重要案件立案决定(34%)
		48. 违纪干部处分决定是否公开(33%)
		49. 处分决定书是否全文公开(33%)

续表

一级指标	二级指标	三级指标
7. 巡视整改（10%）	21. 上级巡视（50%）	50. 是否公开上级巡视反馈问题（50%）
		51. 是否公开上级巡视后整改情况（50%）
	22. 本级巡视巡察（50%）	52. 是否公开本级组织开展巡视巡察的公告（34%）
		53. 是否公开本级巡视巡察工作报告或发现的问题（33%）
		54. 是否公开本级巡视巡察后整改情况的通报（33%）
8. 社会参与（16%）	23. 监督举报渠道（34%）	55. 是否有监督举报网站（34%）
		56. 是否公开监督举报电话（33%）
		57. 是否公开监督举报信件投寄地址（33%）
	24. 公众评价互动（33%）	58. 网站是否开设留言板（50%）
		59. 网站群众留言是否回复（50%）
	25. 网站点击率（33%）	60. 网站是否公开点击率的统计（50%）
		61. 网站首页头条新闻前五条浏览人数（50%）

二　2020年评估的总体情况

2020年8月1～31日，项目组对31个省级、32个省会（副省级）、54个地级市、86个直辖市区县、108个县的纪委监委信息公开状况进行评估（以下简称“8月评估”）。相较于2019年，评估对象选择方式和数量相同，省级、省会（副省级）、直辖市区县评估对象采取全覆盖模式，地级市和县级则采取随机抽样法确定，并特意剔除了2019年已评估对象。为了进一步观测各地贯彻落实《纪检监察机关互联网网站信息公开技术建设指南（试行）》的具体效果，项目组12月1～10日进行了第二次评估（以下简称为“12月评估”）。2020年两次评估的评估对象、评估方法完全相同，只是评估时间段不同。

（一）评估结果概况

“8月评估”结果显示，除地级市和县级之外，地方其他层级的纪检监察机关得分均有所增长，其中省级纪委监委平均得分为64.41，同比增长

8.91%，增幅不是非常明显；省会（副省级）纪委监委平均得分48.74，同比增长19.46%，增幅相对也不大；抽样地级市纪委监委平均得分33.34，同比下降7.44%；抽样县级纪委监委平均得分22.26，同比下降22.79%；但直辖市区县纪委监委平均得分18.31，同比增长15.81%。

“12月评估”较历史评估有较大变化，地方各级纪委监委得分均有增加（见图1）。在这次评估中，省级纪委监委得分69.92，比“8月评估”增长了8.55%，比2019年增长了18.23%，增幅比较平缓；省会（副省级）纪委监委平均得分57.36，较“8月评估”增长了17.69%，比2019年增长了40.59%，增幅非常大；抽样地级市纪委监委平均得分51.75，比“8月评估”增长了55.22%，比2019年增长了43.67%，增幅也非常大；抽样县级纪委监委平均得分53.29，比“8月评估”增长了139.40%，比2019年增长了84.84%；直辖市区县纪委监委平均得分43.73，比“8月评估”增长了138.83%，比2019年增长了176.6%。

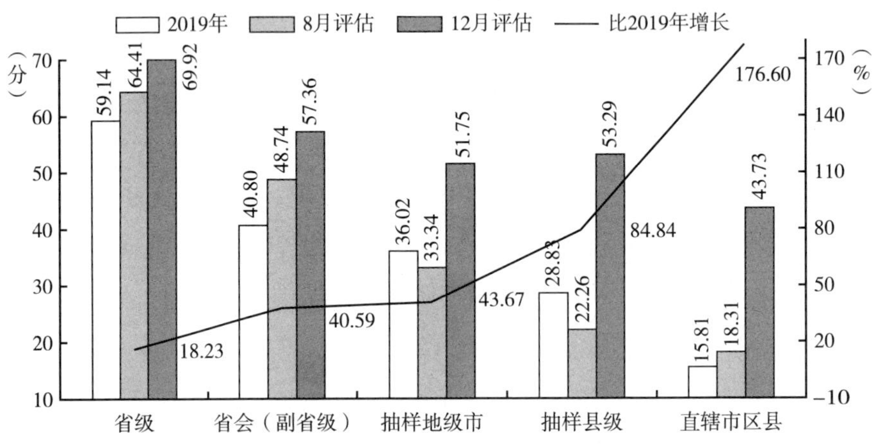

图1　各级纪委监委网站信息公开历次评估概况

注：2019年统计省会（副省级）平均得分采取原始数据平均法，为40.71分，考虑到原始数据未公开，读者不能校验，故而2020年复核取2019年分报告中已公布的数据，因四舍五入等原因，平均得分为40.8分。2019年抽样地级市计算平均分剔除了5市得0分的对象，为便于横向纵向比较，不再剔除，因此平均分由39.70分调整为36.02分。

资料来源：项目组自制。

“12月评估”地方各级纪委监委得分上升较大的主要原因可能是新的政策得到有力实施。2020年，中央纪委国家监委对地方纪检监察机关网站建设高度重视，上半年制定下发《纪检监察机关互联网网站信息公开技术建设指南（试行）》（以下简称《指南》），该《指南》得到了地方各级纪委监委的响应。但从8月和12月两次评估可以看出，地方各级纪委监委得分变化在“8月评估”中并不大，有的还在下降，但“12月评估”中地方各级纪委监委得分都大幅增加，评估表明地方各级纪委监委贯彻执行《指南》的力度在9月之后明显加大。例如，在“8月评估”中，抽样地级市纪委监委平均得分同比下降7.44%；抽样县级纪委监委平均得分同比下降22.79%，表明这两级纪检监察机关在8月底之前对网站信息公开工作的重视度不够，但到12月上旬测评时，抽样地级市纪委监委平均得分比“8月评估”增长了55.22%，比2019年增长了43.67%；抽样县级纪委监委平均得分比“8月评估”增长了139.40%，比2019年增长了84.84%；直辖市区县纪委监委平均得分比“8月评估”增长了138.83%，比2019年增长了176.6%。抽样县级和直辖市区县数据增长比较明显还有另一个重要原因，即评估中将上级纪委集中公开区县纪委相关信息纳入评估范畴。项目组认为，上级纪委集中公开下级纪委的相关信息与各区县纪委监委网站信息公开并无本质上的区别，且相关信息的维护主体仍是各区县纪委监委，并对信息的真实可信负责，应纳入评估范围。

抽样地级市和县级纪委监委呈现全面开花的态势，除社会参与指标变化不大外，其他各项指标增长均较为明显（见表2，标灰者为增长幅度较大的数据）。“12月评估”发现，省级、省会（副省级）较“8月评估”得分增幅虽然不如市、县两级那么显著，但在组织结构、部门收支和工作报告等项目上得分明显增多。其中，省会（副省级）工作报告项增幅高达173.86%，直辖市区县纪委监委组织结构、部门收支、工作报告三个指标得分分别增长了205.78%、287.47%、355.25%。评估表明地方各级纪检监察机关在9月之后对网站信息公开工作重视程度实质性提高，信息公开补短板、强弱项工作效果比较明显。

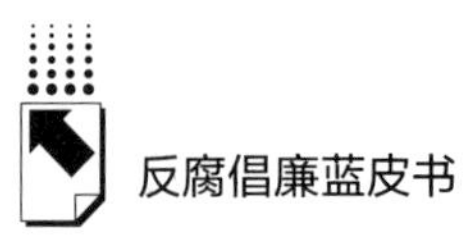

表 2 各级纪委监委各项指标 2020 年两次评估平均得分一览

单位：分

		公开平台	组织结构	部门收支	制度规定	工作报告	通报曝光	巡视整改	社会参与
省级	8 月	100	28. 10	41. 76	51. 77	73. 29	97. 49	80. 49	46. 51
	12 月	99. 68	37. 31	68. 81	54. 28	76. 19	97. 49	80. 49	47. 16
省会（副省级）	8 月	94. 00	29. 44	60. 25	27. 80	24. 22	65. 36	57. 85	34. 46
	12 月	93. 92	39. 55	70. 96	27. 70	66. 33	69. 13	58. 61	36. 59
抽样地级市	8 月	61. 57	25. 32	16. 55	36. 98	13. 32	54. 33	29. 86	31. 22
	12 月	72. 78	46. 11	45. 54	47. 99	59. 03	68. 57	44. 84	33. 84
抽样县级	8 月	30. 63	12. 06	10. 42	19. 84	29. 63	30. 20	19. 48	25. 08
	12 月	55. 09	37. 48	48. 38	51. 57	82. 59	71. 72	51. 76	29. 67
直辖市区县	8 月	24. 19	14. 89	16. 92	19. 89	10. 28	25. 38	12. 97	18. 98
	12 月	22. 84	45. 53	65. 56	28. 89	46. 80	65. 55	52. 79	18. 85

资料来源：项目组自制。

（二）具体评估结果

1. 省级纪检监察机关信息公开评估状况

31 个省级纪委监委在“12 月评估”中的平均得分为 69. 92，较“8 月评估”的 64. 41 分增长了 8. 55%，比 2019 年的 59. 14 分增长了 18. 23%，中位数为 70. 94 分，比“8 月评估”的 63. 32 分，提高了 7. 62 分，较 2019 年的 59. 28 分，增长了 19. 67%。得分最高的西藏自治区纪委监委得分 83. 06，较“8 月评估”排在最前的宁夏回族自治区纪委监委的 79. 02 分，提高 4. 04 分，较 2019 年第一名甘肃省（74. 82 分），增长了 11. 01%。最后一名湖北 51. 2 分，较“8 月评估”中最后一名重庆（47. 58 分）增加了 3. 62 分。

从“12 月评估”结果来看，省级纪委监委得分在 60 分以上的有 26 个，占比 83. 87%，较“8 月评估”增加 4 个，比 2019 年增加了 11 个省。“12 月评估”得分排名前 10 的分别为：西藏、安徽、宁夏、湖南、贵州、内蒙古、江西、河南、云南、甘肃，相较于“8 月评估”，这些省（区）纪委监委得分均有所增长，得分排序保留在“前十”的占 70%，西藏、河南、云南三省纪

委监委新晋前10，均得益于组织结构、部门收支、工作报告三个项目得分大幅增长。较2019年，甘肃、安徽、内蒙古、贵州、湖南、江西继续留在前10名，安徽、湖南、贵州、江西、甘肃5省连续4次评估稳居前10（见表3）。相较于2019年，前10名得分除了甘肃略有下降外，其他省份均有不小的涨幅，其中宁夏涨幅最为可观，达到了66.33%，排名则从第28名上升至第3名。

表3　省级纪委监委得分前10名及其变化

单位：分

排　名	地　名	12月评估	8月评估	2019年	2018年	4次均排前10
1	西　藏	↑83.06	69.35	52.39	45.06	
2	安　徽	↑81.66	73.35	74.71	68.25	是
3	宁　夏	↑79.59	79.02	47.85	57.14	
4	湖　南	↑79.56	72.56	68.78	74.7	是
5	贵　州	↑79.45	72.14	70.92	71.02	是
6	内蒙古	↑79.31	72.18	72.14	54.24	
7	江　西	↑78.07	71.28	68.75	67.82	是
8	河　南	↑77.39	63.32	62.92	58.1	
9	云　南	↑75.43	56.97	61.01	72.64	
10	甘　肃	↓73.92	71.92	74.82	68.28	是

资料来源：项目组自制。

从一级指标来看，各省级纪委监委网站得分率最高的是公开平台项，其次是通报曝光和巡视整改，平均得分分别为97.49、80.49，这一现象与历次的评估一致。这充分说明，各省级纪委监委在公开平台、通报曝光、巡视整改等三方面信息公开坚持得较好。同时，得分最低的一级指标是组织结构，仅37.31分，“12月评估”尽管比“8月评估”（28.1分）多了9.21分，比2019年增加了11.34分，但仍然比得分倒数第二的社会参与项（47.16分）低了9.85分，与一级指标平均得分70.18相差不少。这一现象与2019年一致，说明各省级纪委监委网站在组织结构方面信息公开仍不充分，在人员编制、人员信息等方面信息公开程度亟待提高，特别是要着力提升机关、派驻机构编制数和实有人数，以及内设机构领导等信息的公开水平。得分倒数第二的是社会参与项，仅为47.16（见图2）。但在“8月评估”和2019年评估中，倒数第二项是部门收支，主要原因是各省级纪委监委在落实《指南》中部门收支得分提升较多。

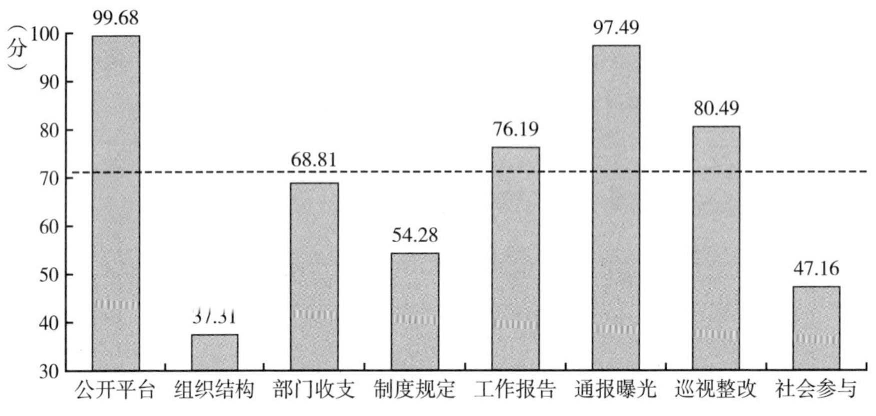

图2　省级纪委监委一级指标平均得分

注：图中虚线为“12月评估”中一级指标平均得分70.18。

资料来源：项目组自制。

2. 省会（副省级）城市纪检监察机关信息公开评估状况

2020年，项目组采取全覆盖的方式，对32个省会（副省级）城市纪委监委网站进行了评估，“8月评估”中青海省西宁市纪委监委网站无法打开，在“12月评估”中能正常访问。评估结果显示，呼和浩特市纪委监委得分68.42（见表4），排列最前。得分在60以上的评估对象从2019年的1家增加到15家。32个评估对象平均得分57.36，较“8月评估”（48.74分）增长17.69%，较2019年（40.8分）增长40.59%，高于平均分的有21个市，占比达到65.63%，表明约2/3的省会（副省级）城市得分高于平均水平。中位数为59.85分，较2019年（42.88分）增加了16.97分，但比省级（70.94分）低11.09分。得分排在前10的省会（副省级）城市有呼和浩特、厦门、兰州、石家庄、杭州、贵阳、宁波、合肥、南宁、青岛，其中石家庄、贵阳、宁波三市在“8月评估”、2019年评估中均排在前10名。得分低于50分的共有5个市，分别是长春、西宁、哈尔滨、沈阳、拉萨，较“8月评估”减少6个，较2019年减少23个市。西宁、哈尔滨、沈阳、拉萨4市在3次评估中得分均低于50。

表 4　排名前 10 的省会（副省级）城市得分

单位：分

排名	地名	公开平台（10%）	组织结构（10%）	部门收支（15%）	制度规定（12%）	工作报告（12%）	通报曝光（15%）	巡视整改（10%）	社会参与（16%）	总分（满分）100
1	呼和浩特	96.5	60	85	18.65	85.1	73.35	58.5	67	68.42
2	厦门	96.5	52.5	86.88	17	91.7	74.01	75	50.5	67.66
3	兰州	96.5	47.5	86.88	45.05	93.4	84.39	53.35	34	67.48
4	石家庄	96.5	35	85.63	33.5	93.4	89.11	65	34	66.53
5	杭州	96.5	47.5	85.63	17	93.4	89.11	68.65	34	66.16
6	贵阳	96.5	49.5	85	50.05	90.85	63.62	67	34	65.94
7	宁波	96.5	22.5	61.25	33.5	93.4	88.45	98.35	24.75	63.38
8	合肥	96.5	27.5	85.63	33.5	91.7	78.22	58.5	34	63.29
9	南宁	96.5	52.5	85.63	49.2	91.7	45.3	28.3	50.5	62.36
10	青岛	83	45	61.88	17	92.55	89.11	83.25	34	62.36

资料来源：项目组自制。

从一级指标来看，32 个评估对象一级指标平均得分为 57.85，较“8 月评估”（49.17 分）多 8.68 分，较 2019 年（41.06 分）增长了 40.89%（见图 3），其中工作报告、组织结构、部门收支方面进步最大，增幅分别达到了 361.27%、326.65%、122.31%。得分最高的一级指标仍是公开平台，达到 93.92 分，其次是部门收支和通报曝光，分别为 70.96 分、69.13 分，得分最低的是制度规定，仅 27.70 分，再次是社会参与、组织结构，分别为 36.59 分、39.55 分，这一结果与 2019 年有所不同，因为工作报告、组织结构和部门收支在“12 月评估”中均有较大幅度增长。

3. 抽样地级市纪检监察机关信息公开评估状况

2020 年，54 个地级市评估对象采用 PPS 进行等距抽样确定。12 月评估时，只有海南省三沙市、海南省儋州市纪委监委网站无法找到或打开，“8 月评估”和 2019 年评估时有 5 个地级市有此类情况。

“12 月评估”结果显示，54 个抽样地级市纪委监委网站平均得分 51.75，比“8 月评估”（33.34）增长了 55.22%，较 2019 年（36.02 分）

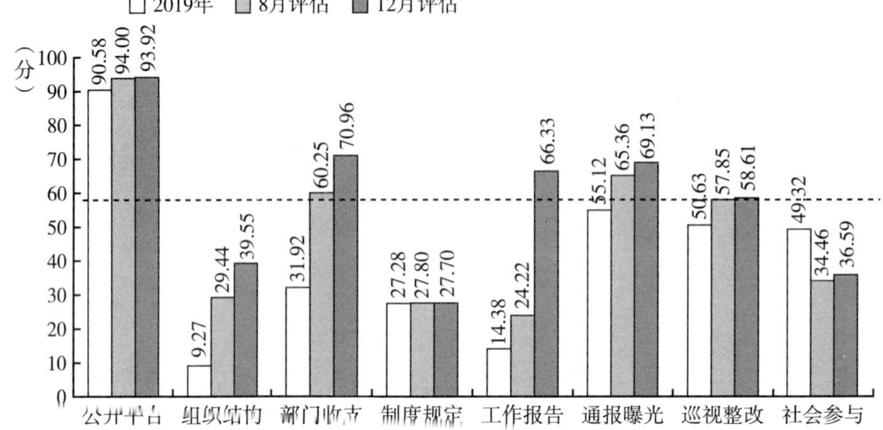

图3　省会（副省级）纪委监委网站一级指标得分历次评估对比

注：图中虚线为“12 月评估”一级指标平均得分 57. 85。

资料来源：项目组自制。

则增长了 43. 67%。“12 月评估”中抽样地级市纪委监委得分的中位数是 56. 08，较“8 月评估”中（36. 22 分）增长了 54. 83%，较 2019 年（39. 43 分）增加了 16. 65 分。得分在 60 分及以上的有 15 个市，占比达 27. 78%，比 2019 年增加了 14 个；得分在 50 ~ 60 分（不含，下同）的共 22 个市，较 2019 年增加了 16 个，占比 40. 74%；得分在 40 ~ 50 分的 10 个，较 2019 年减少 10 个，占比 18. 52%；得分在 30 ~ 40 分的有 2 个，较 2019 年减少了 12 个，占比 3. 70%；得分在 30 分以下的共有 5 个，较 2019 年减少了 8 个。如图 4 所示，抽样地级市纪委监委得分主要集中在 50 分以上。

在“12 月评估”中，得分排在前 10 名的为：铜仁、黔东南苗族侗族自治州、达州、景德镇、马鞍山、淮安、邢台、曲靖、吴忠、平凉（见表 5），平均得分 65. 56，比“8 月评估”多 13. 81 分，较 2019 年（52. 12 分）增长了 25. 79%。排名前 10 的抽样地级市纪委监委平均得分比省级纪委监委前 10 名（78. 74 分）低不少，甚至比所有省级纪委监委平均得分 69. 92 还要低。这说明即便是地级市排名靠前的纪委监委网站信息公开水平也远低于省级纪委监委平均水平。

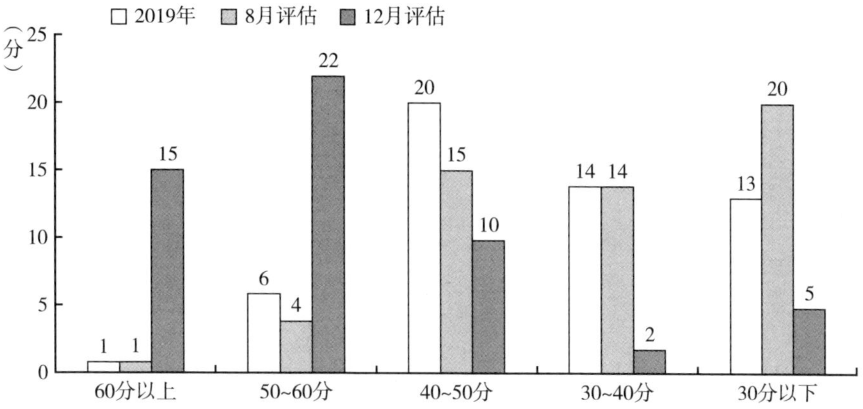

图4　抽样地级市纪委监委三次评估得分

资料来源：项目组自制。

表5　“12月评估”中得分排名前10的抽样地级市纪委监委

单位：分

排名	抽样地级市	公开平台（10%）	组织结构（10%）	部门收支（15%）	制度规定（12%）	工作报告（12%）	通报曝光（15%）	巡视整改（10%）	社会参与（16%）	总分（满分100）
1	铜仁	90	70	87.5	75	60.63	67	33.5	67	69.52
2	黔东南苗族侗族自治州	95	85	81.25	50	62.75	78.22	75	34	68.39
3	达州	90	55	43.75	100	95.75	78.22	50	34	66.73
4	景德镇	65	50	56.25	100	95.75	78.22	58.5	34	66.45
5	马鞍山	65	45	68.75	100	100	78.22	33.5	34	65.84
6	淮安	95	35	56.25	0	100	67	100	67	64.21
7	邢台	60	40	56.25	100	67	67	100	34	63.97
8	曲靖	85	60	75	100	62.75	78.22	50	11.56	63.86
9	吴忠	95	75	68.75	50	67	78.22	50	34	63.53
10	平凉	85	55	56.25	50	62.75	78.22	100	34	63.14

资料来源：项目组自制。

除海南省三沙市、海南省儋州市之外，2020年“12月评估”中得分靠后的5名分别是通化、海西蒙古族藏族自治州、阿里地区、果洛藏族自治州、抚顺，平均得分仅28.57，基本与2019年持平。从表6可以看出，得分较低的主要是部门收支、巡视整改和社会参与等。

表6 “12月评估”中得分低的5个抽样地级市纪委监委

单位：分

排名	抽样地级市	公开平台（10%）	组织结构（10%）	部门收支（15%）	制度规定（12%）	工作报告（12%）	通报曝光（15%）	巡视整改（10%）	社会参与（16%）	总分（满分100）
48	通化	85	20	0	50	67	67	0	11.56	36.44
49	海西蒙古族藏族自治州	70	20	0	50	0	78.22	17	34	33.87
50	阿里地区	60	20	0	50	62.75	0	0	34	26.97
51	果洛藏族自治州	45	30	0	0	67	58.42	0	0	24.3
52	抚顺	65	20	0	0	0	50	17	22.44	21.29

资料来源：项目组自制。

抽样地级市纪委监委一级指标平均得分52.34，较2019年（39.27分）增加了13.07分。在一级指标中，得分最高的是公开平台，达到72.78分；其次是通报曝光、工作报告，这一排序结果与2019年有较大出入（见图5）；巡视整改和社会参与成为得分最低的项目。

4. 抽样县级纪检监察机关信息公开评估状况

2020年抽样县级纪检监察机关信息公开评估对象基本是在排除2018年和2019年已评估对象的基础上，按照随机抽样方法确定。只有极个别地方因为样本总量太少，随机抽样时将之前已经评估的对象也纳入抽样框。评估对象仍然是108个。2020年“12月评估”期间，仅4个县级纪委监委未搜索到官网或未在上级纪检监察机关网站公开相关信息，占比3.70%，较2019年大幅下降，这一现象表明县级对网站信息公开的重视程度在上升，但相较于其他层级的纪委监委，在网站建设方面仍显得不那么积极。鉴于部分区县建立了微信公众号平台，在相应12388网站建立了举报渠道，项目组酌情在公开平台项给分。

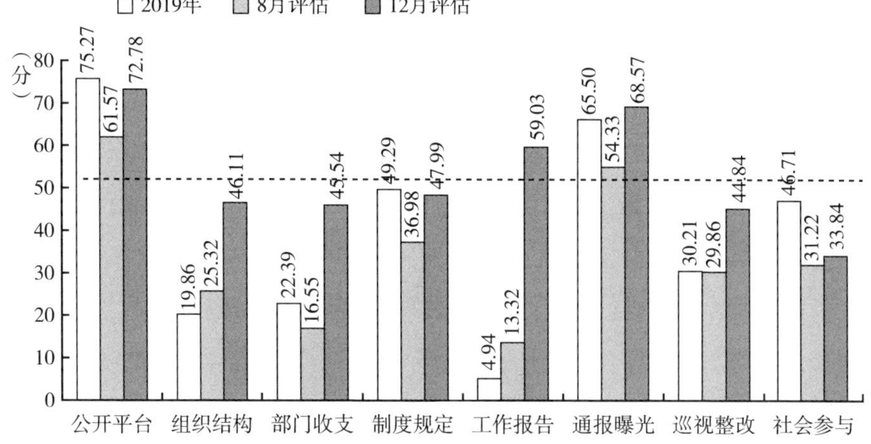

图5　抽样地级市纪委监委一级指标得分

注：图中虚线为“12 月评估”中一级指标得分平均数 52. 34。

资料来源：项目组自制。

抽样县级纪委监委网站信息公开得分较省级、省会（副省级）、抽样地级市均存在不小的差距。108 个评估对象平均得分 53. 29，较“8 月评估”（22. 26 分）增长了 139. 40%，较 2019 年（28. 83 分）增长了 84. 84%，较 2018 年（32. 23 分）增长了 65. 34%。高于平均得分的共有 64 个县。得分最高的是江苏省盐城市亭湖区（75. 82 分）（见表 7），较“8 月评估”第一名（76. 15 分）略低 0. 33 分，较 2019 年第一名则高 3. 39 分。得分在 70 分以上的有 6 个，比 2019 年多 5 个；得分在 60 ~ 70 分的 28 个，比“8 月评估”、2019 年多 18 个；得分在 50 ~ 60 分的 36 个，比“8 月评估”多 26 个，比 2019 年多 22 个；得分在 40 ~ 50 分的 23 个，比“8 月评估”多 16 个，比 2019 年多 14 个；30 ~ 40 分的 9 个，比“8 月评估”，比 2019 年多 1 个；30 分以下的 6 个，比“8 月评估”少了 63 个，比 2019 年少了 60 个。据此可见，“12 月评估”结果较以前有较大的调整，高分区显著增多，低分区显著减少。具体分段分布见图 6。

得分排在前 10 名的有江苏省盐城市亭湖区、安徽省宣城市广德市、安徽省滁州市明光市、内蒙古自治区赤峰市红山区、湖北省襄阳市襄州区、宁夏回族自治区石嘴山市平罗县、江西省九江市湖口县、广西壮族自治区防城港市防城

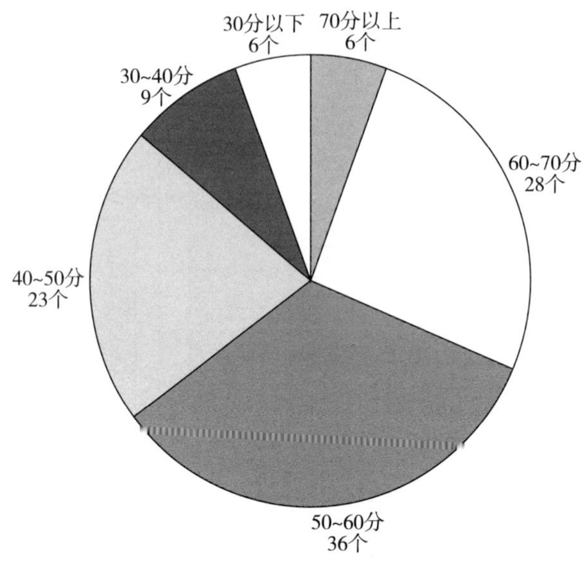

图 6　抽样县级纪委监委得分分布

资料来源：项目组自制。

区、甘肃省庆阳市庆城县、贵州省六盘水市钟山区，其中安徽省两个县进入前10。值得一提的是，安徽、宁夏、广西、江苏 4 省区在“12 月评估”、“8 月评估”和 2019 年均有区县进入前 10，且安徽省有两个甚至以上区县进入前 10。

表 7　“12 月评估”得分排名前 10 的区县

单位：分

排名	评估对象	公开平台（10%）	组织结构（10%）	部门收支（15%）	制度规定（12%）	工作报告（12%）	通报曝光（15%）	巡视整改（10%）	社会参与（16%）	总分（满分100）
1	江苏省盐城市亭湖区	8.3	4	11.25	12	12	10.05	7.5	10.72	75.82
2	安徽省宣城市广德市	9.6	3.5	11.25	12	10.98	13.37	5	9.27	74.96
3	安徽省滁州市明光市	6	3.5	11.25	12	9.96	13.37	7.5	10.29	73.87

续表

排名	评估对象	公开平台（10%）	组织结构（10%）	部门收支（15%）	制度规定（12%）	工作报告（12%）	通报曝光（15%）	巡视整改（10%）	社会参与（16%）	总分（满分100）
4	内蒙古自治区赤峰市红山区	7.2	5	11.25	8.04	10.98	13.37	5	10.72	71.56
5	湖北省襄阳市襄州区	9	4.5	11.25	12	10.98	13.37	5	5.44	71.54
6	宁夏回族自治区石嘴山市平罗县	9	5	11.25	9	10.98	11.73	5	8.08	70.04
7	江西省九江市湖口县	7.9	4	11.25	6	12	13.37	10	5.44	69.96
8	广西壮族自治区防城港市防城区	7.6	4.75	11.25	7.02	10.98	13.37	3.35	10.72	69.04
9	甘肃省庆阳市庆城县	8	4.5	6.56	10.02	10.98	13.37	8.35	6.73	68.51
10	贵州省六盘水市钟山区	9.7	4	7.5	12	10.98	13.37	5	5.44	67.99

资料来源：项目组自制。

以各县所在省份为单位看，2019 年没有任何一个省份的 4 个县级纪委监委平均得分在 60 分以上，但“12 月评估”中有 8 个，分别为安徽（74.05）、福建（70.15）、甘肃（68.05）、广东（66.58）、广西（65.41）、贵州（64.34）、海南（63.27）、河北（62.02），其中安徽和福建平均得分在 70 分以上，对应的安徽省纪委监委在本次评估中得了 81.66 分，排在第二名，福建省纪委监委 70.94 分，排在第 16 名。平均得分在 50 ~ 60 分的有河南、黑龙江、湖北、湖南、吉林、江苏、江西、辽宁、内蒙古、宁夏等

10个省（自治区），平均得分在40~50分的有青海、山东、山西、陕西、四川等5个省（自治区）；30~40分的为西藏、新疆两个自治区；云南、浙江两省区县平均得分均为30分以下。值得一提的是，2020年“12月评估”中省级纪委监委评估得分第1名西藏，其4个县纪委监委平均得分仅39.85，在27个省份中排到了第24名，而“12月评估”中得分排第3名的宁夏，其4个县纪委监委平均得分50.24分，在27个省份中排到了第18名，这说明在信息公开方面上热下冷的现象仍普遍存在。

从一级指标来看，县级纪委监委得分最高的是工作报告，82.59分；其次分别是通报曝光、公开平台和巡视整改；组织结构和社会参与两项得分最低。

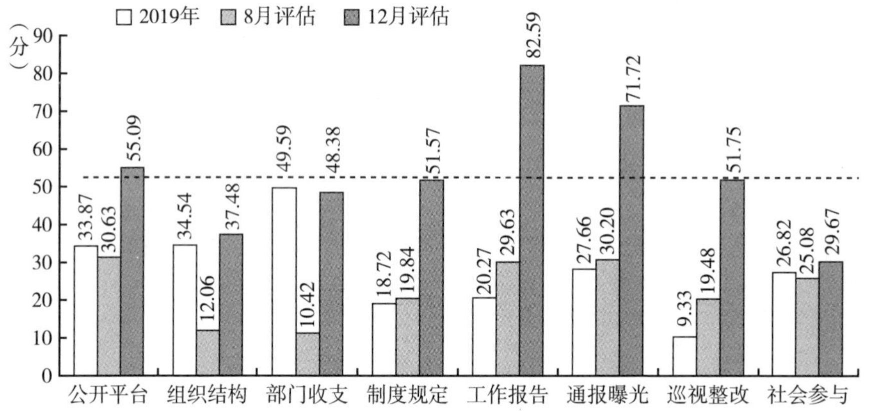

图7 历次评估抽样县级纪委监委一级指标平均得分

注：图中虚线为“12月评估”一级指标得分平均数53.53。

资料来源：项目组自制。

5. 直辖市区县纪检监察机关信息公开评估状况

2020年，项目组继续采取全覆盖的方式对北京市、天津市、上海市、重庆市4个直辖市各区县纪委监委网站工作信息公开情况进行了评估，评估对象一共89个，“12月评估”期内上海黄浦区纪委监委的网站无法打开，41个区县纪委监委的部分信息公开在上级纪委的信息公开栏目下，“12月评估”时项目组将这部分公开信息纳入评估范畴。项目组认为，纪检监察

机关信息公开重在信息的公开，而不在于渠道，尽管非该区县的官方网站，但在上级纪委监委官网下，信息的真实性与可靠性是可以信赖的。因此，“12月评估”结果较“8月评估”和2019年有较大的出入。

“12月评估”结果显示，89个评估对象平均得分43.73，较“8月评估”（18.21分）增长了140.14%，较2019年（15.89分）增长了175.20%，这一大幅增长是因为“12月评估”将上级纪委信息公开栏目下区县公开信息纳入评估范畴。其中47个评估对象高于平均分，低于平均分的主要为上海、重庆市网站无法打开或者信息公开内容挂靠上级纪委监委网站的区县。

在89个评估对象中，得分最高的是北京市平谷区（62.71分），较“8月评估”第1名北京市海淀区（56.12分）高11.74%，较2019年第一名（53.69分）则高16.80%，但距全国抽样县级第1名江苏省盐城市亭湖区75.82的得分差距不小，这个差距较2019年缩小了30.04%。得分在60分以上的有两个区县，占比2.25%，得分在50~60分的有25个区县，比2019年增加了24个，占比28.09%。得分在40~50分的有30个区县，占比33.71%。得分在30~40分的有27个区县，远多于2019年的12个区县。得分在20~30分的有3个区县，得分低于20分的有2个区县。如图8所示，抽样区县得分在第一梯队的占比明显比直辖市下辖区县第一梯队得分的占比高不少。

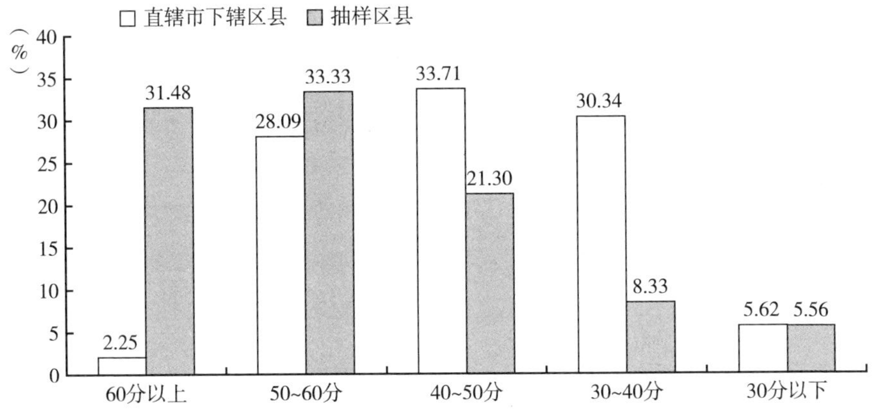

图8　直辖市下辖区县与抽样区县评估得分分段占比对比

资料来源：项目组自制。

得分排名前10的区县分别为北京市平谷区、北京市密云区、天津市河东区、北京市延庆区、天津市宁河区、北京市海淀区、天津市宝坻区、天津市蓟州区（蓟县）、天津市和平区、天津市河北区，其中天津6个区县，北京4个区县。以直辖市为单位来看，天津市16个区县平均得分53.70，排第一，在全国以省份为单位抽样区县平均得分排名中排第17；北京16个区县平均得分51.17，排第二，在全国以省份为单位抽样区县平均得分排名中排第19；上海市17个区县平均得分41.10，比2019年（14.08）增长了191.90%，在全国以省份为单位区县平均得分排名中排在第26；重庆40个区县平均得分为37.96（见表8），排倒数第4。

表8　直辖市下辖区县平均得分与抽样区县平均得分排名

单位：分

排名	省份名	以省份为单位区县平均得分	排名	省份名	以省份为单位区县平均得分
1	安徽省	74.05	17	天津市	53.7
2	福建省	70.15	18	内蒙古自治区	52.61
3	甘肃省	68.05	19	北京市	51.17
4	广东省	66.58	20	宁夏回族自治区	50.24
5	广西壮族自治区	65.41	21	青海省	49.61
6	贵州省	64.34	22	山东省	49.20
7	海南省	63.27	23	山西省	47.76
8	河北省	62.02	24	陕西省	45.81
9	河南省	59.89	25	四川省	42.63
10	黑龙江省	59.3725	26	上海市	41.10
11	湖北省	58.60	27	西藏自治区	39.845
12	湖南省	57.90	28	重庆市	37.96
13	吉林省	57.13	29	新疆维吾尔自治区	37.9575
14	江苏省	55.77	30	云南省	29.17
15	江西省	54.98	31	浙江省	2.6
16	辽宁省	54.01			

资料来源：项目组自制。

从一级指标来看，得分最高的是部门收支（65.56分）；其次是通报曝光（64.55分）。得分最低的是社会参与（18.85），这是因为很多区县没有自身官网，仅借助上级纪委监委网站公开部分信息，没有与群众进行互动，点击率低等；其次是公开平台（22.84 分），公开平台分数较 2019 年有所下降，是因为 2020 年新增 3 个评估对象——重庆两江新区、重庆万盛经开区、重庆高新区均为无独立公开平台的区县；再次是制度规定（28.88 分）（见图 9）。结合“8 月评估”和 2019 年评估结果来看，“12 月评估”在工作报告、部门收支和组织结构方面取得了较大的增长，但仍有较大的进步空间，特别是平均水平还不如抽样区县，仅一级指标平均得分（43.22 分）就比抽样区县（53.53 分）要低 19.26%。

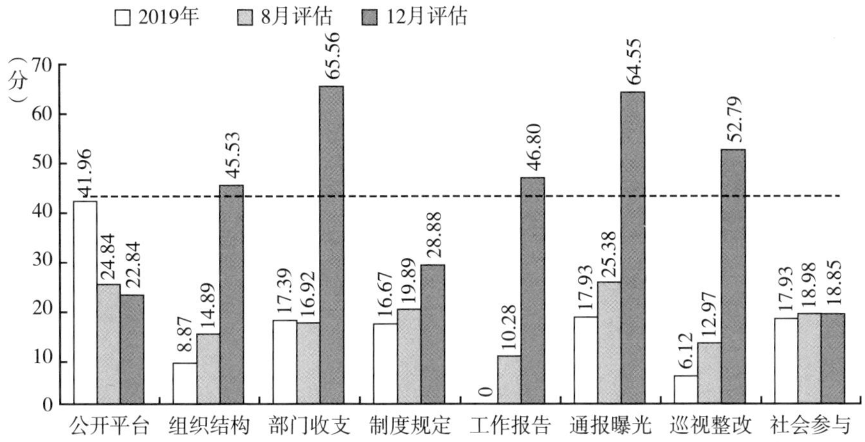

图 9　直辖市各区县纪委监委一级指标得分

注：图中虚线为“12 月评估”一级指标得分平均数 43.73 分。

资料来源：项目组自制。

三　2020年评估结果呈现的特点

（一）纪检监察机关层级越高，网上信息公开工作做得更好

从网站建设情况来看，省级纪委监委网站建设率高达 100%，而省会（副省级）纪委监委网站建设率在“12 月评估”中虽也达到 100%，但在

“8月评估”和2019年评估中，仍有1个评估对象的网站无法打开。54个抽样地级市纪委监委中则有两个市没有网站，网站建设率为96.3%。全国27个省（区、市）抽样的108个区县中有43个区县无自身网站，有的信息公开依靠上级网站，有的依靠政府网站，网站建设率为60.19%，直辖市下辖89个区县纪委监委中48个区县无网站，网站建设率最低，仅46.07%。

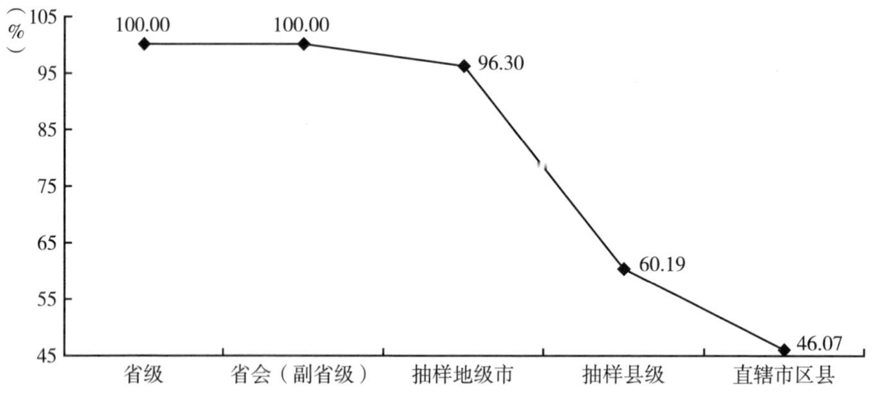

图10　各级纪委监委网站建设率

资料来源：项目组自制。

从“12月评估”结果来看，省级平均得分69.92，中位数70.94分，一级指标得分平均值70.17分。省会（副省级）平均得分57.36，较省级低了17.96%，中位数59.85分，比省级低了15.63%，一级指标得分平均值57.85，与省级也存在不小的差距。抽样地级市平均得分51.75，较省会（副省级）低了5.61分，中位数56.08分，略低于省会（副省级），一级指标得分平均值52.34，比省会（副省级）低了5.51分。抽样县级平均得分53.29，中位数55.74分，一级指标得分平均值53.53分，与抽样地级市得分基本持平，但若考虑到很多县的得分是依托于上级纪委监委网站，则实际县级信息公开平均水平要低于地级市信息公开水平。尽管“12月评估”中这种层级间的差距较“8月评估”有不小的收窄，如“8月评估”中省级平均得分要比省会（副省级）高32.15%，省会（副省级）比抽样地级市高46.19%，抽样地级市比抽样县级高49.78%。

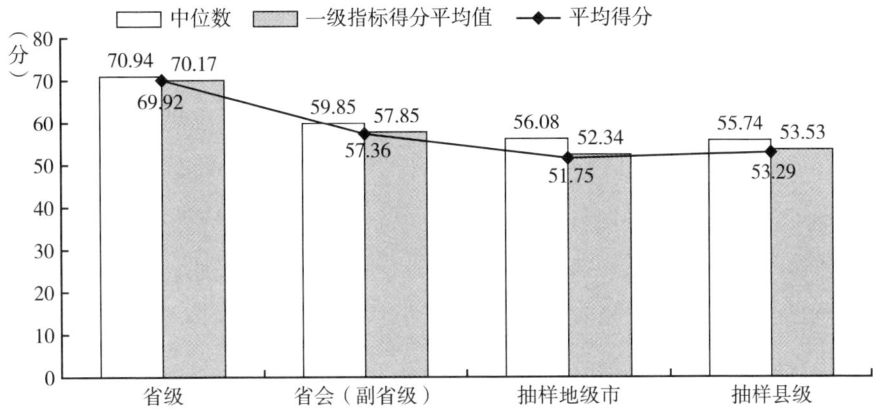

图11　省级、省会（副省级）、抽样地级市、抽样县级“12月评估”结果对比

资料来源：项目组自制。

这一特点与2019年评估结果显示出来的特点一样。出现这种情况，项目组分析原因可能有三。首先，层级越高，资源越丰富，在网站信息公开方面越有能力做好。其次，层级越高，对信息公开工作重视程度越高，执行相关规章制度力度也越大。2020年上半年，中央纪委国家监委印发了《指南》，但项目组了解到，一些县级纪委监委却反映并未看到该《指南》。这种现象表明在官僚制结构中，信息传递具有逐级递减的特点。最后，层级越高，分工越细致，系统稳定性越强，受外部环境变化冲击影响越小。2020年因抗击新冠肺炎疫情和脱贫攻坚需要，有的地级市、县级干部进村、进社区，信息公开工作让路中心工作或是原因之一。这一特点表明，在纪委监委信息公开工作方面，既要加强思想认识，提高贯彻落实相关制度规定能力，提升信息公开质量和水平，又要以上率下，层层传导压力，加强业务监督指导。

（二）县级信息公开工作做得好的省，各级信息公开综合水平高

为评估各省（区、市）各级纪委监委网站信息公开的综合水平，项目组对2020年“8月评估”中各级纪委监委评估得分排名情况进行了汇总，

其中有多个省会（副省级）城市取算数平均值进行排名，同一省份的地级市、县得分取算数平均值进行排名，再将排名进行加总，总数越低的说明总体排名越靠前，也说明各级纪委监委网站信息公开综合情况越好。之所以未使用“12 月评估”数据进行分析，是因为“12 月评估”数据是在“外力介入”下进行的矫正，可能存在数据偏差，不能很好地反映各级纪委监委网站信息公开原本的情况。如表 9 所示，排在前 10 名的分别是安徽省、江苏省、内蒙古自治区、贵州省、河北省、浙江省、广东省、陕西省、四川省、广西壮族自治区。其中陕西、河北、安徽、内蒙古、贵州等 5 省区在省级排名中排前 10，占 50%，河北、浙江、江苏、广东、内蒙古、贵州、四川等 7 省区的省会（副省级）城市平均得分排名前 10，占 70%；贵州、安徽、江苏、广东、河北、四川、内蒙古等 8 省区的抽样地级市平均得分排名前 10，占 80%；安徽、内蒙古、浙江、广西、四川、广东、江苏、贵州等 8 省区的抽样县级平均得分排名前 10，占 80%。从这个结果来看，县级平均得分排名与综合排名结果匹配度最高，这说明这些省区对纪委监委网站信息公开工作压力传导到位。省级纪委监委网站信息公开做得好，县级不一定做得好，但如果县级做得好，省级大概率也做得不错。而综合排名最后 5 名的分别是云南、新疆、辽宁、青海、黑龙江，其中辽宁、青海、黑龙江 3 省的省会平均得分排在最后 5 名，辽宁、青海、云南三省地级市平均得分排在最后 5 名，新疆、黑龙江两省区的县级平均得分排在最后 5 名，这一结果再次表明省市县各级纪委监委信息公开工作水平具有较强的一致性。

“12 月评估”结果也显示，上级在信息公开工作方面对下级的引领示范作用非常突出，并且这种现象越往基层越明显。如表 10 所示（标灰色为所在省份排名前 10），排名前 10 的省份，其省会（副省级）城市中 50% 也排在前 10，而所属抽样地级市中 80% 排名在前 10，所属抽样县级中 70% 排名在前 10。这一现象在直辖市中也较为突出，如天津市在省级中排名第 13，北京市排名第 20，上海排名第 27，重庆排名第 29，而直辖市区县平均得分排名与省级排名完全一致，天津平均得分 55.93，居第 1，北京平均得分 49.14，排第 2，上海平均得分 24.82，排第 3，重庆平均得分 0，排第 4。

表 9 "8 月评估"中以省份为单位各级纪委监委得分排名情况

省名	"8 月评估"排名	省会（副省级）平均得分以省份为单位排名①	抽样地级市平均得分以省份为单位排名	抽样县级平均得分以省份为单位排名	排名总和	排名加总由小到大排名
安徽省	5	13	2	1	21	1
江苏省	11	3	3	8	25	2
内蒙古自治区	7	6	10	2	25	3
贵州省	8	7	1	10	26	4
河北省	4	1	6	23	34	5
浙江省	20	2	9	3	34	6
广东省	21	4	4	6	35	7
陕西省	2	14	12	11	39	8
四川省	18	9	7	5	39	9
广西壮族自治区	15	16	11	4	46	10
山东省	3	21	13	9	46	11
湖南省	6	8	18	18	50	12
福建省	14	19	8	13	54	13
甘肃省	9	11	20	16	56	14
宁夏回族自治区	1	26	15	15	57	15
河南省	16	12	17	17	62	16
江西省	10	18	23	12	63	17
海南省	19	5	25	20	69	18
吉林省	29	17	19	7	72	19
湖北省	30	15	14	14	73	20
山西省	25	22	5	24	76	21
西藏自治区	12	24	22	25	83	22
云南省	26	10	27	21	84	23
新疆维吾尔自治区	23	20	16	26	85	24
辽宁省	17	23	24	22	86	25
青海省	24	27	26	19	96	26
黑龙江省	28	25	21	27	101	27
天津市	13	—	—	—	—	—
北京市	22	—	—	—	—	—
上海市	27	—	—	—	—	—
重庆市	31	—	—	—	—	—

注：同一省份的城市采取加和平均，再参与排名。地级市、抽样区县采用方法相同。
资料来源：项目组自制。

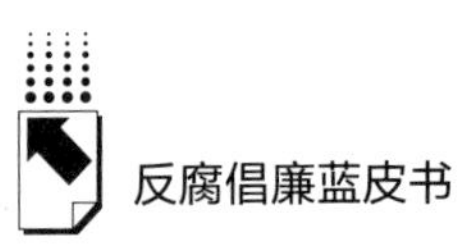

表 10 “12 月评估”中各级纪委监委排名前 10 名

排名	省级	省会(副省级)	抽样地级市	抽样县级
1	西藏	内蒙古呼和浩特	贵州铜仁	江苏省盐城市亭湖区
2	安徽	福建厦门	贵州黔东南苗族侗族自治州	安徽省宣城市广德市
3	宁夏	甘肃兰州	四川达州	安徽省滁州市明光市
4	湖南	河北石家庄	江西景德镇	内蒙古自治区赤峰市红山区
5	贵州	浙江杭州	安徽马鞍山	湖北省襄阳市襄州区
6	内蒙古	贵州贵阳	江苏淮安	宁夏回族自治区石嘴山市平罗县
7	江西	浙江宁波	河北邢台	江西省九江市湖口县
8	河南	安徽合肥	云南曲靖	广西壮族自治区防城港市防城区
9	云南	广西南宁	宁夏吴忠	甘肃省庆阳市庆城县
10	甘肃	山东青岛	甘肃平凉	贵州省六盘水市钟山区

资料来源：项目组自制。

（三）地方各级纪委监委网站信息公开水平上升趋势明显

综合“12 月评估”结果，省级平均得分 69. 92，较 2019 年平均得分上涨 18. 23%，相较于 2019 年 28 个省份得分正增长，且正增长值之和达到 346. 36。省会（副省级）平均得分 57. 36，较 2019 年（40. 80 分）增长了 40. 59%。在平均得分之上的省会（副省级）城市有 21 个，比 2019 年多 1 个，负增长的仅 3 个城市，负增长之和仅 19. 11 分，还不到正增长 548. 85 的。直辖市下辖区县也呈现类似特征，89 个区县平均得分 43. 73，较 2019 年（15. 89）增长 175. 20%（见图 12），无负增长区县。

项目组分析，出现这种现象一方面是由于《中国共产党党务公开条例（试行）》得到较好的贯彻执行，另一方面，中央纪委国家监委网站标杆效应越来越突出，2020 年上半年中央纪委国家监委印发的《指南》得到了贯彻。同时，随着全面从严治党战略的持续推进，开门反腐的理念进一步深入人心，各级纪委监委信息公开意识有所提升。

（四）组织结构、社会参与等是各级信息公开弱项

“8 月评估”中发现，公开平台、通报曝光、巡视整改等是得分率最高

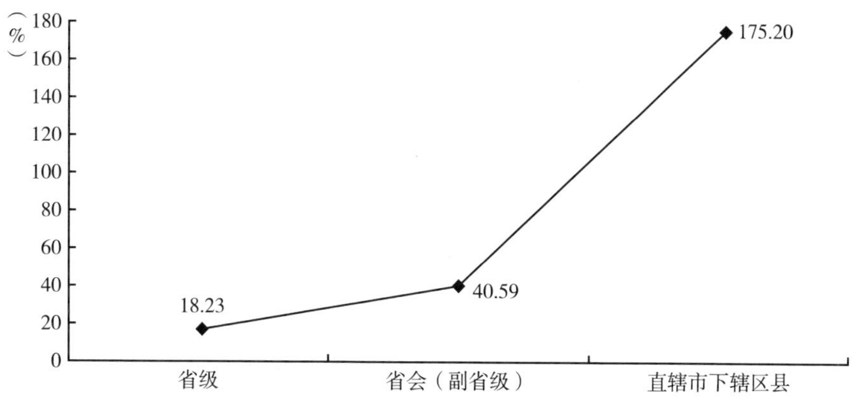

图12 2020年“12月评估”各级平均得分增长率

资料来源：项目组自制。

的项目，其中省级纪委监委网站公开平台平均得分100、通报曝光平均得分97.49、巡视整改平均得分80.49，这几项平均得分远远高于其他一级指标和一级指标平均得分平均值64.93。这种现象在省会（副省级）、抽样地级市、抽样县级基本类似。究其原因，项目组认为离不开近年来纪检监察机关监督执纪的理念调整，“开门反腐”“违反中央八项规定精神案例点名道姓通报曝光”“做好巡视整改后半篇文章”等理念让纪检监察机关在执行上级要求的同时增加了信息公开的底气。但同时，项目组也发现，尽管这3个一级指标是得分较高的项目，但依然存在层级越高，这3个一级指标得分越高的特征，也即基层在公开平台建设方面还存在认识不够，在通报曝光、巡视整改等公开方面存在贯彻执行不到位、压力传导递减等情形。而得分率较低的一级指标主要集中在组织结构、工作报告等项，其中省级组织结构平均得分仅28.10，还不到一级指标得分平均值的一半；省会（副省级）组织结构、工作报告得分也远低于平均值，这种现象与2019年基本一致，说明各级纪委在组织结构、工作报告公开方面还有很大的提升改善空间，特别是在纪检监察机关编制数、实有人数、领导成员信息、工作报告新颖性、务实性等科目上。

在“12月评估”中，各级纪委监委网站信息公开在各方面均有不小的进步，如表2所示，特别是在组织结构、部门收支、工作报告三方面。综观各项指标，公开平台、通报曝光、巡视整改等成为得分率较高的项目，组织结构、部门收支、制度规定、社会参与仍然是薄弱项，是主要的丢分项。例如，省级中，各项指标得分最低的是组织结构；省会（副省级）中，平均得分最低的是制度规定；抽样地级市中，平均得分最低的项目是社会参与；抽样县级中，平均得分最低的是社会参与（见图13）。

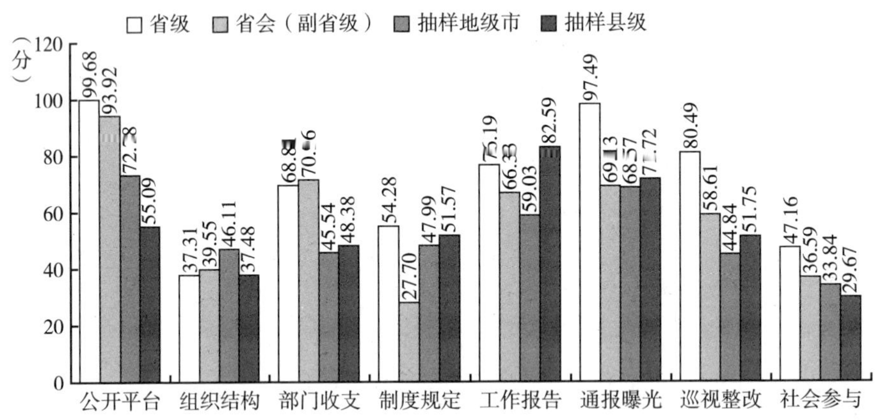

图13　各级纪委监委一级指标平均得分对比

资料来源：项目组自制。

（五）评估结果呈现“强者恒强，弱者恒弱”现象

综合2020年“8月评估”和“12月评估”结果，两次评估排名具有很强的一致性，呈现“强者恒强，弱者恒弱”的现象。省级“8月评估”结果中排名前10（宁夏、陕西、山东、河北、安徽、湖南、内蒙古、贵州、甘肃、江西）的省份在“12月评估”结果中仅3省（陕西、山东、河北）跌出前10位，留在前10的占70%，西藏、河南、云南晋升前10，均是得益于组织结构、部门收支、工作报告项目得分大幅增长。而排名最后5名（上海、黑龙江、吉林、湖北、重庆）的省份在“12月评估”结果中有4个省份留了下来，留存率达80%，上海被山西替代，重庆、黑龙江、湖北等继续垫底。省会（副省级）“8月评估”结果中排名前8的城市（石家

庄、杭州、广州、宁波、南京、海口、呼和浩特、贵阳）在“12月评估”中有62.5%留在了前8名，广州、南京、海口排名下滑，而厦门、兰州、合肥则新晋前8名；同时，“8月评估”排名最后的10个城市（南昌、乌鲁木齐、太原、福州、济南、沈阳、拉萨、哈尔滨、银川、西宁）有70%留在了最后10名，南昌、福州、济南排名提升，西安、武汉、长春则在“12月评估”中跌入最后10名，西宁、哈尔滨、沈阳、拉萨等继续排在最后梯队。地级市中“8月评估”排名前10的城市（铜仁、淮安、达州、马鞍山、河源、黔东南苗族侗族自治州、湖州、阳泉、邢台、巴彦淖尔）中有60%留在了前10名，且第一名铜仁保持不变，河源、湖州、阳泉、巴彦淖尔跌出前10，景德镇、曲靖、吴忠、平凉则新晋前10；“8月评估”排名最后8名中有75%在“12月评估”中留在了最后8名，红河、曲靖排名晋升，鸡西、通化两市在“12月评估”中跌入最后8名。这一现象在抽样县仍然得到了体现，两次评估中江苏省盐城市亭湖区、安徽省宣城市广德市、安徽省滁州市明光市、内蒙古自治区赤峰市红山区、湖北省襄阳市襄州区、宁夏回族自治区石嘴山市平罗县、广西壮族自治区防城港市防城区排名均在前10名，占比达到70%，而68%的区县则在两次评估中均排在最后50名中。

如上所述，两次评估排名无论是在头部还是尾部，相同城市所占比例均不小，这说明两次评估相对较为客观，能够有效反映各级纪委监委网站信息公开的真实质量和水平。同时如表2所示，两次评估中各级纪委监委多项指标得分基本持平，在评估方法、评估人员一致的情况下，本属意料之中，但考虑到，两次评估时间相隔数月，仍能基本持平，确属意料之外，这再次证明评估指标和评估方法基本上可以真实地反映各级纪委监委网站信息公开水平。

四　当前地方纪委监委网站信息公开存在的主要问题

（一）对信息公开重视不够，公开力度不平衡，上热下冷现象突出

由于部分纪委监委或没有充分认识纪委监委信息公开的重要意义与价

值；或认为纪委监委工作特殊，比较敏感，不敢、不愿、不想将工作信息向人民群众公开；或认为网站建设维护耗时费力，点击率低，过时老套，不如微信公众号、微博等新兴媒体宣传效果好等，部分省、市、县纪委监委的网站建设明显落后于同级平均水平。多次评估结果显示，不管是省级、副省级、地级市还是县级纪委监委排名靠前的既有经济发达地区，也有经济欠发达地区，纪委监委网站信息公开工作与经济因素并不存在明显的正相关关系。主观认识在其中发挥着重要作用，信息公开主要不是能不能公开的问题，而主要是愿不愿意、想不想的问题。一般来说，纪委监委层级越高，信息公开工作相对越好，越到基层相对越差，这一方面说明纪委监委网站信息公开工作在压力传导方面还不足，另一方面也表明基层纪委监委工作信息公开的主动性和自觉性相对差一些。

（二）网站内容陈旧、原创性不足、栏目设置混乱，阅读体验感差

纪委监委网站信息公开的一个重要功能在于有效信息的持续输出，及时回应人民群众的关切。有的纪委监委怠于建设自身官方网站，将信息公开委于上级纪委监委网站，或止步于建立网站，网站维护不及时、不到位，有的栏目信息常年不更新，上传的内容陈旧、缺乏地方特色，或者多是粘贴复制上级纪委监委信息、或其他已经公开信息，信息同质化现象严重。有的网站打开速度慢，甚至长期不能打开。有的纪委监委网站栏目设置交叉混乱，不是聚焦群众关心或关注的信息，而是上传不少与监督执纪问责等职责无关的信息。有的网站不提供查询功能，读者查找相关信息耗时费力，体验感较差。这些现象有的是资源有限、经验和能力不足等因素导致的，有的却是出自有意“精心设计”，如个别纪委监委网站将年度工作报告放在多层链接下，以解读的形式替代工作报告全文公开，开会后半年甚至更久才上传工作报告。

（三）网站信息公开不全面、不深入，与群众互动性差

相较于本项目评估体系中的三级指标，很多纪委监委网站的信息公开还不够全面和深入，如组织机构项目下，少有纪委监委公开领导班子的工作简

历、内设及派驻机构领导干部姓名等信息；部门收支项目下，公开科目较粗，很少有纪委监委公开大案要案查办经费、预算绩效目标等信息；制度规定项下，公开上级制度较多，本级制度较少且不够全面，甚至直接链接到中央纪委网站；工作报告项目下，很少有纪委监委对上一年工作报告中部署任务未落实的情况进行说明；通报曝光项目下，很少有纪委监委公开案件详细情况、处分决定书、被处分人简历等信息，多是概括地一笔带过，与法院裁判文书公开相比差距较大；部分纪委监委通报曝光栏目没有内容或者最后更新时间停留在数年前，显得监督执纪问责并没有力度；很多纪委监委网站不设置留言板，不允许对信息进行留言或评价，或对留言不回复或回复不及时，不设置点击率、阅览人数等信息，互动性较差。

五　提升地方纪委监委网站信息公开质量的建议

（一）继续加强对地方纪检监察机关网站信息公开的顶层设计和业务指导

新时代纪检监察机关要为全面实现社会主义现代化建设提供保障，需要带头接受和运用现代科学理念和技术，主动适应和应对科学技术发展进步形成的新环境，跟上时代前进的步伐，在网站信息公开方面要走出思想误区，卸掉顾虑和包袱。同时，跟上新媒体、自媒体日新月异的发展步伐，地方各级纪检监察机关还必须解决“怎么公开、公开什么”的问题。2020 年中央纪委国家监委相关部门印发了《指南》，一定程度上解决了纪检监察机关网站信息公开的规范化问题，但从评估结果看，目前地方纪委监委网站信息公开执行情况差异很大，《指南》需要在实践中进一步细化，逐步完善纪检监察工作信息公开的标准体系，并要加强标准执行情况的监督检查，对执行不到位的纪委监委采用约谈等方式进行处理，推进全国纪检监察信息公开工作走向科学化、制度化、规范化，与政务公开、党务公开、村务公开等一并成为清廉中国建设的助推剂。

（二）要充分认识信息公开的重要意义，层层传导压力，强化信息公开监督考核

思想是行动的先导，思想认识到位，行动上才会自觉。地方各级纪委监委都应当充分认识到信息公开对党的建设、对自身建设的重要意义，向中央纪委国家监委看齐，以上率下，加强自身信息公开工作的同时，强化对下级信息公开工作的监督，将其纳入考核范畴，强化考核结果的公开与运用。要持续推进信息公开向更高质量、更高水平发展，上级纪委监委专项督导要制度化、常态化。地方各级纪委监委要加强自身官方网站建设，设置专门人员负责信息公开工作，审核把关各类信息的公开尺度和标准，统筹协调各类信息的更新与维护，推进信息公开细致化、规范化，增进与群众的互动交流。同时，上级纪委监委信息公开专员要加强对下级信息公开工作的监督指导，确保有效信息及时公开，及时清理失效过时信息。改进纪委监委监督检查方式方法，通过网站查阅和收集信息可以对下级纪委监委进行“背对背”远程监督检查，采用纵向和衡量比较网站信息等方法来客观衡量下级纪委监委的工作量及其工作成效，从而避免监督检查的形式主义，减轻下级纪委监委的负担。

（三）要重视第三方信息公开测评，加强信息公开业务学习培训交流

第三方信息公开测评往往会建立相对完善的指标体系，这个指标体系不仅是人民群众关注的焦点所在，也是网站信息公开建设的一份说明书，各级纪委监委可以围绕各项测评指标进行网站的建设，通过关注测评结果可以了解自身信息公开工作在全国所处的水平，与先进省市之间的差距，自身缺失或者劣势环节所在，进而见贤思齐，有针对性地补齐短板，推进信息公开高质量高水平地向前发展。不同省市之间往往面临一些不同的问题或者共性问题，建议中国纪检监察学院等干部培训机构加强纪检监察机关信息公开业务学习培训，提供相互交流平台。

（四）着力培育信息公开的文化氛围，提升信息公开整体质量

政府公信力显著提升是党的十九届五中全会提出的奋斗目标之一，这就要求各类权力运行公开化、透明化。各级纪委监委应当将党的决策部署贯彻落实到位，模范遵守信息公开相关法律法规的同时，监督其他公权力机关推进信息公开工作，筑牢人民群众的信任基础。建议各级纪委监委联合有关部门，培育社会各界普遍关注信息公开的文化氛围，将信息公开作为专项监督和巡视巡察的内容，尤其要重点关注公权力运行不透明、廉洁风险较大的环节和领域，推动公共机构整体信息公开质量实质提升，通过促进公开推进国家治理现代化水平的提升。

（五）抓紧补齐短板，加强县区纪委监委工作信息公开

多年的评估结果显示，在地方各级纪委监委中，县区一级纪委监委工作信息透明度最差，是亟须着力补齐的短板。县区纪委监委与群众利益联系最为直接，其信息透明度将直接影响群众的获得感和满意度。要加大财政支持力度，充分保障县区纪委监委建立并维护好其官方网站，防止成为僵尸网站。要适应社会主义现代化建设的需要，提升县区、乡镇纪检监察人员素质和能力，在监察官遴选中加强网络、大数据等方面的知识培训和考试，选拔优秀的相关专业人才充实基层纪检监察队伍。加大对县区基层网站建设的评估考核，将网站建设考核列入班子和领导考核内容。

B.3

省级纪检监察机关信息公开评估报告

中国社会科学院社会学所“党和国家监督体系绩效测评研究”创新工程项目组*

摘　要：　本文依据31个省（区、市）纪检监察网站上公开的信息，对省级纪检监察机关信息公开工作进行了评估。目前，省级纪检监察机关公开平台建设比较健全完善、组织结构信息公开总体相同、部门预决算信息公开比较全面、人员编制信息公开比较细致深入、纪委全会工作报告公开及时全面、巡视巡察信息公开更加规范有序、“通报曝光”信息有力有效、社会参与监督渠道建设逐渐健全；但是组织结构信息公开仍不完整、部门收支信息公开仍不够详细、制度规定公开质量仍需持续提升、社会参与互动渠道建设尚存不足。建议全面加强网站建设，系统深入公开信息，继续强化通报曝光震慑，深化拓宽互动交流。

关键词：　纪委监委　信息公开　省级评估

一　评估对象和资料来源

2020年，项目组对31家省级纪检监察机构网站以全覆盖方式开展了两次信息公开评估。评估的信息来源限为省级纪检监察机关网站，对所有省级

* 项目负责人：蒋来用。项目组成员：蒋来用、孙大伟、周兴君、于琴、任涛、朱克江、胡爽、许天翔、何圣国、张缯昕。执笔人：朱克江、孙大伟、何圣国。

纪检监察机关网站依法、及时、主动公开信息的状况进行评估。考虑到网站上的信息不断更新和变化，项目组两次评估统一搜集信息数据的时段分别为2020年8月1~31日、11月1~30日（见表1）。

表1　评估对象名称、网站域名及数据搜集时段

序号	省/区/市名称	省/区/市纪委监委网站域名	数据搜集时段1	数据搜集时段2
1	北京市	http://www.bjsupervision.gov.cn	2020.8.1~8.31	2020.11.1~11.30
2	天津市	http://www.tjjw.gov.cn	2020.8.1~8.31	2020.11.1~11.30
3	河北省	http://www.hebcdi.gov.cn	2020.8.1~8.31	2020.11.1~11.30
4	山西省	http://www.sxdi.gov.cn	2020.8.1~8.31	2020.11.1~11.30
5	内蒙古自治区	http://www.nmgjjjc.gov.cn	2020.8.1~8.31	2020.11.1~11.30
6	辽宁省	http://www.lnsjjjc.gov.cn	2020.8.1~8.31	2020.11.1~11.30
7	吉林省	http://ccdijl.gov.cn	2020.8.1~8.31	2020.11.1~11.30
8	黑龙江省	http://www.hljjjjc.gov.cn	2020.8.1~8.31	2020.11.1~11.30
9	上海市	http://www.shjjjc.gov.cn	2020.8.1~8.31	2020.11.1~11.30
10	江苏省	http://www.jssjw.gov.cn	2020.8.1~8.31	2020.11.1~11.30
11	浙江省	http://www.zjsjw.gov.cn	2020.8.1~8.31	2020.11.1~11.30
12	安徽省	http://www.ahjjjc.gov.cn	2020.8.1~8.31	2020.11.1~11.30
13	福建省	http://www.fjcdi.gov.cn	2020.8.1~8.31	2020.11.1~11.30
14	江西省	http://www.jxlz.gov.cn	2020.8.1~8.31	2020.11.1~11.30
15	山东省	http://www.sdjj.gov.cn	2020.8.1~8.31	2020.11.1~11.30
16	河南省	http://www.hnsjct.gov.cn	2020.8.1~8.31	2020.11.1~11.30
17	湖北省	http://www.hbjwjc.gov.cn	2020.8.1~8.31	2020.11.1~11.30
18	湖南省	http://www.sxfj.gov.cn	2020.8.1~8.31	2020.11.1~11.30
19	广东省	http://www.gdjct.gd.gov.cn	2020.8.1~8.31	2020.11.1~11.30
20	广西壮族自治区	http://www.gxjjw.gov.cn	2020.8.1~8.31	2020.11.1~11.30
21	海南省	http://www.hnlzw.net	2020.8.1~8.31	2020.11.1~11.30
22	重庆市	http://jjc.cq.gov.cn	2020.8.1~8.31	2020.11.1~11.30
23	四川省	http://www.scjc.gov.cn	2020.8.1~8.31	2020.11.1~11.30
24	贵州省	http://www.gzdis.gov.cn	2020.8.1~8.31	2020.11.1~11.30
25	云南省	http://www.jjjc.yn.gov.cn	2020.8.1~8.31	2020.11.1~11.30
26	西藏自治区	http://www.xzjjw.gov.cn	2020.8.1~8.31	2020.11.1~11.30
27	陕西省	http://www.qinfeng.gov.cn	2020.8.1~8.31	2020.11.1~11.30
28	甘肃省	http://gsjw.gov.cn	2020.8.1~8.31	2020.11.1~11.30
29	宁夏回族自治区	http://www.nxjjjc.gov.cn	2020.8.1~8.31	2020.11.1~11.30
30	青海省	http://www.qhjc.gov.cn	2020.8.1~8.31	2020.11.1~11.30
31	新疆维吾尔自治区	http://www.xjjct.gov.cn	2020.8.1~8.31	2020.11.1~11.30

资料来源：课题组自制。

二　省级纪检监察机关公开状况评估

8 月份评估，总分在 60 分以上的评估对象有 22 家（见表 2），占比达 70.97%，同比增长 46.67%；12 月份评估，总分在 60 分以上的评估对象有 26 家（见表 3），占比达 83.87%。8 月份评估，总分在 70 分以上的评估对象有 10 家，占比达 32.26%，同比增长 100%；12 月份评估，总分在 70 分以上的评估对象有 17 家，占比达 54.84%。另外，12 月份有 2 家评估对象的总分在 80 分以上，占比达 6.45%。两次评估均排在前列的有：西藏、安徽、宁夏、湖南、贵州、内蒙古、江西、甘肃、陕西、山东、河北、天津、广西，东部、中部、西部地区都有代表省（区、市）。绝大多数省（区、市）的得分较 2019 年都有很大提高，但整体排名大致相同，安徽、湖南、贵州等省份排名仍旧靠前；有的省（区、市）的得分、排名较 2019 年有显著提升，比如宁夏、山东、江苏等。总而言之，从省级纪检监察机关网站来看，信息透明度与经济发展水平之间不存在直接关系，2020 年省级纪委监委信息公开呈现以下特点。

（一）公开平台建设比较健全完善

项目组 8 月和 12 月评估发现，所有省级纪检监察机关建设了公开的网站和“两微一端”公开平台。在 31 家省级纪检监察网站中，有 29 家网站在其首页导航设计中有专门的“信息公开”栏目，占比 93.55%，同比增长 31.82%，其中北京、吉林、黑龙江、福建、江西、山东、湖南、广东、海南、重庆、陕西、青海等省份的“信息公开”栏目被置于导航的第一位，可以非常直观地浏览主动公开的信息；有 15 家纪检监察网站发布了信息公开指南或信息公开目录，占评估对象总数的 48.39%，同比增长 36.36%，其中内蒙古、甘肃、河南、湖北等省份同时公布了信息公开指南和信息公开目录，提供了较为丰富的信息，与此同时，内蒙古、甘肃等省份的信息公开目录还具有内容超链接功能；31 家纪检监察机构网站均设有检索功能，并且检索速度较快，信息查询比较便捷，如北京、宁夏、山东等省份纪检监察

网站在检索栏输入关键词，很快就能显示查询结果，用时很少。网站信息更新较快，尤其是新闻头条的信息更新比较及时，平均每个工作日大约有4条新信息公开，有的网站周末还在更新信息，如贵州、河北、安徽等省（区、市）纪检监察网站。

表2　省（区、市）纪委监委工作信息公开8月份评估结果

排名	地名	公开平台（10%）	组织结构（10%）	部门收支（15%）	制度规定（12%）	工作报告（12%）	通报曝光（15%）	巡视整改（10%）	社会参与（16%）	总分（满分100分）
1	宁　夏	100	40	85	100	95.05	99.46	71.9	42.25	79.02
2	陕　西	100	62.5	85	31.85	95.05	99.46	79.9	42.25	73.90
3	山　东	100	25	85.31	98.35	95.05	99.46	90.1	8.25	73.75
4	河　北	100	32.05	50	95.05	95.05	98.91	83.5	42.25	73.51
5	安　徽	100	33	44.69	57.55	95.05	98.91	81.55	75.25	73.35
6	湖　南	100	10	33.13	37.63	95.05	99.46	97.53	100	72.56
7	内蒙古	100	55	38.44	38.45	95.05	98.91	93.4	67	72.18
8	贵　州	100	25	45.94	33.5	95.05	99.46	90.1	64.03	72.14
9	甘　肃	100	10	71.88	86.28	95.05	99.46	67	42.25	71.92
10	江　西	100	44	37.19	96.7	95.05	98.91	67	42.25	71.28
11	江　苏	100	20	78.44	37.45	95.05	98.91	83.5	42.25	69.61
12	西　藏	100	20	0	100	94.2	98.91	71.65	75.25	69.35
13	天　津	100	35	29.69	31.85	95.05	98.91	67	75.25	66.76
14	福　建	100	45	24.69	40.1	95.05	98.91	96.7	42.25	65.69
15	广　西	100	35	24.69	21.95	95.05	99.46	71.65	55.25	65.37
16	河　南	100	40	28.44	36.8	95.05	98.91	50	58.75	63.32
17	辽　宁	100	10	34.38	45.88	95.05	98.91	81.85	42.25	62.85
18	四　川	100	32	30.63	35.75	95.05	99.46	73.6	42.25	62.41
19	海　南	100	35	30.94	100	0	78.22	88.15	67	61.41
20	浙　江	100	15	33.13	39.28	90.8	98.91	95.05	31.03	61.38
21	广　东	100	19	83.75	43.4	0	99.46	98.35	42.25	61.18
22	北　京	100	15	34.06	50.25	90.8	89.11	83.5	42.25	61.01
23	新　疆	100	12	31.88	44.25	95.05	98.91	91.75	19.47	59.82
24	青　海	100	35	70.63	20.3	95.05	98.91	50	8.25	59.09
25	山　西	100	55	50	35.15	0	98.91	96.7	42.25	58.48
26	云　南	100	50	28.44	58.45	0	99.46	90.1	42.25	56.97
27	上　海	100	0	0	40.33	95.05	99.46	73.3	42.25	55.33
28	黑龙江	100	15	0	43.4	95.05	98.91	55.1	19.81	52.88
29	吉　林	100	10	31.33	45.88	0	78.22	81.03	64.03	51.55
30	湖　北	100	21.5	45	20.3	0	99.46	81.85	42.25	51.20
31	重　庆	100	15	27.81	38.6	0	99.46	92.43	19.47	47.58

资料来源：课题组自制。

表3　省（区、市）纪委监委工作信息公开12月份评估结果

排名	地名	公开平台（10%）	组织结构（10%）	部门收支（15%）	制度规定（12%）	工作报告（12%）	通报曝光（15%）	巡视整改（10%）	社会参与（16%）	总分（满分100分）
1	西　藏	100	47.5	73.13	100	94.2	98.91	71.65	75.25	83.06
2	安　徽	100	43	93.44	57.55	95.05	98.91	81.55	75.25	81.66
3	宁　夏	100	47.5	83.75	100	95.05	99.46	71.9	42.25	79.59
4	湖　南	100	27.5	68.13	37.62	95.05	99.46	97.53	100	79.56
5	贵　州	100	56.5	94.69	33.5	95.05	99.46	90.1	64.03	79.45
6	内蒙古	100	55	85.94	38.45	95.05	98.91	93.4	67	79.31
7	江　西	100	57.5	73.44	96.7	95.05	98.91	67	42.25	78.07
8	河　南	100	47.5	77.19	86.8	95.05	98.91	50	38.75	77.39
9	云　南	100	52.5	77.19	58.45	90.8	99.46	90.1	42.25	75.43
10	甘　肃	100	30	71.82	86.28	95.05	99.46	67	42.25	73.92
11	陕　西	100	62.5	85	31.85	95.05	99.46	79.9	42.25	73.90
12	山　东	100	25	85.31	98.35	95.05	99.46	90.1	8.25	73.75
13	河　北	100	32.5	50	95.05	95.05	98.91	83.5	42.25	73.51
14	天　津	100	35	60.94	31.85	95.05	98.91	67	75.25	71.45
15	广　西	100	45	57.19	21.95	95.05	99.46	71.65	75.25	71.24
16	福　建	100	45	59.69	40.1	95.05	98.91	96.7	42.25	70.94
17	浙　江	100	27.5	81.88	39.28	91.65	98.91	95.05	31.03	70.05
18	海　南	100	47.5	79.69	100	0	78.22	88.15	67	69.97
19	江　苏	100	20	75.94	37.45	93.35	98.91	83.5	42.25	69.61
20	新　疆	100	42.5	68.13	44.25	95.05	98.91	91.75	19.47	68.31
21	辽　宁	100	10	69.38	45.88	95.05	98.91	81.85	42.25	68.1
22	四　川	100	32	66.88	34.75	95.05	99.46	73.6	42.25	67.97
23	北　京	90	15	65.31	50.25	90.8	89.11	83.5	42.25	65.7
24	青　海	100	47.5	69.38	48.6	95.05	98.91	50	8.25	63.55
25	上　海	100	39.5	23.75	40.93	95.05	99.46	73.3	42.25	62.84
26	广　东	100	19	83.75	43.4	0	99.46	98.35	42.25	61.18
27	吉　林	100	10	80.62	45.88	0	78.22	81.03	64.03	58.68
28	山　西	100	55	50	35.15	0	98.91	96.7	42.25	58.48
29	重　庆	100	32.5	76.56	38.6	0	99.46	92.42	19.47	56.64
30	黑龙江	100	27.5	0	43.4	95.05	98.91	55.1	19.81	52.88
31	湖　北	100	21.5	45	20.3	0	99.46	81.85	42.25	51.20

资料来源：课题组自制。

（二）组织结构信息公开总体相同

8 月份评估中发现，31 家网站中 21 家在 2019 年部门预算中公开了纪检监察机关的职能或任务，占评估对象总数的 67.74%，同比增长 16.67%；12 月份评估中发现，31 家网站中 24 家在 2019 年部门预算中公开了纪检监察机关的职能或任务，占评估对象总数的 77.42%。8 月份评估公开了纪委监委的职能和任务的有天津、河北、山西、内蒙古、安徽、福建、江西、河南、海南、云南、陕西、青海、宁夏 13 个省（区、市）纪委监委网站；12 月份评估中，增加了西藏、甘肃、新疆 3 个省（区、市）纪委监委网站。8 月份评估中，有 28 个省（区、市）纪委监委网站公布了纪委监委内设或派驻机构，占评估对象总数的 90.32%，同比增长 14.29%，天津、内蒙古、浙江、广东、广西、海南、贵州 7 个省（区、市）纪检监察网站同时公布了纪委监委内设及派驻机构；12 月份评估中，有 30 个省（区、市）纪检监察网站公布了纪委监委内设或派驻机构，占评估对象总数的 96.77%，新增上海、安徽、江西、山东、河南、湖南、重庆、云南、西藏、青海、宁夏、新疆 12 个省（区、市）纪检监察网站，同时公布纪委监委内设及派驻机构。30 家省级纪委监委网站公开了纪检监察机关的组织机构和领导机构，占评估对象总数的 96.77%，同比增长 30.43%；30 家省级纪委监委网站公开了纪检监察机关的工作程序，占评估对象总数的 96.77%，同比增长 233.33%；如上海、重庆、宁夏、安徽、河北等省（区、市）的纪检监察网站公开了信访举报、查办案件、检查、复查、复审、复核、申诉、行政复议工作程序，内容非常完整。

（三）部门预决算信息公开比较全面

财务信息是公开的重点领域。8 月份评估，上海、黑龙江、西藏 3 个省（区、市）纪检监察机关没有在本单位网站公开预决算信息；12 月份评估，只有上海和黑龙江 2 个省（市）纪检监察机关没有在本单位网站公开预决算信息，与 8 月份相比少 1 个。8 月份评估，31 家网站中有 28 家在省级纪检监察网站上公开了2020年的部门财政预算，占评估对象总数的90.32%；12月份评估，有30家省级纪检监察网站公开了2020年的部门财政预算，占评估对象总数的96.77%。8月份评估，有9家省级纪检监察网站同时公开了2020年部门预算、2019年部门决算，占评估对象总数的29.03%；12月份评估，有21家省级纪检监察网站同时公开了2020年部门预算、2019年部门决算，占评估对象总数的67.74%。8月份评估，有9家省级纪检监察网站公开了2019年部门决算，占评估对象总数的29.03%；12月份评估，有28家纪检监察网站公开了2019年部门决算，占评估对象总数的90.32%。一些地方纪检监察网站开设专栏公开财务信息，如天津、安徽、贵州等8个省（区、市）纪检监察网站在“信息公开”专栏中设有“财务预决算”板块，及时公开预算、决算和“三公经费”。宁夏、山东、广东、陕西等22个省级纪检监察网站公开了本部门预算绩效目标及绩效评价情况。

（四）人员编制信息公开比较细致深入

人员编制情况一般在部门预算中公开。8月份评估，山西、内蒙古、福建、江西、广西、云南、陕西等7个省（区、市）纪检监察机关在其网站公开的部门预算中说明了人员构成和编制数量，占评估对象总数的22.58%；12月评估，增加了贵州省纪委监委，其中内蒙古、江西、福建、陕西等省（区、市）纪检监察机关从行政编制、参公事业编制、事业编制、工勤编制、实有人员、离退休人员等方面，对单位的人员构成和编制数量做出了非常详细的公开。8月份评估，山西、福建、江西、云南、陕西等5个省份在其纪检监察网站中公开了纪检监察机关实有人员数量，占评估对象总数的16.13%；12月份评估，增加了贵州、新疆2个省级纪检监察机关。8月份评估，有29个省（区、市）纪检监察机关网站公开了纪委监委领导班子成员姓名；12月份评估，31个省（区、市）纪检监察机关网站全部公开了纪委监委领导班子成员姓名。8月份评估，北京、山西、山东、河南、四川、贵州、西藏、宁夏8个省（区、市）纪检监察机关同

时公开了纪委监委领导班子成员姓名、照片、简历；12 月份评估，增加了黑龙江、上海、浙江、湖南、广西、海南、陕西、青海 8 个省（区、市）纪检监察机关。

（五）纪委全会工作报告公开及时全面

党的十八大以来，在中央纪委的带头示范作用下，各省（区、市）纪检监察机关逐渐把纪委全会工作报告全文公开在其网站上。8 月份评估，有 24 个省（区、市）纪检监察机关在其网站上全文公开了 2020 年纪委全会工作报告，占评估对象总数的 77.42%，同比增长 181.18%；12 月份评估，增加了 1 个纪检监察机关，其中有 15 个省（区、市）纪检监察机关的纪委全会工作报告是在纪委全会召开后一个月时间内公开的，占评估对象总数的 48.39%，同比增长 114.29%。北京、天津、河北、福建、江西、四川、贵州、甘肃、山东、新疆等省（区、市）纪检监察网站设置有专门的“会议资料”或“工作报告”栏目，对纪委全会工作报告等重要文件进行公开，公众查询非常便捷。

（六）巡视巡察信息公开更加规范有序

省级纪检监察网站普遍开设“巡视巡察”专栏，公布的巡视巡察信息较多。除重庆市、西藏自治区两个省级纪检监察网站专门公开了中央巡视组反馈的问题和巡视整改情况外，其他省（区、市）均可以通过链接中央纪检监察部网站查看。除河南、青海两个省纪检监察机关没有公告 2020 年组织开展的巡视巡察外，其余 29 个省（区、市）纪检监察机关均公告了 2020 年组织开展的巡视巡察，其中浙江、安徽、湖南、广东、海南、重庆、贵州、西藏、新疆等 15 个省（区、市）纪检监察机关同时公开了本级组织开展的巡视巡察、本级巡视巡察工作报告或发现的问题、巡视巡察后整改情况的通报。北京、广东、江苏、安徽、湖北、河北、甘肃、内蒙古 8 个省（区、市）纪检监察网站在“巡视巡察”专栏中设置了“巡视

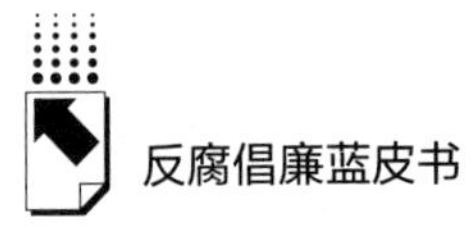

进驻”“巡视反馈”“巡视整改”3个模块，分别就巡视巡察公告、巡视巡察反馈意见、巡视巡察整改情况等内容进行了公开，分类非常清晰，查询特别方便。

（七）“通报曝光”信息有力有效

几乎所有省级纪检监察网站重视“通报曝光”信息公开，开设“通报曝光”专栏，及时更新，对违反“八项规定”精神案例曝光成为常态，公开信息较为全面，及时通报重要违纪违法立案调查信息。公开的违反“八项规定”精神案例内容包含了涉案人姓名、单位、职务、违纪事实和处分结果等信息，除吉林、海南两个省纪检监察机关没有公开处分决定外，其余29个省（区、市）纪检监察机关均摘要式地公开了违纪干部的处分决定。大部分网站在通报曝光栏目下面还对曝光信息进行分类，查找方便。一些网站“审查调查”专栏每周几乎都有涉嫌严重违纪违法接受纪律审查和监察调查的信息，专栏由中管干部、省管干部、其他干部3种类型构成，其中每种类型均设有“执纪审查”“党纪政务处分”，几乎每月公布信息。

（八）社会参与监督渠道逐渐健全

除山东、青海两个省级纪检监察网站没有接受举报的平台和渠道外，其余29个省（区、市）纪检监察网站都有接受举报的平台和渠道，设有举报网站、举报电话。除吉林、黑龙江、浙江、山东、重庆、贵州、青海、新疆8个省（区、市）纪检监察网站没有公开来信来访的具体地址外，其余23个省（区、市）纪检监察网站都公开了来信来访的具体地址，监督举报渠道更加通畅。天津、安徽、河南、湖南、广西、西藏6个省（区、市）纪检监察网站不仅公开了举报网站、电话和来信来访的地址，还设置了留言板模块。天津、吉林、安徽、湖南、广西、贵州、西藏的纪检监察网站设有留言回复选登的栏目，与网民互动频率较高。内蒙古、湖南、海南3家纪检监察网站统计了点击率和头条新闻浏览人数。

三　省级纪检监察机关信息公开存在的问题

（一）组织结构信息公开仍不完整

31 个省（区、市）纪检监察机关中，仅有 2/3 多一点的省（区、市）在纪检监察机关网站部门预算前面公开了职能任务且公开的职能任务还不完整，更没有一个省（区、市）在纪检监察机关网站“机构介绍”栏目中介绍其职能任务。绝大多数省（区、市）纪检监察网站公开了纪委监委内设及派驻机构名称，也有相当一部分省（区、市）纪检监察网站公开了纪委监委内设机构职能职责信息，但仅有个别省（区、市）纪检监察网站公开了派驻机构职能职责信息。仅有不到 1/4 的省级纪检监察机关网站公开了其编制数和实有人员数，几乎所有的纪检监察机关网站都没有公开派驻机构编制数和实有人员数。没有一家纪检监察机关网站公开纪委监委领导职数、纪委监委派驻机构实有人员数、纪委监委内设及派驻机构领导人姓名等信息。

（二）部门收支信息公开仍不够详细

绝大多数省级纪检监察机关按照要求及时公开了本部门的预算，但仅有不到 1/3 的纪检监察机关在 2020 年 8 月份前公开了本部门上年的决算。绝大多数纪检监察机关公开了部门预算绩效目标信息，仅有不到1/4 的纪检监察机关公开的部门预算绩效目标信息相对具体，没有一家纪检监察机关具体客观公开。虽有 9 家纪检监察机关网站公开纪委监委审查调查工作经费年度开支总额、“三公”经费开支总额及明细，但没有一家纪检监察机关公开大案要案查办经费。总体来说，31 个省（区、市）纪检监察机关都能按照要求及时公开本部门的预算，但决算的公开大多在 10 月份以后，公开的内容也各有不同，有的公开得比较细，有的公开得比较粗。

（三）制度规定公开质量仍需持续提升

有3家纪检监察机关网站没有开设制度专栏，绝大多数纪检监察机关网站对上级的重大会议、重要文件及相关制度规定等都进行了公开，但仅有少数省（区、市）纪检监察机关网站公开了本级制度规定；部分省（区、市）纪检监察机关网站公开上级制度不及时不全面，没有分类处理、规范公开、方便查询。少数省（区、市）纪检监察机关网站没有及时转载最近两年中央和国务院的制度规定，如最新修改的《中国共产党党和国家机关基层组织工作条例》《纪检监察机关处理检举控告工作规则》《党委（党组）落实全面从严治党主体责任规定》等并未及时转载。有的制度已经废止，或者被新的制度取代，但网站并未及时清理，如《中华人民共和国行政监察法实施条例》《中华人民共和国公民出境入境管理法实施细则》等，容易使群众混淆。

（四）社会参与互动渠道建设尚存不足

绝大多数纪检监察机关网站在首页较为明显的位置公开了监督举报网站、监督举报电话、监督举报信件投寄地址等重要监督举报信息，为群众监督举报提供了渠道，但也有少数纪检监察机关网站只有一个全国统一的监督举报平台网页链接，没有提供本级专有的举报电话和地址。只有8家纪检监察机关网站开设了留言板，7家纪检监察机关网站及时回复了群众留言。与此同时，仅有3家纪检监察机关网站公开了点击率、统计了浏览人数，存在与网民互动交流力度不够等问题。

四　进一步完善纪检监察机关公开的建议

（一）全面加强网站建设

纪检监察机关要进一步提高政治站位，深刻认识加强网站建设的重要意

义，全面加强网站建设和管理。要坚持把丰富完善网站建设纳入反腐败工作中，明确相关部门和人员，专门负责网站的建设运维工作，对相关问题要及时研究解决，不断提高信息发布的精准性、规范性、时效性、合理性和科学性。要加强与网络技术单位合作，注重专业人才队伍建设培养，始终做到网页设计科学合理，从科学、规范、人性化的角度设置栏目和添加内容，要有利于人们快速地浏览检索。

（二）系统深入公开信息

目前，一些网站对领导活动、会议精神、基层实践、廉政文化宣传等信息公开较多，有关审查调查、巡视巡察等与监督执纪问责的信息公开力度逐渐加大，但仍然存在公开不够及时甚至不公开的情况，有关自身财务、管理、经费方面栏目建设尚欠缺。省级纪检监察机关网站要对标中央纪委国家监委网站，主动对其职能任务、内设及派驻机构有关信息、人员编制信息、部门预决算信息和部门预算绩效目标信息、制度规定、纪委全会工作报告等内容进行全面系统的公开，让群众多渠道了解纪检监察机关监督执纪工作及其效果，更好地接受社会监督，推动纪检监察工作高质量发展。

（三）继续强化通报曝光震慑

通报曝光已形成强有力震慑，但部分地方也出现通报曝光不均衡等问题，存在有的月份通报多、有的月份通报少、有的月份没有通报，存在曝光违反“中央八项规定”精神典型案例而没有发布涉嫌严重职务违法或者职务犯罪的信息等现象，所以各地纪检监察机关要把曝光违反“中央八项规定”精神案例和涉嫌严重职务违法或者职务犯罪的信息发布结合起来，形成更大震慑。要坚持过程公开与结果公开相结合原则，严格保密信访举报、审查调查信息，及时向社会发布立案调查信息。另外，可以参照最高人民法院“中国裁判文书网”依法公开贪污贿赂、渎职侵权等生效裁判文书，探索建立对社会公开的政务处分决定数据库，健全社会诚信体系，切实强化通报曝光案件的震慑效应和教育效果。

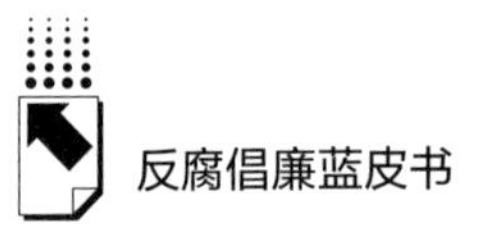

（四）深化拓宽互动交流

纪检监察机关网站在设有监督举报网站、监督举报电话、监督举报信件投寄地址等监督渠道的基础上，深化互鉴融合，持续关注各类政府网站、微博、微信、客户端等各类媒体，借鉴新媒体优势，探索开设留言板、在线答疑等功能，吸引更多人关注纪检监察工作，多渠道多角度收集分析群众诉求，及时掌握发生在人民群众身边的热点、难点和痛点问题，更好地研究解决好群众的操心事、烦心事、揪心事。纪检监察机关网站首页也可采取喜闻乐见的方式，创造性地增设政策解读、问卷调查、网上咨询、回复选登等互动模块，多层次多角度满足群众监督和参与需求，切实增强人民群众在全面从严治党和反腐败斗争纵深推进过程中的获得感、幸福感和满意度。与此同时，新闻媒体要以纪检监察机关公开的信息为依据，认真宣传报道相关信息，及时高效地把党和国家最新指示精神传递给每位党员干部群众。

B.4

省会及副省级城市纪检监察机关信息公开评估报告

中国社会科学院社会学所"党和国家监督体系绩效测评研究"创新工程项目组*

摘　要：2020年8月和12月，项目组依据纪检监察网站上公开的信息，对32个省会及副省级城市网站信息公开状况进行了两次评估。评估结果显示，大多数纪检监察公开平台建设总体较好，组织机构信息公开普遍化，部门预算决算信息公开取得明显进步，上级制度规定公开较全面，年度工作报告公开实现跨越式进步，巡视巡察信息公开全覆盖，通报曝光信息公开渐全、威慑力增强，社会参与监督的渠道比较健全；但不重视网站建设的情况依然存在、组织结构信息公开仍不全面、部门收支信息公开全面性及时性还需要提高、本级制度规定公开情况差、纪委全会工作报告公开缓慢、通报曝光信息公布不均衡、上级巡视内容仍然未公开、社会参与不足等问题还需解决;建议重视网站建设、继续加大信息公开力度、积极主动利用网站宣传、建立新闻发布会制度。

关键词：纪委监委　信息公开　副省级城市评估

* 项目组组长：蒋来用。项目组成员：蒋来用、孙大伟、周兴君、于琴、任涛、朱克江、胡爽、许天翔、何圣国、张缯昕。执笔人：任涛、孙大伟、何圣国。

一　评估对象和资料来源

对省会及副省级城市纪检监察机关的评估，我们采用全覆盖的方式，将32家省会及副省级城市纪检监察机构全部作为评估对象。评估的信息来源为省会及副省级城市纪检监察机关网站，对所有省会及副省级城市纪检监察机关依法、及时、主动公开信息的状况进行评估。2020年，项目组于8月做了第一次评估。考虑中央纪委下发了推动各级纪检监察机关信息公开网站建设的文件，各地积极落实文件精神，纪检监察机关信息公开有了明显变化，项目组于12月做了第二次评估。项目组第一次评估统一收集信息数据的时段为2020年8月1～31日，收集的有效数据截止时间为8月31日（以下简称“8月评估”）；项目组第二次评估时间为2020年12月1～10日，收集的有效数据截止时间为11月30日（以下简称“12月评估”）（见表1）。

表1　评估对象名称、网站域名及数据收集时段

序号	城市名称	城市纪委监委网站域名	数据收集时段1	数据收集时段2
1	呼和浩特市	http://hhht. nmgjjjc. gov. cn/	2020. 8. 1～8. 31	2020. 12. 1～12. 10
2	厦门市	http://www. xmcdi. gov. cn/	2020. 8. 1～8. 31	2020. 12. 1～12. 10
3	兰州市	http://jiwjw. lanzhou. gov. cn/	2020. 8. 1～8. 31	2020. 12. 1～12. 10
4	石家庄市	http://www. zgsjzsjw. gov. cn/	2020. 8. 1～8. 31	2020. 12. 1～12. 10
5	杭州市	http://www. hzlz. gov. cn/	2020. 8. 1～8. 31	2020. 12. 1～12. 10
6	贵阳市	http://www. gysjw. gov. cn/	2020. 8. 1～8. 31	2020. 12. 1～12. 10
7	宁波市	http://www. nbjw. gov. cn/	2020. 8. 1～8. 31	2020. 12. 1～12. 10
8	合肥市	http://www. hfsjw. gov. cn/	2020. 8. 1～8. 31	2020. 12. 1～12. 10
9	南宁市	http://jw. nanning. gov. cn/	2020. 8. 1～8. 31	2020. 12. 1～12. 10
10	青岛市	http://www. qdlzw. cn/	2020. 8. 1～8. 31	2020. 12. 1～12. 10
11	广州市	http://www. gzjjjc. gov. cn/	2020. 8. 1～8. 31	2020. 12. 1～12. 10
12	海口市	http://www. ycqfw. net/	2020. 8. 1～8. 31	2020. 12. 1～12. 10
13	南京市	http://www. njjj. gov. cn/	2020. 8. 1～8. 31	2020. 12. 1～12. 10
14	大连市	http://www. jjjc. dl. gov. cn//	2020. 8. 1～8. 31	2020. 12. 1～12. 10
15	济南市	http://www. jnlz. gov. cn/	2020. 8. 1～8. 31	2020. 12. 1～12. 10
16	福州市	http://jcj. fuzhou. gov. cn/	2020. 8. 1～8. 31	2020. 12. 1～12. 10

续表

序号	城市名称	城市纪委监委网站域名	数据收集时段 1	数据收集时段 2
17	郑州市	http://www.zzjjjc.gov.cn/	2020.8.1～8.31	2020.12.1～12.10
18	南昌市	http://www.ncdi.gov.cn/	2020.8.1～8.31	2020.12.1～12.10
19	长沙市	http://www.ljcs.gov.cn/	2020.8.1～8.31	2020.12.1～12.10
20	昆明市	http://jw.km.gov.cn/	2020.8.1～8.31	2020.12.1～12.10
21	成都市	http://www.ljcd.gov.cn/	2020.8.1～8.31	2020.12.1～12.10
22	深圳市	http://www.szmj.gov.cn/	2020.8.1～8.31	2020.12.1～12.10
23	乌鲁木齐市	http://www.wlmqjw.gov.cn/	2020.8.1～8.31	2020.12.1～12.10
24	西安市	http://www.xajjjc.gov.cn/	2020.8.1～8.31	2020.12.1～12.10
25	武汉市	http://www.whdi.gov.cn/	2020.8.1～8.31	2020.12.1～12.10
26	太原市	http://www.bzlz.gov.cn/	2020.8.1～8.31	2020.12.1～12.10
27	银川市	http://jjjc.yinchuan.gov.cn/	2020.8.1～8.31	2020.12.1～12.10
28	长春市	http://www.ccdijl-cc.gov.cn/	2020.8.1～8.31	2020.12.1～12.10
29	西宁市	https://www.xnsjw.gov.cn/	2020.8.1～8.31	2020.12.1～12.10
30	哈尔滨市	http://www.hrblz.gov.cn/	2020.8.1～8.31	2020.12.1～12.10
31	沈阳市	http://www.sysjjjc.gov.cn/	2020.8.1～8.31	2020.12.1～12.10
32	拉萨市	http://www.lsjjw.gov.cn/	2020.8.1～8.31	2020.12.1～12.10

资料来源：课题组自制。

二 省会及副省级城市纪检监察机关公开状况评估

8月评估中，总分在60分以上的省会及副省级城市有5家，占比15.63%，比2019年增加4家；12月评估中，总分在60分以上的评估对象有15家，占比达到46.88%，较8月评估结果增加了10家。8月评估中总分在“50分以上且60分以下”的评估对象有16家，占比50%，比2019年增加了13家；12月评估中总分在“50分以上且60分以下”的评估对象有12家，占比37.5%。8月和12月两次评估结果显示，总分在50分及以上的评估对象分别为21家、27家，占比依次为65.63%、84.38%，相较于2019年仅有的4家有了数倍增加。8月评估中，排名前10的省会及副省级城市为石家庄、杭州、广州、宁波、南京、海口、呼和浩特、贵阳、深圳、长沙。12 月评估中，排名前 10 的省会及副省级城市为呼和浩特、厦门、兰州、石家庄、杭州、贵阳、宁波、合肥、南宁、青岛，东、中、西部地区均有代表，说明各地方纪检监察机关信息透明度与经济发展水平并没有直接关系；呼和浩特排名第 1，较 2019 年排名第 1 的石家庄市上升了 8.39 分。贵阳和宁波在 2019 年和 2020 年的两次评估中一直排名前 10。12 月评估的平均分比 2019 年增加 16.29 分。总体而言，省会及副省级城市纪检监察机关网站信息公开评估得分有了明显提高，呈现以下几个特点。

（一）公开平台建设总体较好

项目组比较观察 32 家省会及副省级城市纪检监察机关网站发现，所有省会及副省级城市纪检监察机关都有公开的网站（西宁市纪检监察网站在 8 月评估期间无法打开，12 月评估期间可以打开），并且很多都建立了“两微一端”公开平台。在两次评估中，32 家省会及副省级城市纪检监察网站中有 29 家网站在其首页导航设计中有专门的“信息公开”栏目，占评估对象总数的 90%。其中，杭州市、海口市、呼和浩特市、深圳市、合肥市、西安市、长沙市、沈阳市、哈尔滨市的“信息公开”栏目被置于导航的第一位。与 2019 年一致，有 30 家纪检监察机构网站设有检索功能，占评估对象总数的 93.75%，大部分网站建设较为完善，模块建设比较完整，网站运行速度较快，信息查询方便，检索功能较强。网站信息更新普遍较快，尤其是新闻头条的信息更新比较及时，平均每个工作日都在更新，其他栏目的内容也能在一个星期更新一次（见表 2、表 3）。

（二）组织结构信息公开普遍化

8 月评估中，有 26 家网站不同程度公开了组织结构信息，占比 81.25%。12 月评估中，有 30 家网站不同程度公开了组织结构信息，占比 93.75%，比 8 月增加 4 家，比 2019 年增加 8 家，整体上得分比 2019 年有提高。一些地方组织结构信息公开更详细，例如，银川市领导班子信息公开全面，既公开了领导职数，又对领导班子成员姓名、照片、简历进行了公

表 2　省会及副省级城市纪委监委工作信息公开评价结果
（2020 年 8 月 1～31 日）

排名	地名	公开平台（10%）	组织结构（10%）	部门收支（15%）	制度规定（12%）	工作报告（12%）	通报曝光（15%）	巡视整改（10%）	社会参与（16%）	总分（满分 100 分）
1	石家庄	100	30	86.25	33.5	93.4	89.11	65	34	66.47
2	杭州	100	37.5	80	17	93.4	89.11	68.65	34	64.67
3	广州	100	30	87.5	50	12.75	89.11	100	34	62.46
4	宁波	100	15	56.63	33.5	93.4	88.45	100	24.75	62.3
5	南京	100	30	93.75	50	91.7	51.57	33.5	34	60.59
6	海口	100	35	76.88	50	8.5	74.01	66.5	58.75	59.2
7	呼和浩特	100	50	79.38	18.65	12.75	73.35	58.5	67	58.25
8	贵阳	100	34.5	85.63	50.05	30.4	63.62	67	34	57.63
9	深圳	100	50	80	17	12.75	69.87	100	34	56.49
10	长沙	100	35	56.25	0	79.7	85.81	66.75	34	56.49
11	成都	100	32.5	79.38	17	93.4	84.77	17	22.78	56.46
12	昆明	100	38	93.75	46.7	0	60.81	83.5	34	56.38
13	厦门	100	45	87.5	0	12.75	74.01	75	50.5	55.84
14	兰州	100	32.5	81.25	45.05	0	84.39	53.35	34	54.28
15	郑州	100	60	93.75	17	0	53.06	83.5	34	53.85
16	合肥	100	25	80	33.5	12.75	78.22	58.5	34	53.07
17	西安	100	45	81.25	33.5	0	78.22	50	34	52.88
18	武汉	100	40	79.36	23.6	8.5	79.77	50	34	52.16
19	南宁	100	44.5	80	49.2	12.75	45.3	28.3	50.5	51.59
20	青岛	85	30	62.5	17	12.75	89.11	83.25	34	51.58
21	长春	100	40	79.36	23.6	17	77.31	33.5	34	51.16
22	大连	100	30	43.75	43.4	12.75	83.17	50	34	49.22
23	南昌	92	45	78.75	46.7	12.75	67	8.5	34	48.99
24	乌鲁木齐	100	50	81.25	18.65	0	18.7	50	47.53	44.84
25	太原	100	25	43.75	0	12.75	66.01	58.5	34	41.78
26	福州	100	0	0	50	12.75	46.8	58.5	34	36.53
27	济南	85	0	0	0	12.75	78.22	58.5	55.45	36.49
28	沈阳	94	0	0	19.5	12.75	58.17	58.5	34	33.29
29	拉萨	98	0	0	50	0	43.4	8.5	34	28.6
30	哈尔滨	76	12.5	0	18.65	0	41.42	58.5	11.56	25
31	银川	78	0	0	17	0	9.57	100	0	21.28
32	西宁	0	0	0	0	0	0	0	0	0

资料来源：课题组自制。

表 3　省会及副省级城市纪委监委工作信息公开评价结果
（2020 年 12 月 1～10 日）

排名	地名	公开平台（10%）	组织结构（10%）	部门收支（15%）	制度规定（12%）	工作报告（12%）	通报曝光（15%）	巡视整改（10%）	社会参与（16%）	总分（满分 100 分）
1	呼和浩特	96.5	60	85	18.65	85.1	73.35	58.5	67	68.42
2	厦门	96.5	52.5	86.88	17	91.7	74.01	75	50.5	67.66
3	兰州	96.5	47.5	86.88	45.05	93.4	84.39	53.35	34	67.48
4	石家庄	96.5	35	85.63	33.5	93.4	89.11	65	34	66.53
5	杭州	96.5	47.5	85.63	17	93.4	89.11	68.65	34	66.16
6	贵阳	96.5	49.5	85	50.05	90.85	63.62	67	34	65.94
7	宁波	96.5	22.5	61.25	33.5	93.4	88.43	90.05	21.75	63.38
8	合肥	96.5	27.5	85.63	33.5	91.7	78.22	58.5	34	63.29
9	南宁	96.5	52.5	85.63	49.2	91.7	45.3	28.3	50.5	62.36
10	青岛	83	45	61.88	17	92.55	89.11	83.25	34	62.36
11	广州	96.5	30	86.88	50	12.75	89.11	98.35	34	61.85
12	海口	96.5	45	85.63	50	12.75	74.01	66.5	58.75	61.68
13	南京	96.5	32.5	99.38	50	92.55	51.57	33.5	34	61.44
14	大连	96.5	37.5	49.38	43.4	90	83.17	66.75	34	61.4
15	济南	68	37.5	85	0	93.4	78.22	58.5	55.45	60.96
16	福州	96.5	27.5	81.25	50	85.75	51.42	58.5	34	59.88
17	郑州	96.5	68.5	99.38	17	38.5	53.06	83.5	34	59.81
18	南昌	88.5	50	84.38	46.7	92.55	67	8.5	34	59.56
19	长沙	96.5	45	61.88	0	92.55	85.81	66.75	34	59.52
20	昆明	96.5	38	99.36	46.7	12.75	60.81	83.5	34	58.4
21	成都	96.5	40	78.75	20.3	93.4	84.77	19.5	22.78	57.42
22	深圳	96.5	52	85.63	17	12.75	69.87	98.35	34	57.02
23	乌鲁木齐	96.5	55	80.63	18.65	86.6	18.7	50	47.53	55.28
24	西安	96.5	45	86.88	33.5	0	78.22	50	34	53.37
25	武汉	96.5	40	85	23.6	8.5	79.77	50	34	52.66
26	太原	96.5	32.5	49.38	0	85.75	66.01	58.5	34	51.79
27	银川	76.5	52.5	35.63	17	93.4	29.97	100	34	51.43
28	长春	96.5	50	85	0	17	77.31	33.5	34	49.83
29	西宁	92.5	37.5	41.88	0	85.75	63	5.1	34	44.96
30	哈尔滨	92.5	10	0	18.65	85.75	74.24	63.45	11.56	42.11
31	沈阳	90.5	0	0	19.5	12.75	58.17	58.5	34	32.94
32	拉萨	98	0	0	50	0	43.4	8.5	34	28.6

资料来源：课题组自制。

开；郑州市、呼和浩特市、长春市、南昌市、南宁市、厦门市公开了纪检监察机关编制数和实有人数，郑州市同时公开了派驻机关编制数和实有人数。

（三）部门预算决算信息公开取得明显进步

2020 年 8 月和 12 月两次评估中，大多数纪委监察机关在本单位网站公开年度部门预算决算信息，相较于 2019 年，2020 年省会及副省级城市纪委监委部门预决算公开取得明显进步。8 月评估中，25 家省会及副省级纪检监察网站公开了 2020 年部门预算，占比 78.13%，比 2019 年增加 7 家；只有厦门市和青岛市 2 家公开了 2019 年部门财政决算。12 月评估中，29 家省会及副省级纪检监察网站公开了部门预算，占比 90.63%，比 8 月评估增加 4 家，与 2019 年相比预算公开增加 11 家；有 28 家纪检监察网站公开了部门财政决算，比 8 月评估增加 26 家。呼和浩特市部门预算公开详细，公开了办案基地运行经费、追逃追赃防逃工作经费、办案经费等多项专项经费；郑州市公布了办案专项经费，昆明市公布了大案要案资金。

（四）上级制度规定公开较全面

8 月评估中，27 家纪检监察网站开设有制度规定专栏，占评估对象总数的 84.38%，与 2019 年持平；12 月评估中，有 28 家纪检监察网站设有制度规定专栏，增加 1 家。虽然许多网站设置的栏目名称不同，但还是比较及时地更新相关党纪法规、上级相关制度规定。合肥市“纪法学堂”设有权威解读、党纪法规库、以案释纪、案例剖析、图解图集等 7 个栏目，内容比较全面，图解图集用漫画和图画形式解读党纪法规，比较容易让人接受。

（五）纪委全会工作报告公开实现跨越式进步

8 月评估中，有 6 家网站公开了 2020 年纪委全会工作报告全文，比 2019 年增加 1 家。12 月评估中，有 22 家省会及副省级城市纪检监察网站公开了 2020 年纪委全会工作报告全文，占比 68.75%，比 8 月评估增加了 16 家，比 2019 年增加了 17 家；剩余未全文公开工作报告的 10 家包括广州、海口、郑州、昆明、深圳、西安、武汉、长春、沈阳、拉萨。一些地方在纪委全会工作报告公开方面动作较快，如成都市、杭州市、宁波市、贵阳市等在纪委全会召开后一个月的时间内都公开了工作报告。石家庄市、贵阳市、厦门市、海口市、太原市、福州市网站通过开辟“纪委全会”专栏，公开纪委全会会议决议、图文解读、新闻报道，让公众全面了解纪委全会。总的来讲，2020 年省会及副省级城市纪委全会工作报告全文公开实现从少数到大多数的跨越式进步。

（六）巡视巡察信息公开全覆盖

8 月评估中，31 家能够打开的网站都对巡视巡察信息作了不同程度的公开。12 月评估中，32 家网站都对巡视巡察信息作了不同程度的公开，而 2019 年评估中有 3 家没有公开。2020 年 8 月和 12 月两次评估中，广州、宁波、深圳、银川、昆明、郑州、青岛等地巡视巡察信息公开指标得分均排前列。广州市、宁波市、深圳市、银川市公开了本级巡察公告、巡察报告、整改情况报告，银川市的巡察公告、巡察报告、整改情况报告都有栏目，银川市巡视巡察专栏开设有工作动态、巡察公告、巡察反馈、整改跟踪子栏目，每个栏目均内容详细，完整记录每一次巡察；杭州市巡视巡察专栏里开辟“巡察故事”，通过讲述巡察过程中一些不为人知的“小故事”，体现了巡视巡察的“人情味”。整体上，这方面信息公开比 2019 年有了一些进步，基本上具有了信息公开的独立栏目，正朝着好的方向发展。

（七）“通报曝光”信息公开渐全、威慑力增强

8 月评估中，除了西宁纪委监委网站打不开外，其余 31 家网站均对违纪违法行为进行通报曝光；12 月评估中，32 家纪检监察网站全部对本地违纪违法行为作了不同程度通报曝光，达到 100%。许多网站在导航栏目中设有“通报曝光”专栏。通报曝光违反“中央八项规定”精神案例，及时发布相关违纪违法人员被纪律审查和监察调查信息，回应社会关切，彰显了惩贪肃腐的坚强决心。从公开的通报曝光信息中看到，违反“中央八项规定”

精神案例大多点名道姓，列明涉案人单位和职务、违纪事实和处分结果，还公开违纪干部的处分决定，具有很强的震慑作用，给那些心存侥幸的官员敲响了警钟。疫情防控期间，成都市纪委监委网站 13 次通报了 15 起疫情防控中违规违纪典型问题；在脱贫攻坚决战决胜的关键之年，宁波市、贵阳市、兰州市通报扶贫领域腐败和作风典型问题，集中整治脱贫攻坚一线群众反映强烈的突出问题。

（八）社会参与监督的渠道比较健全

2020 年 8 月和 12 月两次评估中，所有正常运行的网站均有接受举报的渠道。32 家网站都公开了 12388 全国统一的信访举报电话和网址链接，并且放在网站首页明显位置，点击即可进入举报网页。此外，绝大多数网站公开了本级本地来信来访的具体地址、专门举报电话、举报指南。其中，呼和浩特市、海口市、济南市统计了网站点击率，呼和浩特市网站首页新闻信息前 5 条浏览量达万次。

三　省会及副省级城市纪检监察机关信息公开存在的问题

（一）不重视网站建设的情况依然存在

8 月评估中，西宁市纪委监委网站无法打开，与 2019 年评估结果一致。有的网站的网页设计不新颖、不合理、板块内容不丰富。有的网站站内检索存在问题，如哈尔滨市设置了站内检索但是无法显示内容，青岛市的站内检索直接链接到百度。大多数网站没有进行点击率的统计，有点击率统计的网站信息点击率不高，如济南市网站首页新闻信息前 5 条阅读量都没有超过 100 次。

（二）组织结构信息公开仍不全面

2020 年 8 月和 12 月两次评估中，大多数网站的机构介绍栏目中，没有介绍其职能任务。有的单位的职能放在部门预算前面公开，但公开的职能并不完整，有的是监察体制和纪检监察体制改革之前的内容，职能信息更新不及时。一些纪检监察机关没有公开内设机构、派驻机构有关信息，如内设机构和派驻机构的负责人或领导人信息没有公开。还有一些纪委监委没有公开编制数、实有人员数。大多数纪委监委网站公开了领导姓名、照片、简历，但还有一些网站没有公开领导照片，公开的简历过于简单。目前没有公开部门领导职数的网站。

（三）部门收支信息公开全面性、及时性还需要提高

12 月评估中部门收支信息公开比 8 月评估和 2019 年评估有积极好转。但及时主动公开的意识依然不强，个别地方仍未公开预算决算信息；公开的内容中，有的公开得比较细，有的公开得比较粗，预决算中“三公”经费、采购安排情况等社会关注度高的信息公开程度不够，只有少数网站公开了大案要案查办支出信息；标准化、规范化不够，公开的表格和材料，样式差异较大，解释说明不一致；如拉萨市信息公开内容为空白，沈阳市公开的预算信息为 2015 年、决算信息为 2014 年，西宁市决算信息为 2018 年，乌鲁木齐市未公开决算信息，石家庄市和哈尔滨市公布决算信息时间较晚。

（四）本级制度规定公开情况差

2020 年 8 月和 12 月两次评估中，虽然绝大多数省会及副省级城市纪检监察网站开设有制度规定相关专栏，但是与 2019 年一样，内容绝大多数是上级的制度规定，少有本级的制度规定。有的网站制度公开专栏直接链接到中央纪委国家监委网站“党纪法规”栏目，如太原市、杭州市、长春市、西宁市；有的网站公开的制度更新不及时，如青岛市是 2018 年的内容，哈尔滨市是 2019 年的内容。

（五）纪委全会工作报告公开缓慢

党的十八大以来，中央纪委开始全文公布每年的纪委全会工作报告，做

出了带头公开的典范。2020 年 8 月和 12 月两次评估中，有的地方纪委没有全文公开全会工作报告，对纪委全会未作任何形式的宣传报道，还有的公开工作报告不及时，不能在全会召开后一个月内进行及时公开，有的网站虽然开辟了纪委全会的专栏，但更多的是对全会作新闻报道和公开全会报告的决议。其中，西安市、哈尔滨市既没有公开纪委全会工作报告，也没有设立纪委全会专题栏目，没有公开纪委全会任何内容。

（六）通报曝光信息公布不均衡

2020 年 8 月和 12 月两次评估中，还没有任何一家网站公开处分决定书的全文，这是下一步努力的方向。极个别的网站没有设立“曝光台”专栏，如沈阳市。一些网站能够比较及时详细通报曝光违反“中央八项规定”精神的案例，而一些网站曝光违反“中央八项规定”精神的案例存在少、不及时和不详细的问题，如拉萨市设立了曝光台栏目，但是没有内容；哈尔滨市的曝光台内容还是 2017 年 8 月 21 日的，3 年多未更新。

（七）上级巡视内容仍然未公开

2020 年 8 月和 12 月两次评估中，很少有网站公开公布上级对本市的巡视内容，只公开公布本级或下级巡视巡察的公告、问题、整改情况，有的只以新闻报道形式作了简单的公开公布。如长春市、南京市、南昌市 2020 年被省委巡视，但网站巡视栏目无任何内容体现。

（八）社会参与不足

2020 年 8 月和 12 月两次评估中，各家纪委监委网站都设有监督举报网站、公开监督举报电话、监督举报信件投寄地址等渠道，但是有的举报网站无法打开，如银川市、哈尔滨市。网站平台只有有了真实的互动，才能有实实在在的效果，才能赢得群众的支持，才能收到预期的效果，但绝大多数网站都没有开设留言板，网站有留言板的内容更新不及时，同时网站缺乏点击率、浏览人数的统计。

四　进一步完善纪检监察机关信息公开的建议

（一）重视网站建设

把网站建设纳入纪检监察工作全局统筹考虑，加强组织领导，建立领导负责制，细化分工。解决网站建设存在的技术性问题，畅通网站运维机制，实现网站维护常态化、规范化。提高主动依靠互联网公开本部门信息的意识，把网站建设成为社会了解和监督纪检监察工作的窗口，切实加强和规范信息公开工作。大力加强网站建设的人才支持力度，有计划地进行人工智能、大数据方面专业知识的相关培训，促进网站建设适应数字经济时代的发展要求。

（二）继续加大信息公开力度

要继续加大信息公开的力度，适应新时代纪检监察工作高质量发展要求。组织结构、制度规定、巡视巡察整改指标得分不高的主要原因在于网站对指标体系中二级、三级评估指标内容没有全部公开，如内设机构及派驻机构负责人、本级制度等。要注意提高信息公开时效，及时公开预决算、工作报告等重要信息，方便群众及时监督。还要注重提高信息公开质量，在不涉密且合法的前提下，尽可能详细公开各部分信息，发挥信息公开的作用。

（三）积极主动利用网站宣传

要进一步丰富网站内容，主动宣介新时代中国特色社会主义思想、主动讲好中国共产党治国理政的故事，自觉承担举旗帜、聚民心、育新人、兴文化、展形象的使命任务。进一步提升纪检监察网站知晓度，与本地区宣传部门加强联系，既要重视发挥电视、报纸、杂志等传统媒体的宣传作用，又要充分利用微博、微信、客户端等新媒体宣传渠道。

（四）建立新闻发布会制度

对纪检监察工作重大事件、重大决策部署、重点工作和干部群众关注的热点问题，要召开新闻发布会公开发布信息。对于涉及群众切身利益和反映强烈的问题，应专门研究，合法合规及时公开相关信息，回应社会关切，形成良性互动。探索设置纪检监察机关新闻发言人，按发布信息的轻重缓急等进行分类，细化发布内容，规范发布途径，明确发布方式，提高信息公开的针对性和时效性。

B.5

直辖市下辖区县纪检监察机关信息公开评估报告

中国社会科学院社会学所“党和国家监督体系绩效测评研究”创新工程项目组*

摘　要：本报告依据北京市、天津市、上海市和重庆市4个直辖市下辖区县纪检监察网站上公开的信息，对4个直辖市下辖所有区县纪委监委2020年网站信息公开情况进行了评估，发现公开平台建设逐步完备、组织结构信息公开更加全面、部门收支信息公开更为规范、制度规定公开更加深入、纪委全会工作报告逐步公开、“通报曝光”信息公开更加有力、巡视巡察整改信息公开逐步深化、社会参与渠道比较通畅，但同时也存在公开平台建设不完善、部门收支公开地区差异大、本级制度规定公开不够、通报曝光信息公开不均衡、上一级巡视巡察内容公开有待深化和社会参与亟须优化等问题。建议明确功能定位；出台公开标准及标准体系，推进公开规范化；升级公众互动模式，优化社会参与渠道。

关键词：纪委监委　信息公开　直辖市下辖区县评估

一　评估对象和资料来源

项目组本次评估采取全覆盖的方式，将京、津、沪、渝四个直辖市下

* 项目负责人：蒋来用。项目组成员：蒋来用、孙大伟、周兴君、于琴、任涛、朱克江、胡爽、许天翔、何圣国、张缯昕。执笔人：于琴。

辖的 89 个区县全部作为评估对象。评估的信息来源为四个直辖市各行政区的纪检监察机关官方网站（见表 1），项目组据此进行评估。项目组统一收集信息数据的时段为 2020 年 8 月 1 ~ 31 日（评估结果以下简称“8 月评估”）以及 2020 年 12 月 1 ~ 10 日两个时间段（评估结果以下简称“12 月评估”）。

表 1　评估对象名称、网站域名

序号	名称	网站域名	备注
1	北京市东城区	http://www. dcqjw. gov. cn/	
2	北京市西城区	http://www. xcjw. gov. cn/	
3	北京市朝阳区	http://www. chyjw. gov. cn/jw/index_123. htm	
4	北京市海淀区	http://www. hdcdi. gov. cn/	
5	北京市丰台区	http://www. ftjj. gov. cn/ftjj/	
6	北京市石景山区	http://jw. bjsjs. gov. cn/	
7	北京市门头沟区	http://jjw. bjmtg. gov. cn/	
8	北京市房山区	http://jjjc. bjfsh. gov. cn/	
9	北京市通州区	http://quwei. bjtzh. gov. cn/jjw/	
10	北京市顺义区	http://jwjcw. bjshy. gov. cn/	
11	北京市昌平区	http://chpjw. bjchp. gov. cn/	
12	北京市大兴区	http://dxjjjc. bjdx. gov. cn/	
13	北京市怀柔区	http://www. bjhrjjjc. gov. cn/	
14	北京市平谷区	http://jjw. bjpg. gov. cn/	
15	北京市密云区	http://www. bjmyjw. gov. cn/	
16	北京市延庆区	http://jw. bjyq. gov. cn/	
17	天津市和平区	http://heping. tjjw. gov. cn/	
18	天津市河东区	http://hedong. tjjw. gov. cn/	
19	天津市河西区	http://hexi. tjjw. gov. cn/	
20	天津市南开区	http://nankai. tjjw. gov. cn/	
21	天津市河北区	http://hebei. tjjw. gov. cn/	
22	天津市红桥区	http://hongqiao. tjjw. gov. cn/	
23	天津市东丽区	http://dongli. tjjw. gov. cn/	

续表

序号	名称	网站域名	备注
24	天津市西青区	http://xiqing. tjjw. gov. cn/	
25	天津市津南区	http://jinnan. tjjw. gov. cn/	
26	天津市北辰区	http://beichen. tjjw. gov. cn/	
27	天津市武清区	http://wuqing. tjjw. gov. cn/	
28	天津市宝坻区	http://baodi. tjjw. gov. cn/	
29	天津市滨海新区	http://binhai. tjjw. gov. cn/	
30	天津市宁河区	http://ninghe. tjjw. gov. cn/	
31	天津市静海区	http://jinghai. tjjw. gov. cn/	
32	天津市蓟州区	http://jizhou. tjjw. gov. cn/	
33	上海市黄浦区	http://jcw. huangpuqu. sh. cn/	8月评估此网址可以打开，12月评估此网址无法打开
34	上海市徐汇区	http://xhq. shjcw. gov. cn/	“信息公开”栏目在上一级纪委监委网站公开
35	上海市长宁区	http://www. shcn. gov. cn/col/col8026/index. html	“信息公开”栏目在上一级纪委监委网站公开
36	上海市静安区	http://jaq. shjcw. gov. cn/	“信息公开”栏目在上一级纪委监委网站公开
37	上海市普陀区	http://ptq. shjcw. gov. cn/	“信息公开”栏目在上一级纪委监委网站公开
38	上海市虹口区	http://hkjj. shhk. gov. cn/content/index. html	
39	上海市杨浦区	http://ypq. shjcw. gov. cn/	“信息公开”栏目在上一级纪委监委网站公开
40	上海市闵行区	http://mhq. shjcw. gov. cn/	“信息公开”栏目在上一级纪委监委网站公开
41	上海市宝山区	http://bsq. shjcw. gov. cn/	“信息公开”栏目在上一级纪委监委网站公开
42	上海市嘉定区	http://www. jiading. gov. cn/jijian	
43	上海市浦东新区	http://pdlz. pudong. gov. cn/portal/index/index. htm	
44	上海市金山区	http://jlw. jinshan. gov. cn/html/	
45	上海市松江区	http://qjw. songjiang. gov. cn/	
46	上海市青浦区	http://sup. shqp. gov. cn/	
47	上海市奉贤区	http://jc. fengxian. gov. cn/fxjj/	

续表

序号	名称	网站域名	备注
48	上海市崇明区	http://jjjc. shcm. gov. cn/portal/index/index. htm	
49	重庆市万州区	http://jjc. cq. gov. cn/html/col609505. html	“信息公开”栏目在上一级纪委监委网站公开
50	重庆市涪陵区	http://jjc. cq. gov. cn/html/col609507. html	“信息公开”栏目在上一级纪委监委网站公开
51	重庆市渝中区	http://jjc. cq. gov. cn/html/col609508. html	“信息公开”栏目在上一级纪委监委网站公开
52	重庆市大渡口区	http://jjc. cq. gov. cn/html/col609509. html	“信息公开”栏目在上一级纪委监委网站公开
53	重庆市江北区	http://jjc. cq. gov. cn/html/col609510. html	“信息公开”栏目在上一级纪委监委网站公开
54	重庆市沙坪坝区	http://jjc. cq. gov. cn/html/col609511. html	“信息公开”栏目在上一级纪委监委网站公开
55	重庆市九龙坡区	http://jjc. cq. gov. cn/html/col609512. html	“信息公开”栏目在上一级纪委监委网站公开
56	重庆市南岸区	http://jjc. cq. gov. cn/html/col609513. html	“信息公开”栏目在上一级纪委监委网站公开
57	重庆市北碚区	http://jjc. cq. gov. cn/html/col609514. html	“信息公开”栏目在上一级纪委监委网站公开
58	重庆市綦江区	http://jjc. cq. gov. cn/html/col609522. html	“信息公开”栏目在上一级纪委监委网站公开
59	重庆市大足区	http://jjc. cq. gov. cn/html/col609523. html	“信息公开”栏目在上一级纪委监委网站公开
60	重庆市渝北区	http://jjc. cq. gov. cn/html/col609515. html	“信息公开”栏目在上一级纪委监委网站公开
61	重庆市巴南区	http://jjc. cq. gov. cn/html/col609516. html	“信息公开”栏目在上一级纪委监委网站公开
62	重庆市黔江区	http://jjc. cq. gov. cn/html/col609506. html	“信息公开”栏目在上一级纪委监委网站公开
63	重庆市长寿区	http://jjc. cq. gov. cn/html/col609517. html	“信息公开”栏目在上一级纪委监委网站公开
64	重庆市江津区	http://jjc. cq. gov. cn/html/col609518. html	“信息公开”栏目在上一级纪委监委网站公开

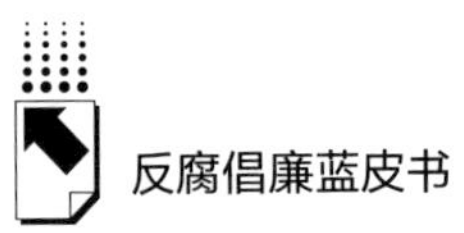

续表

序号	名称	网站域名	备注
65	重庆市合川区	http://jjc. cq. gov. cn/html/col609519. html	“信息公开”栏目在上一级纪委监委网站公开
66	重庆市永川区	http://jjc. cq. gov. cn/html/col609520. html	“信息公开”栏目在上一级纪委监委网站公开
67	重庆市南川区	http://jjc. cq. gov. cn/html/col609521. html	“信息公开”栏目在上一级纪委监委网站公开
68	重庆市璧山区	http://jjc. cq. gov. cn/html/col609524. html	“信息公开”栏目在上一级纪委监委网站公开
69	重庆市铜梁区	http://jjc. cq. gov. cn/html/col609525. html	“信息公开”栏目在上一级纪委监委网站公开
70	重庆市潼南区	http://jjc. cq. gov. cn/html/col609526. html	“信息公开”栏目在上一级纪委监委网站公开
71	重庆市荣昌区	http://jjc. cq. gov. cn/html/col609527. html	“信息公开”栏目在上一级纪委监委网站公开
72	重庆市开州区	http://jjc. cq. gov. cn/html/col609528. html	“信息公开”栏目在上一级纪委监委网站公开
73	重庆市梁平区	http://jjc. cq. gov. cn/html/col609529. html	“信息公开”栏目在上一级纪委监委网站公开
74	重庆市武隆区	http://jjc. cq. gov. cn/html/col609530. html	“信息公开”栏目在上一级纪委监委网站公开
75	重庆市城口县	http://jjc. cq. gov. cn/html/col609531. html	“信息公开”栏目在上一级纪委监委网站公开
76	重庆市丰都县	http://jjc. cq. gov. cn/html/col609532. html	“信息公开”栏目在上一级纪委监委网站公开
77	重庆市垫江县	http://jjc. cq. gov. cn/html/col609533. html	“信息公开”栏目在上一级纪委监委网站公开
78	重庆市忠县	http://jjc. cq. gov. cn/html/col609534. html	“信息公开”栏目在上一级纪委监委网站公开
79	重庆市云阳县	http://jjc. cq. gov. cn/html/col609535. html	“信息公开”栏目在上一级纪委监委网站公开
80	重庆市奉节县	http://jjc. cq. gov. cn/html/col609536. html	“信息公开”栏目在上一级纪委监委网站公开
81	重庆市巫山县	http://jjc. cq. gov. cn/html/col609537. html	“信息公开”栏目在上一级纪委监委网站公开

续表

序号	名称	网站域名	备注
82	重庆市巫溪县	http://jjc.cq.gov.cn/html/col609538.html	“信息公开”栏目在上一级纪委监委网站公开
83	重庆市石柱土家族自治县	http://jjc.cq.gov.cn/html/col609539.html	“信息公开”栏目在上一级纪委监委网站公开
84	重庆市秀山土家族苗族自治县	http://jjc.cq.gov.cn/html/col609540.html	“信息公开”栏目在上一级纪委监委网站公开
85	重庆市酉阳土家族苗族自治县	http://jjc.cq.gov.cn/html/col609541.html	“信息公开”栏目在上一级纪委监委网站公开
86	重庆市彭水苗族土家族自治县	http://jjc.cq.gov.cn/html/col609542.html	“信息公开”栏目在上一级纪委监委网站公开
87	重庆市两江新区	http://jjc.cq.gov.cn/html/col609543.html	“信息公开”栏目在上一级纪委监委网站公开
88	重庆高新区	http://jjc.cq.gov.cn/html/col609545.html	“信息公开”栏目在上一级纪委监委网站公开
89	重庆市万盛经开区	http://jjc.cq.gov.cn/html/col609544.html	“信息公开”栏目在上一级纪委监委网站公开

资料来源：课题组自制。

二　直辖市各区县纪检监察机关信息公开状况评估

8 月评估的四个直辖市各区县中，项目组未找到纪检监察官网的区县包括上海市徐汇区、长宁区、静安区、普陀区、杨浦区、闵行区、宝山区 7 个区以及重庆市的所有区县。12 月评估中收集到的数据与 8 月评估比有较大变化，上海市徐汇区、上海市长宁区、上海市静安区、上海市普陀区、上海市杨浦区、上海市闵行区和上海市宝山区以及重庆市的 41 个区（县）纪委监委的部分信息公开出现在其上一级纪委监委的官网的“信息公开”栏目下，12 月评估也将这些地区的部分公开信息增加到本次评估的范畴中。另

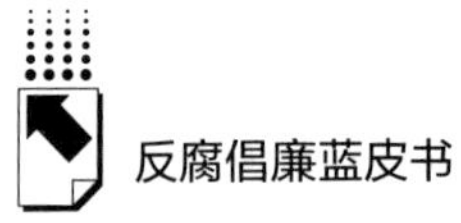

外，12月评估中，上海黄浦区纪委监委虽有网站，但在数据收集期间其纪委监委的网站不能打开。

项目组本次评估采用百分制，按评估指标权重和相应网站数据信息对评估对象量化评分。与2019年相同，8月评估仍然没有60分以上的网站；得分在50~60分的网站有4个，占比约4%，比2019年50~60分的网站增加3个；得分在40~50分的网站有18个，占比20%，比2019年40~50分的网站增加9个；得分在30~40分的网站有13个，占比15%，比2019年30~40分的网站增加1个；得分在30分以下0分以上的网站有6个，占比7%，比2019年减少13个；0分（未找到网站）的网站有48个，占比54%。排在前10名的有北京市海淀区、天津市河东区、天津市滨海新区、北京市东城区、北京市昌平区、天津市河西区、北京市门头沟区、北京市丰台区、天津市武清区、北京市延庆区（见表2）。

12月评估中，60分以上的网站有2个，占比约2%，它们是北京市平谷区和北京市密云区，与8月评估相比增加了2个。得分在50~60分的网站有25个，占比约28%，比8月评估增加了21个；得分在40~50分的网站有30个，占比约34%，比8月评估增加了12个；得分在30~40分的网站有27个，占比约30%，比8月评估增加了14个；30分以下0分以上的网站有5个，占比约6%，比8月评估减少1个（见表3）。

总体来看，8月评估的总体得分仍然不高，但是分数比2019年有普遍性的提升，究其原因是，2020年许多区县的网站在信息公开栏增加了工作报告等相关内容，使得其得分和排名都有了大幅提升。不难看出大部分区县的得分、排名与2019年不相上下，但也有一部分区县排名和得分有所下滑。与8月评估相比，12月评估的总体得分增加较多，这是由于在评估时间段许多区县的网站在信息公开栏增加了领导班子信息、工作报告、预决算等相关内容，使得分数有了较大提升，8月评估与12月评估排名前列的地区也变动较大（见表4）。

表2　8月评估直辖市各区县纪委监委信息公开评估结果

单位：分

排名	一级指标	公开平台（10%）	组织结构（10%）	部门收支（15%）	制度规定（12%）	工作报告（12%）	通报曝光（15%）	巡视整改（10%）	社会参与（16%）	总分
1	北京市海淀区	70	45	86.875	50	80.2	36.8	50	34	56.12
2	天津市河东区	54.2	35	62.5	50	80.2	78.22	33.5	34	54.44
3	天津市滨海新区	53.4	35	62.5	50	80.2	78.22	17	34	52.71
4	北京市东城区	95	40	86.25	50	33	47.2	50	11.56	50.33
5	北京市昌平区	99.7	70	0	50	0	78.22	33.5	67	48.77
6	天津市河西区	52.8	35	42.5	50	80.2	61.22	33.5	34	48.75
7	北京市门头沟区	51.4	65	85	45.05	0	53.8	50	34	48.31
8	北京市丰台区	64.5	45	86.875	50	0	50	0	67	48.20
9	天津市武清区	53.4	35	48.75	50	80.2	61.22	17	34	48.10
10	北京市延庆区	60	70	62.5	50	0	61.22	50	34	47.10
11	天津市宁河区	56.2	37.5	85	50	0	61.22	50	34	47.74
12	北京市大兴区	45	47.5	75	45.05	0	61.22	16.5	67	47.46
13	天津市西青区	70.6	35	0	50	80.2	78.22	33.5	34	46.71
14	北京市西城区	92.5	50	72.5	45.05	0	63.32	0	34	45.47
15	天津市津南区	66.6	40	48.125	50	0	78.22	33.5	34	44.40
16	天津市和平区	71.8	5	0	50	80.2	78.22	33.5	34	43.83
17	北京市通州区	65.45	67.5	68.125	50	0	36.8	33.5	34	43.82
18	天津市蓟县	50	35	0	50	80.2	78.22	17	34	43.00
19	北京市石景山区	49.2	25	74.375	30.2	0	61.22	50	34	41.82
20	天津市南开区	40.5	40	62.5	50	0	61.22	33.5	34	41.40
21	天津市红桥区	45	35	62.5	50	0	61.22	33.5	34	41.35
22	天津市北辰区	30	35	48.125	50	0	78.22	33.5	34	40.24

续表

排名	一级指标	公开平台（10%）	组织结构（10%）	部门收支（15%）	制度规定（12%）	工作报告（12%）	通报曝光（15%）	巡视整改（10%）	社会参与（16%）	总分
23	北京市朝阳区	67	50	69.375	26.9	0	36.[illegible]	0	55.78	39.78
24	北京市平谷区	55	27.5	0	45.05	0	78.22	33.5	67	39.46
25	天津市宝坻区	30	35	0	50	80.2	78.22	0	34	39.30
26	北京市顺义区	66.8	65	0	45.05	0	36.[illegible]	33.5	67	38.18
27	北京市怀柔区	45.4	17.5	99.375	45.05	0	36.[illegible]	0	34	37.56
28	北京市密云区	57.6	5	0	95.05	0	17	50	67	35.94
29	北京市房山区	46.3	62.5	0	50	0	78.22	17	34	35.75
30	上海市黄浦区	37.5	0	0	50	80.2	61.22	33.5	11.56	33.76
31	上海市松江区	30	0	99.375	17	0	17	0	67	33.22
32	天津市河北区	45	40	0	50	0	61.22	33.5	34	32.47
33	天津市静海区	45	10	0	50	0	61.22	50	34	31.12
34	上海市虹口区	30	0	0	30.2	80.2	61.22	33.5	11.56	30.63
35	天津市东丽区	30	35	0	50	0	61.22	33.5	34	30.47
36	上海市金山区	40.5	25	0	50	0	17	33.5	67	29.17
37	上海市嘉定区	37.5	10	0	0	0	34	33.5	67	23.92
38	上海市奉贤区	30	10	17.5	17	0	17	0	67	21.94
39	上海市浦东新区	39.8	0	0	17	0	41.42	33.5	34	21.02
40	上海市青浦区	37.5	0	0	0	0	61.22	33.5	11.56	18.13
41	上海市崇明县	45	5	0	17	0	[illegible]	0	67	17.76
42	上海市徐汇区	0	0	0	0	0	[illegible]	0	0	0
42	上海市长宁区	0	0	0	0	0	[illegible]	0	0	0
42	上海市静安区	0	0	0	0	0	[illegible]	0	0	0
42	上海市普陀区	0	0	0	0	0	[illegible]	0	0	0
42	上海市杨浦区	0	0	0	0	0	[illegible]	0	0	0
42	上海市闵行区	0	0	0	0	0	[illegible]	0	0	0

续表

排名	一级指标	公开平台（10%）	组织结构（10%）	部门收支（15%）	制度规定（12%）	工作报告（12%）	通报曝光（15%）	巡视整改（10%）	社会参与（16%）	总分
42	上海市宝山区	0	0	0	0	0	0	0	0	0
42	重庆市万州区	0	0	0	0	0	0	0	0	0
42	重庆市涪陵区	0	0	0	0	0	0	0	0	0
42	重庆市渝中区	0	0	0	0	0	0	0	0	0
42	重庆市大渡口区	0	0	0	0	0	0	0	0	0
42	重庆市江北区	0	0	0	0	0	0	0	0	0
42	重庆市沙坪坝区	0	0	0	0	0	0	0	0	0
42	重庆市九龙坡区	0	0	0	0	0	0	0	0	0
42	重庆市南岸区	0	0	0	0	0	0	0	0	0
42	重庆市北碚区	0	0	0	0	0	0	0	0	0
42	重庆市綦江区	0	0	0	0	0	0	0	0	0
42	重庆市大足区	0	0	0	0	0	0	0	0	0
42	重庆市渝北区	0	0	0	0	0	0	0	0	0
42	重庆市巴南区	0	0	0	0	0	0	0	0	0
42	重庆市黔江区	0	0	0	0	0	0	0	0	0
42	重庆市长寿区	0	0	0	0	0	0	0	0	0
42	重庆市江津区	0	0	0	0	0	0	0	0	0
42	重庆市合川区	0	0	0	0	0	0	0	0	0
42	重庆市永川区	0	0	0	0	0	0	0	0	0
42	重庆市南川区	0	0	0	0	0	0	0	0	0
42	重庆市璧山区	0	0	0	0	0	0	0	0	0
42	重庆市铜梁区	0	0	0	0	0	0	0	0	0
42	重庆市潼南区	0	0	0	0	0	0	0	0	0
42	重庆市荣昌区	0	0	0	0	0	0	0	0	0
42	重庆市开州区	0	0	0	0	0	0	0	0	0

续表

排名	一级指标	公开平台（10%）	组织结构（10%）	部门收支（15%）	制度规定（12%）	工作报告（12%）	通报曝光（15%）	巡视整改（10%）	社会参与（16%）	总分
42	重庆市梁平区	0	0	0	0	0	0	0	0	0
42	重庆市武隆区	0	0	0	0	0	0	0	0	0
42	重庆市城口县	0	0	0	0	0	0	0	0	0
42	重庆市丰都县	0	0	0	0	0	0	0	0	0
42	重庆市垫江县	0	0	0	0	0	0	0	0	0
42	重庆市忠县	0	0	0	0	0	0	0	0	0
42	重庆市云阳县	0	0	0	0	0	0	0	0	0
42	重庆市奉节县	0	0	0	0	0	0	0	0	0
42	重庆市巫山县	0	0	0	0	0	0	0	0	0
42	重庆市巫溪县	0	0	0	0	0	0	0	0	0
42	重庆市石柱土家族自治县	0	0	0	0	0	0	0	0	0
42	重庆市秀山土家族苗族自治县	0	0	0	0	0	0	0	0	0
42	重庆市酉阳土家族苗族自治县	0	0	0	0	0	0	0	0	0
42	重庆市彭水苗族土家族自治县	0	0	0	0	0	0	0	0	0
42	重庆市两江新区	0	0	0	0	0	0	0	0	0
42	重庆高新区	0	0	0	0	0	0	0	0	0
42	重庆市万盛经开区	0	0	0	0	0	0	0	0	0

资料来源：课题组自制。

表 3　12 月评估直辖市各区县纪委监委信息公开评估结果

排名	一级指标	公开平台（10%）	组织结构（10%）	部门收支（15%）	制度规定（12%）	工作报告（12%）	通报曝光（15%）	巡视整改（10%）	社会参与（16%）	总分
1	北京市平谷区	55	32. 5	87. 5	45. 05	80. 2	78. 22	33. 5	67	62. 71
2	北京市密云区	45	60	73. 75	95. 05	80. 2	17	50	67	60. 86
3	天津市河东区	70	47. 5	75	50	80. 2	78. 22	33. 5	34	59. 15
4	北京市延庆区	60	70	62. 5	50	80. 2	61. 22	50	34	57. 62
5	天津市宁河区	45	47. 5	85	50	80. 2	61. 22	50	34	57. 25
6	北京市海淀区	70	55	87. 5	50	80. 2	36. 8	50	34	57. 21
7	天津市宝坻区	45	47. 5	100	50	80. 2	78. 22	0	34	57. 05
8	天津市蓟县	45	42. 5	86. 25	50	80. 2	78. 22	17	34	56. 18
9	天津市和平区	42	42. 5	75	50	80. 2	78. 22	33. 5	34	55. 85
10	天津市河北区	45	52. 5	81. 25	50	80. 2	61. 22	33. 5	34	55. 53
11	上海市松江区	30	50	93. 125	67	80. 2	34	0	67	55. 45
12	天津市东丽区	30	47. 5	87. 5	50	80. 2	61. 22	33. 5	34	54. 47
13	北京市丰台区	58. 5	45	87. 5	50	54. 7	50	0	67	54. 26
14	天津市津南区	66. 6	52. 5	48. 125	50	71. 7	78. 22	33. 5	34	54. 26
15	北京市通州区	74. 25	62. 5	68. 125	50	80. 2	36. 8	33. 5	34	53. 83
16	天津市滨海新区	59	37. 5	62. 5	50	80. 2	78. 22	17	34	53. 52
17	天津市西青区	70. 6	47. 5	34. 375	50	80. 2	78. 22	33. 5	34	53. 11
18	北京市东城区	65	40	86. 25	50	80. 2	47. 2	50	11. 56	52. 99
19	天津市北辰区	45	47. 5	48. 125	50	80. 2	78. 22	33. 5	34	52. 62
20	天津市南开区	40. 5	52. 5	62. 5	50	80. 2	61. 22	33. 5	34	52. 27
21	天津市红桥区	45	47. 5	62. 5	50	80. 2	61. 22	33. 5	34	52. 22
22	北京市顺义区	70	70	87. 5	45. 05	0	36. 8	33. 5	67	52. 12

续表

排名	一级指标	公开平台（10%）	组织结构（10%）	部门收支（15%）	制度规定（12%）	工作报告（12%）	通报曝光（15%）	巡视整改（10%）	社会参与（16%）	总分
23	北京市石景山区	45	25	75	30.2	80.2	6[illegible].22	50	34	51.12
24	天津市河西区	45	47.5	55	50	80.2	6[illegible].22	33.5	34	51.10
25	上海市浦东新区	44	75	80.625	17	80.2	4[illegible].42	33.5	34	50.66
26	北京市房山区	46.3	62.5	87.5	50	0	7[illegible].22	33.5	34	50.53
27	重庆市丰都县	0	52.5	76.75	25	80.2	7[illegible].11	100	0	50.20
28	重庆市大足区	0	42.5	82.375	0	80.2	8[illegible].11	100	0	49.60
29	上海市金山区	45.5	37.5	60	50	80.2	1[illegible]	33.5	67	49.54
30	天津市武清区	53.4	47.5	48.75	50	80.2	[illegible]1.22	17	34	49.35
31	重庆市潼南区	0	42.5	76.25	25	80.2	[illegible]2.11	100	0	49.13
32	重庆市开州区	0	55	63.75	25	80.2	[illegible]2.11	100	0	48.50
33	北京市门头沟区	50	65	85	45.05	0	[illegible]3.8	50	34	48.17
34	重庆市北碚区	0	42.5	67.8125	25	80.2	[illegible]2.11	100	0	47.86
35	上海市嘉定区	45	42.5	68.125	0	80.2	[illegible]4	33.5	67	47.76
36	重庆市武隆区	0	47.5	63.75	25	80.2	[illegible]2.11	100	0	47.75
37	北京市大兴区	42.6	47.5	75	45.05	0	[illegible]1.22	16.5	67	47.22
38	重庆市渝北区	0	42.5	63.4375	25	80.2	[illegible]2.11	100	0	47.21
39	上海市青浦区	37.5	42.5	60.625	50	80.2	[illegible]1.22	33.5	11.56	47.10
40	北京市昌平区	79.7	70	0	50	0	78.22	33.5	67	46.77
41	上海市崇明县	45	40	60.625	67	80.2	0	0	67	45.98
42	北京市朝阳区	60	50	69.375	26.9	54.7	36.8	0	55.78	45.64
43	天津市静海区	45	22.5	86.25	50	0	61.22	50	34	45.31
44	上海市虹口区	30	47.5	60.625	30.2	80.2	61.22	33.5	11.56	44.47

续表

排名	一级指标	公开平台（10%）	组织结构（10%）	部门收支（15%）	制度规定（12%）	工作报告（12%）	通报曝光（15%）	巡视整改（10%）	社会参与（16%）	总分
45	上海市奉贤区	30	22.5	55	67	80.2	17	0	67	44.43
46	北京市西城区	69.3	60	72.5	45.05	0	63.32	0	34	44.15
47	重庆市奉节县	0	57.5	63.75	25	80.2	72.11	50	0	43.75
48	重庆市石柱土家族自治县	0	42.5	63.75	25	80.2	72.11	58.5	0	43.10
49	重庆市梁平区	0	52.5	89.375	25	0	72.11	100	0	42.47
50	上海市长宁区	0	47.5	84.6875	0	80.2	89.11	16.5	0	42.09
51	上海市普陀区	0	42.5	79.375	0	80.2	72.11	50	0	41.60
52	重庆市南川区	0	42.5	89.375	25	0	72.11	100	0	41.47
53	重庆市城口县	0	52.5	64.25	25	0	89.11	100	0	41.25
54	重庆市荣昌区	0	42.5	65.5	25	0	89.11	100	0	40.44
55	上海市闵行区	0	47.5	91.875	0	80.2	58.91	33.5	0	40.34
56	上海市黄浦区	0	42.5	60.9375	0	80.2	58.91	83.5	0	40.20
57	重庆市江津区	0	42.5	63.75	25	0	89.11	100	0	40.18
58	重庆市垫江县	0	62.5	63.75	25	0	72.11	100	0	39.63
59	重庆市九龙坡区	0	42.5	21.25	0	71.7	89.11	100	0	39.41
60	重庆市长寿区	0	42.5	68.375	0	71.7	72.11	50	0	38.93
61	重庆市彭水苗族土家族自治县	0	57.5	89.375	25	0	72.11	58.5	0	38.82
62	重庆市巫山县	0	42.5	60	0	80.2	72.11	50	0	38.69
63	重庆市大渡口区	0	57.5	63.75	0	0	89.11	100	0	38.68
64	重庆市铜梁区	0	42.5	69.25	25	0	89.11	75	0	38.50
65	重庆市綦江区	0	42.5	65	25	0	72.11	100	0	37.82
66	重庆市永川区	0	42.5	65	25	0	72.11	100	0	37.82
67	重庆市万盛经开区	0	42.5	63.75	25	0	72.11	100	0	37.63

续表

排名	一级指标	公开平台（10%）	组织结构（10%）	部门收支（15%）	制度规定（12%）	工作报告（12%）	通报曝光（15%）	巡视整改（10%）	社会参与（16%）	总分
68	重庆市酉阳土家族苗族自治县	0	40	66.5625	0	71.7	72.11	33.5	0	36.76
69	重庆市合川区	0	45	63.75	25	0	72.11	83.5	0	36.23
70	重庆市渝中区	0	55	63.75	0	0	72.11	100	0	35.88
71	重庆市秀山土家族苗族自治县	0	42.5	66.5625	25	0	72.11	75	0	35.55
72	重庆市南岸区	0	42.5	64.0625	0	0	72.11	100	0	34.68
73	重庆市忠县	0	42.5	63.75	0	0	72.11	100	0	34.63
74	重庆市江北区	0	42.5	63.75	0	0	68.81	100	0	34.13
75	北京市怀柔区	42.6	32.5	0	45.05	80.2	36.8	0	34	33.50
76	上海市徐汇区	0	35	60.875	0	80.2	72.11	0	0	33.07
77	重庆市巴南区	0	42.5	69.375	25	0	55.31	100	0	32.95
78	重庆市沙坪坝区	0	42.5	84.375	0	0	72.11	50	0	32.72
79	重庆市巫溪县	0	42.5	78.125	0	0	59.11	33.5	0	32.69
80	重庆市璧山区	0	42.5	63.75	25	0	72.11	50	0	32.63
81	重庆市涪陵区	0	42.5	65	0	0	55.11	100	0	32.27
82	上海市静安区	0	47.5	85.625	0	0	72.11	33.5	0	31.76
83	重庆市黔江区	0	40	63.75	25	0	72.11	42	0	31.58
84	重庆市云阳县	0	42.5	63.75	0	0	72.11	58.5	0	30.48
85	重庆市万州区	0	47.5	65.625	25	0	52.31	33.5	0	28.79
86	上海市宝山区	0	22.5	0	0	80.2	73.81	33.5	0	26.30
87	重庆市两江新区	0	17.5	0	25	0	72.11	75	0	23.07
88	上海市杨浦区	0	12.5	0	0	80.2	17	33.5	0	16.77
89	重庆高新区	0	17.5	0	0	0	72.11	0	0	12.57

资料来源：课题组自制。

表 4　8 月评估与 12 月评估得分前 10 名地区

单位：分

序号	8 月评估得分前 10 名	总分	12 月评估得分前 10 名	总分
1	北京市海淀区	56.12	北京市平谷区	62.71
2	天津市河东区	54.44	北京市密云区	60.86
3	天津市滨海新区	52.71	天津市河东区	59.15
4	北京市东城区	50.33	北京市延庆区	57.62
5	北京市昌平区	48.77	天津市宁河区	57.25
6	天津市河西区	48.75	北京市海淀区	57.21
7	北京市门头沟区	48.31	天津市宝坻区	57.05
8	北京市丰台区	48.20	天津市蓟州区(蓟县)	56.18
9	天津市武清区	48.10	天津市和平区	55.85
10	北京市延庆区	47.10	天津市河北区	55.53

资料来源：课题组自制。

总体而言，直辖市各区县纪委监委网站信息透明度与经济发展水平并没有直接关联，其信息公开呈现以下特点。

（一）公开平台建设逐步完备

相比于 2019 年评估而言，8 月评估“公开平台”建设得分提升是最显著的。在 41 家可查找到官方网站的平台中，全部可以找到其专门的官方网站且全部设有站内检索功能。其中，在网页设计方面，上海市黄浦区纪委监委的网站在页面上方添加了网页无障碍浏览辅助功能（见图 1），网站在各页面的上方添加了无障碍浏览按钮，点击后会在页面上方出现无障碍辅助工具条，访问者在浏览网页时可以根据自己的需要点击相应按钮对页面大小、字体颜色、辅助线等进行调整，达到最佳浏览效果，使有特殊需求浏览者可以更加方便地获取纪委监委网站的信息。在网页检索功能方面，北京市海淀区（见图 2）、北京市门头沟区和北京市通州区对检索到的内容进行了所属栏目分类，使浏览者能够清晰快速地找到所需信息。

8 月评估中，北京市东城区、西城区、朝阳区、丰台区、昌平区 5 家纪委监委官方网站公开了微信、微博官方移动客户端。天津市 16 个区县的网

图 1　上海市黄浦区纪委监委网站上方的无障碍浏览设计

图 2　北京市海淀区纪委监委网站检索页面

站“信息公开”专栏统一规范，分别清晰醒目地呈现了领导机构、组织机构、工作程序、工作报告、监督曝光、审查调查、巡视巡察、其他 8 类内容（见图 3），与中央纪委国家监委网站“信息公开”栏目排版方式和公开内容大体趋同。本次评估中大部分网站信息更新较快，尤其是新闻头条信息更新比较及时，平均每个工作日更新 3 条，有的网站其他栏目内容也能在 5 个工作日内及时更新。

12 月评估中，上海市的 16 个区县、重庆市的 41 个区县纪委监委部分信息公开在上一级纪委监委网站的“信息公开”栏目中。其中上海市徐汇区、上海市长宁区、上海市静安区、上海市普陀区、上海市杨浦区、上海市闵行区和上海市宝山区以及重庆市的所有区县纪委监委虽没有独立的门户网站，但其领导机构、组织机构、工作程序、工作报告、监督曝光、审查调查、巡视巡察以及部门预算（公开在“其他”栏目中）等重要信息公开在上一级纪委监委的“信息公开”栏目中，群众查找起来相对快捷。

所在位置：首页 > 信息公开 > 列表

领导机构 组织机构 工作程序 工作报告

监督曝光 审查调查 巡视巡察 其 他

图 3 天津市 16 个区县纪委监委网站“信息公开”栏目

（二）组织结构信息公开更加全面

8 月评估中发现，有 27 个公开了纪检监察机关的职能或任务，大部分网站将纪检监察机关的职能或任务公开在预决算文档中，需要下载文档进行查看，不可直接查询，其中北京市石景山区、北京市海淀区、北京市门头沟区、北京市大兴区、北京市延庆区将纪委职能或任务直接公开在网页的“信息公开”或“机构介绍”栏目中，大大方便了信息检索查询。8 月评估中公开了纪委监委内设及派出机构名称的有 29 家，公开了纪委监委内设及派出机构职责职能的有 8 家。人员信息及编制方面，共有 9 家网站对纪检监察机关和派驻机构编制数进行了公开，分别是北京市西城区、北京市朝阳区、北京市丰台区、北京市海淀区、北京市门头沟区、北京市通州区、北京市顺义区、北京市昌平区、北京市延庆区。领导班子信息方面，对纪检监察机关领导班子成员姓名公开的有 34 家，公开纪委监委领导班子成员照片的有 11 家，公开纪委监委领导班子成员简历的有 7 家。

12 月评估中组织结构信息公开相比 8 月评估有了大幅提升。12 月评估发现，89 个纪委监委网站中有 81 个公开了纪检监察机关的职能或任务，占比约 91%，比 8 月评估多了 54 家。公开了纪委监委内设及派出机构名称的有 86 家，占比约 97%，比 8 月评估多了 57 家；公开了纪委监委内设及派出机构职责职能的有 77 家，占比约 87%，比 8 月评估多了 69 家；公开纪委监委领导职数的 1 家，是上海浦东新区，也是这两次评估中唯一一家公开了领导职数的区；公开领导班子成员姓名的有 89 家，占比 100%，比 8 月评估多了 55 家；公开纪委监委领导班子成员照片的有 36 家，占比约 40%，比 8 月评估多了 25 家；公开纪委监委领导班子成员简历的有 80 家，占比约 90%，比 8 月评估多了 73 家。

（三）部门收支信息公开更为规范

纪检监察机关的财务信息普遍受到社会的关注，是公开的重点领域。8 月评估中，共有 22 家网站公开了 2020 年预算或 2019 年决算，占比约 24%。与 2019 年相比，2020 年京、津、沪、渝四个直辖市的预决算公开方式呈现更加规范的趋势，例如，此次项目组在评估中发现，天津市的 16 个区县将纪检监察机关历年的预决算财务信息统一公开在“信息公开”专栏的“其他”栏目中，预决算公开的方式醒目规范，极易查找，其中天津市河北区和天津市滨海新区还将预算与决算分别设置不同栏目，让浏览者一目了然，便捷查询（见图 4）。8 月评估中，共有 18 家网站公开了预算绩效目标和“三公”经费，占比约 20%；有 11 家网站公开了纪委审查、监委调查工作经费年度开支总额，占比约 12%，其中，有 4 家网站公布了大案要案查办支出，比 2019 年增加 2 家，他们分别是北京市西城区、北京市大兴区、北京市怀柔区和上海市松江区。

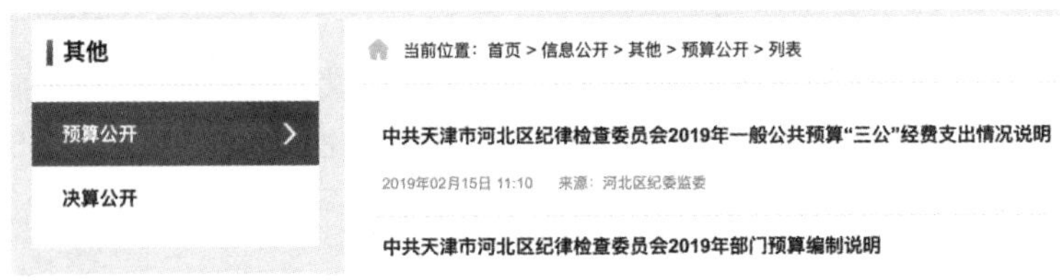

图 4 天津市河北区纪委网站预算公开与决算公开页面设计

12 月评估中，共有 83 家网站公开了 2020 年预算或 2019 年决算，占比 93%，比 8 月评估多了 61 家；公开预算绩效目标的有 71 家，占比约 80%，比 8 月评估增加 53 家；公开“三公”经费的有 77 家，占比 87%，比 8 月评估增加 59 家；公开纪委审查、监委调查工作经费年度开支总额的有 44 家，占比 49%，比 8 月增加 33 家；公开大案要案查办支出的有 8 家，占比 9%，比 8 月评估增加 4 家。与 8 月评估相比，2020 年京、津、沪、渝四个直辖市的预决算公开方式呈现更加规范和深入的趋势，8 月评估中，天津市的 16 个区县将纪检监察机关历年的预决算财务信息统一公开在“信息公开”专栏的“其他”栏目中。12 月评估中上海市和重庆市以及北京市的西城区、平谷区、房山区、石景山区纪委监委信息公开栏目样式都做了很大调整，较之前更清晰规范（见图 5）。另外，除预决算信息公开程度有大幅提升外，部门收支中的预算绩效目标、办案经费和“三公”经费等公开程度也在不断深化，例如，天津市南开区在 2020 年 12 月公开了 2019 年自评结果和 2020 年绩效目标，公开样式清晰，内容详细（见图 6）。

图 5　上海市浦东新区纪委监委信息公开栏目样式

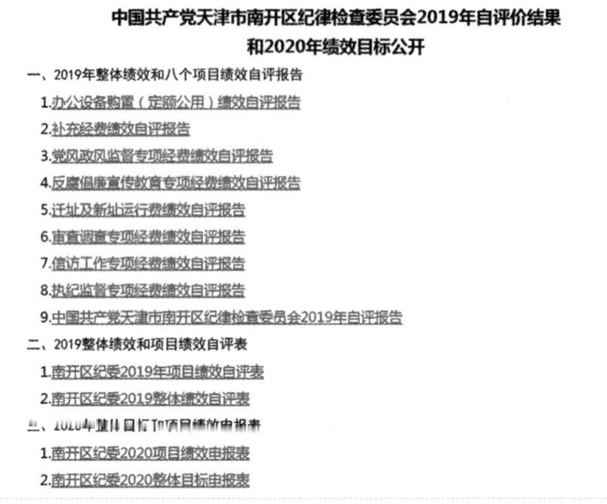

中国共产党天津市南开区纪律检查委员会2019年自评价结果和2020年绩效目标公开

一、2019年整体绩效和八个项目绩效自评报告

1.办公设备购置（定额公用）绩效自评报告

2.补充经费绩效自评报告

3.党风政风监督专项经费绩效自评报告

4.反腐倡廉宣传教育专项经费绩效自评报告

5.迁址及新址运行费绩效自评报告

6.审查调查专项经费绩效自评报告

7.信访工作专项经费绩效自评报告

8.执纪监督专项经费绩效自评报告

9.中国共产党天津市南开区纪律检查委员会2019年自评报告

二、2019整体绩效和项目绩效自评表

1.南开区纪委2019年项目绩效自评表

2.南开区纪委2019整体绩效自评表

三、2020年整体目标和项目绩效申报表

1.南开区纪委2020项目绩效申报表

2.南开区纪委2020整体目标申报表

图6　天津市南开区纪委绩效目标公开内容

（四）制度规定公开更加深入

8月评估中，有38家纪委监委网站设置了“党纪法规”等制度性专栏，占比43%，较2019年增加3个地区。其中，有24家网站在制度专栏中全文公开了《中国共产党纪律处分条例》《中华人民共和国宪法》《中华人民共和国监察法》等重点党纪法规，占比27%；有2家网站公布了本级纪检监察机关工作制度或出台的规范性文件，占比约2%，它们是北京市海淀区和北京市密云区纪委监委网站，相比于2019年，制度规定公开下沉到本级纪检监察机关工作制度和规范性文件，使得公开更加深入。例如，北京市海淀区纪委监委网站公布了本地出台的《海淀区监察委员会特约监察员工作办法》（以下简称《办法》），该《办法》明确特约监察员工作的指导思想、聘用条件和职责要求，进一步推动了海淀区监察机关依法接受外部监督。目前，在京、津、沪、渝4个直辖市的纪检监察机关网站，制度规定公开栏目仍然没有统一的名称，但公开的党纪法规等内容都比较全面，是8月评估一级指标中公开占比分数较高的内容。

相比较8月评估报告，12月评估中，制度规定公开有持续向本级纪检

监察机关工作制度和规范性文件下沉的趋势。12月评估中，公开了本级纪检监察机关工作制度和规范性文件的网站有32家，占比36%，比8月评估报告多了30家。

（五）纪委全会工作报告逐步公开

党的十八大以来，在中央纪委国家监委网站的带头下，全国各级纪检监察机关网站也逐步开始公开本级纪委全会工作报告全文。8月评估中，有11家网站公布了本级纪检监察机关纪委全会工作报告全文，占比12%，它们是北京市海淀区、天津市和平区、天津市河东区、天津市河西区、天津市西青区、天津市武清区、天津市宝坻区、天津市滨海新区、天津市蓟州区（蓟县）、上海市虹口区和上海市黄浦区。其中，天津市各个区县网站均设置专门的“工作报告”栏目，统一放置在信息公开栏目类别里，对纪委全会决议、纪委全会工作报告等重要文件进行公开，公众查询起来非常便捷。

12月评估中，有53家网站公布了本级纪检监察机关纪委全会工作报告全文，占比60%，比8月评估多了42家。大部分网站设置专门的“工作报告”栏目，统一放置在信息公开栏目类别里，对纪委全会决议、纪委全会工作报告等重要文件进行公开，公众查询起来非常便捷。北京市朝阳区、丰台区等地对本地的纪委全会工作报告还进行了“图解”说明，使群众阅读起来更直观，让工作报告更容易被读懂。

（六）通报曝光信息公开更加有力

通报曝光专栏通常受到社会公众的高度关注，也是各级纪委监委展示最新工作动态的重要平台之一，起到的震慑警示作用非常突出。8月评估中，有40家设有通报曝光专栏，比2019年增加13家，占比达45%，可以看出各地纪委非常重视通报曝光，各地通报曝光专栏名称不尽相同，但大多数网站该专栏公开内容基本一致。其中，有28家向社会公布了涉嫌严重职务违法或者职务犯罪的审查调查信息，占比32%；有

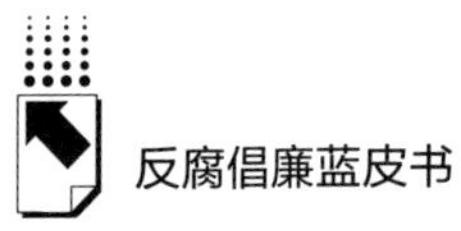

33家曝光了违反“中央八项规定”精神案例，占比37%，违反“中央八项规定”精神案例都点名道姓、列明违规人员单位和职务、违纪事实和处分结果；有27家及时向社会通报了重要巡视巡察案件立案决定，占比30%。

12月评估中通报曝光相关的信息公开更加广泛，有85家设有通报曝光专栏，比8月评估增加45家，占比96%，天津市、上海市和重庆市大多将这一栏目设置在“信息公开”中，有73家向社会公布了涉嫌严重职务违法或者职务犯罪的审查调查信息，占比82%，比8月增加45家；有78家曝光了违反“中央八项规定”精神案例，占比88%，比8月评估增加45家；有74家及时向社会通报了重要巡视巡察案件立案决定，占比83%，比8月评估增加47家。

（七）巡视巡察整改信息

巡视巡察是《中国共产党章程》《中国共产党党内监督条例》赋予的重要职责。巡视巡察整改是“四个意识”的试金石，是检验“两个责任”的重要标尺，也是干部群众最关心的问题，其相关信息是各级纪委监委官方网站公开的重点之一。8月评估中，有32家网站公开了本级组织开展的巡视巡察公告，占比78%；有28家网站公开了本级巡视巡察工作报告或发现的问题，占比68%；有9家网站公开了本级巡视巡察后整改情况的通报，占比22%。在8月评估中，北京市东城区、北京市石景山区、北京市海淀区、北京市门头沟区、北京市密云区、北京市延庆区、天津市宁河区、天津市静海区这8个地区的网站同时公开了本级组织开展巡视巡察公告、本级巡视巡察工作报告或发现的问题以及本级巡视巡察后整改情况，相较其他地区公开细致全面。

12月评估中，巡视巡察信息公开程度显著提高，有32家网站公开了上一级巡视反馈的问题，占比36%；有27家公开了上一级巡视后整改情况，占比30%；有77家网站公开了本级组织开展的巡视巡察公告，占比87%，比8月评估增加45家；有73家网站公开了本级巡视巡察工作报告或发现的问题，占比 82%，比 8 月评估增加 45 家；有 43 家网站公开了本级巡视巡察后整改情况的通报，占比 48%，比 8 月评估增加 34 家。

（八）社会参与渠道多元畅通

群众监督作为民主监督的重要形式之一，在反腐倡廉建设中一直发挥着重要作用。在评估中，四个直辖市下辖区县几乎全部依托“12388 全国信访举报平台”开通了本地监督举报网站，大部分地区公开了监督举报电话、举报信件邮寄地址等信息。有的网站公开了网站点击率或文章浏览人数等，还有些地区如北京市大兴区和密云区网站开设留言板并对群众留言给予相应回复。除了上述社会参与渠道外，各级纪委监委还在网页上增设了网络调查、随手拍等具有特色的互动板块，例如，北京市丰台区专门开设了网络调查板块（见图 7），内容包括“网站满意度调查问卷”和“丰台区党风廉政建设状况民意调查问卷”，使民意传递去科层化，丰富了群众与纪委监委的互动模式。北京市昌平区在网站首页设有专门板块实时滚动展示“廉政昌平”微博的消息（见图 8），公众可直接点击评论或转发按钮与纪委监委实时互动交流。另外，还有许多地区在首页针对专项问题设置漂浮窗口或者二维码，方便群众随时随地发现问题、反馈问题，例如，北京市石景山区首页的“四风随手拍”漂浮窗口，上海市虹口区首页“涉黑涉恶腐败问题和保护伞问题”的专门模块，都给专项整治提供了民意表达的渠道。此栏目 12 月评估与 8 月评估结果对比无显著差别。

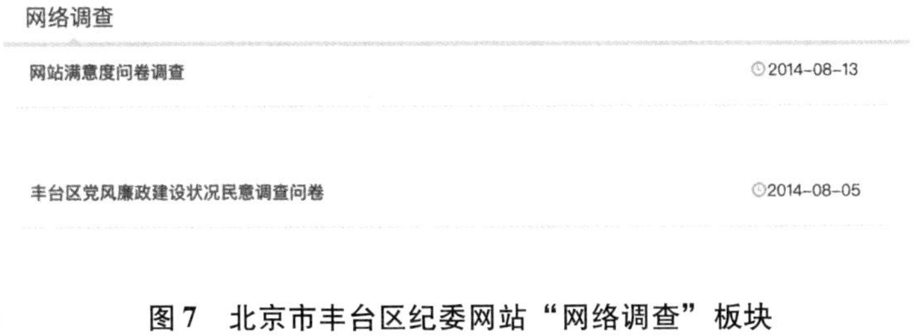

网络调查

网站满意度问卷调查 2014-08-13

丰台区党风廉政建设状况民意调查问卷 2014-08-05

图 7　北京市丰台区纪委网站“网络调查”板块

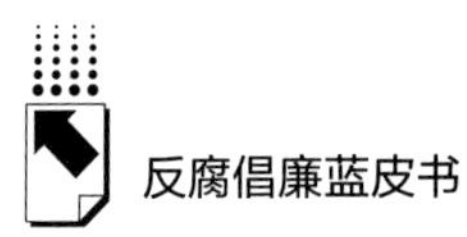

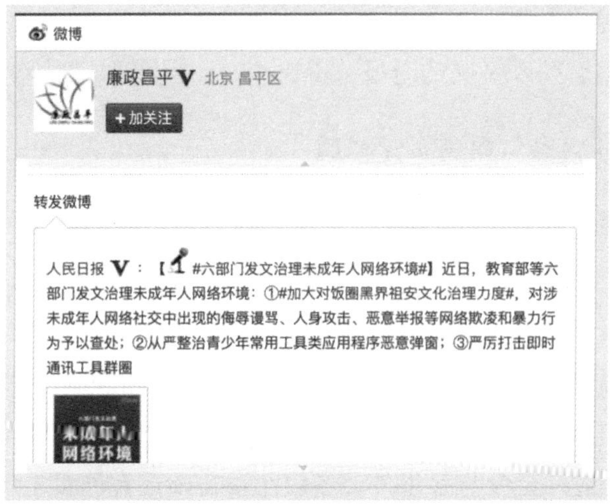

图8　北京市昌平区纪委监委网站首页“廉政昌平”微博的展示页面

三　评估发现的问题

（一）公开平台建设有待加强

第一，公开渠道方面，两次评估对象89家单位中，只有41家开通了纪检监察机关官方网站，上海市16个区县中有7个区县（12月评估中有1家网站打不开）和重庆市41个区县没有独立的纪检监察机关官方网站，仅部分信息公开在上一级纪委监委网站的“信息公开”栏目下。另外，评估对象中“两微一端”全部开通且发布在网站上的单位屈指可数。第二，检索功能方面，虽然大多数评估对象网站中都设置有检索功能，但是很多地区的检索功能都无法使用，或者不能直接检索到本网站信息，而是外链到当地政府或其他网站，公众无法精准检索到所需信息。第三，信息更新方面，普遍存在更新较慢的问题，头条信息的更新情况要优于其他栏目的更新情况，有的地区其他栏目会出现“僵尸”板块的情况，长达两年都没有更新。

（二）部门收支公开地区差异性大

部门收支公开状况在 12 月评估中较 8 月评估有所改善，但仍存在许多问题，京、津、沪、渝 4 个直辖市的各区县部门收支信息公开还有待进一步推进。另外，对部门收支进行公开了的网站在公开形式、公开深度、公开内容等方面都存在较大差异，例如，有的网站只公开了本年度预算，有的只公开了上一年的决算。有的网站虽然公开了部门预算绩效目标信息，但是信息内容不全面，是否有绩效考核等内容并不清晰。

（三）本级制度规定公开不够普遍

上一级制度与本级制度公开共同构成了制度规定公开的内容。但在本次评估中，《中国共产党纪律处分条例》《中华人民共和国宪法》《中华人民共和国监察法》等中央国家级的党纪法规公开比较普遍，而最能展现本级工作状况的工作制度或规范性文件鲜有见到，两次评估中只有少数网站公布了本级纪检监察机关工作制度或出台的规范性文件。

（四）通报曝光信息不均衡

通报曝光信息是社会普遍关注的信息，两次评估中，评估对象的通报曝光专栏中公开违反“中央八项规定”精神的相关信息、涉嫌严重职务违法或者职务犯罪、重要案件立案决定、违纪干部处分决定等信息公开较多，对处分决定书公开的信息相对较少，通报曝光专栏公开的信息存在内容不均衡的问题。另外，有许多网站在通报曝光专栏只公开上一级的相关案件，对本级通报情况“避而不谈”，存在公开的内外部不均衡情况，这种情况不利于当地群众及时了解其工作动态，影响纪检监察机关工作的整体透明度。

（五）上一级巡视巡察内容公开亟待深化

各级纪委监委网站及时向社会公开反馈上一级巡视反馈的问题、巡视后的整改情况，便于群众查阅和及时了解纪委监察机关工作中存在的问题，利于接受群众监督。本年度两次评估中，呈现上一级巡视巡察反馈的问题以及上一级巡视巡察后整改情况公开的比例小于本级巡视巡察公告、本级巡视巡察反馈的问题以及本级巡视巡察后整改情况公开的比例。这种对自身存在的问题“讳莫如深”导致的公开信息结构性失衡会影响全面推进中央和直辖市巡视、区县巡察全覆盖的落实效果，巡视巡察信息公开还有待进一步推进。

（六）社会参与亟须优化

纪检监察机关网站中的社会参与板块为公众参与、监督党风廉政建设提供了表达民意的渠道。但是在评估中，只有 2 家网站开通了公众留言板的栏目，公众的诉求可以直接在网上得到官方回复。而大多数网站的社会参与还处于“单线程”的群众监督举报，对公众的实际诉求并未直接在网站上做出回应，无法达到与社会公众即时互动的良好效果，纪检监察机关网站的社会参与板块还需进一步优化升级，使其真正成为与社会沟通互动的“直通车”。

四　项目组的建议

（一）明确功能定位，加强网站建设

纪检监察机关网站不同于其他部门网站，它是公众获取党风廉政建设相关信息的重要渠道，是反映纪检监察机关工作动态的主要平台，有着更高的政治站位要求。地方基层纪检监察机关应当提高思想认识，主动向中央纪委国家监委网站看齐，科学合理安排信息公开、党纪法规、监督举报、审查调查、巡视巡察、历史文化等公开内容的占比结构、页面排版等设计，将部门收支、通报曝光等人民群众普遍关心的“热门”板块放在容易查找的位置。对网站建设和管理工作要高度重视，纪委监委要加大网站管理的人、财、物投入，安排专职人员负责网站建设、研发和运营工作，提高信息发布的效度和质量，解决“正在维护”等网页打不开等技术问题。切实减少“僵尸”

网站、“僵尸”板块的存在，让网站成为纪检监察机关的清爽“门面”，有效发挥网站即时发布信息的作用，让网站真正成为为人民服务的得力助手。

（二）出台公开标准及标准体系，推进公开规范化

在评估中，项目组发现各个地区网站的公开内容、公开方式、公开深度都存在差异，呈现“百花齐放”的特点，从而导致信息公开随意性大、公开平台不统一、公开内容时效性不高、解读回应不到位等公开质量问题。针对这种情况，应当加强顶层设计，着力推进信息公开标准和标准体系等一系列的相应制度规范建设，针对直辖市各区县的信息公开特点，修订出台信息公开条例，不断调整完善相关配套措施，建立相应的信息公开执行标准，让各地纪检监察机关的公开行为有具体标准可依。科学优化信息公开平台功能，明确信息公开内容、公开深度、公开范围。做好信息公开审查工作，尤其要抓好公开内容表述、公开时机、公开方式的研判，着力推进纪检监察机关信息公开的规范化、标准化。

（三）升级公众互动模式，优化社会参与渠道

2020 年 2 月，十九届中央纪委四次全会工作报告强调反腐败斗争应“及时回应人民群众关切，坚持人民群众反对什么、痛恨什么，就坚决防范和纠正什么”，旨在让反腐败斗争给人民群众带来更多获得感。纪检监察机关网站是社会各界了解纪委监委工作动态的有效途径，也是接受人民群众监督和“开门反腐”示范的直接窗口，与公众形成良好互动也是网站建设的题中应有之义。建议纪委监委网站在提供信访举报网站、电话、信件投寄地址的同时，还应积极探索创新与公众互动模式，例如，通过增设留言板、统计网站点击率和文章浏览人数等功能，即时了解公众的实际诉求，回应公众关切，与公众实现高质量的“双向”互动。另外，纪检监察机关还可运用微信、微博、抖音等新媒体形式，灵活与公众互动，切实提升公众在全面从严治党和反腐败斗争进程中的获得感。

B.6
地级市纪检监察机关信息公开评估报告

中国社会科学院社会学所“党和国家监督体系绩效测评研究”创新工程项目组*

摘　要：2020年8月，项目组对随机抽取的54家地级市纪检监察网站信息公开情况进行了评估，发现公开平台建设比较规范，重点领域信息公开充分、覆盖广泛，制度政策解读公开力度不断加大，巡视巡察信息公开持续推进，同时也发现地级市纪检监察网站还存在部门收支信息公开不到位、政策法规公开不全面、工作报告公开力度不够、处分决定书都未公开、与公众互动有待加强等问题。12月，项目组再次对以上54家评估对象的纪检监察网站进行评估，并将评估数据与8月评估数据进行对比分析发现，绝大多数评估对象的得分有了较大的提升，表明地级市纪检监察信息公开工作不断完善，但项目组发现市级纪检监察网站还存在不善于公开上级巡视信息、不及时公开工作报告等问题，建议加强信息公开的时效性，提升信息公开的全面性，重视重点领域、重点信息公开，提高群众互动在信息公开中的比重。

关键词：纪委监委　信息公开　透明度　地市级评估

---

* 项目组组长：蒋来用。项目组成员：蒋来用、孙大伟、周兴君、于琴、任涛、朱克江、胡爽、许天翔、何圣国、张缯昕。执笔人：胡爽。张缯昕完成了评估对象的随机抽样工作。

纪检监察网站信息公开工作是纪检监察机关主动接受监督的重要渠道。党的十八大以来，以习近平同志为核心的党中央十分重视信息公开工作，全国各地陆续推出了一系列“互联网+服务”平台，让政务党务透明化，让权力运行公开化，取得了良好的成效。纪检监察机关作为党的专门监督执纪问责机关，主动公开纪检监察机关信息，让权力的监督接受人民群众的再监督十分有必要。为进一步贯彻落实习近平总书记关于信息公开工作的讲话精神，及时了解全国各地级市的纪检监察网站信息公开建设的现状和问题，项目组根据《中国共产党党务公开条例（试行）》《中华人民共和国监察法》等党内法规和国家法律，结合纪检监察机关日常工作，设定了纪检监察网站信息公开评估指标体系。运用这套体系，2020 年 8 月，项目组采取随机抽样的方式对包括贵州铜仁、江苏淮安、四川达州、安徽马鞍山、广东河源在内的 54 家地级市纪检监察网站的信息公开工作进行了评估，并对评估数据进行了分析。为及时了解各评估对象在 8 月评估结束后的信息公开工作动态以及公开工作进展，2020 年 12 月 1 ~ 10 日，项目组运用同样的方法、采取同样的标准，再次收集了以上 54 家评估对象的纪检监察网站的相关数据，对收集到的数据进行了评估，并将评估数据与 8 月评估数据进行了对比分析。

一　评估对象和信息采集

项目组根据人口数量排序、采用 PPS 进行等距抽样确定评估的市级纪检监察机关，每个省（区）抽取两个市纪检监察机关组成样本，共抽取出 54 个市级纪检监察机关。北京、上海、天津、重庆 4 个直辖市以及各省会城市未纳入本次项目组评估对象（见表 1）。

本次评估项目组统一信息采取来源，除了“公开平台”这项指标需要参照各评估对象的微信公众号、微博等公开平台外，其他指标体系需要的数据信息一律仅从评估对象的纪检监察网站获取，不使用其他网站和渠道的信息，特此说明。

表1　54家地级市纪检监察网站所在地、网址及数据收集阶段

序号	地级市	网址	数据收集阶段1	数据收集阶段2
1	河北邯郸市	http://jjw. hd. gov. cn/web/index. html	2020. 8. 1 ~ 31	2020. 12. 01 ~ 12. 10
2	河北邢台市	http://www. xtsjw. gov. cn/	2020. 8. 1 ~ 31	2020. 12. 01 ~ 12. 10
3	山西大同市	http://www. dtsjw. gov. cn/	2020. 8. 1 ~ 31	2020. 12. 01 ~ 12. 10
4	山西阳泉市	http://www. yqlz. gov. cn/	2020. 8. 1 ~ 31	2020. 12. 01 ~ 12. 10
5	内蒙古巴彦淖尔市	http://byne. nmgjjjc. gov. cn/	2020. 8. 1 ~ 31	2020. 12. 01 ~ 12. 10
6	内蒙古乌兰察布市	http://wlcb. nmgjjjc. gov. cn/	2020. 8. 1 ~ 31	2020. 12. 01 ~ 12. 10
7	辽宁抚顺市	http://www. fsjjjc. gov. cn/	2020. 8. 1 ~ 31	2020. 12. 01 ~ 12. 10
8	辽宁阜新市	http://www. lnsjjjc. gov. cn/fx/	2020. 8. 1 ~ 31	2020. 12. 01 ~ 12. 10
9	吉林四平市	http://www. ccdijlsp. gov. cn/	2020. 8. 1 ~ 31	2020. 12. 01 ~ 12. 10
10	吉林通化市	http://www. ccdijl – th. gov. cn/	2020. 8. 1 ~ 31	2020. 12. 01 ~ 12. 10
11	黑龙江鸡西市	http://www. xkhqf. gov. cn/	2020. 8. 1 ~ 31	2020. 12. 01 ~ 12. 10
12	黑龙江牡丹江市	http://mdjsjw. mdj. gov. cn/	2020. 8. 1 ~ 31	2020. 12. 01 ~ 12. 10
13	江苏淮安市	http://jw. huaian. gov. cn/	2020. 8. 1 ~ 31	2020. 12. 01 ~ 12. 10
14	江苏连云港市	http://jw. lyg. gov. cn/	2020. 8. 1 ~ 31	2020. 12. 01 ~ 12. 10
15	浙江湖州市	http://www. hzsjw. gov. cn/	2020. 8. 1 ~ 31	2020. 12. 01 ~ 12. 10
16	浙江金华市	http://www. jhjw. gov. cn/#	2020. 8. 1 ~ 31	2020. 12. 01 ~ 12. 10
17	安徽淮南市	http://www. hnsjw. cn/	2020. 8. 1 ~ 31	2020. 12. 01 ~ 12. 10
18	安徽马鞍山市	http://www. masdl. gov. cn/	2020. 8. 1 ~ 31	2020. 12. 01 ~ 12. 10
19	福建漳州市	http://www. zzscdi. gov. cn/	2020. 8. 1 ~ 31	2020. 12. 01 ~ 12. 10
20	福建莆田市	http://www. ptcdi. gov. cn/	2020. 8. 1 ~ 31	2020. 12. 01 ~ 12. 10
21	江西景德镇市	http://www. jdzdi. gov. cn/	2020. 8. 1 ~ 31	2020. 12. 01 ~ 12. 10
22	江西上饶市	http://www. srlz. gov. cn/	2020. 8. 1 ~ 31	2020. 12. 01 ~ 12. 10
23	山东威海市	http://www. jjjc. gov. cn/	2020. 8. 1 ~ 31	2020. 12. 01 ~ 12. 10
24	山东滨州市	http://www. bzjjw. gov. cn/	2020. 8. 1 ~ 31	2020. 12. 01 ~ 12. 10
25	河南开封市	http://www. kflz. gov. cn/sitesources/kflzw/page_pc/index. html	2020. 8. 1 ~ 31	2020. 12. 01 ~ 12. 10
26	河南安阳市	http://www. aylzw. gov. cn/sitesources/qfayw/page_pc/index. html	2020. 8. 1 ~ 31	2020. 12. 01 ~ 12. 10
27	湖北荆门市	http://jw. jingmen. gov. cn/	2020. 8. 1 ~ 31	2020. 12. 01 ~ 12. 10
28	湖北襄阳市	http://xyjwjc. xiangyang. gov. cn/	2020. 8. 1 ~ 31	2020. 12. 01 ~ 12. 10
29	湖南娄底市	http://www. ldlz. gov. cn/	2020. 8. 1 ~ 31	2020. 12. 01 ~ 12. 10
30	湖南湘潭市	http://lz. xiangtan. gov. cn/	2020. 8. 1 ~ 31	2020. 12. 01 ~ 12. 10
31	广东河源市	http://www. hywlqf. gov. cn/	2020. 8. 1 ~ 31	2020. 12. 01 ~ 12. 10

续表

序号	地级市	网址	数据收集阶段1	数据收集阶段2
32	广东汕尾市	http://www. swjjjc. gov. cn/	2020. 8. 1 ~ 31	2020. 12. 01 ~ 12. 10
33	广西河池市	http://www. hcqfw. org/	2020. 8. 1 ~ 31	2020. 12. 01 ~ 12. 10
34	广西北海市	http://www. bhsjw. gov. cn/	2020. 8. 1 ~ 31	2020. 12. 01 ~ 12. 10
35	海南三沙市	未找到相关网站	2020. 8. 1 ~ 31	2020. 12. 01 ~ 12. 10
36	海南儋州市	http://hainan. 12388. gov. cn/danzhoushi/	2020. 8. 1 ~ 31	2020. 12. 01 ~ 12. 10
37	四川达州市	http://www. dzjw. gov. cn/	2020. 8. 1 ~ 31	2020. 12. 01 ~ 12. 10
38	四川眉山市	http://www. mslzw. cn/	2020. 8. 1 ~ 31	2020. 12. 01 ~ 12. 10
39	贵州铜仁市	http://www. trjw. gov. cn/	2020. 8. 1 ~ 31	2020. 12. 01 ~ 12. 10
40	贵州黔东南苗族侗族自治州	http://www. qdnzjw. gov. cn/	2020. 8. 1 ~ 31	2020. 12. 01 ~ 12. 10
41	云南红河哈尼族自治州	http://www. jjjc. hh. cn/	2020. 8. 1 ~ 31	2020. 12. 01 ~ 12. 10
42	云南曲靖市	http://www. qjsjw. gov. cn/	2020. 8. 1 ~ 31	2020. 12. 01 ~ 12. 10
43	西藏山南市	http://www. snjjw. gov. cn:6280/	2020. 8. 1 ~ 31	2020. 12. 01 ~ 12. 10
44	西藏阿里地区	http://www. aljjw. gov. cn:6680/	2020. 8. 1 ~ 31	2020. 12. 01 ~ 12. 10
45	陕西咸阳市	http://xianyang. qinfeng. gov. cn/index. htm	2020. 8. 1 ~ 31	2020. 12. 01 ~ 12. 10
46	陕西安康市	http://ankang. qinfeng. gov. cn/	2020. 8. 1 ~ 31	2020. 12. 01 ~ 12. 10
47	甘肃平凉市	http://jw. pingliang. gov. cn/	2020. 8. 1 ~ 31	2020. 12. 01 ~ 12. 10
48	甘肃临夏回族自治州	http://www. lxjjjc. gov. cn/	2020. 8. 1 ~ 31	2020. 12. 01 ~ 12. 10
49	青海果洛藏族自治州	http://www. qhjc. gov. cn/subsite/index_4266071fc689ceed_7E529FA9AFBD6274. html	2020. 8. 1 ~ 31	2020. 12. 01 ~ 12. 10
50	青海海西蒙古族藏族自治州	http://www. qhjc. gov. cn/subsite/index_4266071fc689ceed_708CA5EACD6615DF. html	2020. 8. 1 ~ 31	2020. 12. 01 ~ 12. 10
51	宁夏吴忠市	http://www. wzjwjw. gov. cn/	2020. 8. 1 ~ 31	2020. 12. 01 ~ 12. 10
52	宁夏固原市	http://www. gyjjjc. gov. cn/	2020. 8. 1 ~ 31	2020. 12. 01 ~ 12. 10
53	新疆伊犁哈萨克自治州	http://ylqf. xjyl. gov. cn/	2020. 8. 1 ~ 31	2020. 12. 01 ~ 12. 10
54	新疆哈密市	http://hmjjw. hami. gov. cn/	2020. 8. 1 ~ 31	2020. 12. 01 ~ 12. 10

资料来源：课题组自制。

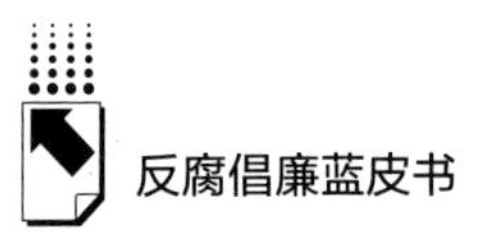

二 2020年8月评估结果及发现的问题

在2020年8月评估中，项目组未查找到海南省三沙市、青海省果洛藏族自治州、青海省海西蒙古族藏族自治州、云南省红河哈尼族自治州、云南省曲靖市5家地级市（自治州）的相应纪检监察信息公开网站；海南省儋州市仅设置了监督举报网站，项目组未查找到其纪检监察信息公开网站（其得分仅为1.85）。因此，鉴于以上6家评估对象在本次评估中没有数据或者得分太低，在后续的分析中，项目组仅对其余48家评估对象得分情况进行分析。

评估结果显示，总分在60分以上的评估对象只有贵州省铜仁市1家，占比仅为2.1%；得分在50～60分的评估对象有4家，分别是江苏省淮安市、四川省达州市、安徽省马鞍山市、广东省河源市，占比为8.33%；得分在40～50分的评估对象有15家，占比为31.25%；得分在30～40分的评估对象有14家，占比为29.17%；得分在30分以下的评估对象有14家，占比为29.17%。网站信息公开总体得分排在前10的市为：贵州铜仁、江苏淮安、四川达州、安徽马鞍山、广东河源、贵州黔东南苗族侗族自治州、浙江湖州、山西阳泉、河北邢台、内蒙古巴彦淖尔（见表2）。

（一）公开平台建设规范化、体系化

48家评估对象都建立了纪检监察机关官方信息公开平台——纪检监察网站，并且在内容上都比较规范，各个模块形式多样、功能齐全。在“公开平台”评估指标中，各评估对象的分值都比较高，90分及以上的有10家，占比20.83%，80分及以上的有20家，占比41.67%，排名前列的为江苏淮安、贵州黔东南苗族侗族自治州，该项平均分69.27，是所有评估项目最高平均分。有40家网站内置搜索功能，占比83.33%，群众可以方便快捷查找想要的信息。评估中发现，大多数评估对象都建立了新闻头条、县区动态、信息公开、通报曝光、党风政风、纪律审查、队伍建设等板块，形成

表 2　8 月地级市纪检监察工作信息公开评估结果

单位：分

排名	地级市	公开平台（10%）	组织结构（10%）	部门收支（15%）	制度规定（12%）	工作报告（12%）	通报曝光（15%）	巡视整改（10%）	社会参与（16%）	总分（满分100分）
1	铜仁	90	55	100	50	60.63	67	50	67	68.55
2	淮安	95	35	43.75	0	100	67	33	67	55.63
3	达州	80	45	37.5	50	91.5	67	33.5	34	53.95
4	马鞍山	65	40	43.75	50	100	67	17	34	52.25
5	河源	90	40	43.75	0	100	67	50	34	52.05
6	黔东南苗族侗族自治州	95	70	43.75	50	0	67	50	34	49.55
7	湖州	55	35	0	50	100	67	50	34	47.49
8	阳泉	85	47.5	43.75	45.05	0	67	58.5	34	46.56
9	邢台	60	35	43.75	50	67	47.2	33.5	34	45.97
10	巴彦淖尔	90	50	43.75	50	0	50	33.5	50.5	45.49
11	北海	90	40	43.75	50	0	67	33.5	34	44.40
12	吴忠	60	35	0	50	100	67	50	11.56	44.40
13	滨州	60	40	43.75	50	0	67	50	34	43.05
14	哈密	85	25	0	50	0	67	50	67	42.77
15	襄阳	90	40	43.75	50	0	67	17	34	42.75
16	开封	90	55	43.75	50	0	67	17	22.78	42.46
17	安康	70	55	43.75	50	0	67	16.5	34	42.20
18	漳州	50	35	43.75	50	0	67	50	34	41.55
19	大同	35	45	43.75	50	0	67	0	67	41.33
20	淮南	75	40	43.75	50	0	36.8	50	34	40.02
21	莆田	65	40	43.75	50	0	67	50	11.56	39.96
22	娄底	65	40	0	67	0	67	50	34	39.03
23	四平	85	20	0	28.55	0	67	50	61.06	38.75
24	邯郸	80	20	12.5	50	0	67	50	34	38.37
25	咸阳	70	40	0	50	0	67	17	55.78	37.67
26	河池	90	25	0	33.50	0	53.8	50	50.5	36.67
27	汕尾	60	30	43.75	50	0	47.2	25	34	36.58
28	乌兰察布	70	10	0	50	0	58.5	50	50.5	35.86
29	山南	60	20	0	50	0	67	50	34	34.49
30	连云港	90	0	0	17	0	67	50	50.5	34.17
31	金华	85	25	0	50	0	67	50	11.56	33.90

续表

排名	地级市	公开平台（10%）	组织结构（10%）	部门收支（15%）	制度规定（12%）	工作报告（12%）	通报曝光（15%）	巡视整改（10%）	社会参与（16%）	总分（满分100分）
32	平凉	85	20	0	50	0	67	17	34	33.69
33	威海	30	25	0	50	0	67	50	28.06	31.04
34	荆门	80	25	0	0	0	67	58.5	28.06	30.89
35	湘潭	65	25	0	0	0	67	50	34	29.49
36	通化	85	20	0	50	0	67	0	11.56	28.40
37	眉山	60	20	0	50	0	47.2	17	34	28.22
38	伊犁哈萨克自治州	60	0	0	21.95	0	67	50	28.06	28.17
39	牡丹江	65	15	0	50	0	34	33.5	34	27.89
40	鸡西	35	25	0	50	0	67	0	34	27.49
41	固原	30	0	0	100	0	47.2	33.5	11.56	27.28
42	安阳	85	15	0	0	0	67	17	34	27.19
43	临夏回族自治州	60	0	0	50	0	50	17	28.06	25.69
44	上饶	55	20	0	17	0	67	0	34	25.03
45	景德镇	35	5	0	17	0	67	17	34	23.23
46	阜新	60	0	0	50	0	67	0	0	22.05
47	阿里地区	60	20	0	50	0	0	0	22.44	17.59
48	抚顺	45	0	0	0	0	50	17	22.4	17.29
49	儋州	0	0	0	0	0	0	0	11.56	1.85
50	果洛藏族自治州	0	0	0	0	0	0	0	0	0
51	海西蒙古族藏族自治州	0	0	0	0	0	0	0	0	0
52	红河哈尼族	0	0	0	0	0	0	0	0	0
53	曲靖	0	0	0	0	0	0	0	0	0
54	三沙	0	0	0	0	0	0	0	0	0

说明：得分相同时按照地名拼音顺序排列。

资料来源：课题组自制。

了纪检监察业务信息公开的体系，这一点与中央纪委国家监委网站保持了一致。除此之外，部分评估对象还对网站的建设板块进行了创新，如达州市纪检监察网站设置了“阳光问廉”“廉洁细胞”，安康市纪检监察网站设置了“在线学习”板块，湖州市纪检监察网站设置了“不忘初心　牢记使命”板块等。

（二）重点领域信息公开充分、覆盖广泛

在众多评估指标中，部门收支和通报曝光两项指标是纪检监察信息公开的重点。在部门收支中，部门预算公开是其中的重要内容和本质要求，对于提高纪检监察机关工作透明度，加强权威建设，具有重要意义。评估发现，有23家纪检监察机关公开了部门预算，占比47.92%，并且大多公开比较充分且便于查找，其中，贵州铜仁市得分最高，公开全面彻底。通报曝光这个项目的平均分是65.5分，有46家评估对象开设了本项目，占比达到95.83%。

（三）制度政策解读公开力度不断加大

各级纪检监察机关应公开涉及纪律方面的法令、条例、规则、章程等法定文件，各网站开设制度专栏是公开制度规定的重要方式。评估结果显示，有42家评估对象开设了制度公开专栏，其中大多数是以单独列出“政策法规”栏目的形式公开，少数则以网络链接的形式对接中央纪委国家监委网站的“政策法规”栏目。

（四）巡视巡察信息公开持续推进

巡视巡察监督是坚持和加强党的领导、全面从严治党、巩固党的执政地位的重大制度安排。自巡视巡察监督制度建设以来，从中央到省到地方开展了多轮巡视巡察，这些巡视巡察信息公开是全面建立巡视巡察制度的题中应有之义。评估发现，大部分对象设置了巡视巡察专栏，对巡视巡察开展情况、反馈情况、整改情况及时公开。

（五）工作报告公开成为亮点

工作报告项目的得分情况较2019年度评估结果有了很大提升，一共有5家评估对象获得满分，分别是江苏淮安市、安徽马鞍山市、广东河源市、浙江湖州市、宁夏吴忠市，说明当前各级纪检监察单位越来越重视工作报告的公开，敢于接受群众的监督。

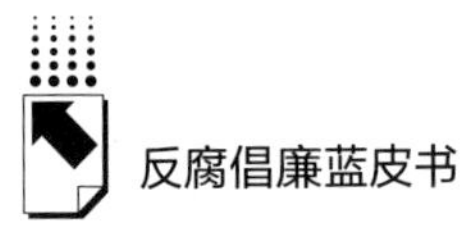

纪检监察网站是地方纪检监察机关与人民群众沟通的桥梁，可以让群众了解党风廉政建设和反腐败工作的新思路、新进展、新成效。虽然此次评估随机抽取的54家地级市评估对象中，有48家评估对象建立了相应的纪检监察网站，占比达到了抽样总数的88.9%，但是各评估对象的网站建设质量却参差不齐，这主要是各地对纪检监察网站的建设要求不一致造成的。综合来看，地级市的纪检监察网站信息公开工作已经初具规范，但还存在一些问题，主要表现在以下几个方面。

第一，部门收支信息公开不到位。纪检监察部门收支的公开可以倒逼各级纪检监察机关规范其收支行为，强化预算约束，保障群众知情权。但在48家开设了纪检监察网站的评估对象中，只有铜仁市纪检监察网站及时公开了该市2019年度部门决算。

第二，政策法规大多公开但不全面。本次评估中，有42家评估对象开设了法律法规模块，占比87.5%，表明绝大多数纪检监察机关都认识到了公开政策法规的重要性，并且进行了相应的公开。但是，本地纪检监察工作制度的公开没有受到重视，只有2家纪检监察机关公开了本地纪检监察工作制度，占比仅由4.2%。

第三，工作报告公开不足。工作报告是对各级纪检监察工作全年工作最精准的总结，报告中的数据即成绩，应该公开以便群众进行监督。评估中发现，只有9家评估对象公开了2019年度的纪检监察工作报告并做到全文公开，在此项评估指标中丢分的评估对象大多是因为仅公开会议报道或者会议决议，而没有公开工作报告全文，或者是公开不及时。

第四，处分决定书都未公开。去神秘化、增透明度，是制度自信的表现，也是反腐决心的宣示。在各种纪检监察信息中，处分决定书的公开具有重大意义，由此可以将公职人员尤其是领导干部诚信与社会诚信体系链接，增强社会诚信体系的联合惩戒功能。纪律处分决定公开不仅可以减少纪检监察监督的神秘感，还可以大大提振公众满意度和参与感。但是，与上年的地级市纪检监察信息公开评估结果一样，本次评估中，依然没有任何一家评估对象公开处分决定书全文。

第五，线上互动有待加强。网站的信息公开是公众了解纪检监察机关行为的直接途径之一，也是公众监督各级纪检监察机关的重要手段和依据。纪检监察网站开设留言板块，及时与群众互动，有利于消除群众心中的疑惑，也有利于各级纪检监察机关及时掌握群众关切，实时调整工作焦点。但是本次评估发现，在 54 家评估对象中，只有 2 家评估对象开设了公众留言板，没有一家评估对象对公众留言进行公开或者回复，没有主动与网民互动。

三 2020年12月评估结果及对比分析

在 2020 年 12 月的评估中，项目组未查找到海南省三沙市的纪检监察信息公开网站，也未查找到海南省儋州市的纪检监察信息公开网站，仅查找到儋州市监督举报网站，因此三沙市的得分为 0 分，儋州市得分仅为 1.85 分。

评估发现，相较于 8 月评估结果，本次评估中绝大多数评估对象得分都有了较大的提升，表明各评估对象的信息公开平台建设更加规范和完善。评估数据显示，本次评估总分在 60 分以上的评估对象有 15 家，占比 27.78%，分别是贵州铜仁市、贵州黔东南苗族侗族自治州、四川达州市、江西景德镇市、安徽马鞍山市、江苏淮安市、河北邢台市、云南曲靖市、宁夏吴忠市、甘肃平凉市、湖北襄阳市、临夏回族自治州、福建漳州市、辽宁阜新市、广东汕尾市，而 8 月评估中得分 60 分以上的评估对象只有 1 家。除此之外，本次评估中得分在 50 ~ 60 分的评估对象有 22 家，占比 40.74%；得分在 40 ~ 50 分的有 10 家，占比 18.52%；得分在 30 ~ 40 分的有 2 家，占比 3.7%；得分在 30 分以下的有 5 家，占比 9.26%（见表 3）。

（一）总评估得分提升幅度较大

54 家评估对象中，有 52 家都建立了纪检监察机关官方信息公开平台——纪检监察网站，各网站在内容设置方面表现出向中央纪委国家监委网站看齐

表 3　12 月地级市纪检监察工作信息公开评估结果

单位：分

排名	地级市	公开平台（10%）	组织结构（10%）	部门收支（15%）	制度规定（12%）	工作报告（12%）	通报曝光（15%）	巡视整改（10%）	社会参与（16%）	总分（满分100分）
1	铜仁	90	70	87.5	75	60.63	67	33.5	67	69.52
2	黔东南苗族侗族自治州	95	85	81.25	50	62.75	78.22	75	34	68.39
3	达州	90	55	43.75	100	95.75	78.22	50	34	66.73
4	景德镇	65	50	56.25	100	95.75	78.22	58.5	34	66.45
5	马鞍山	65	45	68.75	100	100	78.22	33.5	34	65.84
6	淮安	95	35	56.25	0	100	67	100	67	64.21
7	邢台	60	40	56.25	100	67	67	100	34	63.97
8	曲靖	85	60	75	100	62.75	78.22	50	11.56	63.86
9	吴忠	95	75	68.75	50	67	78.22	50	34	63.53
10	平凉	85	55	56.25	50	62.75	78.22	100	34	63.14
11	襄阳	90	55	68.75	75	67	78.22	33.5	34	62.38
12	临夏回族自治州	65	70	68.75	100	67	78.22	17	28.06	61.78
13	漳州	80	65	56.25	75	62.75	78.22	50	34	61.64
14	阜新	60	50	56.25	50	100	67	83.5	33	61.12
15	汕尾	80	30	56.25	50	100	78.22	58.5	34	60.46
16	哈密	80	70	43.75	50	62.75	78.22	50	50.5	59.91
17	安阳	85	55	56.25	50	67	78.22	58.5	34	59.50
18	湖州	55	60	62.5	50	100	67	50	34	59.37
19	上饶	85	60	50	50	67	78.22	58.5	34	59.06
20	滨州	60	40	56.25	50	100	78.22	50	34	58.61
21	娄底	65	70	59.38	42	62.75	78.22	58.5	34	58.00
22	邯郸	80	47.5	56.25	50	58.5	67	75	34	57.20
23	威海	30	45	56.25	50	100	78.22	67	28.06	56.86
24	湘潭	85	70	56.25	0	67	78.22	75	34	56.65
25	北海	90	45	56.25	50	67	78.22	33.5	34	56.50
26	金华	85	45	56.25	50	100	67	50	11.56	56.34
27	伊犁哈萨克自治州	60	70	56.25	67	67	78.22	50	11.56	56.10
28	莆田	85	70	56.25	50	62.75	78.22	50	11.56	56.05
29	河源	90	40	56.25	0	100	78.22	50	34	55.61
30	荆门	80	45	56.25	0	100	78.22	58.5	28.06	55.01

续表

排名	地级市	公开平台（10%）	组织结构（10%）	部门收支（15%）	制度规定（12%）	工作报告（12%）	通报曝光（15%）	巡视整改（10%）	社会参与（16%）	总分（满分100分）
31	乌兰察布	85	40	43. 75	50	67	58. 5	50	50. 5	54. 96
32	开封	90	70	56. 25	50	41. 5	78. 22	17	22. 78	52. 50
33	牡丹江	85	35	56. 25	50	62. 75	67	33. 5	34	52. 81
34	安康	70	55	56. 25	50	67	67	16. 5	34	52. 12
35	连云港	90	45	62. 5	17	29. 75	67	50	50. 5	51. 61
36	四平	85	20	0	28. 55	100	67	50	61. 06	50. 75
37	阳泉	85	47. 5	56. 25	45. 05	0	67	75	34	50. 08
38	巴彦淖尔	90	50	68. 75	50	0	50	33. 5	50. 5	49. 24
39	固原	90	20	0	50	67	78. 22	50	39. 28	48. 06
40	咸阳	85	40	43. 5	50	0	78. 22	17	55. 78	47. 42
41	淮南	75	45	56. 25	50	0	67	50	34	46. 93
42	眉山	60	55	56. 25	50	0	78. 22	33. 5	34	46. 46
43	红河哈尼族自治州	80	25	0	50	62. 75	78. 22	50	34	46. 20
44	山南	60	65	56. 25	50	0	78. 22	17	34	45. 81
45	大同	35	45	56. 25	50	6. 38	67	17	67	45. 67
46	河池	90	25	0	17	67	67	50	50. 5	44. 71
47	鸡西	35	25	0	50	67	67	50	34	40. 53
48	通化	85	20	0	50	67	67	0	11. 56	36. 44
49	海西蒙古族藏族自治州	70	20	0	50	0	78. 22	17	34	33. 87
50	阿里地区	60	20	0	50	62. 75	0	0	34	26. 97
51	果洛藏族自治州	45	30	0	0	67	58. 42	0	0	24. 30
52	抚顺	65	20	0	0	0	50	17	22. 44	21. 29
53	儋州	0	0	0	0	0	0	0	11. 56	1. 85
54	三沙	0	0	0	0	0	0	0	0	0. 00

说明：得分相同时按照地名拼音顺序排列。

资料来源：课题组自制。

的趋势，大多设置了新闻要闻、党纪法规、监督举报、审查调查、巡视巡察、党风政风、组织建设、县区动态等子板块，且各子板块内容及时更新。数据显示，本次评估的总平均分为51. 75分，比8月评估平均分33. 34分增长了 55.22%，比 2018 年的平均得分 43.69 分增长了 18.45%，比 2019 年平均得分 36.02 分增长了 43.67%。这说明，当前市级纪检监察机关网站建设更加规范标准，具有体系化、制度化、系统化的特点。

（二）子板块评估得分整体上涨

本次评估中，各子板块评估的平均得分较 8 月也都得到了提升。其中，部门收支板块和工作报告板块 2 项得分强势上涨，部门收支板块平均得分为 45.54 分，较 8 月增长 175.15%；而工作报告板块平均得分为 59.03 分，较 8 月上升 343.28%。这说明，当前市级纪检监察机关网站意识到了财务收支公开和工作报告公开的重要性。其余各子板块的平均得分情况为：公开平台板块平均得分为 72.78 分，较 8 月增长 18.20%；组织结构板块平均得分为 46.11 分，较 8 月增长 82.08%；制度规定板块平均得分为 47.99 分，较 8 月增长 29.77%；通报曝光板块平均得分为 68.57 分，较 8 月增长 26.20%；巡视整改板块平均得分为 44.84 分，较 8 月增长 50.17%；社会参与板块平均得分为 33.84 分，较 8 月增长 8.38%。

（三）九成以上评估对象得分进步

评估结果显示，本次评估的 54 家评估对象中，除了海南省儋州市、海南省三沙市 2 家评估对象的得分没有变动之外，其余 52 家评估对象得分均高于该评估对象在 8 月评估中的得分，占比 96.30%。

（四）原排名靠后对象提升更加明显

以 8 月评估排名结果为标准，以 10 名为单位，对比发现，原排名越靠后的评估对象，在本次评估中得分上升更加明显。原第 1～10 名总得分增长 19.14%，原第 11～20 名总得分增长 31.57%，原第 21～30 名总得分增长 41.92%，原第 31～40 名总得分增长 68.11%，原第 41～49 名总得分增长 101.24%（原第 50～54 名 8 月评估无得分）。

综合来看，12 月评估的结果整体进步明显，不管是各评估对象的评估

结果还是各子板块的评估数据，都实现了正增长，充分说明 2020 年地级市纪检监察机关网站信息公开工作越来越完善，取得了实际成效。但仍然应该注意到，12 月评估的平均分还不高，只有 51.75 分，仍然没有及格，说明当前地级市纪检监察机关网站信息公开还有很大提升空间，仍然存在一些问题，具体表现在以下四个方面。

一是不注重与群众互动。本次评估的各子板块中，平均得分最少的板块是社会参与，仅为 33.84 分，其中有 13 家评估对象社会参与板块得分低于 30 分，有 8 家评估对象社会参与板块得分低于 20 分。社会参与板块得分 60 分以上的仅有 4 家，占比仅 7.41%，表明当前地级市纪检监察机关网站不重视与群众互动。

二是公开上级巡视信息的网站较少。巡视巡察板块平均得分 44.84 分，在所有板块中倒数第 2，不公开上级巡视信息几乎是当前地级市纪检监察网站的通病。分析三级指标得分情况发现，在所有的评估对象中，有 40 家评估对象公开了“本级巡视巡察工作报告或发现的问题”，却仅有 16 家评估对象公开了“上级巡视反馈问题”。而在这 16 家公开了“上级巡视反馈问题”的评估对象中，仅有 6 家评估对象公开了“上级巡视后整改情况”。

三是没有网站公开处分决定。与往年地级市纪检监察机关信息公开评估的结果一样，本次评估中，依然没有任何 1 家评估对象公开处分决定全文。这说明，当前地级市纪检监察机关网站信息公开工作依然任重道远，与已经做到“裁判文书全文公开”的司法信息公开系统差距较大。

四是不及时公开工作报告。在与 2018 年、2019 年、2020 年 8 月评估结果的比较中，工作报告子板块是所有子板块里提升最大的，其平均分比 2018 年提升了 1861.13%，比 2019 年提升了 1217.63%，但这与该板块原始得分过低有很大关系。12 月评估中，工作报告板块得分为 0 分的评估对象只有 10 家，占比仅为 18.52%。分析“三级指标得分”情况可以看到，在 43 家公开了工作报告的评估对象中，有 15 家评估对象公开不及时，工作报告在年度工作会议召开一个月后才公开。

四　项目组的建议

对于评估中发现的上述问题，为进一步推进地级市纪检监察机关网站信息公开工作，项目组提出下列建议。

一是要加强信息公开的时效性。信息公开的时间是信息实效性的重要影响因素，群众及时收到相关信息，是信息公开发挥作用的基本前提。当前地级市纪检监察机关网站的信息公开建设实践中问题比较突出的是信息发布不够及时，缺少制度约束，尤其表现在财政预算决算、工作报告、巡视巡察公开等方面。有必要为纪检监察机关网站信息公开工作制定统一的规范标准，统一规定信息公开的时限要求，用公开的及时性提升信息公开的质量。同时，各地级市纪检监察机关应当严格遵守规范规定，按要求及时将信息予以公开，及时接受群众监督。

二是要提升信息公开的全面性。监督具有覆盖范围广泛、覆盖领域全面的特点，“党中央决策部署到哪里，监督执纪问责就跟进到哪里”是对各级纪检监察机关工作的要求。网站作为纪检监察的窗口，应该要全面反映监督执纪问责的情况，不仅要做到公开的领域全面，还要做到公开的内容全面；不仅要公开长期监督中的“常规”信息，还要公开日常监督中的“特色”信息。除了将审查调查、巡视巡察、动态新闻、党风政风、组织建设、通报曝光等领域信息公开以外，还应该广泛采取诸如“阳光问廉”“乡镇纪委在行动”“纪委喊你来领钱”“纪检组长有话说”“纪检监察干部队伍建设年”等群众喜闻乐见的鲜活方式公开监督中的非常事项、精彩专题、特色亮点。

三是要重视重点领域、重点信息公开。纪检监察机关网站重点公开信息包括通报曝光、处分决定、工作报告、财务开支等内容。党的十八大以来，地级市纪检监察机关网站大多设置了通报曝光板块，公开了审查调查的部分重大案件、违反“中央八项规定精神”、违反“扶贫领域”干部作风等方面的信息，产生了强烈的震慑效果，但有的地级市纪检监察网站就轻避重，存在选择性公开的问题。处分决定、工作报告、预算决算等方面

信息的公开力度不够，要么没有设置相应的公开板块，要么设置了但不及时公开，使得重点领域、重点信息的公开效果大打折扣。地级市纪检监察机关应提高认识，及时更新网站信息内容，重视重点领域、重点信息的公开，将通报曝光、处分决定、工作报告、财务开支等群众关注的重点信息放在显要位置着重公开。

四是要提高群众互动在信息公开中的比重。地级市纪检监察机关网站信息公开的功能在于帮助群众及时了解国家反腐动态，强化社会监督，促使纪检监察机关规范监督、依法用权。地级市纪检监察机关网站的信息不是“公开了事”，而是“公开成事”，应注重公开后的效果，特别是与群众互动的效果。评估发现，“不注重群众互动”是地级市纪检监察机关网站信息公开中普遍存在的问题。不公开网站浏览和点击数，不设置群众留言功能，便无法及时掌握信息公开后的效果，更无法及时回应群众关切。因此，地级市纪检监察机关网站应加强群众互动，设置群众留言功能，及时收集群众的呼声、意见和建议，提升广大人民群众反腐倡廉的参与感、积极性和满意度，让地级市纪检监察机关网站成为纪检监察监督和群众监督的“桥梁纽带”。

B.7

县级纪检监察机关信息公开评估报告

中国社会科学院社会学所“党和国家监督体系绩效测评研究”创新工程项目组*

摘　要：　项目组通过随机抽样，确定27个省、自治区的108个县级纪委监委作为评估对象，于2020年9月和12月，分两次对公开透明度进行了评估。评估发现，县级纪委监委信息公开逐渐成为共识，信息公开内容比较丰富，宣传教育功能有所加强，对地方特色亮点进行展示，智慧纪检开始得到运用。但也存在一些问题，县级纪委监委网站建设有被弱化的风险，信息公开仍不全面、不充分，与群众网上互动渠道不够，网站地方特色不足。项目组建议提高政治站位，继续做实信息公开工作；坚持以人民为中心，主动接受群众监督；聚焦主责主业，提高信息公开的针对性；突出地方特色，打造丰富多彩的公开渠道；拓展网站功能，促进纪检监察工作高质量发展。

关键词：　纪检监察　信息公开　县级评估

一　评估对象和资料来源

本次县级纪检监察机关信息公开评估抽样，在排除2018年和2019年已评估对象的基础上，按照随机抽样方法进行。个别地方样本量过低，随机抽

---

* 项目负责人：蒋来用。项目组成员：蒋来用、孙大伟、周兴君、于琴、任涛、朱克江、胡爽、许天翔、何圣国、张缯昕。

取了以前已评估对象来补充样本数。项目组在 27 个省、自治区各抽取 4 个县级纪检监察，共抽取评估对象 108 个。评估信息主要来源于被抽取的评估对象的互联网网站（见表 1），举报网站数据同时采集了 12388 举报网站相关信息。

表 1　2020 年 9 月采集县级纪检监察网站域名等信息统计

序号	评估对象			纪检监察机关网站域名及微信公众号建设情况
	所在省份	所在市级名	县级名	
1	河北省	沧州市	新华区	未搜索到网站,有微信公众号
2		保定市	高碑店市	未搜索到网站,有微信公众号
3		石家庄市	藁城市	未搜索到网站和微信公众号
4		张家口市	康保县	未搜索到网站和微信公众号
5	山西省	临汾市	尧都区	未搜索到网站,有微信公众号
6		运城市	河津市	未搜索到网站,有微信公众号
7		晋中市	介休市	未搜索到网站和微信公众号
8		晋城市	阳城县	未搜索到网站和微信公众号
9	内蒙古自治区	赤峰市	红山区	http://hsq. cf. nmgjjjc. gov. cn
10		锡林郭勒盟	二连浩特市	http://elht. nmgjjjc. gov. cn
11		阿拉善盟	阿拉善右旗	http://alsyq. alsm. nmgjjjc. gov. cn
12		呼和浩特市	赛罕区	http://shq. hhht. nmgjjjc. gov. cn
13	辽宁省	盘锦市	大洼区	未搜索到网站,有微信公众号
14		鞍山市	海城市	未搜索到网站,有微信公众号
15		朝阳市	建平县	未搜索到网站和微信公众号
16		辽阳市	文圣区	未搜索到网站,有微信公众号
17	吉林省	白山市	长白朝鲜族自治县	http://www. cbjjw. com
18		白城市	大安市	未搜索到网站和微信公众号
19		吉林市	舒兰市	http://www. ccdijl - jlsl. gov. cn
20		辽源市	东辽县	未搜索到网站,有微信公众号
21	黑龙江省	齐齐哈尔市	梅里斯达斡尔族区	未搜索到网站和微信公众号
22		鹤岗市	兴山区	未搜索到网站,有微信公众号
23		黑河市	逊克县	未搜索到网站和微信公众号
24		绥化市	明水县	未搜索到网站和微信公众号
25	江苏省	南通市	如皋市	http://www. cpcrugao. cn/gaoku/
26		苏州市	昆山市	http://www. ksjj. gov. cn
27		宿迁市	泗阳县	未搜索到网站,有微信公众号
28		盐城市	亭湖区	http://www. ycthlzw. gov. cn

续表

序号	评估对象			纪检监察机关网站域名及微信公众号建设情况
	所在省份	所在市级名	县级名	
29	浙江省	台州市	临海市	http://www.lhjw.gov.cn
30		丽水市	松阳县	http://www.songyang.gov.cn/zwgk_42546/bmzc/sylzw/
31		杭州市	桐庐县	http://www.tonglu.gov.cn/col/col1599106/index.html
32		绍兴市	诸暨市	http://www.zhuji.gov.cn/col/col1378563/index.html
33	安徽省	宣城市	广德市	http://www.gdjjjc.gov.cn
34		黄山市	黟县	http://yx.hsjjjc.gov.cn
35		芜湖市	鸠江区	http://jjq.whjjw.gov.cn
36		滁州市	明光市	http://www.mgjw.gov.cn
37	福建省	泉州市	晋江市	http://www.jjcdi.gov.cn
38		三明市	明溪县	http://www.mxcdi.gov.cn
39		南平市	建阳区	未搜索到网站和微信公众号
40		龙岩市	连城县	未搜索到网站,有微信公众号
41	江西省	九江市	湖口县	http://hklz.gov.cn
42		抚州市	东乡区	未搜索到网站,有微信公众号
43		吉安市	安福县	未搜索到网站,有微信公众号
44		萍乡市	安源区	http://www.ayqf.gov.cn
45	山东省	潍坊市	寒亭区	未搜索到网站,有微信公众号
46		聊城市	高唐县	http://www.gtjj.gov.cn
47		烟台市	龙口市	未搜索到网站,有微信公众号
48		济南市	历城区	http://jiwei.licheng.gov.cn
49	河南省	周口市	沈丘县	未搜索到网站,有微信公众号
50		驻马店市	汝南县	未搜索到网站,有微信公众号
51		三门峡市	湖滨区	未搜索到网站,有微信公众号
52		洛阳市	栾川县	http://jjw.luanchuan.gov.cn
53	湖北省	十堰市	郧西县	未搜索到网站,有微信公众号
54		随州市	随县	未搜索到网站,有微信公众号
55		宜昌市	五峰土家族自治县	未搜索到网站和微信公众号
56		襄阳市	襄州区	http://www.xzqjw.gov.cn
57	湖南省	邵阳市	城步苗族自治县	http://www.cbjw.gov.cn
58		张家界市	永定区	未搜索到网站和微信公众号
59		益阳市	资阳区	未搜索到网站,有微信公众号
60		怀化市	中方县	未搜索到网站,有微信公众号

续表

序号	评估对象			纪检监察机关网站域名及微信公众号建设情况
	所在省份	所在市级名	县级名	
61	广东省	江门市	开平市	http://jiwei.cnkaiping.cn
62		肇庆市	高要区	http://gylz.gaoyao.gov.cn
63		广州市	海珠区	未搜索到网站,有微信公众号
64		珠海市	香洲区	未搜索到网站,有微信公众号
65	广西壮族自治区	桂林市	灵川县	http://lingchuan.qlgl.gov.cn
66		梧州市	苍梧县	未搜索到网站,有微信公众号
67		柳州市	柳南区	https://www.liunan.gov.cn/lnqjw
68		防城港市	防城区	http://www.fcqjjjcw.com
69	海南省	省直辖	保亭黎族苗族自治县	未搜索到网站,有微信公众号
70		省直辖	陵水彝族自治县	未搜索到网站,有微信公众号
71		省直辖	定安县	未搜索到网站,有微信公众号
72		省直辖	澄迈县	未搜索到网站,有微信公众号
73	四川省	成都市	青白江区	http://qingbaijiang.ljcd.gov.cn
74		绵阳市	北川羌族自治县	http://www.beichuan.gov.cn/ztzl/zxzt/ljbc/index.html
75		乐山市	井研县	http://www.jlh.gov.cn/lm/0morexqx/qx_142.html
76		南充市	营山县	http://www.ysxjwjcj.gov.cn
77	贵州省	黔西南布依族苗族自治州	贞丰县	http://www.zfyglz.gov.cn/zfms/web/index.jsp
78		六盘水市	钟山区	http://main.gzzs.gov.cn/zsqqfzs
79		安顺市	关岭布依族苗族自治县	未搜索到网站和微信公众号
80		黔南布依族苗族自治州	长顺县	http://www.csxjwjcj.gov.cn/index.html
81	云南省	普洱市	景谷傣族彝族自治县	未搜索到网站,有微信公众号
82		文山壮族苗族自治州	砚山县	未搜索到网站,有微信公众号
83		昆明市	石林彝族自治县	未搜索到网站,有微信公众号
84		曲靖市	罗平县	未搜索到网站,有微信公众号
85	西藏自治区	日喀则市	谢通门县	未搜索到网站和微信公众号
86		昌都市	洛隆县	未搜索到网站,有微信公众号
87		拉萨市	林周县	未搜索到网站,有微信公众号
88		林芝市	米林县	未搜索到网站和微信公众号

续表

序号	评估对象			纪检监察机关网站域名及微信公众号建设情况
	所在省份	所在市级名	县级名	
89	陕西省	延安市	洛川县	未搜索到网站,有微信公众号
90		宝鸡市	麟游县	http://linyou. qinfeng. gov. cn
91		商洛市	镇安县	http://zhenan. qinfeng. gov. cn
92		渭南市	华州区	http://huazhou. qinfeng. gov. cn
93	甘肃省	陇南市	文县	未搜索到网站,有微信公众号
94		白银市	平川区	http://www. bypc. gov. cn/news_list. rt? channlId =2749
95		庆阳市	庆城县	http://www. qclz. gov. cn
96		天水市	张家川回族自治县	未搜索到网站,有微信公众号
97	青海省	西宁市	城北区	未搜索到网站和微信公众号
98		黄南藏族自治州	泽库县	未搜索到网站,有微信公众号
99		海东市	循化撒拉族自治县	未搜索到网站,有微信公众号
100		玉树藏族自治州	玉树市	http://www. qhjc. gov. cn/subsite/index_4266071FC689CEED_5EB518DFEC24CB7D. html
101	宁夏回族自治区	银川市	金凤区	未搜索到网站,有微信公众号
102		石嘴山市	平罗县	http://www. pljjjc. gov. cn
103		中卫市	海原县	未搜索到网站,有微信公众号
104		固原市	泾源县	未搜索到网站,有微信公众号
105	新疆维吾尔自治区	巴音郭楞蒙古自治州	轮台县	未搜索到网站,有微信公众号
106		和田地区	皮山县	未搜索到网站和微信公众号
107		乌鲁木齐市	沙依巴克区	未搜索到网站和微信公众号
108		昌吉回族自治州	昌吉市	未搜索到网站,有微信公众号

资料来源：课题组自制。

2020 年 9 月 6 ~7 日，项目组进行了第一次网站域名采集工作，通过百度引擎进行搜索，对 108 个评估对象本级网站域名进行统一集中采集。对未搜索到域名的，于 2020 年 9 月 21 ~25 日先后 3 次更换其他中文搜索引擎予以搜索，据实以确认。2020 年 12 月 10 ~23 日，项目组第二次进行了网站域名采集，本次采集信息除县本级外，还采集了上一级纪检监察网站公开的信息，对个别县（区、市）还采集了本级政府网站信息。为保证数据的准确性，项目组于 2021 年 2 月对数据进行了复核。

为与省、直辖市、市等信息公开评估标准一致，本次评估不再采集政府信息公开网站预决算数据。公众号搜索均使用微信搜索功能进行搜索（见表2）。

表2　2020年12月采集县级纪检监察信息公开网站域名等信息统计

序号	评估对象			纪检监察机关信息公开网站域名及微信公众号建设情况
	所在省份	所在市级名	县级名	
1	河北省	沧州市	新华区	http://czsxhq. hebcdi. gov. cn/web/czsxhqjw/index. htm
2	河北省	保定市	高碑店市	http://bdsgbds. hebcdi. gov. cn/web/bdsgbdsjw/index/index. htm
3	河北省	石家庄市	藁城区	http://sjzsgcq. hebcdi. gov. cn/web/sjzsgcqjw/index. htm
4	河北省	张家口市	康保县	http://zjkskbx. hebcdi. gov. cn/web/zjkskbxjw/index. htm
5	山西省	临汾市	尧都区	http://www. lfdi. gov. cn/xqdt/yaoduqu/
6	山西省	运城市	河津市	http://xianjiwei. ycsjjw. gov. cn/index. php? a = web &b = hejin&c = index
7	山西省	晋中市	介休市	http://www. jzjjjc. gov. cn/xqdt/jiexiushi/
8	山西省	晋城市	阳城县	http://www. jcmj. gov. cn/xqdt/yangchengxian/
9	内蒙古自治区	赤峰市	红山区	http://hsq. cf. nmgjjjc. gov. cn/
10	内蒙古自治区	锡林郭勒盟	二连浩特市	http://elht. nmgjjjc. gov. cn/
11	内蒙古自治区	阿拉善盟	阿拉善右旗	http://alsyq. alsm. nmgjjjc. gov. cn/
12	内蒙古自治区	呼和浩特市	赛罕区	http://shq. hhht. nmgjjjc. gov. cn/
13	辽宁省	盘锦市	大洼区	http://dwq. pjjjjc. gov. cn/
14	辽宁省	鞍山市	海城市	http://jjjc. anshan. gov. cn/assjljcwyh/xxgk/hcs/glist. html
15	辽宁省	朝阳市	建平县	http://www. cysjjjc. gov. cn/news/NewsColumnList/index/CID/6D551036 - 9395 - 40B8 - AB86 - 63D713704017/PIDX/1/PSIZE/18
16	辽宁省	辽阳市	文圣区	http://lyjjjc. gov. cn/xxgk. aspx
17	吉林省	白山市	长白朝鲜族自治县	http://www. cbjjw. gov. cn/
18	吉林省	白城市	大安市	http://www. ccdijl - bcjw. gov. cn/dasxxgk. jhtml
19	吉林省	吉林市	舒兰市	http://www. ccdijl - jlsl. gov. cn/
20	吉林省	辽源市	东辽县	http://lyjw. jllydj. gov. cn/dlxjwjwxxgk/index. jhtml
21	黑龙江省	齐齐哈尔市	梅里斯达斡尔族区	http://www. qqhrjjjc. gov. cn/news _ subsite/list - 109 - news_meilisi. html

续表

序号	评估对象			纪检监察机关信息公开网站域名及微信公众号建设情况
	所在省份	所在市级名	县级名	
22	黑龙江省	鹤岗市	兴山区	http://jj. xingshan. gov. cn/
23	黑龙江省	黑河市	逊克县	未搜索到网站和微信公众号
24	黑龙江省	绥化市	明水县	http://www. shmsjjjcw. gov. cn/index. php
25	江苏省	南通市	如皋市	http://rglz. cpcrugao. cn/
26	江苏省	苏州市	昆山市	http://www. ksjj. gov. cn/
27	江苏省	宿迁市	泗阳县	http://qlsy. gov. cn/
28	江苏省	盐城市	亭湖区	http://www. ycthlzw. gov. cn/
29	浙江省	台州市	临海市	http://www. lhjw. gov. cn/
30	浙江省	丽水市	松阳县	http://www. songyang. gov. cn/col/col1229364316/index. html
31	浙江省	杭州市	桐庐县	http://www. tonglu. gov. cn/col/col1599106/index. html
32	浙江省	绍兴市	诸暨市	http://www. zhuji. gov. cn/col/col1378563/index. html
33	安徽省	宣城市	广德市	http://www. gdjjjc. gov. cn/index. html
34	安徽省	黄山市	黟县	http://yx. hsjjjc. gov. cn/
35	安徽省	芜湖市	鸠江区	http://www. jjjjjc. gov. cn/
36	安徽省	滁州市	明光市	http://www. mgjw. gov. cn/
37	福建省	泉州市	晋江市	http://www. jjcdi. gov. cn/
38	福建省	三明市	明溪县	http://www. mxcdi. gov. cn/
39	福建省	南平市	建阳区	http://www. npcdi. gov. cn/cms/html/npsjwjcwyh/xxgk/index. html
40	福建省	龙岩市	连城县	http://jw. fjlylc. gov. cn/
41	江西省	九江市	湖口县	http://www. hklz. gov. cn/
42	江西省	抚州市	东乡区	http://jw. jxfzdx. gov. cn/
43	江西省	吉安市	安福县	http://www. jadi. gov. cn/news – list – anhfue xianq. html
44	江西省	萍乡市	安源区	http://www. ayqf. gov. cn/
45	山东省	潍坊市	寒亭区	http://www. wfjw. gov. cn/xxgk/gxsq/htq/
46	山东省	聊城市	高唐县	http://www. gtjj. gov. cn/page87
47	山东省	烟台市	龙口市	http://jiwei. yantai. gov. cn/col/col42079/index. html
48	山东省	济南市	历城区	http://jiwei. licheng. gov. cn/
49	河南省	周口市	沈丘县	http://www. zksjjjc. gov. cn/sitesources/zksjjjcw/page_pc/xsqjw/sqx/xxgk/ldjg/sqxjcwyh/list1. html

续表

序号	评估对象			纪检监察机关信息公开网站域名及微信公众号建设情况
	所在省份	所在市级名	县级名	
50	河南省	驻马店市	汝南县	http://xxgk. zmdsjw. gov. cn/runan/
51	河南省	三门峡市	湖滨区	http://www. smxlz. gov. cn/hubin/
52	河南省	洛阳市	栾川县	http://www. lyjjw. gov. cn/sitesources/lysjwjcw/page_pc/xsqjw/lcx/xxgk/ldjg/zggcdlcxjljcwyh/list1. html
53	湖北省	十堰市	郧西县	http://hbyxjw. shiyan. gov. cn/
54	湖北省	随州市	随县	https://www. szlz. gov. cn/list - 129 - 1. html
55	湖北省	宜昌市	五峰土家族自治县	http://wfjwjc. gov. cn
56	湖北省	襄阳市	襄州区	http://www. xzqjw. gov. cn/
57	湖南省	邵阳市	城步苗族自治县	http://www. cbjw. gov. cn/
58	湖南省	张家界市	永定区	http://www. zjjlz. gov. cn/topic/63995/index. html
59	湖南省	益阳市	资阳区	http://yyjw. yiyang. gov. cn/33683/34247/34325/index. htm
60	湖南省	怀化市	中方县	http://www. huaihualzw. gov. cn/index. php? a = shows&catid = 86&id = 14379
61	广东省	江门市	开平市	http://jiwei. cnkaiping. cn/
62	广东省	肇庆市	高要区	http://gylz. gaoyao. gov. cn/
63	广东省	广州市	海珠区	http://www. haizhu. gov. cn/qjcwyh/index. html
64	广东省	珠海市	香洲区	http://www. zhjj. gov. cn/gqxxgk/xzq/
65	广西壮族自治区	桂林市	灵川县	http://lingchuan. qlgl. gov. cn/
66	广西壮族自治区	梧州市	苍梧县	http://cangwu. wzjjw. gov. cn/index. html
67	广西壮族自治区	柳州市	柳南区	https://www. liunan. gov. cn/lnqjw/
68	广西壮族自治区	防城港市	防城区	http://www. fcqjjjcw. com/index. html
69	海南省	省直辖	保亭黎族苗族自治县	http://www. hncdi. gov. cn/web/hnlzw/xxgk/new_city _ list2. jsp? channelCode = lzw _ navs&orgCode = 000015
70	海南省	省直辖	陵水彝族自治县	http://www. hncdi. gov. cn/web/hnlzw/xxgk/new_city _ list2. jsp? channelCode = lzw _ navs&orgCode = 000013

续表

序号	评估对象			纪检监察机关信息公开网站域名及微信公众号建设情况
	所在省份	所在市级名	县级名	
71	海南省	省直辖	定安县	http://www. hncdi. gov. cn/web/hnlzw/xxgk/new _ city _ list2. jsp? channelCode = lzw _ navs&orgCode = 000011
72	海南省	省直辖	澄迈县	http://chengmai. hainan. gov. cn/chengmai/cmlzw/cmedzt. shtml
73	四川省	成都市	青白江区	http://qingbaijiang. ljcd. gov. cn/
74	四川省	绵阳市	北川羌族自治县	http://www. beichuan. gov. cn/ztzl/zxzt/ljbc/xxgk/index. html
75	四川省	乐山市	井研县	http://jll. gov. cn/lm/more_10/au_142. html
76	四川省	南充市	营山县	http://www. ysxjwjcj. gov. cn/
77	贵州省	黔西南布依族苗族自治州	贞丰县	http://www. zfyglz. gov. cn/zfms/web/index. jsp
78	贵州省	六盘水市	钟山区	http://main. gzzs. gov. cn/zsqqfzs/
79	贵州省	安顺市	关岭布依族苗族自治县	http://www. guanling. gov. cn/ztzl/gldflzjs _ 5740035/index. html
80	贵州省	黔南布依族苗族自治州	长顺县	http://www. csxjwjcj. gov. cn/index. html
81	云南省	普洱市	景谷傣族彝族自治县	http://pejw. pes. gov. cn/html/jgx _ ldjg/content/2020102620007. html
82	云南省	文山壮族苗族自治州	砚山县	http://www. wsjjjc. ynws. gov. cn/wsys
83	云南省	昆明市	石林彝族自治县	http://jw. km. gov. cn/slx/
84	云南省	曲靖市	罗平县	http://lp. qjsjw. gov. cn/
85	西藏自治区	日喀则市	谢通门县	未搜索到网站和微信公众号
86	西藏自治区	昌都市	洛隆县	未搜索到网站，有微信公众号
87	西藏自治区	拉萨市	林周县	未搜索到网站，有微信公众号
88	西藏自治区	林芝市	米林县	http://lz. xzjjw. gov. cn/xxgk. jhtml
89	陕西省	延安市	洛川县	http://luochuan. qinfeng. gov. cn/
90	陕西省	宝鸡市	麟游县	http://linyou. qinfeng. gov. cn/
91	陕西省	商洛市	镇安县	http://zhenan. qinfeng. gov. cn/

续表

序号	评估对象			纪检监察机关信息公开网站域名及微信公众号建设情况
	所在省份	所在市级名	县级名	
92	陕西省	渭南市	华州区	http://huazhou. qinfeng. gov. cn/
93	甘肃省	陇南市	文县	http://www. lnsjw. gov. cn/wxjw/
94	甘肃省	白银市	平川区	http://www. bysjw. gov. cn/jjyw/gzdt/pcq/
95	甘肃省	庆阳市	庆城县	http://www. qclz. gov. cn/
96	甘肃省	天水市	张家川回族自治县	http://zjcjjjc. gov. cn/
97	青海省	西宁市	城北区	https://www. xnsjw. gov. cn/index - org. html? orgNo = 631010104
98	青海省	黄南藏族自治州	泽库县	http://www. qhjc. gov. cn/subsite/index_4266071FC689CEED_4B3850F9EC855EA8. html
99	青海省	海东市	循化撒拉族自治县	http://www. qh. xinhuanet. com/xhjcgov/
100	青海省	玉树藏族自治州	玉树市	http://www. qhjc. gov. cn/subsite/index_4266071FC689CEED_5EB518DFEC24CB7D. html
101	宁夏回族自治区	银川市	金凤区	http://jjjc. yinchuan. gov. cn/xqxxgk/jfq/ldjg_43413/202010/t20201030_2273041. html
102	宁夏回族自治区	石嘴山市	平罗县	http://www. pljjjc. gov. cn/
103	宁夏回族自治区	中卫市	海原县	http://www. nxzwjwjcj. gov. cn/zwjwxxgk/zwjwhyx/
104	宁夏回族自治区	固原市	泾源县	http://www. jyxjjjc. gov. cn/
105	新疆维吾尔自治区	巴音郭楞蒙古自治州	轮台县	https://www. bazhoujw. gov. cn/a/xxgk/xshjw/luntaixian/
106	新疆维吾尔自治区	和田地区	皮山县	http://www. htlz. gov. cn/pisx73/index. jhtml
107	新疆维吾尔自治区	乌鲁木齐市	沙依巴克区	http://www. wlmqjw. gov. cn/index. php? m = content&c = index&a = lists&catid = 51
108	新疆维吾尔自治区	昌吉回族自治州	昌吉市	http://jw. cj. cn/info/iList. jsp? cat_id = 12618

资料来源：课题组自制。

二 2020年9月评估结果概况

为保障评估结果的及时性和公正性，项目组于2020年9月22～24日进行依次打分评估，采集固定时间段产生的数据，确定统一的定量评分标准，按照评估指标权重，逐项进行量化评分。2020年9月25～27日，对评估结果进行了校核。

经评估，108个县级纪检监察机关信息公开得分总和为2403.79分，平均分为22.26分。其中，41个单位得分高于平均分，未搜索到63个单位的网站。评估得分最高的是安徽省明光市纪检监察，得分为76.15分。总分在70分以上的有安徽省明光市和广德市纪检监察，湖北省襄阳市襄州区纪检监察、宁夏回族自治区平罗县纪检监察，共4个，占3.70%。60（含）～70（不含）分的有10个，占9.26%，其所在地分别是内蒙古自治区赤峰市红山区、广西壮族自治区防城港市防城区、广东省肇庆市高要区、江苏省盐城市亭湖区、内蒙古自治区呼和浩特市赛罕区、安徽省黟县、安徽省芜湖市鸠江区、内蒙古自治区二连浩特市、浙江省临海市、四川省成都市青白江区。50（含）～60（不含）分的有10个，占9.26%；40（含）～50（不含）分的有7个，占6.48%；30（含）～40（不含）分的有8个，占7.41%；20（含）～30（不含）分的有3个，占2.78%；10（含）～20（不含）分的有2个，占1.85%；10（不含）分以下的有64个，占59.26%（见表3）。按省域分布统计，平均分在60分以上的有2个省（自治区），分别是安徽省70.09分、内蒙古自治区63.54分，前6名的还有：浙江省47.86分、广西壮族自治区45.46分、四川省39.73分、广东省32.35分。20（含）～30（不含）分的有9个，10（含）～20（不含）分的有4个。海南省、云南省、辽宁省、河北省、山西省、西藏自治区、新疆维吾尔自治区、黑龙江省8个省（自治区）仅得2～4分（见表4）。2020年9月县级纪检监察机关信息公开测评得分与省级、副省级、地级市评估得分相比，还有较大差距。比较2020年与2018年县级纪检监察机关平均得分32.233、2019年平均得分28.83，测评平均分呈现两连降。

表 3　2020 年 9 月县级纪委监委信息公开评价结果

单位：分

名次	评估对象			公开平台（10%）	组织结构（10%）	部门收支（15%）	制度规定（12%）	工作报告（12%）	通报曝光（15%）	巡视整改（10%）	社会参与（16%）	总分
	所在省份	所在市级名	县级名									
1	安徽省	滁州市	明光市	6.8	3.75	11.25	9	12	13.37	10	9.98	76.15
2	安徽省	宣城市	广德市	6.9	4.5	11.25	8.04	12	13.37	10	9.66	75.72
3	湖北省	襄阳市	襄州区	6.4	5.5	11.25	9	12	13.37	10	5.44	72.96
4	宁夏回族自治区	石嘴山市	平罗县	8.7	6.5	11.25	8.04	12	13.37	5	5.44	70.30
5	内蒙古自治区	赤峰市	红山区	6	5	11.25	8.04	12	10.82	5	10.72	68.83
6	广西壮族自治区	防城港市	防城区	7.1	3.75	11.25	7.02	12	13.37	3.35	10.59	68.42
7	广东省	肇庆市	高要区	6.5	3.5	11.25	8.04	12	12.09	5	8.92	67.31
8	江苏省	盐城市	亭湖区	8.4	3.5	0	10.02	12	13.37	10	9.77	67.06
9	内蒙古自治区	呼和浩特市	赛罕区	6.4	4	11.25	5.04	12	10.82	5	10.72	65.23
10	安徽省	黄山市	黟县	6.8	4.25	11.25	8.04	12	13.37	7.5	1.85	65.06
11	安徽省	芜湖市	鸠江区	7.6	3.75	11.25	5.04	12	13.37	5	5.44	63.45
12	内蒙古自治区	锡林郭勒盟	二连浩特市	6.3	5	0	8.04	12	10.82	10	10.72	62.88
13	浙江省	台州市	临海市	6.8	4.75	11.25	7.02	12	13.37	1.7	5.44	62.33
14	四川省	成都市	青白江区	6.8	4.25	11.25	7.02	12	13.37	0	5.44	60.13
15	内蒙古自治区	阿拉善盟	阿拉善右旗	7.9	0.5	0	4.02	12	12.09	10	10.72	57.23
16	广西壮族自治区	柳州市	柳南区	6.2	3.5	11.25	5.04	12	12.09	1.7	5.44	57.22
17	吉林省	吉林市	舒兰市	6.6	1	0	10.02	12	10.82	7.5	8.69	56.62
18	浙江省	绍兴市	诸暨市	6.8	1.75	0	7.02	12	13.37	10	5.44	56.38
19	广东省	江门市	开平市	6	4.5	11.25	2.04	12	10.82	3.35	5.44	55.40
20	江西省	九江市	湖口县	7	5	0	5.04	12	13.37	7.5	5.44	55.35

续表

名次	评估对象			公开平台（10%）	组织结构（10%）	部门收支（15%）	制度规定（12%）	工作报告（12%）	通报曝光（15%）	巡视整改（10%）	社会参与（16%）	总分
	所在省份	所在市级名	县级名									
21	吉林省	白山市	长白朝鲜族自治县	6	1	0	8.04	12	10.82	5	10.72	53.58
22	广西壮族自治区	桂林市	灵川县	7.3	3.25	0	4.02	12	10.82	10	5.44	52.83
23	山东省	济南市	历城区	3.9	2	11.25	6	12	10.82	5	1.85	52.82
24	贵州省	黔西南布依族苗族自治州	贞丰县	6.4	5	0	6.03	12	10.82	1.7	8.92	50.87
25	甘肃省	庆阳市	庆城县	6.6	1	0	8.04	12	13.37	1.7	7.10	49.81
26	山东省	聊城市	高唐县	6	3.5	0	2.04	12	10.82	5	9.74	49.10
27	浙江省	丽水市	松阳县	3.5	4.75	0	3	12	13.37	5	3.64	45.26
28	河南省	洛阳市	栾川县	3.4	3.5	0	6	12	10.82	1.7	7.42	44.84
29	湖南省	邵阳市	城步苗族自治县	6	2	0	8.04	12	10.82	0	5.44	44.30
30	四川省	绵阳市	北川羌族自治县	6.9	0	0	4.02	12	13.37	1.7	5.15	43.14
31	福建省	泉州市	晋江市	6.5	1.5	0	4.02	0	12.09	10	8.08	42.19
32	江西省	萍乡市	安源区	6	2.5	0	10.02	0	10.82	5	5.44	39.78
33	四川省	南充市	营山县	6.4	0.5	0	6	0	13.37	1.7	10.43	38.40
34	青海省	玉树藏族自治州	玉树市	3.8	4	0	3	12	10.05	0	5.44	38.29
35	福建省	三明市	明溪县	6.2	1.5	0	4.02	0	10.82	3.35	10.19	36.08
36	陕西省	商洛市	镇安县	6	1.5	0	2.04	0	10.82	5	9.90	35.26

续表

名次	评估对象			公开平台（10%）	组织结构（10%）	部门收支（15%）	制度规定（12%）	工作报告（12%）	通报曝光（15%）	巡视整改（10%）	社会参与（16%）	总分
	所在省份	所在市级名	县级名									
37	陕西省	宝鸡市	麟游县	4.6	3.5	0	2.04	0	10.82	3.35	8.82	33.13
38	陕西省	渭南市	华州区	3	1.5	0	2.04	0	10.82	4.2	10.09	31.64
39	贵州省	六盘水市	钟山区	8.2	0	0	4.02	0	12.09	1.7	5.44	31.45
40	江苏省	苏州市	昆山市	3	3.25	0	8.04	0	0	10	5.44	29.73
41	浙江省	杭州市	桐庐县	3.2	2.5	0	8.04	0	7.5	1.7	4.54	27.48
42	贵州省	黔南布依族苗族自治州	长顺县	3	3.75	0	0	0	2.55	0	10.72	20.02
43	甘肃省	白银市	平川区	3	0	0	6	0	8.27	0	1.85	19.12
44	四川省	乐山市	井研县	3.4	0	0	0	12	0	0	1.85	17.25
45	江苏省	南通市	如皋市	3	0	0	2.04	0	2.55	0	1.85	9.44
46	河北省	沧州市	新华区	1.5	0	0	0	0	0	0	1.85	3.35
46	河北省	保定市	高碑店市	1.5	0	0	0	0	0	0	1.85	3.35
46	山西省	临汾市	尧都区	1.5	0	0	0	0	0	0	1.85	3.35
46	山西省	运城市	河津市	1.5	0	0	0	0	0	0	1.85	3.35
46	辽宁省	盘锦市	大洼区	1.5	0	0	0	0	0	0	1.85	3.35
46	辽宁省	鞍山市	海城市	1.5	0	0	0	0	0	0	1.85	3.35
46	辽宁省	辽阳市	文圣区	1.5	0	0	0	0	0	0	1.85	3.35
46	吉林省	辽源市	东辽县	1.5	0	0	0	0	0	0	1.85	3.35
46	黑龙江省	鹤岗市	兴山区	1.5	0	0	0	0	0	0	1.85	3.35
46	江苏省	宿迁市	泗阳县	1.5	0	0	0	0	0	0	1.85	3.35
46	福建省	龙岩市	连城县	1.5	0	0	0	0	0	0	1.85	3.35

续表

名次	评估对象			公开平台（10%）	组织结构（10%）	部门收支（15%）	制度规定（12%）	工作报告（12%）	通报曝光（15%）	巡视整改（10%）	社会参与（16%）	总分
	所在省份	所在市级名	县级名									
46	江西省	抚州市	东乡区	1.5	0	0	0	0	0	0	1.85	3.35
46	江西省	吉安市	安福县	1.5	0	0	0	0	0	0	1.85	3.35
46	山东省	潍坊市	寒亭区	1.5	0	0	0	0	0	0	1.85	3.35
46	山东省	烟台市	龙口市	1.5	0	0	0	0	0	0	1.85	3.35
46	河南省	周口市	沈丘县	1.5	0	0	0	0	0	0	1.85	3.35
46	河南省	驻马店市	汝南县	1.5	0	0	0	0	0	0	1.85	3.35
46	河南省	三门峡市	湖滨区	1.5	0	0	0	0	0	0	1.85	3.35
46	湖北省	十堰市	郧西县	1.5	0	0	0	0	0	0	1.85	3.35
46	湖北省	随州市	随县	1.5	0	0	0	0	0	0	1.85	3.35
46	湖南省	益阳市	资阳区	1.5	0	0	0	0	0	0	1.85	3.35
46	湖南省	怀化市	中方县	1.5	0	0	0	0	0	0	1.85	3.35
46	广东省	广州市	海珠区	1.5	0	0	0	0	0	0	1.85	3.35
46	广东省	珠海市	香洲区	1.5	0	0	0	0	0	0	1.85	3.35
46	广西壮族自治区	梧州市	苍梧县	1.5	0	0	0	0	0	0	1.85	3.35
46	海南省	省直辖	保亭黎族苗族自治县	1.5	0	0	0	0	0	0	1.85	3.35
46	海南省	省直辖	陵水彝族自治县	1.5	0	0	0	0	0	0	1.85	3.35
46	海南省	省直辖	定安县	1.5	0	0	0	0	0	0	1.85	3.35
46	海南省	省直辖	澄迈县	1.5	0	0	0	0	0	0	1.85	3.35
46	云南省	普洱市	景谷傣族彝族自治县	1.5	0	0	0	0	0	0	1.85	3.35

续表

名次	评估对象			公开平台（10%）	组织结构（10%）	部门收支（15%）	制度规定（12%）	工作报告（12%）	通报曝光（15%）	巡视整改（10%）	社会参与（16%）	总分
	所在省份	所在市级名	县级名									
46	云南省	文山壮族苗族自治州	砚山县	1.5	0	0	0	0	0	0	1.85	3.35
46	云南省	昆明市	石林彝族自治县	1.5	0	0	0	0	0	0	1.85	3.35
46	云南省	曲靖市	罗平县	1.5	0	0	0	0	0	0	1.85	3.35
46	西藏自治区	昌都市	洛隆县	1.5	0	0	0	0	0	0	1.85	3.35
46	西藏自治区	拉萨市	林周县	1.5	0	0	0	0	0	0	1.85	3.35
46	陕西省	延安市	洛川县	1.5	0	0	0	0	0	0	1.85	3.35
46	甘肃省	陇南市	文县	1.5	0	0	0	0	0	0	1.85	3.35
46	甘肃省	天水市	张家川回族自治县	1.5	0	0	0	0	0	0	1.85	3.35
46	青海省	黄南藏族自治州	泽库县	1.5	0	0	0	0	0	0	1.85	3.35
46	青海省	海东市	循化撒拉族自治县	1.5	0	0	0	0	0	0	1.85	3.35
46	宁夏回族自治区	银川市	金凤区	1.5	0	0	0	0	0	0	1.85	3.35
46	宁夏回族自治区	中卫市	海原县	1.5	0	0	0	0	0	0	1.85	3.35
46	宁夏回族自治区	固原市	泾源县	1.5	0	0	0	0	0	0	1.85	3.35
46	新疆维吾尔自治区	巴音郭楞蒙古自治州	轮台县	1.5	0	0	0	0	0	0	1.85	3.35
46	新疆维吾尔自治区	昌吉回族自治州	昌吉市	1.5	0	0	0	0	0	0	1.85	3.35

续表

名次	评估对象			公开平台（10%）	组织结构（10%）	部门收支（15%）	制度规定（12%）	工作报告（12%）	通报曝光（15%）	巡视整改（10%）	社会参与（16%）	总分
	所在省份	所在市级名	县级名									
91	河北省	石家庄市	藁城区	0	0	0	0	0	0	0	1.85	1.85
91	河北省	张家口市	康保县	0	0	0	0	0	0	0	1.85	1.85
91	山西省	晋中市	介休市	0	0	0	0	0	0	0	1.85	1.85
91	山西省	晋城市	阳城县	0	0	0	0	0	0	0	1.85	1.85
91	辽宁省	朝阳市	建平县	0	0	0	0	0	0	0	1.85	1.85
91	吉林省	白城市	大安市	0	0	0	0	0	0	0	1.85	1.85
91	黑龙江省	齐齐哈尔市	梅里斯达斡尔族区	0	0	0	0	0	0	0	1.85	1.85
91	黑龙江省	黑河市	逊克县	0	0	0	0	0	0	0	1.85	1.85
91	黑龙江省	绥化市	明水县	0	0	0	0	0	0	0	1.85	1.85
91	福建省	南平市	建阳区	0	0	0	0	0	0	0	1.85	1.85
91	湖北省	宜昌市	五峰土家族自治县	0	0	0	0	0	0	0	1.85	1.85
91	湖南省	张家界市	永定区	0	0	0	0	0	0	0	1.85	1.85
91	贵州省	安顺市	关岭布依族苗族自治县	0	0	0	0	0	0	0	1.85	1.85
91	西藏自治区	日喀则市	谢通门县	0	0	0	0	0	0	0	1.85	1.85
91	西藏自治区	林芝市	米林县	0	0	0	0	0	0	0	1.85	1.85
91	青海省	西宁市	城北区	0	0	0	0	0	0	0	1.85	1.85
91	新疆维吾尔自治区	和田地区	皮山县	0	0	0	0	0	0	0	1.85	1.85
91	新疆维吾尔自治区	乌鲁木齐市	沙依巴克区	0	0	0	0	0	0	0	1.85	1.85

资料来源：课题组自制。

表4　2020年9月各省、自治区平均分及排名

单位：分

序号	省份	排名	得分	序号	省份	排名	得分
1	河北省	23	2.60	15	湖南省	18	13.21
2	山西省	23	2.60	16	广东省	6	32.35
3	内蒙古自治区	2	63.54	17	广西壮族自治区	4	45.46
4	辽宁省	22	2.97	18	海南省	20	3.35
5	吉林省	7	28.85	19	四川省	5	39.73
6	黑龙江省	27	2.22	20	贵州省	10	26.05
7	江苏省	8	27.39	21	云南省	20	3.35
8	浙江省	3	47.86	22	西藏自治区	23	2.60
9	安徽省	1	70.09	23	陕西省	11	25.84
10	福建省	13	20.87	24	甘肃省	16	18.91
11	江西省	12	25.46	25	青海省	19	11.71
12	山东省	9	27.15	26	宁夏回族自治区	15	20.09
13	河南省	17	13.72	27	新疆维吾尔自治区	23	2.60
14	湖北省	14	20.38				

资料来源：课题组自制。

三　2020年12月评估结果概况

第二次评估于2020年12月14～18日采集数据，2020年12月21～23日进行了校核。2021年2月项目组复核时，决定将上一级纪检监察机关网站公开县级的内容纳入数据采集范围。经评估，108个县级纪检监察信息公开得分总和为5755.65分，平均分为53.29分。其中，64个单位得分高于平均分，未搜索到县本级或上级纪检监察机关公开信息的有4个。评估得分最高的是江苏省盐城市亭湖区纪检监察，得75.82分。总分在70分以上的还有安徽省广德市和明光市纪检监察，内蒙古自治区赤峰市红山区纪检监察、湖北省襄阳市襄州区纪检监察、宁夏回族自治区平罗县纪检监察，共6个，占5.56%。60（含）～70（不含）分的有28个，占25.93%；50（含）～60（不含）分的有36个，占33.33%；40（含）～50（不含）分的有23个，占21.30%；30（含）～40（不含）分的有9个，占8.33%；20（含）～30（不含）分的有2个，占1.85%；10（不含）分以下的有4

表 5　2020 年 12 月县级纪委监委信息公开评价结果

（同时采集县本级和上一级纪委监委网站公开的信息）

单位：分

名次	评估对象			公开平台（10%）	组织结构（10%）	部门收支（15%）	制度规定（12%）	工作报告（12%）	通报曝光（15%）	巡视整改（10%）	社会参与（16%）	总分
	所在省份	所在市级名	县级名									
1	江苏省	盐城市	亭湖区	8.3	4	11.25	12	12	10.05	7.5	10.72	75.82
2	安徽省	宣城市	广德市	9.6	3.5	11.25	12	10.98	13.37	5	9.27	74.96
3	安徽省	滁州市	明光市	6	3.5	11.25	12	9.96	13.37	7.5	10.29	73.87
4	内蒙古自治区	赤峰市	红山区	7.2	5	11.25	8.04	10.98	13.37	5	10.72	71.56
5	湖北省	襄阳市	襄州区	9	4.5	11.25	12	10.98	13.37	5	5.44	71.54
6	宁夏回族自治区	石嘴山市	平罗县	9	5	11.25	9	10.98	11.73	5	8.08	70.04
7	江西省	九江市	湖口县	7.9	4	11.25	6	12	13.37	10	5.44	69.96
8	广西壮族自治区	防城港市	防城区	7.6	4.75	11.25	7.02	10.98	13.37	3.35	10.72	69.04
9	甘肃省	庆阳市	庆城县	8	4.5	6.56	10.02	10.98	13.37	8.35	6.73	68.51
10	贵州省	六盘水市	钟山区	9.7	4	7.5	12	10.98	13.37	5	5.44	67.99
11	广西壮族自治区	梧州市	苍梧县	7.6	6.5	11.25	10.02	12	10.05	5	5.44	67.86
12	福建省	三明市	明溪县	8.7	4	11.25	7.02	12	10.41	5.85	8.61	67.84
13	浙江省	绍兴市	诸暨市	8	3.75	11.25	7.02	12	10.05	10	5.44	67.51
14	内蒙古自治区	锡林郭勒盟	二连浩特市	7	5	7.5	8.04	10.98	7.5	10	10.72	66.74
15	四川省	成都市	青白江区	7.2	5.5	11.25	8.04	12	13.37	3.35	5.44	66.15
16	福建省	泉州市	晋江市	6.2	5	7.5	5.04	12	12.09	10	8.08	65.91
17	浙江省	台州市	临海市	8.5	4	11.25	7.02	12	10.05	7.5	5.44	65.76
18	福建省	龙岩市	连城县	7.6	3.5	11.25	7.02	12	8.78	10	5.44	65.59
19	吉林省	吉林市	舒兰市	9.2	1.5	8.44	7.02	12	12.09	5	10.02	65.27

续表

名次	评估对象			公开平台（10%）	组织结构（10%）	部门收支（15%）	制度规定（12%）	工作报告（12%）	通报曝光（15%）	巡视整改（10%）	社会参与（16%）	总分
	所在省份	所在市级名	县级名									
20	广西壮族自治区	桂林市	灵川县	7.3	4	11.25	6	10.98	10.05	10	5.44	65.02
21	广西壮族自治区	柳州市	柳南区	7.1	4.5	9.375	8.04	12	13.37	5	5.44	64.82
22	安徽省	芜湖市	鸠江区	8.1	3.5	11.25	6.03	10.98	13.37	5.8	5.44	64.47
23	广东省	肇庆市	高要区	7.2	3.5	11.25	7.02	12	8.78	5	9.37	64.12
24	贵州省	黔西南布依族苗族自治州	贞丰县	8.3	3.5	7.5	6	10.98	13.37	4.2	10.11	63.96
25	浙江省	丽水市	松阳县	9.4	4.25	13.13	3	12	13.37	5	3.64	63.79
26	江西省	抚州市	东乡区	8.8	4.5	9.375	3	12	10.05	10	5.44	63.17
27	江苏省	苏州市	昆山市	6	3.5	9.375	10.02	10.98	7.79	10	5.44	63.1
28	河南省	洛阳市	栾川县	7.6	3.5	11.25	12	10.98	10.82	5	1.8496	63.00
29	内蒙古自治区	呼和浩特市	赛罕区	7.1	4	11.25	8.04	10.98	10.46	0	10.72	62.55
30	陕西省	宝鸡市	麟游县	6	3.5	9.375	4.02	12	13.37	3.35	10.72	62.33
31	江西省	吉安市	安福县	5.3	4.5	9.375	5.04	12	10.46	8.35	7.13	62.15
32	江西省	萍乡市	安源区	6	3.5	11.25	8.04	10.98	10.82	5	5.44	61.03
33	甘肃省	陇南市	文县	4.5	5	11.25	4.98	12	10.82	10	1.85	60.40
34	云南省	曲靖市	罗平县	6.9	5.5	11.25	6	10.98	13.37	4.15	1.85	60.00
35	黑龙江省	绥化市	明水县	6.9	4.5	10.31	8.04	10.98	11.25	5.8	1.85	59.63
36	福建省	南平市	建阳区	4.5	5	11.25	8.04	10.98	10.41	7.5	1.85	59.53
37	河南省	周口市	沈丘县	6.7	3.5	0	12	12	13.37	10	1.85	59.42
38	山东省	聊城市	高唐县	6	0.5	7.5	6	12	9.18	7.5	10.72	59.40
39	宁夏回族自治区	固原市	泾源县	9.5	7	11.25	2.04	12	8.78	3.35	5.44	59.36

续表

名次	评估对象			公开平台（10%）	组织结构（10%）	部门收支（15%）	制度规定（12%）	工作报告（12%）	通报曝光（15%）	巡视整改（10%）	社会参与（16%）	总分
	所在省份	所在市级名	县级名									
40	甘肃省	白银市	平川区	1. 5	3. 5	7. 5	6	12	13. 37	10	5. 44	59. 31
41	广东省	江门市	开平市	6. 2	3. 5	9. 38	12	9. 95	9. 13	3. 35	5. 44	58. 96
42	内蒙古自治区	阿拉善盟	阿拉善右旗	8. 5	1. 5	0	4. 02	12	12. 09	10	10. 72	58. 83
43	河南省	三门峡市	湖滨区	5. 8	3. 5	9. 375	4. 02	10. 47	13. 37	10	1. 85	58. 38
44	海南省	省直辖	陵水彝族自治县	4. 5	3. 5	7. 5	5. 04	12	13. 37	7. 5	4. 82	58. 22
45	四川省	南充市	营山县	6. 7	3. 5	9. 38	10. 02	9. 96	10. 05	1. 7	6. 87	58. 17
46	河北省	沧州市	新华区	4. 5	4	9. 38	5. 04	10. 98	8. 78	10	5. 39	58. 06
47	河南省	驻马店市	汝南县	7. 1	3. 5	9. 38	4. 02	10. 98	13. 37	7. 5	1. 85	57. 69
48	河北省	保定市	高碑店市	4. 5	3. 5	9. 38	5. 04	10. 98	7. 5	10	6. 76	57. 66
49	四川省	绵阳市	北川羌族自治县	9	3. 5	11. 25	6	10. 98	13. 37	1. 7	1. 85	57. 65
50	甘肃省	天水市	张家川回族自治县	10	4	10. 31	2. 04	10. 98	12. 09	2. 5	5. 44	57. 36
51	吉林省	白山市	长白朝鲜族自治县	7. 5	2. 5	6. 56	8. 04	9. 96	12. 09	1. 7	8. 61	56. 96
52	云南省	文山壮族苗族自治州	砚山县	6	3. 5	11. 25	6	10. 98	11. 73	1. 65	5. 44	56. 55
53	黑龙江省	鹤岗市	兴山区	4	5. 5	15	7. 02	[illegible]. 06	11. 10	5	5. 44	56. 12
54	海南省	省直辖	保亭黎族苗族自治县	4. 5	2. 5	9. 38	6. 54	10. 98	12. 09	5	4. 97	55. 96
55	宁夏回族自治区	中卫市	海原县	3	5	9. 38	9	10. 98	10. 46	5. 85	1. 85	55. 51

续表

名次	评估对象			公开平台（10%）	组织结构（10%）	部门收支（15%）	制度规定（12%）	工作报告（12%）	通报曝光（15%）	巡视整改（10%）	社会参与（16%）	总分
	所在省份	所在市级名	县级名									
56	湖北省	宜昌市	五峰土家族自治县	4.5	3.5	11.25	5.04	10.98	13.37	5	1.85	55.49
57	江苏省	南通市	如皋市	3.6	4	11.25	4.02	10.98	11.10	5	5.44	55.39
58	山东省	济南市	历城区	5.1	2.5	11.25	9.03	10.98	9.18	5	1.85	54.89
59	青海省	黄南藏族自治州	泽库县	4.5	5.5	9.38	3	12	13.37	1.7	5.44	54.88
60	安徽省	黄山市	黟县	6.5	4	9.38	6	12	10.05	5	1.85	54.77
61	山西省	晋城市	阳城县	5.4	4	9.38	5.04	10.98	12.09	5.85	1.85	54.59
62	江苏省	宿迁市	泗阳县	7.4	1.5	0	6	12	13.37	5	8.82	54.09
63	新疆维吾尔自治区	巴音郭楞蒙古自治州	轮台县	3	5.5	11.25	0	10.98	13.37	4.2	5.44	53.74
64	山东省	潍坊市	寒亭区	1.5	4	11.25	5.04	12	10.46	7.5	1.85	53.60
65	湖南省	张家界市	永定区	4.5	5	11.25	3	10.98	10.82	5.85	1.85	53.25
66	河北省	张家口市	康保县	4.5	3.5	9.38	9	10.98	7.5	5.85	1.85	52.55
67	陕西省	渭南市	华州区	6.5	3.5	7.5	4.02	10.98	7.5	4.2	8.31	52.51
68	新疆维吾尔自治区	和田地区	皮山县	3	4.5	11.25	3	10.98	10.05	7.5	1.85	52.13
69	贵州省	黔南布依族苗族自治州	长顺县	4.3	3.5	0	8.04	9.96	11.73	2.5	10.72	50.75
70	广东省	珠海市	香洲区	1.5	3	11.25	3	10.98	8.78	10	1.85	50.35
71	贵州省	安顺市	关岭布依族苗族自治县	1.5	3.5	7.5	5.04	10.98	12.09	7.5	1.85	49.96
72	吉林省	辽源市	东辽县	4.5	3.5	0	5.04	12	12.09	7.5	5.28	49.91

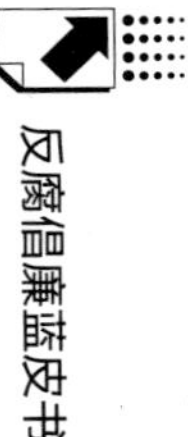

续表

名次	评估对象			公开平台（10%）	组织结构（10%）	部门收支（15%）	制度规定（12%）	工作报告（12%）	通报曝光（15%）	巡视整改（10%）	社会参与（16%）	总分
	所在省份	所在市级名	县级名									
73	海南省	省直辖	定安县	4.5	3.5	0	5.04	10.98	13.37	7.5	5.02	49.90
74	广东省	广州市	海珠区	7.7	3.5	0	5.04	12	12.09	7.5	1.85	49.68
75	河北省	石家庄市	藁城区	4.5	3.5	9.38	3	10.98	8.78	7.5	1.85	49.48
76	湖南省	益阳市	资阳区	4.5	3.5	7.5	5.04	12	9.13	5.85	1.85	49.37
77	山西省	临汾市	尧都区	5.9	4.5	9.38	3	10.98	12.09	1.65	1.85	49.35
78	山西省	晋中市	介休市	6.7	5.5	7.5	3	10.98	12.09	1.7	1.85	49.32
79	云南省	普洱市	景谷傣族彝族自治县	1.5	5	11.25	8.04	10.98	10.46	0	1.85	49.08
80	宁夏回族自治区	银川市	金凤区	4.5	3.5	0	9	10.98	13.37	5.85	1.85	49.05
81	新疆维吾尔自治区	乌鲁木齐市	沙依巴克区	1.5	5.5	11.25	3	10.98	10.05	4.2	1.85	48.33
82	新疆维吾尔自治区	昌吉回族自治州	昌吉市	4.5	5	9.38	3	10.98	7.5	5.85	1.85	48.05
83	辽宁省	辽阳市	文圣区	4.5	4	10.31	6	9.36	10.82	0	1.85	47.44
84	辽宁省	朝阳市	建平县	1.5	4	6.56	3	12	10.82	7.5	1.85	47.23
85	黑龙江省	齐齐哈尔市	梅里斯达斡尔族区	4.5	5.5	10.31	5.04	3.06	11.10	5.85	1.85	47.21
86	陕西省	商洛市	镇安县	7.1	3.5	0	2.04	12	13.37	3.35	5.44	46.80
87	湖南省	邵阳市	城步苗族自治县	6	1.5	0	10.02	10.98	10.82	0	5.44	44.76
88	湖北省	十堰市	郧西县	6.3	4	0	5.04	10.98	12.09	4.2	1.85	44.46
89	山西省	运城市	河津市	6	3.5	0	3	12	12.09	5.85	1.85	44.29
90	湖南省	怀化市	中方县	4.5	3.5	0	5.04	10.98	9.13	5.85	4.93	43.94

续表

名次	评估对象			公开平台（10%）	组织结构（10%）	部门收支（15%）	制度规定（12%）	工作报告（12%）	通报曝光（15%）	巡视整改（10%）	社会参与（16%）	总分
	所在省份	所在市级名	县级名									
91	浙江省	杭州市	桐庐县	3	0.5	0	10.02	9.96	10.05	1.65	6.01	41.19
92	辽宁省	鞍山市	海城市	4.5	4	0	6	10.98	10.82	0	4.78	41.08
93	山东省	烟台市	龙口市	1.5	3.5	0	7.02	12	9.18	5	1.85	40.05
94	青海省	玉树藏族自治州	玉树市	3.8	4	0	3	12	10.05	1.7	5.44	39.99
95	吉林省	白城市	大安市	1.5	3.5	0	10.02	12	10.82	0	1.85	39.69
96	青海省	海东市	循化撒拉族自治县	9	4.5	11.25	3	0	10.05	0	1.85	39.65
97	青海省	西宁市	城北区	5.9	5.5	0	5.04	0	13.37	5.85	3.64	39.30
98	云南省	昆明市	石林彝族自治县	1.5	3.5	0	9	3.06	12.09	7.5	1.85	38.50
99	四川省	乐山市	井研县	1.5	3.5	0	10.02	10.98	10.05	0	1.85	37.90
100	陕西省	延安市	洛川县	7.4	3.5	0	8.04	0	10.05	1.7	5.44	36.13
101	海南省	省直辖	澄迈县	1.5	0	0	10.02	0	13.37	5	5.44	35.33
102	辽宁省	盘锦市	大洼区	3.6	4	0	6	0	10.82	8.35	1.85	34.62
103	西藏自治区	林芝市	米林县	3	4.5	0	5.04	0	10.82	0	1.85	25.21
104	湖北省	随州市	随县	1.5	4	0	7.02	0	3.83	0	5.18	21.52
105	西藏自治区	拉萨市	林周县	1.5	0	0	0	0	0	0	1.85	3.35
105	西藏自治区	昌都市	洛隆县	1.5	0	0	0	0	0	0	1.85	3.35
107	西藏自治区	日喀则市	谢通门县	0	0	0	0	0	0	0	1.85	1.85
107	黑龙江省	黑河市	逊克县	0	0	0	0	0	0	0	1.85	1.85

资料来源：课题组自制。

个，占3.70%（见表5）。按省域分布统计，平均分在60分以上的有7个省（自治区），分别是：安徽省67.02分、广西壮族自治区66.68分、内蒙古自治区64.92分、福建省64.72分、江西省64.08分、江苏省62.10分、甘肃省61.39分。50（含）~60（不含）分的有11个；40（含）~50（不含）分的有8个；10分以下的有1个（见表6）。

表6　2020年12月各省、自治区区县平均分及排名

单位：分

序号	省份	排名	得分	序号	省份	排名	得分
1	河北省	14	54.44	15	湖南省	23	47.83
2	山西省	21	49.39	16	广东省	12	55.78
3	内蒙古自治区	3	64.92	17	广西壮族自治区	2	66.68
4	辽宁省	25	42.59	18	海南省	19	49.85
5	吉林省	15	52.96	19	四川省	13	54.97
6	黑龙江省	26	41.20	20	贵州省	11	58.16
7	江苏省	6	62.10	21	云南省	17	51.03
8	浙江省	9	59.56	22	西藏自治区	27	8.44
9	安徽省	1	67.02	23	陕西省	20	49.44
10	福建省	4	64.72	24	甘肃省	7	61.39
11	江西省	5	64.08	25	青海省	24	43.46
12	山东省	16	51.99	26	宁夏回族自治区	10	58.49
13	河南省	8	59.62	27	新疆维吾尔自治区	18	50.56
14	湖北省	22	48.25				

资料来源：课题组自制。

四　2020年两次评估对比分析

通过两次评估可以看出，各地在2020年下半年重视县级纪检监察机关信息公开工作，9月至12月评估期间，县级纪检监察机关新建或恢复原有网站的就有24家，有的还借上一级纪检监察或同级政府网站进行公开。9月评估时，得分在50分以上的有24个，占22.2%；12月评估时，得分在50分以上的增长到70个，占64.81%（见表7）。

表 7　评估结果对比

单位：分，个

评估时间	总分	平均分	搜到网站	最高分	70 分以上	60 分段	50 分段	40 分段	30 分段	20 分段	10 分段	0 ~ 10 分段
9 月	2403. 79	22. 26	45	76. 15	4	10	10	7	8	3	2	64
12 月	5755. 65	53. 29	69	75. 82	6	28	36	23	9	2	0	4

资料来源：课题组自制。

从各省份平均分来看，下半年一些省份加大了工作力度，得分增长较快（见表 8）。增长在 40 分以上的省份有 8 个，分别是：河北省从 2. 6 分增长到 54. 44 分，增加 51. 84 分，增速第 1；新疆维吾尔自治区从 2. 6 分增长到 50. 56 分，增加 47. 96 分；云南省从 3. 35 分增长到 51. 03 分，增加 47. 68 分；山西省从 2. 6 分增长到 49. 39 分，增加 46. 79 分；海南省从 3. 35 分增长到 49. 85 分，增加 46. 50 分；河南省从 13. 72 增长到 59. 62 分，增加 45. 90 分；福建省从 20. 87 分增长到 64. 72 分，增加 43. 85 分；甘肃省从 18. 91 分增长到 61. 39 分，增加 42. 48 分。通过数据对比分析，我们认为县级纪检监察机关信息公开工作在 2020 年下半年发生了根本性变化。

表 8　各省份平均分对比

单位：分，个

评估时间	最高分	70 分段	60 分段	50 分段	40 分段	30 分段	20 分段	10 分段	0 – 10 分段
9 月	70. 09	1	1	0	2	2	9	4	8
12 月	67. 02	0	7	11	8	0	0	0	1

资料来源：课题组自制。

五　县级纪检监察网站信息公开的特点

（一）信息公开逐渐成为共识

近几年来，各县级纪检监察机关比较重视信息公开工作，这既是党政机

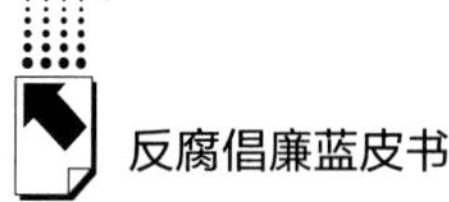

关信息公开工作和建设透明政府的需要，也是人民群众的呼声。从这些评估来看，越来越多的县级纪检监察网站开辟了信息公开专栏，主动公开相关信息。如，广东省开平市纪检监察主动公开了机关和派出机构的名称、职能职责和负责人姓名，浙江省松阳县、宁夏回族自治区平罗县等纪检监察公开了班子成员姓名、照片和简历。网站内容更新也比较及时，如贵州省六盘水市钟山区、江苏省盐城市亭湖区等纪检监察网站信息更新较快，内容比较充实。有的在传统网站公开的基础上，加强与微信、微博等信息发布媒介的整合，如吉林省长白朝鲜族自治县、江西省萍乡市安源区等纪检监察网站均有微信平台登录二维码。

（二）信息公开内容比较丰富

评估中，发现工作报告公开得越来越充分，2019 年该项得分为 2.16 分，2020 年 12 月上升到 9.91 分（见表 9）。吉林省舒兰市、青海省玉树市、甘肃省庆城县等 89 家纪检监察主动公开纪委全会工作报告、公报等内容，较多网站就本级纪委全会内容开辟了专栏，新闻报道比较全面。监督检查工作成为网站公开的重要内容，内蒙古自治区赤峰市红山区、呼和浩特市赛罕区、阿拉善盟阿拉善右旗等纪检监察网站将派驻机构、乡镇和机关建设等重点工作进行了宣传，突出了监督执纪工作。安徽省明光市和广德市、广西壮族自治区防城港市防城区通过浮窗公告扫黑除恶、扶贫领域、形式主义官僚主义问题举报电话和邮箱。典型案例通报曝光力度持续加大，得分从 2019 年的 4.15 分提升到 10.76 分。湖北省襄阳市襄州区在 2020 年 8 月分 3 批次通报了 15 起案例，浙江省临海市在 2020 年 9 月分 4 批次通报了 25 起典型案例。广西壮族自治区灵川县等纪检监察网站设置了扶贫领域腐败和作风问题曝光区。内蒙古自治区二连浩特市等纪检监察网站将巡察反馈整改情况在网上进行了公开。浙江省诸暨市等纪检监察网站公开了预决算，山东省济南市历城区等纪检监察网站设置廉政风采栏目，展示纪检监察干部风采。

表 9　近两年一级指标得分对比

单位：分

指标 时间	公开平台（10%）	组织结构（10%）	部门收支（15%）	制度规定（12%）	工作报告（12%）	通报曝光（15%）	巡视整改（10%）	社会参与（16%）
2019 年	3.39	3.44	7.44	3.06	2.16	4.15	0.93	4.26
2020 年 9 月	3.06	1.21	1.56	2.38	3.56	4.53	1.95	4.01
2020 年 12 月	5.51	3.75	7.26	6.19	9.91	10.76	5.18	4.75

资料来源：课题组自制。

（三）宣传教育功能有所加强

注重思想教育，宁夏回族自治区平罗县等地纪检监察网站有党纪法规测试系统，设置《习近平谈治国理政》（第三卷）和《民法典》等学习专栏。强化纪法教育，江苏省昆山市、浙江省桐庐县、湖南省城步苗族自治县、四川省营山县、甘肃省庆城县等地纪检监察网站主动公开本地纪检监察工作制度和规范性文件，广西壮族自治区柳州市柳南区纪检监察坚持每周一案进行警示教育。网络展示的优秀廉洁文化作品中，安徽省明光市纪检监察将廉洁文化视频、图片展示在网上，安徽省广德市、广东省肇庆市高要区等纪检监察网站开通了网上展馆，科技与廉洁文化整合，增强了宣传教育的有效性。

（四）地方特色亮点展示

有的网站以地方历史文化为背景，打造了一批独具特色的纪检监察网站。如，四川省成都市青白江区纪检监察网站设计具有地方特色，开设了清白卫士连载等栏目。有的地方突出本地联系服务群众的特色，将个性化服务展示在网上。广东省肇庆市高要区公开村（社区）小微权力清单流程图，江苏省盐城市亭湖区、安徽省黟县将本地一些文件资料在网上进行了公开，安徽省黟县开设下载专区，公开了干部群众常用表格文书。

（五）智慧纪检开始得到运用

随着大数据运用的推广，不少地方将大数据引入纪检监察工作，打破县级熟人社会、人情文化的束缚，努力探索新时代清廉乡村建设的新途径。安徽省芜湖市鸠江区开通村级“小微权力”网络监督平台，进一步规范群众身边的权力运行。江苏省盐城市亭湖区开通在线评议系统，江西省湖口县开通了微信扫码评作风，将政风行风晒出来，邀请群众进行评价，促进党员干部作风转变。贵州省贞丰县打造智慧监察，将民生资金、农村“三资”等进行公示，将相关数据进行智能比对和分析，提升了监督工作的精准度。

六　评估中发现的问题

（一）县级纪检监察网站建设有被弱化的风险

2020 年 12 月评估得分有大幅提升，主要是由于本次评估将上一级纪检监察机关网站对县级信息公开的内容纳入了数据采集范围。评估发现，县级纪检监察机关拥有网站比例仍不高（见表 10），这是影响评估得分的最主要因素。有的地方因本地上网素材不多，或网站管理维护麻烦，或人手不足等原因，将原建的网站进行了关停。有的地方一直未建网站，面对政府网站管理日益严格，也没有建网站的兴趣。有的地方虽然建了纪检监察网站，但管理不到位，大多数内容是转载，本级采编内容不仅少，而且质量也不够好。有的网站更新不及时，三级评估指标栏目信息更新得分率仅为 20.6%，个别网站仅栏目在建站时上传了内容，建好后一直未更新。

表 10　网站建设评估得分对比

项目 / 时间	县本级建有网站数		公开平台得分（分）	总分（分）
	数量（个）	占比（%）		
2018 年	47	75.8	6.051	32.233
2019 年	48	44.4	3.39	28.83
2020 年 9 月	45	41.7	3.06	22.26
2020 年 12 月	69	63.9	5.51	53.29

资料来源：课题组自制。

（二）信息公开仍不全面不充分

县级纪检监察网站公开的信息多为会议和活动，有的县级纪检监察机关对预决算、人员编制、案件情况等公开不主动、不积极。特别是年度预决算，较多地方在政府信息公开网站进行了公开，但本机关的网站上没有相关内容。有的地方注重公开机关及内设机构相关信息，忽视了派驻（出）机构和乡镇（街道）纪检监察组织信息的公开，不便于群众查找相关信息。地区间差距大，各地对网站公开工作重视度不均衡。108 个评估对象中，得分最高的江苏省盐城市亭湖区，比最低分高出 73.97 分。从 2020 年 12 月评估的 8 项一级指标得分来看，工作报告比社会参与得分率高出 52.9 个百分点，各指标得分率差距较大（见表 11）。

表 11　2020 年 12 月评估一级指标得分统计

得分情况 \ 指标	公开平台（10%）	组织结构（10%）	部门收支（15%）	制度规定（12%）	工作报告（12%）	通报曝光（15%）	巡视整改（10%）	社会参与（16%）
得分（分）	5.51	3.75	7.26	6.19	9.91	10.76	5.18	4.75
得分率（%）	55.1	37.5	48.4	51.6	82.6	71.7	51.8	29.7

资料来源：课题组自制。

（三）与群众网上互动渠道不够

县级纪检监察网站设计较封闭，大多数网站无点击率统计，网站信息不能引起网民兴趣，有的网页几乎无人浏览。2020 年 12 月仅发现 1 个县级纪检监察网站有留言板，但群众留言都不及时。有的未公开信访举报渠道，19 家网站上没有公开接收电话举报的电话号码，有 21 家网站上没有公开信访举报件邮寄地址。

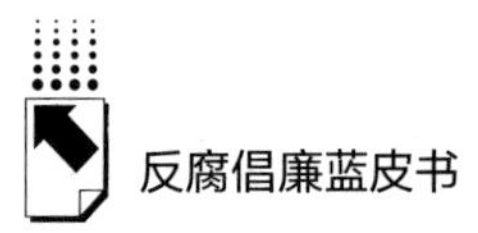

（四）网站地方特色不足

有的县级纪检监察网站版面设计比较呆板，反映不出地方特色，找不出闪光点。有的县级纪检监察在工作报告中规划了特色亮点工作，但在网站中无法搜索到相关工作开展情况。有的网站内容可读性不强，工作展示方式单一，不能充分展现工作成效。个别网站链接出现错误，有的网页无法打开，有的网页还有错别字。

七　进一步加强县级纪检监察机关信息公开工作的几点建议

（一）提高政治站位，继续做实信息公开工作

纪检监察机关是政治机关。县级纪检监察机关信息公开工作是一项政治工作，是树牢“四个意识”、坚定“四个自信”、做到“两个维护”的体现，是基层治理体系和治理能力现代化的需要。县级纪检监察机关在基层治理中起着举足轻重的作用，必须讲政治、重落实，真正把网络信息公开工作重视起来，在人、财、物等方面予以倾斜，并形成基层信息公开的有效机制，这项工作才能满足新时代纪检监察信息工作的需要。

（二）坚持以人民为中心，主动接受群众监督

“时代是出卷人，我们是答卷人，人民是阅卷人。”信息公开工作要顺应数据化时代的潮流，增强服务意识，提高网络服务质量。县级纪检监察机关要发挥直接与群众打交道的优势，贴近群众生活，主动公开群众关心的大事、身边事。破除纪检监察机关的神秘感，把履行职责晒在阳光下，把队伍建设晒在阳光下，把人、财、物分配使用晒在阳光下，主动拜群众为师、请群众监督，才能保证纪检监察机关权力正确高效行使。信息公开工作不可一厢情愿、自娱自乐，否则就违背了建设网站的初心、完不成应有的使命。

（三）聚焦主责主业，提高信息公开的针对性

县级纪检监察网站建设既要宣传好上级声音，展示其他地方成功做法，更要把本地区全面从严治党的成效体现出来。应把监督执纪问责和监督调查处置核心业务进行公开，突出履职效能。要公开基层在推动“两个责任”贯通联动、一体落实鲜活经验，公开基层整治群众身边的不正之风和腐败问题相关内容，公开基层一体推进“不敢腐、不想腐、不能腐”机制的成功个案，形成持续净化政治生态基层样本。

（四）突出地方特色，打造丰富多彩的公开渠道

有特色才有生命力，无论是网站框架还是图文内容、美工等，既做好特色内容的加法，又做足意义不大内容的减法。应充分挖掘县域内历史文化，运用好“会说话”的文物古迹，整合当地优秀文艺作品，结合优良民风民俗，形成独特的文化背景。形成以县为单位的廉洁品牌，综合运用影像、声音、图片、文件等元素，推介好本地的实践案例，讲好廉洁故事，倡导优良家风，展现独具特色的廉洁新生活。

（五）拓展网站功能，促进纪检监察工作高质量发展

继续落实好《纪检监察机关互联网网站信息公开技术建设指南（试行)》，进一步丰富县级纪检监察网站功能。紧盯基层民生领域“微腐败”，发挥好大数据监督功能，维护民生民利。紧盯基层“一把手”，公开权力运行流程图，明确权力边界，引进群众评价机制，规范小微权力运行。加强县级纪检监察机关及派驻（出）机构，以及乡镇（街道）纪检监察组织信息化建设，打造智慧纪检。

专 题 篇

Special Reports

B.8

2020年餐饮浪费行为调查研究报告

中国社会科学院中国廉政研究中心课题组*

摘　要：当前我国餐饮浪费行为整体状况仍较为严重，大部分民众都有餐饮浪费的亲身经历，餐饮企业制止浪费工作仍不到位。但绝大多数民众对餐饮浪费现象深恶痛绝，对制止餐饮浪费的参与热情较高。餐饮浪费行为最主要的原因在于民众缺乏节约意识，最严重的危害在于浪费粮食、影响国家粮食安全。川菜、东北菜、粤菜等菜系，桌餐、流水席、火锅和自助餐等餐饮形式以及婚宴寿宴、商务宴请、公务接待等就餐场景是我国餐饮浪费的重点领域。其中，

* 课题组成员：蒋来用，中国社会科学院中国廉政研究中心秘书长、社会学所廉政建设与社会评价研究室主任；孙大伟，中国社会科学院中国廉政研究中心副秘书长、社会学所廉政建设与社会评价研究室副研究员；于琴，中国社会科学院社会学所廉政建设与社会评价研究室助理研究员；许天翔，中国社会科学院社会学所廉政建设与社会评价研究室助理研究员；何圣国，中国社会科学院社会学所廉政建设与社会评价研究室科研助理；张静，中国社会科学院大学数量经济与技术经济系博士研究生。执笔人：许天翔、张静。

公务接待中的餐饮浪费行为虽有所好转，但仍须严防反弹。对此，必须坚持依法治理、协同治理、分类治理、精准治理的原则，以党委、政府、监管部门、行业协会、餐饮企业、媒体平台和广大消费者为治理主体，以立法为手段，以建立激励约束并重的长效机制为关键，以餐饮行业高质量发展为前提，以宣传教育为途径，通过科技赋能与全社会的共同参与，推动形成不敢浪费、不能浪费、不想浪费的绿色发展方式和绿色生活方式。

关键词：　餐饮浪费　激励约束机制　反食品浪费法

"历览前贤国与家，成由勤俭破由奢。"中华民族的伟大复兴和永续发展离不开勤俭节约、艰苦奋斗的优良传统和万无一失的粮食安全。党的十八大以来，以习近平同志为核心的党中央一直高度重视粮食安全，多次强调要制止餐饮浪费行为。早在 2013 年 1 月、2 月，习近平总书记就做出重要指示，要求厉行勤俭节约、反对铺张浪费。① 2020 年 8 月，习近平总书记再次对制止餐饮浪费行为做出重要指示时指出："餐饮浪费现象，触目惊心、令人痛心！'谁知盘中餐，粒粒皆辛苦。'尽管我国粮食生产连年丰收，对粮食安全还是始终要有危机意识，今年全球新冠肺炎疫情所带来的影响更是给我们敲响了警钟。要加强立法，强化监管，采取有效措施，建立长效机制，坚决制止餐饮浪费行为。要进一步加强宣传教育，切实培养节约习惯，在全社会营造浪费可耻、节约为荣的氛围。"② 2021 年 1 月 22 日，习近平总书记在十九届中央纪委五次全会上发表重要讲话强调"继续整治享乐主义、奢

---

① 习近平：《习近平谈治国理政（第一卷）》，第 2 版，外文出版社，2018，第 363～364 页。

②《习近平做出重要指示强调　坚决制止餐饮浪费行为切实培养节约习惯　在全社会营造浪费可耻节约为荣的氛围》，新华网，http://www.xinhuanet.com/politics/leaders/2020-08/11/c_1126353394.htm。

靡之风，坚决纠治餐饮浪费行为”。[①] 中国社会科学院中国廉政研究中心认真贯彻落实习近平总书记重要指示精神和党中央决策部署，积极回应社会关切，立即成立课题组，组织科研人员专门设计了“厉行节约、反对浪费”的调查问卷，就当前我国餐饮浪费的现状、原因和对策进行了广泛的社会调查。

本次问卷调查通过线上渠道进行，受访者通过手机等移动设备扫描二维码参与问卷调查，调查时间为2020年9月15日至2020年10月8日，共回收有效问卷888份。受访者年龄分布在18~65岁，平均年龄为33.9岁，其中男性357人，占40.2%，女性531人，占59.8%（见图1、图2）。[②]

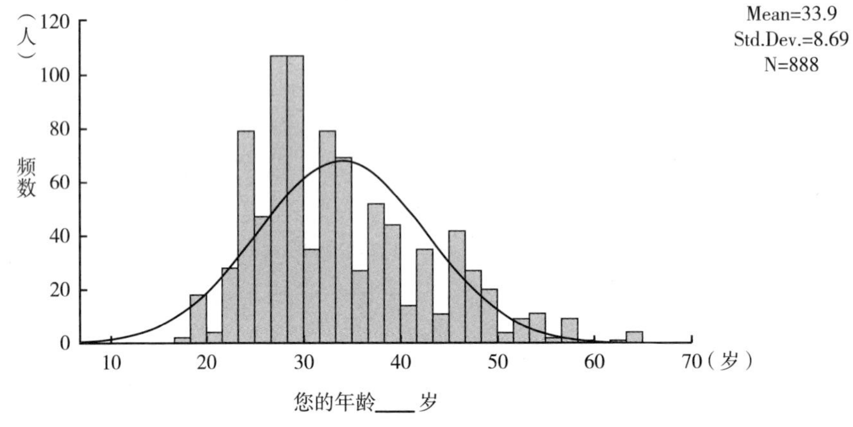

图1　受访者年龄分布情况

受访者学历分布较为均匀，其中高中、中专及以下27人，占3.0%；大学本科或专科780人，占87.8%，是本次问卷调查中占比最多的群体；硕士研究生57人，占6.4%；博士研究生24人，占2.7%（见图3）。

受访者由来自不同行业的人员组成，具体情况为：党和国家机关公务员

---

① 《习近平在十九届中央纪委五次全会上发表重要讲话强调　充分发挥全面从严治党引领保障作用　确保“十四五”时期目标任务落到实处》，新华网，http://www.xinhuanet.com/politics/leaders/2021-01/22/c_1127014957.htm，2021年1月22日。

② 本篇研究报告统计结果数据百分比取小数点后一位，下同。

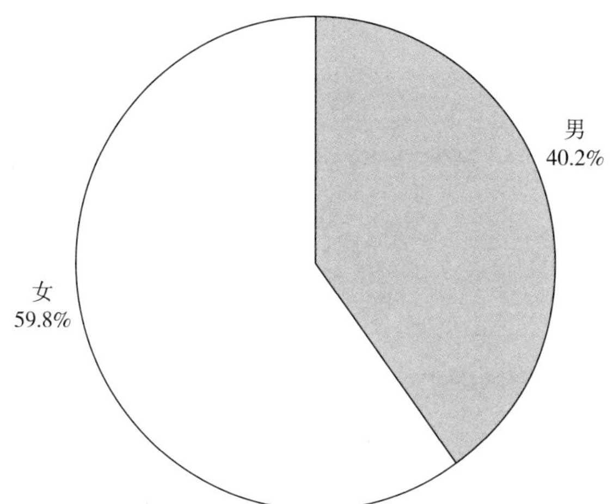

图 2　受访者性别分布情况

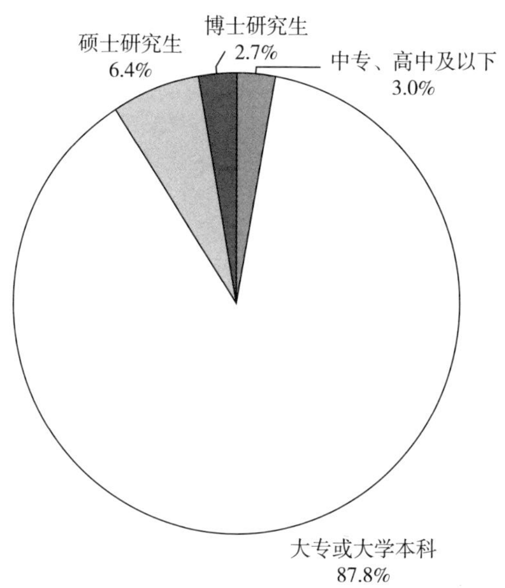

图 3　受访者学历分布情况

101 人，占 11.4%；国企、集体企业员工为 55 人，占 6.2%；私企、个体工商业者 18 人，占 2%；事业单位员工 640 人，占 72.1%，是参与本次调查问卷的主体；农民 5 人，占 0.6%；军人 1 人，占 0.1%；自由职业者 15 人，占 1.7%；学生 48 人，占 5.4%；无业 5 人，占 0.6%（见图 4）。

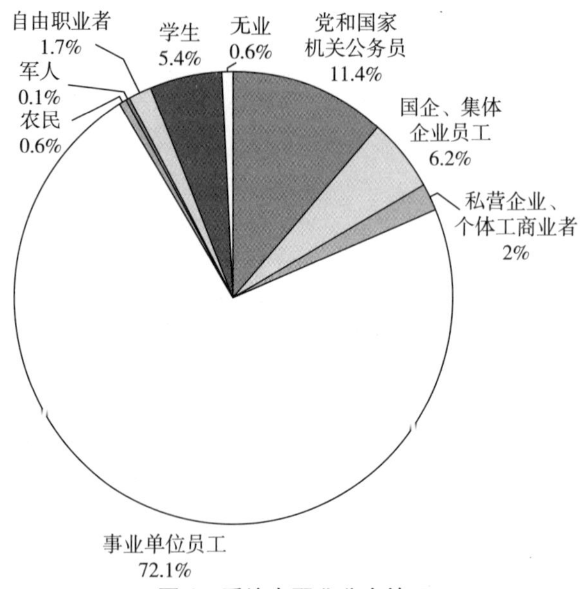

图4　受访者职业分布情况

受访者月收入分布情况为：月收入1000元以下43人，占4.8%，1000～5000元487人，占54.8%，是本次问卷调查中的主要群体；5001～10000元309人，占34.8%，10001～20000元42人，占4.7%；20001元及以上7人，占0.8%（见图5）。

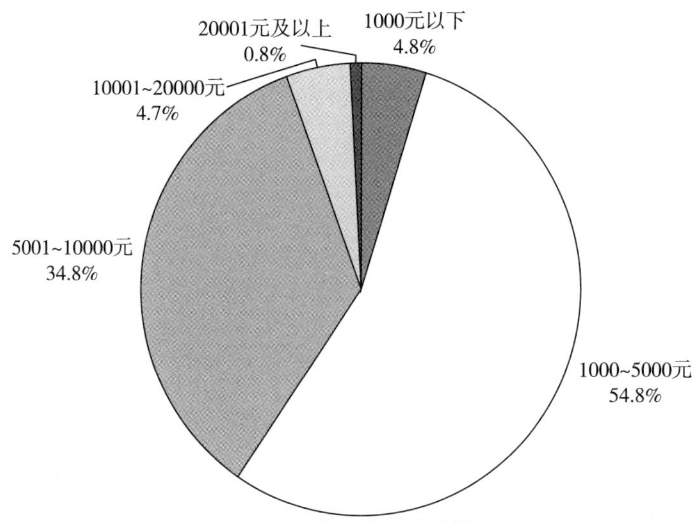

图5　受访者月收入分布情况

一　当前餐饮浪费行为的现状分析

（一）当前我国餐饮浪费行为的整体现状仍较为严重

在回答“目前我国餐饮浪费现象是否严重?”的问题时，有90名受访者认为目前我国餐饮浪费现象“十分严重”，占总数的10.1%；认为“比较严重”的有383名受访者，占总数的43.1%；认为“一般”的受访者为267名，占总数的30.1%；认为“比较不严重”的有53名，占比为6%，认为“十分不严重”的有31名，占比为3.5%；另有64名受访者对此表示“不了解”，占7.2%（见图6）。

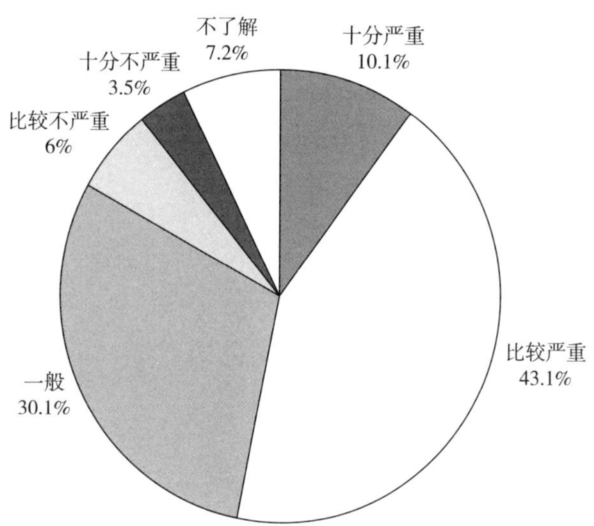

图6　受访者对当前我国餐饮浪费程度的感知情况

综合来看，认为目前我国餐饮浪费现象“十分严重”或“比较严重”的共占53.2%，超过半数；如果将“十分严重”、“比较严重”与“一般”的受访者相加，占比高达83.3%。这表明目前我国餐饮浪费形势依然比较严峻，令人担忧。

（二）大多数民众都有过餐饮浪费的亲身经历

受访者对我国餐饮浪费的主观感知可能受到社会关系网络、媒体宣传等多种因素的影响。为排除此类因素影响，课题组就受访者本人是否有过餐饮浪费的亲身经历进行了专门调查。在回答“您所参加的饭局、酒席浪费现象如何?”的问题时，有 102 名受访者选择了“经常”，占总数的 11.5%；有 405 名受访者选择了“偶尔”，占总数的 45.6%；有 206 名受访者表示“几乎没有”，占比为 23.2%；而有 122 名受访者表示“从来没有”，占比为 13.7%；另外，还有 53 名受访者表示“不了解”，占 6%（见图 7）。“经常”“偶尔”两项加总共占 57.1%，同样超过半数，其比例远高于选择“从来没有”的受访者，这意味着大多数受访者都亲身经历过餐饮浪费。

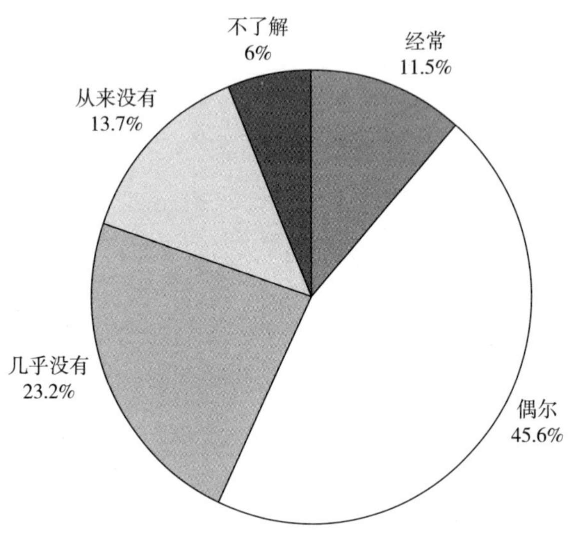

图 7　受访者餐饮浪费亲身经历情况

（三）餐饮行业制止浪费工作仍不够到位

餐馆、饭店等餐饮场所是浪费现象最主要的发生地，餐饮行业从业人员身处制止餐饮浪费的第一线，构成了制止餐饮浪费的第一道关口。他们的管理、培训和服务措施是否到位会在很大程度上影响消费者的行为。测量社会公众在就餐时是否收到过服务人员对菜量大小的提醒，能够帮助我们从中识别出目前餐饮业者是否在其中发挥了应有的作用和影响。问卷调查结果显示：有 39 位受访者表示服务人员“总是”在点餐时向其提示菜量多少，仅占总数的4.4%；有 86 位受访者选择了“经常”，占比为9.7%；438 名受访者选择了“偶尔”，占 49.3%；而有多达 255 名受访者选择了“从未”，占比高达28.7%；另有70 名受访者对此表示“没注意”，占总数的7.9%。提醒消费者适量点餐是对消费者进行信息干预、预防餐饮浪费发生的重要措施。有过菜量提示经历的受访者占63.4%，但仍有36.6%的受访者没有遇到过菜量提示经历（见图8）。由此可见，餐饮企业和从业人员在制止餐饮浪费方面的管理、培训和服务还不够到位，存在这些漏洞表明制止餐饮浪费的“关口”还不够严密。

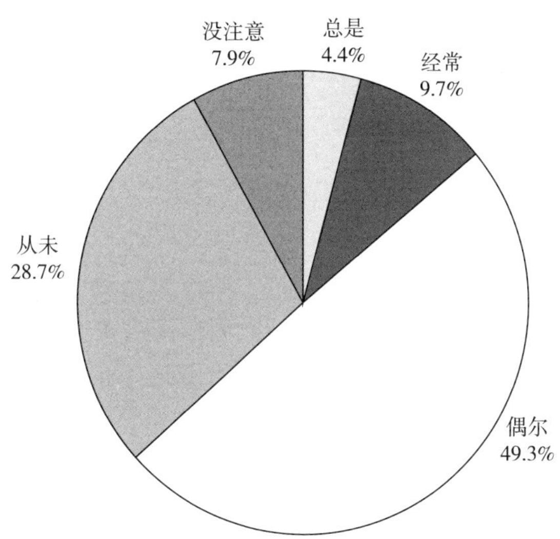

图8　餐饮行业服务人员菜量提醒情况

（四）社会公众对餐饮浪费现象深恶痛绝

在回答“如何看待各种餐饮浪费现象?”的问题时，有 564 名受访者选择了“浪费可耻、十分厌恶”，占总数的63.5%；288 名受访者认为“浪费不该、比较厌恶”，占总数的32.4%；与此形成鲜明对比的是，对餐饮浪费持“一般/无所谓”态度的受访者只有12名，仅占总数的1.4%；认为餐饮浪费属于“个人自由、并无不妥”的仅有6人，仅占总数的0.7%；另有18名受访者表示“不好说”，占比为2%。“浪费可耻、十分厌恶”与“浪费不该、比较厌恶”两项相加，对餐饮浪费行为持否定看法、厌恶餐饮浪费现象的受访者比例高达95.9%（见图9）。这意味着我国绝大多数民众对餐饮浪费现象是深恶痛绝的。

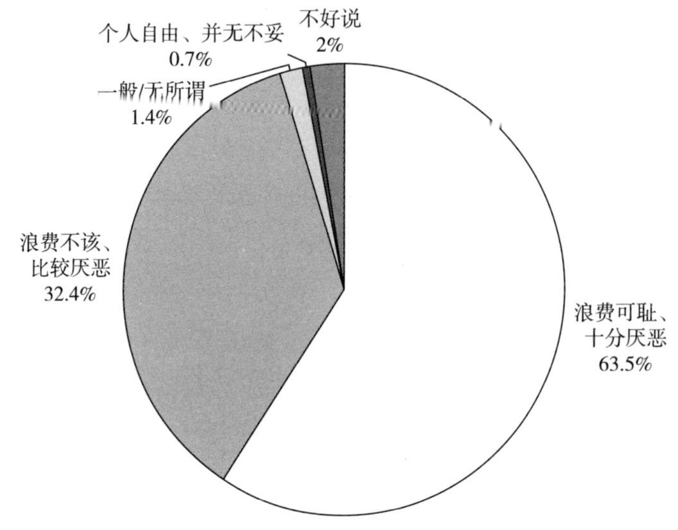

图9 受访者对餐饮浪费现象的态度

（五）社会公众参与热情较高

社会公众不仅对餐饮浪费现象持否定态度，并且对遏制餐饮浪费的实际行动也十分支持，愿意积极参与。在回答“对光盘行动持什么态度?”的问题时，有多达857名受访者对餐饮业“光盘行动”表示“赞同”，占比高达96.5%；与之相对照的是不赞同“光盘行动”的受访者只有10名，仅占总数的1.1%，另有21名受访者表示“不好说”，占2.4%（见图10）。

若以民众参与“光盘行动”的热情来衡量，我国“厉行节约、反对浪费”的行动具有深厚的群众基础。这表明我国绝大多数民众不仅对餐饮浪

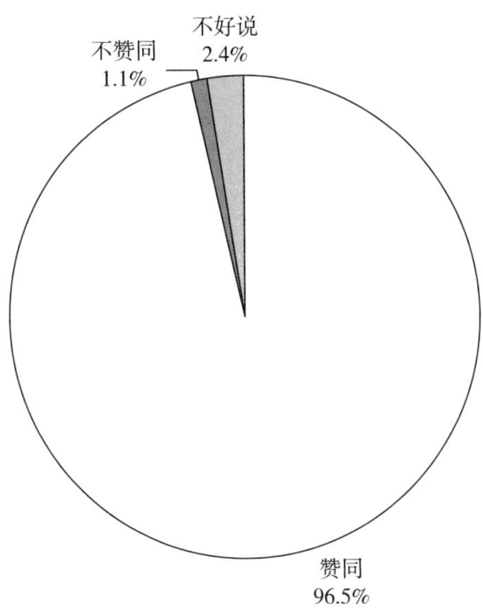

图10　受访者对“光盘行动”的态度

费现象持否定看法和厌恶态度，还愿意进一步投身于“光盘行动”等制止餐饮浪费的具体实际行动中去。

可见，制止餐饮浪费的挑战与机遇并存。虽然社会公众依然感知到餐饮浪费的现状较为严重，且大多数民众均有过餐饮浪费的亲身经历，餐饮业者制止浪费工作仍不到位，但是绝大多数民众对餐饮浪费现象是持否定看法和厌恶心态的，并愿意积极参与“光盘行动”等制止餐饮浪费的具体实际行动。根植于中华民族“勤俭节约”的优良传统，“厉行节约、反对浪费”已经具备了深厚的群众基础和较高的参与程度。

二　餐饮浪费行为的成因与危害

（一）“缺乏节约意识”“面子文化”“没有打包习惯”被视为餐饮浪费的主因

在回答“是什么原因导致了餐桌浪费现象?”的多选题时，有多达59.0%

的受访者选择了“缺乏节约意识”，位列第一；紧随其后的是“面子文化”，有56.5%的受访者选择；而排在第三的则是“没有打包习惯”，有53.8%的受访者勾选了此项，这三项构成了“第一梯队”，勾选率均在50%以上。排在4到6位的选项依次是“消费观念的变化”、“生活水平提高”以及“待客和应酬需要”，分别有49.5%、47.7%和45.9%的受访者选择，勾选率均在40%以上，构成“第二梯队”。“缺少管理和法律上的约束”“炫耀性消费”“饭菜难吃/不合口味”，三个选项组成了“第三梯队”，勾选率在20%以上，分别被30.5%、29.8%、25.2%的受访者勾选。“食物种类太多”“菜量太大”“公款消费”“用餐场景约束”“媒体宣传广告的负面效应”的勾选率均在20%以下，分别有17.9%、16.2%、14%、10.9%、6.6%的受访者勾选（见图11）。

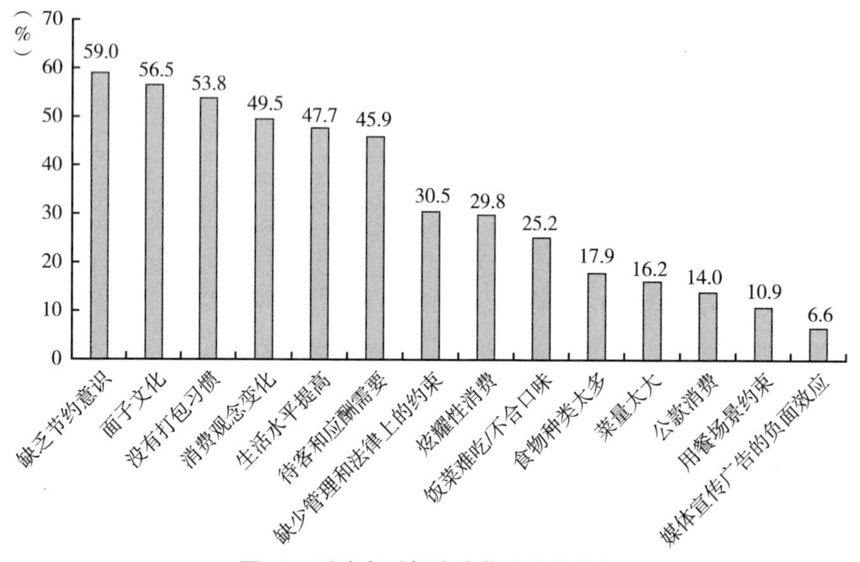

图11　受访者对餐饮浪费成因的看法

由此可见，在社会公众的主观感知中，“缺乏节约意识”“面子文化”“没有打包习惯”等是造成我国当前餐饮浪费现象的主要成因。

（二）“浪费粮食、危害国家粮食安全”“助长奢侈浪费歪风邪气”“不利于经济社会可持续发展”被视为餐饮浪费的主要危害

在回答“餐饮浪费会造成哪些危害?”的多选题时，有高达92.2%的受

访者选择了“浪费粮食、危害国家粮食安全”。紧随其后的是“助长奢侈浪费的歪风邪气”，有83.7%的受访者选择了此项。排在第三位的危害是“不利于经济社会可持续发展”，有69.8%的受访者选择了此项。有65.3%的受访者选择了“污染自然环境”，58.3%的受访者选择了“损害国家和民族形象”。以上五个选项勾选率均在50%以上。而“加剧社会不平等感”和“危害人民群众身体健康”选择率偏低，分别只有46.5%和38.4%的受访者选择（见图12）。

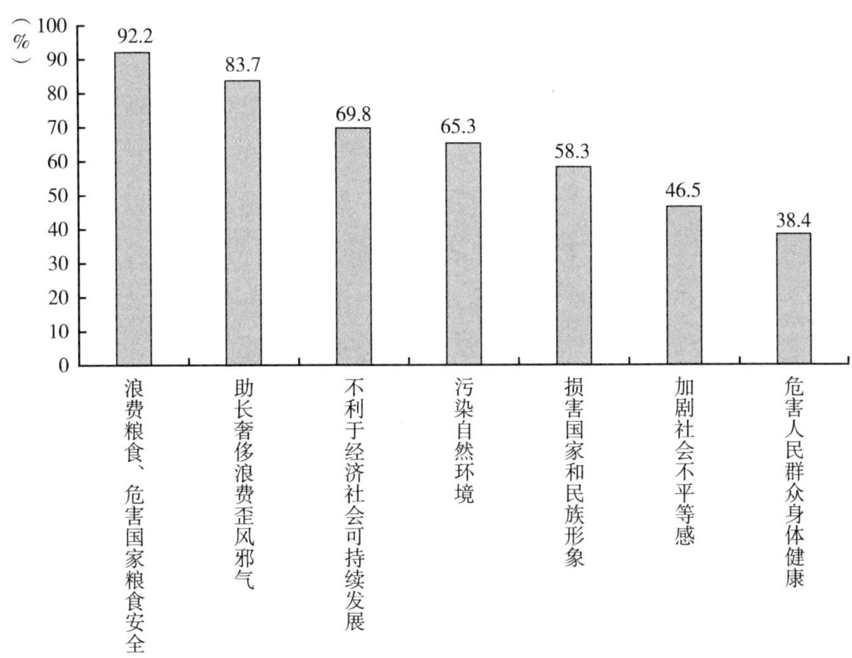

图12　受访者对餐饮浪费危害的看法

由此可见，在社会公众的主观感知中，我国当前餐饮浪费的主要危害在于“浪费粮食、危害国家粮食安全”“助长奢侈浪费歪风邪气”“不利于经济社会可持续发展”等方面。调查结果显示，民众认为餐饮浪费行为具有很强的负外部效应，如果放任浪费的存在就会危害国家和社会的公共利益。这就需要党和国家对其进行干预和纠正。

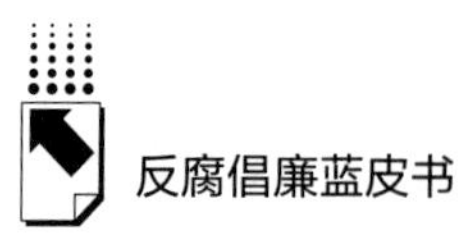

三　餐饮浪费行为发生的重点领域

我国饮食文化历史悠久、博大精深，拥有丰富多样的菜系、灵活多变的就餐形式和种类繁多的就餐场景。测量各领域餐饮浪费的程度，区分出浪费程度较为严重的领域，有利于分类治理、精准施策。课题组就发生餐饮浪费的重点菜系、领域和场景进行了调查。

（一）“川菜”“东北菜”“粤菜”被视为浪费程度较高的菜系

各种菜系在选材用料、烹饪技艺、口味方面各不相同，同时各种菜系的餐饮浪费程度也不尽相同。为此，课题组专门在问卷中设计了“哪些菜系更容易出现餐桌浪费?”的多选题。调查结果表明：受访者认为，在9大菜系中最容易出现餐饮浪费现象的是“川菜”，有37.8%的受访者选择。其次是“东北菜”，33.0%的受访者选择。排在第三位的是“粤菜”，有29.2%的受访者选择。排在4到6位的依次为“湘菜”“闽菜”“鲁菜”，分别有24.5%、24.1%、22.2%的受访者选择。而排在最后三位的菜系分别为“徽菜”“苏菜”“浙菜”，分别只有16.7%、16%、15.8%的受访者选择（见图13）。

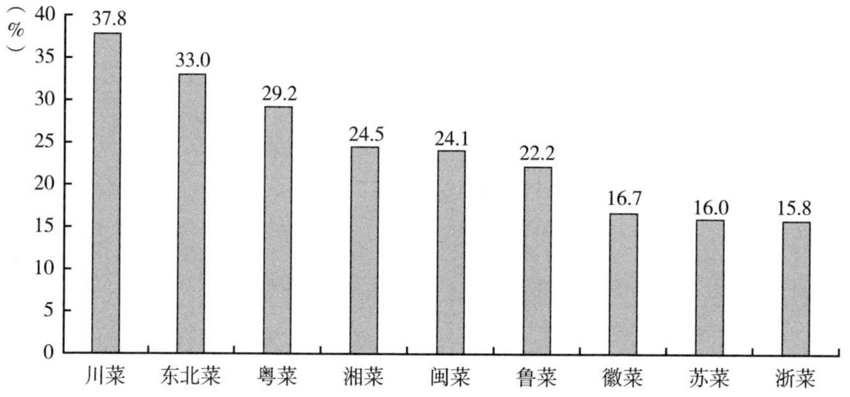

图13　受访者对不同菜系浪费程度的感知

由此可见，社会公众的主观感受中，浪费程度最高的菜系是川菜，东北菜和粤菜也是浪费程度较高的菜系，而湘菜、闽菜、鲁菜三种菜系的浪费程度较为适中，徽菜、苏菜、浙菜属于浪费程度较低、相对节约的菜系。

（二）“桌餐/点菜”“流水席”“火锅”被视为浪费程度较高的就餐形式

课题组专门挑选了一些较为主流的用餐方式，用以测量何种用餐方式更容易产生餐饮浪费行为。调查结果表明：桌餐/点菜位居第一，有57.8%的受访者选择此项。有42.2%的受访者选择了“流水席/回转寿司”，有41.9%的受访者选择了“火锅”，有38.9%的受访者选择了“自助餐”。排名较低的就餐形式是“份饭/盒饭”、“食堂打饭”、“西式快餐”以及“烧烤”，分别只有18.6%、15.7%、13.7%、10.6%的受访者选择（见图14）。

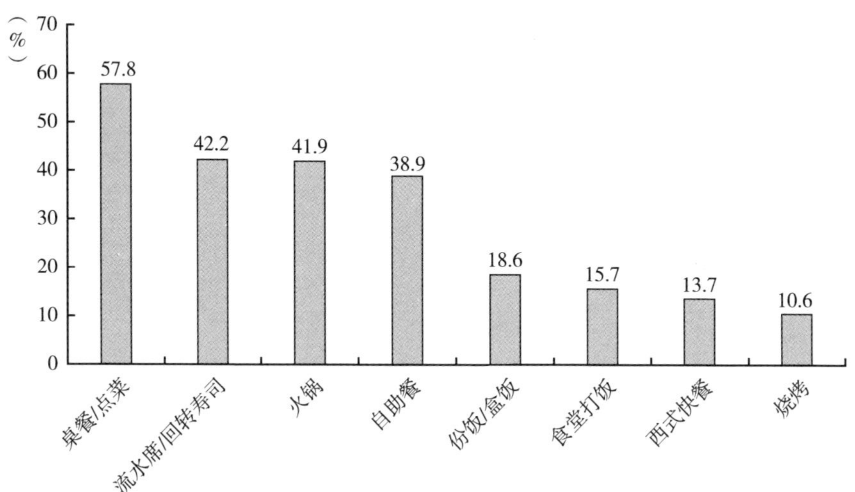

图14　受访者对不同就餐形式浪费程度的感知

由此可见，在社会公众的主观感受中，“桌餐/点菜”属于最容易出现餐饮浪费的就餐形式，而“流水席/回转寿司”“火锅”“自助餐”属于浪费程度较高的就餐形式，“份饭/盒饭”“食堂打饭”“西式快餐”“烧烤”属于浪费程度相对不太严重的就餐形式。

（三）“婚宴、寿宴等宴席”“商务宴请”“公务接待”属于浪费程度较高的用餐场合

在回答“哪些场合中更容易出现铺张浪费问题?”的多选题时，受访者认为最容易出现餐饮浪费的就餐场景为“婚宴、寿宴等宴席”，其勾选比例高达75.7%。紧随其后的是“商务宴请”，勾选比例达到了65.7%。排在第三位的是“公务接待”，勾选比例为53.0%。排在第四位是“亲友外出聚餐”，有44.7%的受访者选择了此项。与排在前四位的就餐场合相比，“学校食堂就餐”“家庭聚餐、家宴”“单位食堂就餐”的勾选率稍低，分别有17.3%、17.2%、17.0%的受访者选择，而“自己烹饪”被认为是其中浪费程度最低的就餐场景，仅占2.7%（见图15）。

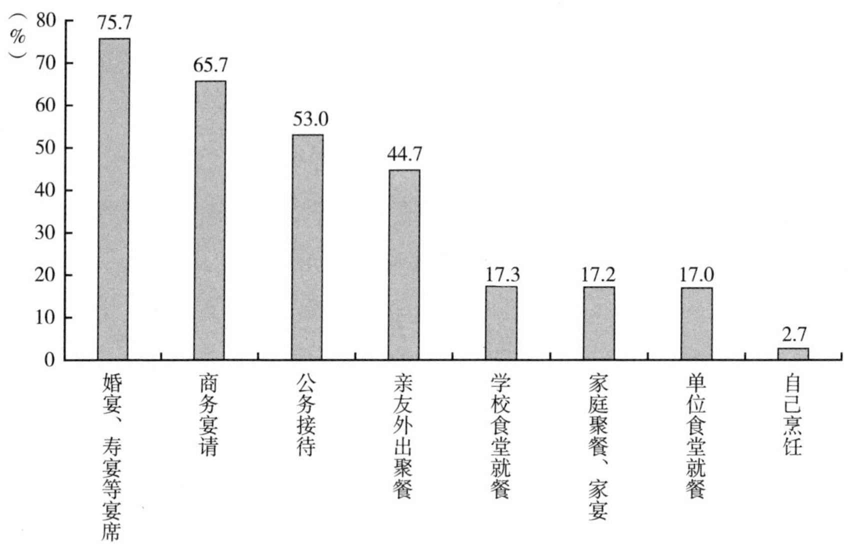

图15　受访者对不同就餐场合浪费程度的感知

因此，在社会公众的主观感受中，浪费程度最高的用餐场景是“婚宴、寿宴等宴席”，而“商务宴请”“公务接待”“亲友外出聚餐”属于浪费程度较高的用餐场景，“学校食堂就餐”“家庭聚餐、家宴”“单位食堂就餐”属于浪费程度相对不太严重的用餐场景，而“自己烹饪”的浪费程度最低。

（四）公务接待浪费问题较以往明显改善

公务接待被视为是容易导致餐饮浪费的第三大场合，那么通过党的十八大以来的严厉整治，公务接待特别是公款餐饮浪费现象是否较以往有所好转呢？课题组的问卷调查结果显示：在回答“目前，公款餐饮浪费行为是否得到有效遏制？”的问题时，有150名受访者选择了“完全得到遏制”，占总数的16.9%；有551名受访者认为“在一定范围内得到遏制”，占总数的62.0%；认为“差不多，没有太大变化”的受访者有56人，占比为6.3%；而认为“完全没有得到遏制”的受访者仅有19人，占总数的2.1%；另外，还有112名受访者对此表示“不了解”，占总数的12.6%（见图16）。“完全得到遏制”和“在一定范围内得到遏制”两项相加，认为公款餐饮浪费已得到不同程度遏制的受访者占比高达78.9%。

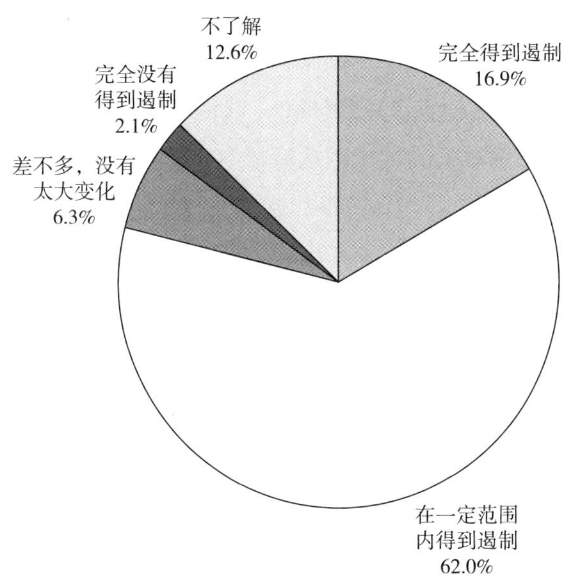

图16　受访者对公款餐饮浪费现状的感知

这一结果表明，在社会公众的主观感知中，公款吃喝浪费的现象已经得到有效遏制。这是党的十八大以来，以习近平同志为核心的党中央全面从严治党，深入贯彻落实“中央八项规定”精神、持续纠正“四风”取得明显成效的具体体现。

由此可见，川菜、东北菜、粤菜等菜系，桌餐点菜、流水席、火锅和自助餐等餐饮形式以及婚宴寿宴、商务宴请、公务接待等就餐场景是我国餐饮浪费的重点领域。其中，公务接待中的餐饮浪费行为虽有所好转，但仍需从严管理、从严监督，防止“四风”问题反弹。

四　制止餐饮浪费的着力点

（一）建立奖惩机制被视为制止餐饮浪费的关键

党和政府在制止餐饮浪费的过程中发挥了主导作用。在回答“政府需要采取哪些措施来制止餐饮浪费行为?”的多选题时，被勾选最多的选项是“建立鼓励节约、严惩浪费奖惩机制”，有高达 79.5% 的受访者勾选此项。而紧随其后的是“根据不同的用餐场景，分类细化管理规则”，有 77.5% 的受访者勾选。上述两项的勾选比例远高于其他 5 项。排名第 3 ~ 6 位的依次是“把制止餐饮浪费作为‘一把手’工程”“严格执纪执法，加大打击力度”“加大媒体曝光力度，形成震慑”“设立群众监督举报渠道”，分别有 57.3%、56.5%、54.6%、54.4% 的受访者勾选。“将浪费严重的消费者纳入失信惩戒名单”这一做法的勾选比例最低，仅有 44.3% 的受访者选择此项（见图 17）。

由此可见，社会公众对“建立鼓励节约、严惩浪费奖惩机制”和“根据不同的用餐场景，分类细化管理规则”的做法较为肯定，“把制止餐饮浪费作为‘一把手’工程”“严格执纪执法，加大打击力度”“加大媒体曝光力度，形成震慑”“设立群众监督举报渠道”的做法也较为认可，但对“将浪费严重的消费者纳入失信惩戒名单”的做法相对谨慎。

进而言之，行业协会和餐饮企业也应“有的放矢”，采取有效的具体措施预防和制止餐饮浪费行为的发生。在回答“哪些措施对制止餐饮浪费作

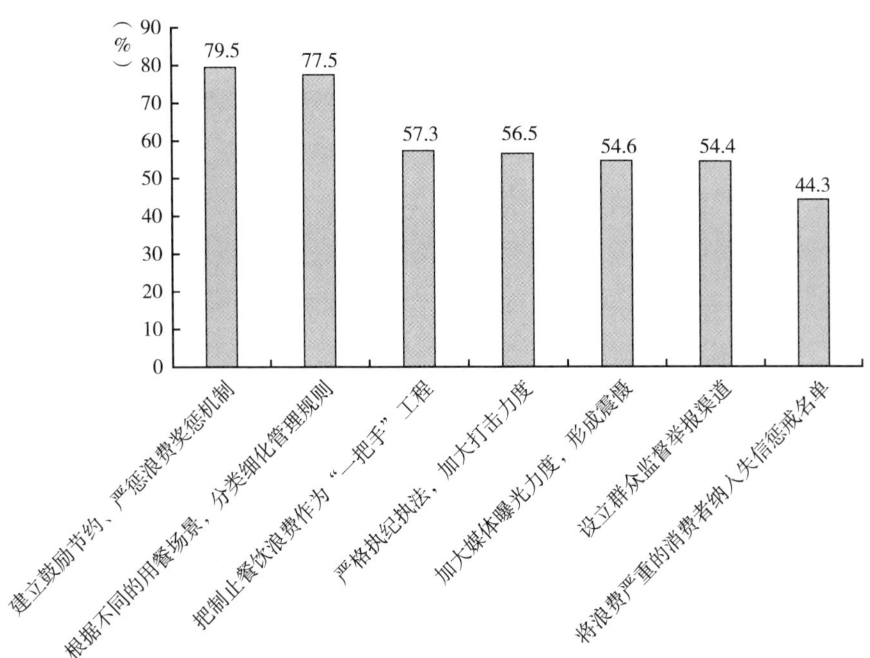

图 17　受访者对制止餐饮浪费措施的看法

用最大?”的多选题时，有 68.0% 的受访者选择了“反对餐饮浪费的社会倡议、呼吁”，紧随其后的是“对‘光盘消费者’给予奖励”，被 62.8% 的受访者选择；排在第三的是“点菜时被提醒饭菜分量”，被 59.8% 的受访者选择；排在第四位的是“对存在用餐浪费的酒店或餐厅等进行处罚并进入诚信体系”，被 57.8% 的受访者选择；位列第 5 ~ 9 位的措施依次为“必须标注食物分量”“推行餐饮改革，实行小份多样”“对没有餐饮浪费的餐饮企业进行表彰和奖励”“对厨余垃圾收取高额处理费”“允许餐饮企业收取‘光盘’用餐押金”，分别被 50.8%、48.4%、44.6%、38.5% 和 32.8% 的受访者选择（见图 18）。

由此可见，在社会公众看来，“反对餐饮浪费的社会倡议、呼吁”对制止餐饮浪费的作用最大，“对‘光盘消费者’给予奖励”“点菜时被提醒饭菜分量”“对存在用餐浪费的酒店或餐厅等进行处罚并进入诚信体系”的做法也有较大作用，而“必须标注食物分量”“推行餐饮改革，实行小份多样”“对没

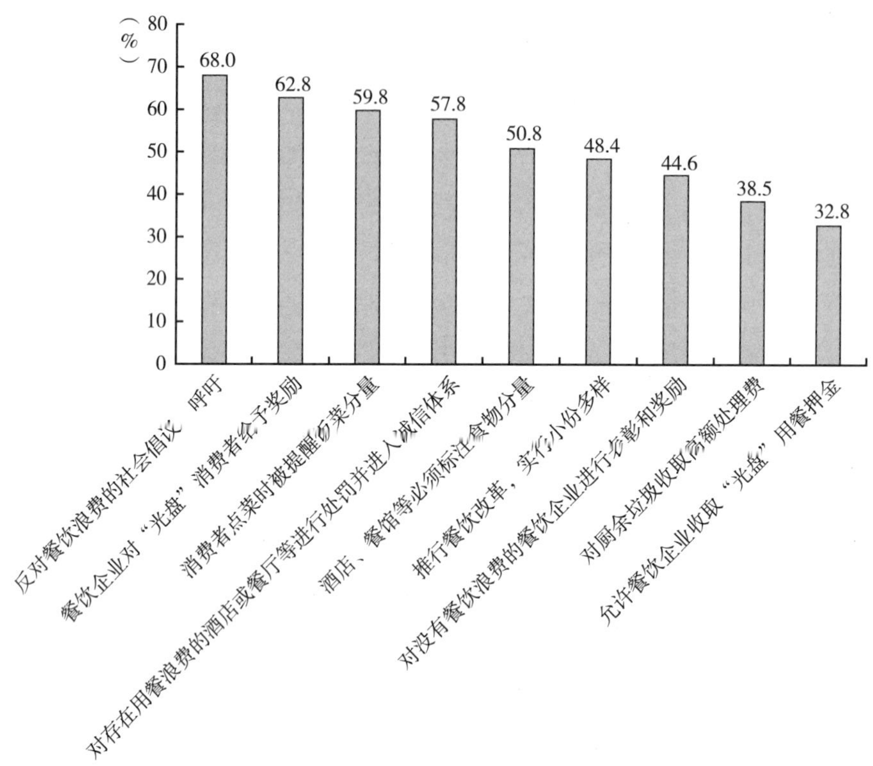

图 18　受访者对制止餐饮浪费监管措施的看法

有餐饮浪费的餐饮企业进行表彰和奖励”“对厨余垃圾收取高额处理费”“允许餐饮企业收取‘光盘’用餐押金”的措施对制止餐饮浪费有一定作用。

综合这两道多选题来看，建立奖惩机制被视为改变餐饮企业和消费者行为的关键所在。例如，让餐饮企业对“光盘”的消费者予以各种形式的奖励作为一种激励机制被受访者认为是制止餐饮浪费第二大管用的措施。然而“将浪费严重的消费者纳入失信惩戒名单”、“对厨余垃圾征收高额处理费”和允许企业征收“光盘”押金等惩罚机制虽然尚属设想，但此类措施在民众偏好谱系中排序较低，被受访者列为制止餐饮浪费措施的末位。这恰恰显示出在构筑“厉行节约、反对浪费”的激励约束机制中，餐饮业者和消费者更偏爱激励而更倾向于逃避惩罚，激励与约束两种机制呈现出不均衡发展的特点。不会自愿接受浪费的惩罚恰恰说明有关部门在推进立法工作的过程中，有必要研究制定通过征收厨余垃圾特别处理费等方式建立强制性惩戒机制，以此约束、惩罚餐饮企业和消费者的浪费行为，从而使激励约束机制形成一个完整的闭环。

需要特别指出的是，对于过量的厨余垃圾征收处理费的做法在一些国家已成为制止餐饮浪费的重要手段被写入相关法律规定之中，但对我国来说尚属于较为新颖的构想，在上述9种选项中排在倒数第二位。① 但在回答“是否有必要对餐饮浪费行为收取厨余垃圾特别处理费?”的单选题时，仍有多达408名受访者认为“非常有必要”，占总数的45.9%；对此持“比较有必要”观点的受访者有257名，占总数的28.9%；对此持“一般”观点的受访者有92名，占总数的10.4%；对此持“没有必要”观点的受访者有68名，占总数的7.7%；而认为“非常没有必要”的受访者仅有12人，占总数的1.4%；另有51名受访者表示“不好说”，占总数的5.7%（见图19）。

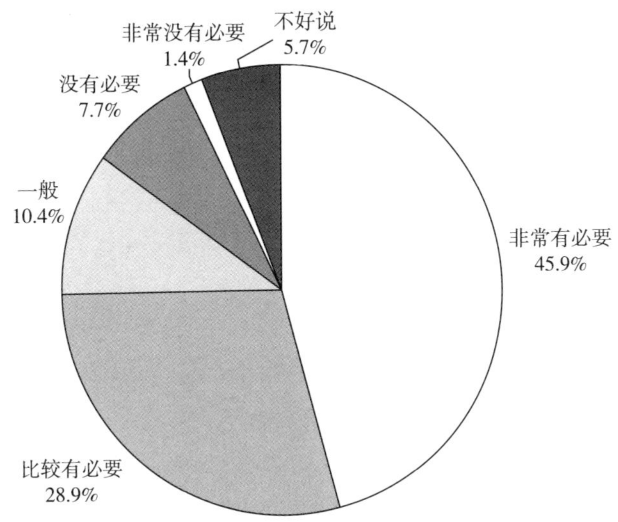

图19　受访者对征收厨余垃圾特别处理费的态度

① 由于厨余垃圾是食品加工、烹饪和消费过程中的直接产出，其数量多少一定程度上能够直观反映消费者和餐饮企业的浪费程度。过多的厨余垃圾意味着消费者和餐饮企业的浪费程度较高，同时也加重了垃圾处理的成本和环境污染的程度。

选择“非常有必要”或“比较有必要”的受访者加总占比高达74.9%，表明当此种措施变为一项无法逃避的约束性措施时，民众的支持度仍处于高位。

（二）制定法律法规制止餐饮浪费行为获得大多数民众的支持

课题组专门就民众对立法方式防止餐饮浪费的态度进行了调查，结果显示：有363名受访者认为“非常有必要”专门制定国家法律或地方性法规制止餐饮浪费，占总数的40.9%；有294名受访者认为“比较有必要”，占总数的33.1%；有107名受访者认为“一般”，对此持中立态度，占总数的12.0%；认为“没有必要”的受访者有64名，占总数的7.2%；而认为“非常没有必要”的受访者仅有10名，占总数的1.1%；另有50位受访者表示“不好说”，占总数的5.6%（见图20）。

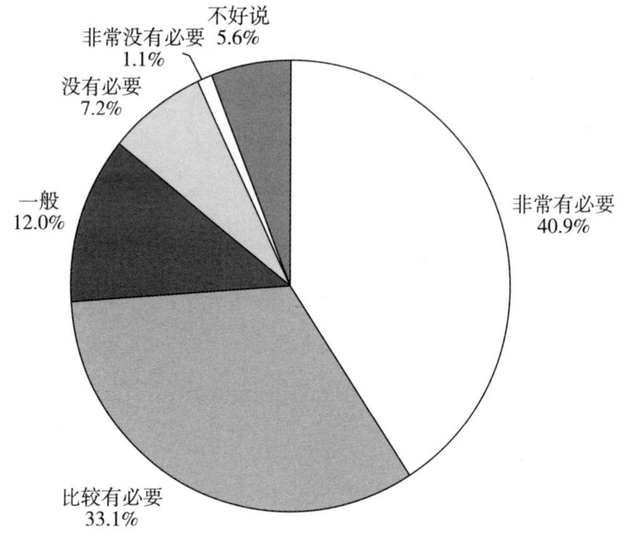

图20　受访者对立法方式防止餐饮浪费的态度

从问卷结果来看，认为“非常有必要”或“比较有必要”的受访者占总数的74%，支持反食品浪费法的受访者占据绝大多数。可见，我国以立法方式倡导厉行节约、反对浪费有着深厚的民意基础，这为日后反食品浪费法的制定和执行提供了有利条件。

（三）对于各类媒体在制止餐饮浪费中的作用也要通过立法加以规范

各类媒体无论是传统媒体还是新兴媒体，都在传播饮食文化方面发挥着重大的作用。媒体对“厉行节约、反对浪费”的正面宣传能够唤醒、培养社会公众的节约意识，能够塑造反对浪费的社会风尚。反之，媒体的负面内容会对厉行节约、反对浪费带来负面影响，甚至加剧浪费程度。因此，有必要在立法中对媒体的功能和作用做出明确的规定。在回答“是否应该在立法中规定媒体以公益广告等形式广泛开展厉行节约、反对浪费的宣传活动?”的问题时，601 名受访者认为“非常有必要”，占总数的 67.7%；220 名受访者认为“比较有必要”，占比为 24.8%；38 名受访者认为“一般”，对此持中立态度，占比为 4.3%；有 9 位受访者表示“没有必要”，占比为 1.0%；仅有 2 名受访者表示“非常没有必要”，占比为 0.2%；另有 18 名受访者表示“不好说”，占比为 2.0%（见图 21）。“非常有必要”与“比较有必要”两项加总，共有 92.5% 的受访者认为有必要在立法中规定媒体以公益广告等形式广泛开展厉行节约、反对浪费的宣传活动。这表明大多数社会公众对宣传媒体的正面作用持肯定看法。

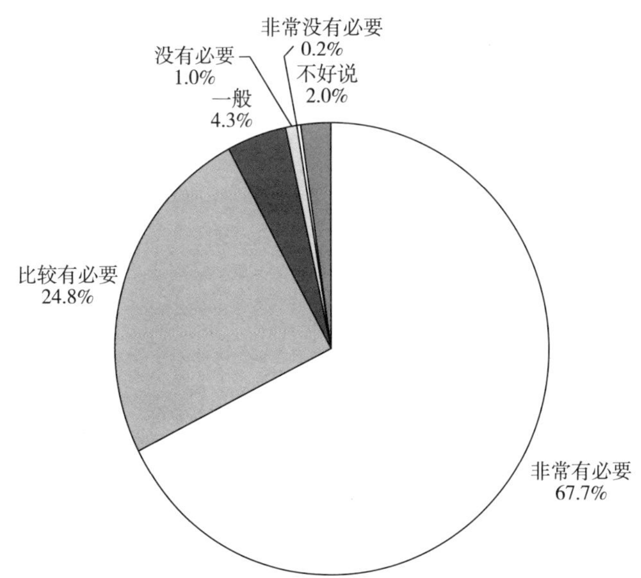

图 21　受访者对公益广告等正面媒体内容的态度

另外，媒体这一渠道也是一把“双刃剑”，由于内容质量参差不齐，不少劣质内容通过媒体渠道得以放大，对“厉行节约、反对浪费”产生了十分恶劣的负面影响。其中最为典型的就是在短视频平台上的各种“吃播”节目。在回答“是否应该对美食节目、纪录片以及‘吃播’短视频等进行规范和限制?”的问题时，有413名受访者表示“非常有必要”，占受访者总数的46.5%；221名受访者表示“比较有必要”，占24.9%；92名受访者表示“一般”，对此持中立态度，占总数的10.4%；113名受访者表示“没有必要”，占比为12.7%；仅有9名受访者表示“完全没有必要”，占总数的1.0%；另有40名受访者表示“不好说”，占4.5%（见图22）。如果将“非常有必要”和“比较有必要”两项相加，共有高达71.4%的受访者认为应该对美食节目、纪录片以及“吃播”短视频等进行一定程度的规范和限制。

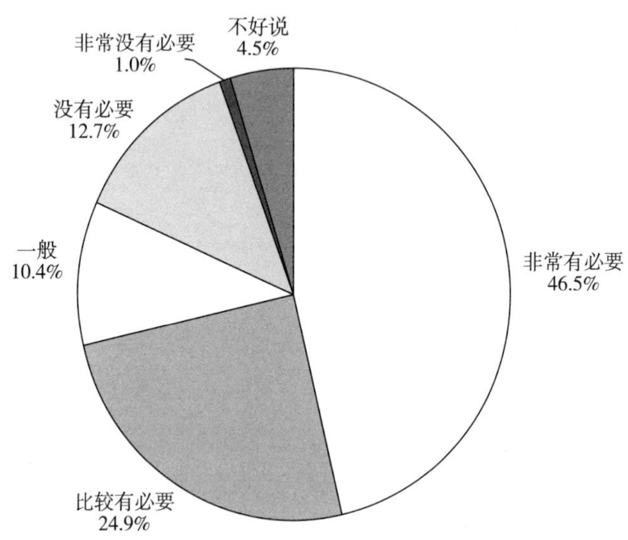

图22　受访者对规范和限制“吃播”等负面媒体内容的态度

由此可见，在民众看来，媒体是影响餐饮行为的重要渠道，高质量的公益广告对于培养节约习惯，营造浪费可耻、节约为荣的氛围能够发挥不可替代的重要影响，而对宣扬铺张浪费的劣质内容应该进行大力规范与限制。

（四）餐饮企业负有制止餐饮浪费的责任和义务

如前所述，餐饮场所是制止餐饮浪费行为的前沿阵地和第一道“关口”。餐馆、饭店、食堂等场所是广大公私消费群体外出就餐的主要场所，大量的餐饮浪费就发生在这三个场所内，那么经营此类场所的餐饮行业主体是否有责任去预防、制止餐饮浪费的发生呢？课题组就民众对这一问题的态度进行了专门调查。在回答“食堂、餐馆、饭店等餐饮行业主体是否有责任和义务去纠正餐桌浪费的行为？”的问题时，有601名受访者选择了“完全有责任和义务”，占总数的67.7%；有251名受访者选择了“部分责任和义务”，占总数的28.3%；仅有5名受访者认为“完全没有责任和义务”，占总数的0.6%；另有31名受访者对此表示“不好说”，占总数的3.5%（见图23）。

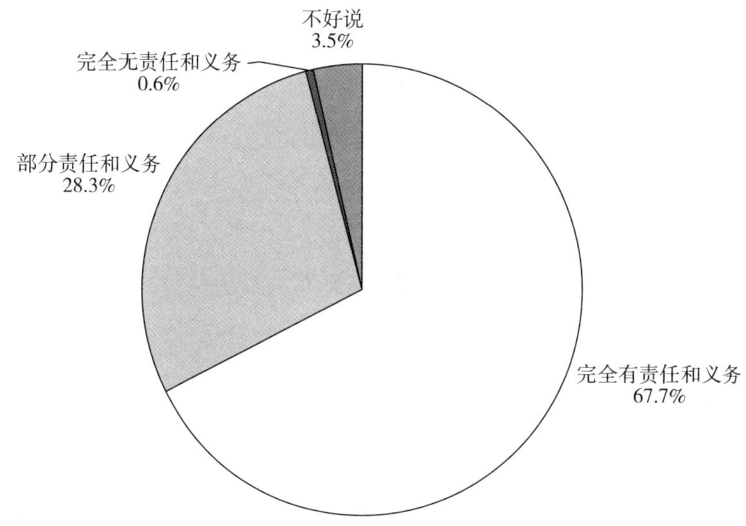

图23　受访者对餐饮行业主体纠正浪费责任义务的态度

选择“完全有责任和义务”或“部分责任和义务”的受访者占比高达95.9%，这清楚地表明，社会公众认可餐饮场所是制止浪费的前沿阵地这一观点，餐饮企业身处“厉行节约、反对浪费”的第一线，对预防和纠正消费者的浪费行为应义不容辞。

目前，餐饮企业预防浪费的一项主要做法就是提供半份菜或小份菜，由于能够给消费者提供更多选择并节省用餐费用，接受度也较高。在回答“提供小份饭菜是否有利于节约粮食?”的单选题时，有 414 名受访者认为“非常有利”，占 46.6%；有 264 名受访者认为“比较有利”，占 29.7%；认为“一般”的受访者有 110 名，占 12.4%；认为“比较不利”的受访者有 19 名，占 2.1%；而认为“非常不利”的仅有 6 人，占 0.7%；另有 75 名受访者对此表示“不好说”，占 8.4%（见图 24）。

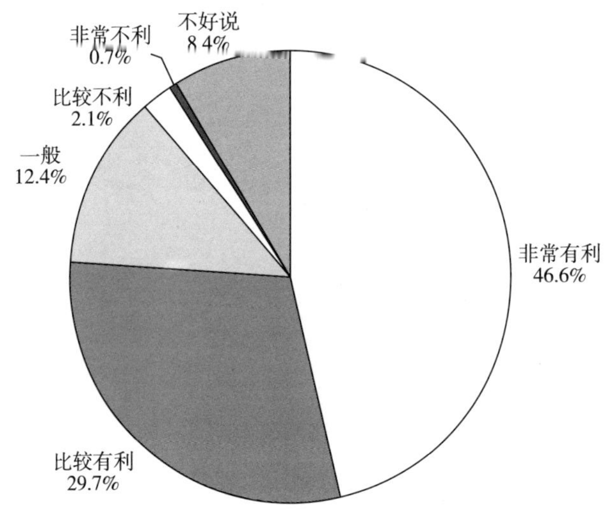

图 24　受访者对小份饭菜是否有利于节约粮食的态度

认为“非常有利”或“比较有利”的受访者相加占比高达 76.3%，可见在社会公众看来如果能够将“提供小份饭菜”为代表的措施提升为餐饮企业必须遵守的规范，节约粮食的效果是较为肯定的。

五　制止餐饮浪费行为的对策建议

课题组认为，严重的餐饮浪费行为是一种“复合型过错”，其责任不仅在于产生浪费行为的当事人一方，与其共同在场的所有消费者、餐饮行业从

业人员、餐饮企业、行业协会、监管部门甚至媒体宣传等都负有一定的连带责任。如果是党员领导干部发生餐饮浪费，特别是公款餐饮浪费行为，其责任还应包括其单位直属领导和纪检监察机关。因此，贯彻落实习近平总书记重要指示精神，防止餐饮消费变为餐饮浪费、打赢制止餐饮浪费这场“持久战”必须坚持依法治理、协同治理、分类治理、精准治理的原则，以党委、政府、监管部门、行业协会、餐饮企业、媒体平台和广大消费者为治理主体，以立法为手段，以建立激励约束机制为关键，以餐饮行业高质量发展为前提，以宣传为途径，通过科技赋能与全社会的共同参与，推动形成不敢浪费、不能浪费、不想浪费的绿色发展方式和绿色生活方式。

（一）坚持党对制止餐饮浪费工作的全面领导，充分发挥党组织战斗堡垒和党建引领作用

问卷调查结果表明，大多数民众认为，党和政府应在制止餐饮浪费的过程中发挥主导性作用，具体要通过建立奖惩机制、细化管理规则、列为一把手工程等方式坚决制止餐饮浪费。习近平总书记指出，东西南北中，党政军民学，党是领导一切的。因此，要打赢“厉行节约、反对浪费”这场持久战，必须坚持党的全面领导，充分发挥党组织战斗堡垒作用和党员干部先锋模范作用，实行党政同责，层层传导压力。

一是各级党委要主动扛起“厉行节约、反对浪费”的政治责任，增强“四个意识”，从生态文明建设和国家粮食安全高度来统筹经济社会发展与制止餐饮浪费的问题。二是要明确领导班子、班子主要负责人以及班子成员之间的责任分工，构建完整的制止餐饮浪费任务分工和责任体系。领导班子应对本地区、本部门的餐饮浪费负全面领导责任；领导班子主要负责人是第一责任人，应对餐饮浪费问题亲自过问、亲自部署，在“米袋子”“菜篮子”的一把手负责制之外，研究建立“餐馆子”一把手负责制；班子其他成员根据工作分工，在职责范围内负主要领导责任。纪检监察机关要肩负起监督责任，承担起加强对本地区、本单位、本系统内厉行节约、反对浪费执行情况的经常性地开展监督检查，及时发现、查处餐饮浪费中的违纪违法问

题。三是要充分发挥干部考核制度体系的“指挥棒”作用，将制止餐饮浪费的工作情况纳入各级党政班子和干部考核体系，作为干部选拔任用的重要参考依据。对制止餐饮浪费有突出贡献的干部和企业进行奖励和表彰，将个人浪费情况纳入干部“廉政档案”，必要时对辖区餐饮浪费情况严重的干部考核实行“一票否决”。四是要通过层层传导压力、分解责任、严格贯彻落实“中央八项规定”精神及其实施细则，严禁举办、参与超规模、超规格的婚宴、寿宴等宴席，禁止参加各类违规的宴请活动，以先锋示范作用带领人民群众践行节俭节约新风尚。五是要继续保持对公款餐饮浪费的高压态势，严格控制“三公经费”，严格执行公务活动用餐标准，积极推行分餐制和标准化饮食，充分发挥党建引领作用，以公务用餐方式的变革引领餐饮经营方式和家庭用餐方式的变革。

（二）坚持以习近平法治思想为指导，加快构建制止餐饮浪费的法治体系

问卷调查结果表明，大多数民众都支持专门制定国家法律或地方性法规制止餐饮浪费行为的发生，以立法方式倡导厉行节约、反对浪费有着深厚的民意基础。因此，必须以习近平法治思想为指导，以法治思维、法治方式制止餐饮浪费，加快构筑“厉行节约、反对浪费”的法律法规体系。

一是全国人大应积极稳妥地推进《反食品浪费法》《粮食安全保障法》的立法工作，及时将习近平总书记的重要指示精神和党中央的主张上升为国家意志，使制止餐饮浪费、保障粮食安全有法可依、于法有据。二是在立法策略上，要注重发挥中央与地方两个积极性，坚持开门立法。在国家正式法律出台前，鼓励地方自主探索先行先试，制定务实管用的地方性法规或部门规章，及时总结探索试点经验。而在国家法律出台后，地方政府应进行及时梳理，防止地方法规与国家法律的规定产生矛盾，并根据情况调整上下位法之间关系，确保“全国一盘棋”。同时注意在立法过程中广泛征求包括政府部门、企业、从业人员、消费者以及专家学者的建议。三是要注重党内法规和国家法律之间的衔接与配合。目前涉及制止餐饮浪费的规定和要求较为分

散，既有党内法规制度又有法律法规和部门规章，缺乏系统性、整体性和针对性，因此要系统性地梳理有关法律法规，确保执纪与执法有机结合，让恶意浪费者既受到党纪惩处又受到法律制裁。四是要强化必要的约束措施和惩戒机制，使制止浪费的法律法规长出牙齿。明确约束惩罚措施，对未能制止餐饮浪费行为发生的单位、企业、消费者和媒体进行警告、责令改正和处罚。五是要坚持从严执纪执法，形成不敢浪费的高压态势。法律的生命力在于执行、制度的生命力也在于执行，但“徒法不足以自行”。因此，一方面要建立、拓展监督举报渠道，有关部门应设立监督举报热线，并在其官网上设立监督举报曝光专区，鼓励干部、群众举报身边的浪费行为，将餐饮浪费置于人民战争的汪洋大海。另一方面要明确赋予有关部门监管权和执法权，能够根据群众反映的问题和主动调查所获得的信息，定期开展执纪执法联合检查，提高监督精准性，对餐饮浪费中存在的违纪违法甚至犯罪问题及时进行查处。同时，在保持公款餐饮消费高压态势不变的基础上，有针对性加强对私人消费的监督检查，拓宽监管执法领域，推动形成线下就餐和线上外卖平台的协同监管、协同执法。要注重破除制止餐饮过程中的形式主义与官僚主义问题，防止执行偏差和矫枉过正。六是要“关口前移”，将一部分执法权下放给行业协会或餐饮企业。例如，允许餐饮企业可以在法律规定的范围内对恶意浪费的消费者征收厨余垃圾处理费，或餐前收取“就餐押金”并根据餐后余量做出返还或没收决定，以此引导消费者按需点餐。

（三）以“十四五”规划的制定实施为契机，促进餐饮行业高质量发展

问卷调查结果表明，我国各种菜系、餐馆类型和就餐场合的浪费程度具有一定异质性，同时餐饮行业主体的管理和服务还存在诸多有待完善之处。这些菜系、餐馆类型和就餐场合的流行程度往往又与其浪费程度成正比，从而更加剧了餐饮浪费的程度。因此，以“十四五”规划的制定实施为契机，引导餐饮行业摒弃传统粗放型的增长方式，贯彻新发展理念，加快构建新发

展格局，推动餐饮行业进入绿色、节约、高质量发展的新阶段。

一是要遵循科学规律，制定统一标准。有关部门应研究制定科学合理的衡量餐饮浪费或节约程度的指标体系，为餐饮浪费行为的法律认定及惩治提供客观、可操作化的标准。二是要加强顶层设计，基于科学的评价指标，制定减少餐饮浪费的量化目标，并根据经济社会发展阶段具体划分为“不敢浪费”的短期目标、“不能浪费”的中期目标和“不想浪费”的远景目标。三是要形成食品生产、加工、运输、储存、销售、消费等全产业链的节约机制和技术，形成“厉行节约、防止浪费”的闭环，防止“破窗效应”发生。四是要推动餐饮行业菜系结构、餐馆结构和就餐场合结构向绿色、节约转型，对容易滋生浪费的菜系、餐饮场所和就餐场合进行重点监管和引导，适当进行总量调节与控制，重点鼓励发展相对节约的菜系、就餐类型和就餐场合。五是要建立餐饮行业考核评价体系和激励约束机制，对规模以上餐饮企业的节约粮食、制止浪费情况进行检查考评，根据检查考评结果对餐饮企业厨余垃圾征收阶梯式的处理费。同时，对做出重大贡献、建立有效举措的餐饮企业予以荣誉奖励或税收、租金减免，同时将浪费情况较为严重的餐饮企业列入“黑名单”，实施限期整改，对屡教不改的企业吊销营业执照、实行行业禁入。六是要加强协同治理，有关部门与行业协会应加强沟通与协作，联合制定、实施餐饮行业发展规划和行业标准化体系，在此基础上鼓励有条件的餐饮企业制定更严格的企业标准。七是压实餐饮企业主体责任，不断规范管理服务，包括优化员工绩效考核，设置“厉行节约、反对浪费”的醒目标识或公益广告，优化菜单设置、明确标注菜品分量，提供整份、半份、小份菜等多种规格，提醒消费者适量点菜，推行公勺公筷、推广分餐制，利用大数据等先进技术分析预判用餐需求、实行动态管理，结账时统一询问打包需求、对“光盘”的消费者给予一定奖励，加强与互联网平台企业的合作，防止外卖渠道餐饮浪费，重视消费者反馈并及时改进。八是鼓励餐饮企业积极投身社会公益事业，在确保食品安全的前提下，拓展餐饮企业多余饭菜、临保质期食品的捐献渠道，形成长效捐赠机制。

（四）加强完善宣传教育，构建唤醒公众节约意识的社会氛围

问卷调查结果表明，在大多数社会公众看来，“缺乏节约意识”等主观意识性因素是造成我国当前餐饮浪费的主要原因。而开展宣传教育是提高公众认知、培养节约习惯的重要举措。因此，要通过进一步加强和改进宣传教育，营造浪费可耻、节约为荣的社会氛围，唤醒和培养社会公众的节约习惯进而制止餐饮浪费。

一是要根据我国社会主要矛盾的变化，优化完善宣传教育理念。把“厉行节约、反对浪费”的核心价值从单纯的物质节俭转变为人类与自然和谐相处的绿色发展、永续发展理念上来，大力宣传倡导绿色低碳的生产方式、生活方式。二是要持续加大宣传教育的力度，对宣传部门和媒体平台的责任和作用做出明确的法律规定，理直气壮地弘扬中华民族勤俭节约的优秀传统，理直气壮地宣传节约光荣、浪费可耻的思想观念。三是要改进宣传教育的方式和方法，优化公益广告制作和宣传投放渠道，注重宣传教育的精准性和有效性，加强不同人群宣传教育的区分度和针对性，防止“千篇一律”的道德说教和形式主义。四是要进一步完善宣传教育的内容，加强对全媒体平台上涉及餐饮、美食节目的审核，大力宣传“厉行节约、反对浪费”的先进事迹和代表模范，限制“吃播”短视频等宣扬铺张浪费的劣质内容，定期公开曝光一批严重餐饮浪费行为负面典型案例和个人，形成震慑，树立正确的价值观、荣辱观、消费观和宣传舆论导向。五是在宣传教育策略上，要坚持常态化、全面性的普及宣传，同时研究设立“国家节约日”等纪念性节日进行重点宣传，使两者有机结合强化宣传效果，促进人民群众形成简约适度、绿色低碳的生活方式和饮食习惯。六是把家庭教育和学校教育作为一项重要工作。制止餐饮浪费要从娃娃抓起，大力弘扬勤俭节约的家风家训，家长要勤俭持家、以身作则，为孩子树立学习榜样，教育引导子女自觉养成正确“三观”、勤俭节约的生活习惯和绿色健康的餐饮方式。同时，坚持德、智、体、美、劳全面发展的素质教育，中小学、高校应结合不同学科、不同课程的特点，有针对性地将杜绝餐饮浪费教育作为德育的重要内容纳入课程教学和考察之中，将学校食堂作为制止餐饮浪费的实践场所，定期在学生群体中开展相关社会实践活动。

（五）加大科研攻关力度，促进科技赋能

餐饮浪费问题虽然备受各界重视，但从整体上看目前我国制止餐饮浪费的做法还相对粗放，尤其是缺乏科学理论、技术和方法的有力支撑。因此，应大力开展反对食品浪费的科学研究，强化科研人才培养力度和科研项目布局，为制止餐饮浪费提供人力和智力支持。

一是将防止食品浪费作为国家科技创新的重点纳入相关科技创新规划，国家自然科学基金、社会科学基金可以重大课题、重点课题或专项课题形式支持相关领域的科学研究，培养一批高素质、专业化的科研人员，推动形成一批高质量的科研成果。二是对防止食品浪费的前沿技术和先进装备研发进行统一部署，加大优质科研成果转化力度，推动“产学研”一体化，培养相应的技术人才，采用先进科技和设备助力制止餐饮浪费工作。三是推动形成系统性的制止餐饮浪费的理论方法体系。组织有关部门和高校科研院所对餐饮浪费开展联合情况监测，定期对不同层级、不同地区、不同人群、不同餐饮场所和不同消费情景开展食物浪费调查，获得确切的浪费信息，制定科学的餐饮浪费评价标准，研究分析导致餐饮浪费的关键成因，为制定制止餐饮浪费的政策措施提供科学依据。四是鼓励有条件的企业积极采用节约粮食的先进技术和方法，减少储存、流通损失，提高加工效能，完善配送体系，采用大数据技术对餐饮业态进行动态管理，在减少食物浪费的同时提升食材新鲜度和餐饮体验。

B.9
持续发力治理学术不端 综合施策建设科研诚信

——2019年9月以来国内学术不端状况及科研诚信建设概述*

中国社会科学院中国廉政研究中心课题组

摘　要：　2019年9月以来，学术不端治理与科研诚信建设工作有了新进展：一大批学术不端案例曝光，涉及重量级学术人物和大规模论文造假；学术界不正之风受到重视，教育文化领域弄虚作假问题引发关注；有关部门新出台了一系列治理学术不端、改革科研评价的制度和文件，科研诚信建设的制度体系和工作机制进一步完善。“十四五”时期，应进一步开展好科研诚信教育，增强对学术不端的免疫力；加大科研诚信案件查处力度，真正体现“零容忍”；完善科研诚信建设制度体系，强化工作机制；发挥学术打假专业人士作用，加强技术手段建设；破立并举，将科研与人才评价改革措施落到实处。

关键词：　学术不端　科研诚信　学术打假　科研评价　人才评价

“十三五”时期，我国科研诚信建设取得了较大的进展，初步形成了学术不端“人人喊打”的社会氛围，初步建立了惩防并举、标本兼治的科研

* 注：本研究报告所引用的学术不端案例，均来自国内主流媒体的公开报道，如与事实有出入，请以事实为准。课题组不承担责任。

诚信建设制度体系与工作格局。但学术不端总体上仍处于易发多发状态，治理学术不端仍然面临较大压力，科研诚信建设永远在路上。基于此，课题组继续关注国内学术不端问题和科研诚信建设状况。通过对 2019 年 9 月至 2020 年 8 月有关学术不端的案例进行分析，归纳总结了国内学术不端状况及科研诚信建设的新特点、新进展。

一 当前学术不端问题呈现的主要特点

2019 年 9 月至 2020 年 8 月，各类媒体[①]新披露和报道有较为详细信息[②]的学术不端案例 30 起，其中确认案例 17 起，涉嫌案例[③] 13 起。相关情况如下。

从涉事人所在单位看，分布在 24 个学术单位，其中高等院校 21 家，科研机构 1 家，新闻媒体 1 家，其他机构 1 家。

从涉事人职业身份看，有高校教师 15 人（含大学校长 1 人，常务副校长 1 人，院长 3 人），科研人员 5 人（含所长 1 人），研究生 8 人（含博士生 2 人，硕士生 6 人）。

从涉事人职称看，有两院院士 4 人（中科院、工程院院士各 2 人），长江学者 2 人（含青年长江学者 1 人），教授 7 人，研究员 1 人，副教授 2 人。

从学术不端类型看，抄袭、剽窃（含涉嫌）16 起，其中博士学位论文抄袭 1 起，硕士学位论文抄袭 6 起；学术造假（含涉嫌）12 起，主要是实验图片和数据造假。

从学术不端发生时间看，最早可追溯到 1998 年，最晚为 2020 年；发生于 2018 年之后的有 15 起。

---

① 媒体是指报纸、期刊、电视、广播等传统媒体及其网站、新媒体平台，以及主流门户网站，如新浪网、搜狐网、腾讯网、凤凰网、澎湃网等。

② 一般应包括学术不端涉事人的姓名、单位、身份、职称、不端行为类型、发生时间、曝光时间、曝光方式、受到调查和处理情况等。不少科研诚信案件因缺乏详细信息，无法进行统计分析。

③ 涉嫌学术不端案例主要包括 4 种情况：（1）没有受到调查；（2）是否受到调查情况不详；（3）调查后认定结果不详；（4）调查后认定不存在学术不端行为。

从调查情况看，25起学术不端案例受到了调查，1起没有受到调查，4起是否受到调查不详。从调查结果看，15起确认了学术不端，6起认定不存在学术不端，2起认定结果不详。

从处理情况看，18人受到不同程度处理，其中9人被撤销了学位（博士学位2人，硕士学位7人），4人被调离教学科研岗位或停职检查，1人被撤销副教授职称，1人被判刑。

与以往曝光的学术不端案例比，这期间的学术不端案例呈现以下特点，值得关注。

（一）一批重量级学术人物卷入学术不端质疑

最先受到举报的是南开大学校长、工程院院士曹雪涛。2019年11月14日，前斯坦福大学助理研究员伊丽莎白·毕克（Elisabeth Bik）在国外学术交流在线平台PubPeer上发文，举报曹雪涛的18篇发表在国外科技期刊上的论文涉嫌图片、数据造假。截至2020年6月底，曹雪涛受到质疑的论文累计达72篇。曹雪涛院士对部分论文进行了回应和解释，但对大部分论文没有做出回应。

11月29日，首都医科大学校长饶毅向国家自然科学基金委实名举报3名科学家学术造假的邮件截图在网上流传。邮件内容涉及的3位学者是：武汉大学教授、医学院院长李红良，中科院上海生命科学研究院生化细胞所研究员、中科院院士裴钢，中科院上海药物研究所研究员、学术所长耿美玉。[①] 饶毅回复称："没有发出，有过草稿。"但是面对舆论，李红良和耿美玉所在单位分别发声，做出回应，称经过调查，认定两人不存在学术不端；裴钢课题组所在单位也声称进行了调查，但结果不详。[②]

2020年5月，清华大学医学院院长、中科院院士董晨在PubPeer上被人

---

① 《网曝饶毅举报学术造假，本人回应：有过草稿，没有发出》，澎湃新闻，2019年11月30日，https：//www. thepaper. cn/newsDetail_ forward_ 5108930。

② 《饶毅回应实名举报！涉事院所最新表态》，环球网，2019年11月30日，https：//baijiahao. baidu. com/s？ id = 1651586574520260743&wfr = spider&for = pc。

匿名举报20多篇论文涉嫌学术不端，主要问题是一图多用和重复使用。针对质疑，董晨回应称，“基本上排除恶意造假”。①

2020年7月，北京大学常务副校长、北大医学部主任、工程院院士詹启敏在PubPeer上被质疑25篇论文涉嫌学术“造假”，时间跨度超过20年。主要被指涉嫌问题包括实验图像重复、违反动物实验伦理、实验结果或存在常识性错误等。詹启敏回应称，“少数论文中确实存在标记错误的现象，并不涉及学术不端，也不影响科学结论”②。

（二）大批发表在国外期刊的造假论文被曝光

2020年2月，“学术打假人”伊丽莎白·毕克再次爆料，她和团队发现了400多篇来自不同机构的论文，在条带、图形版式和标题上高度雷同，似乎都产自同一个“论文工厂”，而这些论文几乎全部来自中国的几十家医院，其中包含了多家三甲医院。③

2020年4月，施普林格出版集团旗下期刊《多媒体工具和应用》批量撤稿了33篇文章，其中大部分文章的作者来自中国。该刊近两年已累计撤销39篇主要作者来自中国的论文，撤稿理由包括“剽窃他人未发表手稿、操纵作者身份、试图颠覆同行评议发表系统、内容抄袭、图像未经允许不当复制”等，“牵涉到国内数十家高校、单位和公司，其中有多篇论文获得国家自然科学基金等项目资助”。④

2020年5月，伊丽莎白·毕克再次爆料8篇中国作者的医学论文造假，这些论文的“作者不同、医院不同、癌症种类不同、蛋白表达不同，结果

① 《清华医学院院长被疑论文造假，别让“子弹”飞太久_ 董晨》，搜狐网，2020年6月28日，https：//www. sohu. com/a/404607686_ 164917。

② 程婷：《北大詹启敏回应论文被质疑：少数标记错误，不涉及学术不端》，澎湃新闻，2020年7月24日，https：//www. thepaper. cn/newsDetail_ forward_ 8416829。

③ 《惊天学术造假！400余篇论文或来自同一“论文工厂”，涉及数十家中国医院》，ZAKER资讯，2020年2月25日，http：//www. myzaker. com/article/5e54f5eab15ec05fe062da7d/。

④ 吴怡：《浙大北航等机构学者被国外期刊撤稿30余篇：伪造同行评议》，澎湃新闻，2020年5月7日，https：//www. thepaper. cn/newsDetail_ forward_ 7282212。

竟然完全一样!”“还有多篇受到国家自然科学基金资助”。①

2020 年 6 月，国外某大型出版集团旗下的一本著名计算机科学期刊撤回中国学者 13 篇文章，撤稿重要原因都涉及“同行评审造假”，即作者冒充审稿专家“自写自审”。②

2020 年 6 月，For Better Science 网站上发布了中国数学领域涉嫌论文批量造假的报道，“共发现 65 篇论文涉嫌造假，77 位署名作者分别来自中国 44 所高校”，造假形式包括“反复抄袭、伪造同行评议”、虚构论文作者等，至少已有 21 篇被撤稿。③ 一些作者“越来越自信”，甚至开始引用自己的问题论文。④

据有关统计，截至 2020 年 7 月，世界范围内共有 23425 篇 SCI 论文被撤稿，其中中国有 10303 篇，远远高于第二位的美国 4125 篇，中国论文撤稿占了世界的 44%，“位居榜首”。2013 年以来，中国 SCI 论文撤稿数量呈现持续上涨趋势，2019 年撤稿数量 536 篇，2020 年截至 7 月底已高达 388 篇。⑤

（三）学界不正之风和教育公平问题受到重视

除了学术不端问题，学界一些不正之风问题也受到了舆论的关注。不正之风的严重性虽然比不上抄袭、剽窃、造假这些学术不端问题，但由于其具有一定普遍性，社会容忍度较高，容易发展为学术不端，因此其危害性不容小觑。

---

① 《刷新论文造假新高度：8 篇论文，不同医院、不同作者、不同癌症、不同蛋白，结果一模一样!》，新浪财经，2020 年 5 月 30 日，https://baijiahao.baidu.com/s?id=1668152867674359638&wfr=spider&for=pc。

② 《防不胜防啊！“自写自审”的造假只能等发表后再撤稿吗?》，搜狐网，2020 年 6 月 23 日，https://www.sohu.com/a/403726543_658521。

③ 《中国 65 篇数学论文涉嫌批量造假　丘成桐：抄袭一直存在》，新浪网，2020 年 6 月 30 日，http://news.sina.com.cn/c/2020-06-30/doc-iircuyvk1117941.shtml。

④ 刘言：《44 所高校 77 名作者被发现问题论文　多所高校启动调查》，中国新闻网，2020 年 7 月 15 日，http://www.chinanews.com/sh/2020/07-15/9238440.shtml。

⑤ 《中国 SCI 论文撤稿占世界 44%，撤稿数量创历史最高!》，搜狐网，2020 年 8 月 3 日，https://www.sohu.com/a/411209359_120350634?_trans_=000014_bdss_dkwhfy。

2020年初，一篇2013年发表在学术期刊《冰川冻土》上的论文火爆于网络。论文标题为《生态经济学集成框架的理论与实践》，作者是中科院寒区旱区环境与工程研究所研究员徐中民，文中大谈“导师崇高感”和“师娘优美感”，令人跌破眼镜。徐中民称赞的导师，是《冰川冻土》主编、中科院院士程国栋。这篇论文被誉为2020年第一篇“神论文”。《新京报》评论认为：“论‘导师崇高感’和‘师娘优美感’上核心期刊，乃学术之耻！”[①]

《冰川冻土》奇葩论文之后，《银行家》杂志“父子集”进入大众视野。有学者发现，长期担任《银行家》主编的王松奇在该刊上开设“父子集”专栏，发表自己的书法和儿子王青石的文章，至今已有数十篇。一家金融领域的学术期刊刊发书法作品和诗歌散文，且诗歌和散文的作者又是主编儿子，这种涉嫌滥用学术权力的做法受到舆论的质疑。[②]

受到关注的学术界、文化界不正之风事件不止于此。湖南师范大学前校长张楚廷指导弟子研究自己的教育思想，还担任学生论文答辩委员会的委员；云南省昆明市一名六年级小学生研究结直肠癌的论文，在第34届全国青少年科技创新大赛中获奖，受到造假质疑后被撤销奖项；武汉市两名小学生研究“茶多酚抗肿瘤”成果获得全国青少年科技创新大赛小学组三等奖，受到造假质疑；吉林省公安厅党委副书记、常务副厅长贺电所著的《平安经》，质量低劣，受到如潮恶评，被免去吉林省公安厅党委副书记、常务副厅长职务。[③]

2020年以来，一批教育领域冒名顶替、弄虚作假的事件被披露出来，因严重破坏教育公平，触碰道德底线，受到全社会的广泛关注。教育领域的弄虚作假与学术不端有一定联系，两者都是科学文化领域诚信缺失的表现。

---

① 《论“导师崇高感”和“师娘优美感”上核心期刊，学术之耻》，《新京报》，2020年1月12日，https://baijiahao.baidu.com/s?id=1655496509299171106&wfr=spider&for=pc。

② 《〈银行家〉“父子稿”仅冰山一角，学术圈腐败比想象的严重得多》，《中国新闻周刊》，2020年1月18日，https://baijiahao.baidu.com/s?id=1656037164718425300&wfr=spider&for=pc。

③ 《吉林：〈平安经〉的作者贺电被免职》，新浪网，2020年8月1日，https://tech.sina.com.cn/roll/2020-08-01/doc-iivhuipn6248891.shtml。

打击教育领域的弄虚作假，可以视为治理学术不端行动的延伸。

受到最多关注的是山东省一系列高考录取冒名顶替事件，影响比较大的有陈春秀事件、王丽丽事件、苟晶事件。有关部门迅速行动，成立工作专班对事件进行彻查，一大批涉事人受到党纪、政纪严肃处理，甚至被追究刑责。

此外，受到关注的与教育公平有关的事件还有：歌手、演员仝卓伪造应届生身份参加高考，并在入党问题上弄虚作假；西南交通大学 2016 级本科生陈玉钰修改成绩，获得保送中国科学技术大学名额；四川音乐学院声乐系 3 位女教授涉嫌招生腐败，被纪检监察机关带走调查。以上事件大多得到了较好的调查和处理，弄虚作假者为自己的行为付出了代价。

二　学术不端治理与科研诚信建设的新进展

过去一年里，有关部门继续加大科研诚信建设力度，一方面完善了调查处理学术不端的制度，扎牢惩治和预防学术不端的制度笼子；另一方面深入推进科研与人才评价改革，努力铲除催生学术不端的制度土壤。

（一）治理学术不端的制度进一步完善

对于科研诚信案件的调查处理，由于此前缺乏统一、规范、具有可操作性的规则，一些科研诚信案件得不到及时调查处理；或由于认定标准、处罚措施不一，类似的不端行为在不同单位的调查处理结果大相径庭。这种局面不利于打击和预防学术不端。2019 年 9 月以来，有关部门出台了两项调查处理科研诚信案件的重要制度。

1.《科研诚信案件调查处理规则（试行）》

2019 年 9 月，科技部、中宣部、最高法等 20 个部门（单位）联合印发了《科研诚信案件调查处理规则（试行）》（简称《规则》），这是我国科研诚信建设领域又一个里程碑式的成果。《规则》明确了科研诚信案件的定义、调查主体、举报途径、调查程序、处理措施、救济途径、监督和保障措施等，为科研诚信案件调查处理提供了根本依据和基本遵循，弥补了我国学术不端治理的一个重要制度短板。

《规则》将“违反科研伦理规范”列入科研失信行为，这是我国科研诚信制度首次做出这样的规定，被认为是《规则》的一个亮点。《规则》的另一个创新，是将科研诚信案件的“调查分为行政调查和学术评议两部分：行政调查由单位组织对案件的事实情况进行调查；学术评议由单位委托本单位学术（学位、职称）委员会或根据需要组成专家组，对案件涉及的学术问题进行评议”①。

《规则》规范了对学术不端的处理措施，加大了处罚力度，增强了威慑力。措施包括取消已获得的院士等高层次专家称号等。为了避免学术上的冤假错案，《规则》还规定了救济途径，当事人对处理决定不服的，可向有关部门提请复议和提出申诉。

《科技日报》认为，“该文件将成为科研诚信案件处理的准绳，并促进各部门各地方按照统一的方法程序和尺度标准处理此类案件。在统一的规则下，有举报必查，查必有结果，不诚信必惩处”②。

2.《科学技术活动违规行为处理暂行规定》

2020 年 7 月，科技部以 19 号部长令的形式正式印发了《科学技术活动违规行为处理暂行规定》（简称《规定》），自 9 月 1 日起施行。《规定》是“加强科研作风学风建设的组合拳”，“目的是划定底线、明确界限，既充分信任、松绑减负，引导科研人员潜心研究、追求卓越；又坚守底线、加强督促，着力构建风清气正的科研生态”③。

《规定》覆盖了科学技术活动的受托管理机构、受托管理机构工作人员、科学技术活动实施单位、科学技术人员、咨询评审专家、第三方服务机

① 《关于印发〈科研诚信案件调查处理规则（试行）〉的通知》，国家自然科学基金委员会网站，2019 年 10 月 11 日，http：//www. nsfc. gov. cn/csc/20340/20289/46016/index. html。

② 刘垠：《科技部连发两份重要文件，都为这件事》，《科技日报》，2019 年 10 月 11 日，https：//baijiahao. baidu. com/s? id = 1647063883414551139&wfr = spider&for = pc。

③ 《“零容忍”，向科技违规行为“亮剑”》，《新华每日电讯》2020 年 9 月 1 日，第 5 版，http：//www. xinhuanet. com/mrdx/2020 – 09/01/c_ 139333144. htm。

构及其工作人员等6大类主体、64种违规行为。在处理措施方面，视违规主体和行为性质，可单独或合并采取包括：终止、撤销有关财政性资金支持的科学技术活动；追回结余资金，追回已拨财政资金以及违规所得；撤销奖励或荣誉称号，追回奖金等，共10类处理措施。违规行为涉嫌违反党纪政纪、违法犯罪的，移交有关机关处理。①

《规定》有两个亮点：一是科研诚信严重失信行为要按程序记入国家科研诚信管理信息系统的数据库，41个部门据此实行联合惩戒；二是压实从事科研活动的科研院所、高校等单位的第一主体责任，要求强化担当、履职尽责，加强内部管理和作风学风建设，对单位的"护短"行为也将依规进行处理。②

科技部部长王志刚认为，"规定的出台，将为科研活动有序开展营造更好的环境，为建设世界科技强国保驾护航"③。《自然》新闻评价其为中国迄今最全面的学术不端处理法规④。

（二）科研与人才管理的制度环境持续改善

学术评价是科研工作和人才选拔的指挥棒。长期以来，科研与人才评价中存在"唯论文"、重数量轻质量、重国外轻国内的不良倾向，不仅造成了科研资源的浪费，降低了科技创新能力，还一定程度上助长了浮躁虚夸、学术不端，恶化了科研环境和学术生态。改革科研与人才评价方式，建立符合科学发展和人才成长规律的评价标准，对治理学术不端具有釜底抽薪的重要作用。近年来，改革科研与人才评价的一系列政策和制度出台，已经产生了

---

① 袁于飞：《科技部：对六十四种科研违规行为"零容忍"》，光明网，2020年9月4日，https：//news. gmw. cn/2020－09/04/content_ 34153490. htm。

② 袁于飞：《科技部：对六十四种科研违规行为"零容忍"》，光明网，2020年9月4日，https：//news, gmw. cn/2020－09/04/content_ 34153490. htm。

③ 《守好科技工作"生命线"　向科技违规行为"亮剑"——科技部部长王志刚就〈科学技术活动违规行为处理暂行规定〉答新华社记者问》，新华网，2020年9月1日，http：//www. xinhuanet. com/2020－08/31/c_ 1126436167. htm。

④ 《最全面学术不端新规9月1日起实施》，中国生物技术网，2020年8月21日，https：//baijiahao. baidu. com/s？ id＝1675612492572245673&wfr＝spider&for＝pc。

积极效果。在过去一年中，有关部门继续推进科研与人才评价改革，在破除“唯论文”等不良倾向方面有了新进展。

1.《关于破除科技评价中“唯论文”不良导向的若干措施（试行）》

2020年2月，科技部、财政部联合印发了《关于破除科技评价中“唯论文”不良导向的若干措施（试行）》（简称《措施》），出台这一政策，“旨在多管齐下改进科技评价体系，破除科技评价中过度看重论文数量多少、影响因子高低，忽视标志性成果的质量、贡献和影响等‘唯论文’不良导向”①，把科研人员的注意力从发论文转到出实绩上来，把科技评价的重点从数数量转到评质量上，同时为科研人员减轻负担、摆脱“论文枷锁”。②

《措施》提出27项具体措施，归纳起来主要是以下三个方面：一是强化分类考核评价导向。“对基础研究类科技活动推行论文评价代表作制度”，“对应用研究和技术开发类活动，不把论文作为主要评价依据和考核指标”。二是分类提出科技活动的评价重点和要求。“国家科技计划项目（课题）突出创新质量和综合绩效，国家科技创新基地突出支撑服务能力，创新人才推进计划人才评选突出科学精神、能力和业绩”等。三是提出相关配套措施，避免论文与资源配置和利益简单挂钩。“不允许使用国家科技计划项目专项资金奖励论文发表，不允许将论文发表数量、影响因子等与奖励奖金挂钩”。③

2.《关于规范高等学校SCI论文相关指标使用、树立正确评价导向的若干意见》

2020年2月，教育部、科技部联合印发了《关于规范高等学校SCI论

① 《中国官方多管齐下破除科技评价“唯论文”不良导向》，中国新闻网，2020年2月24日，http://www.chinanews.com/gn/2020/02-24/9103146.shtml。

② 《坚决破除“唯论文”导向　加快完善科技评价制度——科技部相关司局负责人解读〈关于破除科技评价中“唯论文”不良导向的若干措施（试行）〉》，科技部网站，2020年3月5日，http://www.most.gov.cn/kjzc/zdkjzcjd/202003/t20200305_152137.htm。

③ 《坚决破除“唯论文”导向　加快完善科技评价制度——科技部相关司局负责人解读〈关于破除科技评价中“唯论文”不良导向的若干措施（试行）〉》，科技部网站，2020年3月5日，http://www.most.gov.cn/kjzc/zdkjzcjd/202003/t20200305_152137.htm。

文相关指标使用、树立正确评价导向的若干意见》（简称《意见》）。出台这一文件是为了“探索建立科学的评价体系，引导评价工作突出科学精神、创新质量、服务贡献，推动高等学校回归学术初心，净化学术风气，优化学术生态”①，完善学术同行评价，规范评价评审工作。②《意见》还对 SCI 论文使用提出了负面清单，包括五方面的意见。③

除以上两个重要文件，2019 年 10 月人力资源和社会保障部、中国社会科学院出台的《关于深化哲学社会科学研究人员职称制度改革的指导意见》，2020 年 7 月人力资源和社会保障部办公厅、教育部办公厅发布的《关于深化高等学校教师职称制度改革的指导意见（征求意见稿）》，也都明确“以品德、能力、业绩为导向”，“克服唯学历、唯资历、唯论文、唯奖项倾向”，坚持分类评价，实行定性和定量评价相结合，推行代表作制度，等等。

以上一系列科研和人才评价领域中破除“唯论文”等不良倾向制度的出台，将不仅有利于进一步遏制学术不端，也必将对科研创新和人才成长发挥积极推动作用。

（三）学术不端治理与科研诚信建设深入开展

在有关部门的重视和支持下，在舆论的监督和推动下，各管理部门、高校、科研单位认真落实科研诚信建设系列文件和制度，严肃查处科研诚信案件，深入改革学术与人才评价制度，较大程度上遏制了学术不端的蔓延，巩固了科研诚信建设的成效。

前文列举的学术不端案例，大多得到了较好的处理。如中科院针对《冰川冻土》的问题文章，不仅对《冰川冻土》进行停刊整顿，免去程国栋

---

① 邓晖：《破除论文“SCI 至上”，让学术回归“初心”》，《光明日报》2020 年 2 月 25 日，第 9 版。

② 邓晖：《破除论文“SCI 至上”，让学术回归“初心”》，《光明日报》2020 年 2 月 25 日，第 9 版。

③《教育部　科技部印发〈关于规范高等学校 SCI 论文相关指标使用　树立正确评价导向的若干意见〉的通知》，中国政府网，2020 年 2 月 18 日，http：//www. gov. cn/zhengce/zhengceku/2020 -03/03/content_ 5486229. htm。

的主编职务，还对该刊2000年以来所有刊发文章开展了审核评估，发现有另外4篇论文存在部分内容与期刊定位不符的问题，安排了撤稿处理。[①] 山东省不仅迅速调查处理了陈春秀、王丽丽、苟晶被顶替上大学事件，还对网上流传的“山东省242人冒名顶替事件”展开调查，坚持“零容忍”态度，查实一起处理一起，绝不姑息。

高校也普遍加强了对教学、考试、论文、学位的管理，严肃校纪，处分违纪违规人员，清退不合格学生，净化校园环境，塑造良好学风，推动高等教育高质量发展。

2019年底，延边大学发布公告，清退136名攻读硕士和博士学位的学生，包括14名博士生、122名硕士生，原因是这些学生没有在学校规定的年限内取得学位并毕业。[②]

2020年初，又有近30所高校公布了超过1300名硕博研究生的退学名单，其中包括清华大学、复旦大学、中国人民大学等知名高校。[③]

2020年8月，西安电子科技大学发布《关于对部分超期博士研究生做出退学处理的公示》，对33名超过最长学习年限的失联博士生做出退学处理。[④]

一些高校加强了对学生论文的管理。2019年下半年，中国政法大学对2018～2019学年学位论文进行抽检。2020年5月公布了2019年该校学位论文抽检结果及处理意见，2篇硕士论文被认定为“存在问题学位论文”，共有10篇论文被出具不合格意见。不合格论文作者所在学院和导师受到了相应处理。[⑤]

---

① 岳怀让：《中科院公布〈冰川冻土〉发文不当处理结果：停刊，主编免职》，澎湃新闻，2020年1月26日，https：//m. thepaper. cn/newsDetail_ forward_ 5642320。

② 《延边大学一次拟清退136名研究生》，中国青年网，2019年12月2日，http：//news. youth. cn/sh/201912/t20191202_ 12132795. htm。

③ 《清华等高校清退1300多名研究生　有人入学15年没毕业》，搜狐网，2020年1月19日，http：//news. sina. com. cn/o/2020 - 01 - 19/doc - iihnzhha3361255. shtml。

④ 《关于对部分超期博士研究生做出退学处理的公示》，西安电子科技大学官网，2020年8月21日，https：//gr. xidian. edu. cn/info/1052/9363. htm。

⑤ 《中国政法大学两篇硕士论文被认定存在问题，导师受到处理》，澎湃新闻，2020年5月8日，http：//m. thepaper. cn/rss_ newsDetail_ 7302913？from = sohu。

三　“十四五”时期科研诚信建设的相关建议

“十四五”时期，科研诚信建设应在巩固已有成果基础上，抓好现有制度和措施的落实，针对重点领域和薄弱环节开展专项治理，在教育、惩治、预防学术不端方面综合施策，实现学术不端治理从治标到治本的转变，努力促进科研风气和学术生态的根本性改观。提出以下建议。

（一）进一步开展好科研诚信教育，增强对学术不端的免疫力

学术不端问题多发易发，与科研诚信教育的薄弱不无关系。各高校和科研单位普遍重视学术上的要求和训练，对科研诚信教育存在不同程度的忽视。今后应十分重视开展科研诚信教育，既要做好新入校研究生和新入职科研人员的科研诚信教育，帮助他们扣好学术人生的“第一粒纽扣”；也要在高校教师、科研人员中开展经常性科研诚信教育，促使他们保持对科学精神的敬畏。科研诚信教育的内容，至少应当包括四个方面：一是正面教育，向治学严谨的老一辈学者学习，培养潜心研究、崇尚真理的品质；二是警示教育，可将近年来国内外发生的学术不端案例作为反面教材，提醒学者和学生防微杜渐，警钟长鸣；三是学术规范教育，如熟悉引用、署名、发表等方面的规范和要求，避免因不了解学术规范导致的学术不端；四是科研诚信建设的文件和制度教育，近年来管理部门出台大量的文件和制度，一线科研人员、高校教师、研究生未必了解，应组织他们学习科研诚信的文件和制度，了解学术不端的表现以及由此付出的代价，增强遵规守纪的自觉性。

（二）加大查处科研诚信案件力度，真正体现“零容忍”

《科研诚信案件调查处理规则（试行）》明确规定，“对于媒体披露的科研失信行为线索，符合受理条件的，有关单位应主动受理，主管部门应加强

督查”[①]。相比前些年，责任单位对科研诚信案件调查处理的力度明显加大。2019 年 9 月至 2020 年 8 月媒体报道的 30 起学术不端案例，25 起都受到了调查，其中 15 起的涉事人受到处理。而当涉及有一定地位和身份的学者，调查工作难度明显加大，甚至不了了之。为体现对学术不端的“零容忍”，在科研诚信案件的调查处理上，应当做到人人平等，不论什么人受到学术不端的举报，有关责任部门都应当进行及时调查，依纪依规处理；对于调查后认定不存在学术不端的，要还被举报人一个清白。

为了更有针对性地打击学术不端，建议将 2018 年 5 月《关于进一步加强科研诚信建设的若干意见》的颁布作为一个时间节点，对于此前和此后发生的学术不端采取不同的处理政策。2018 年 5 月之前发生的学术不端，属于存量学术不端，有制度不健全等客观原因，不妨从轻或减轻处理；之后发生的学术不端，属于增量学术不端，是在制度严格、要求明确的情况下发生的，应当从重或加重处理[②]。对于新曝光的时间久远的学术不端，也应当有一个适当的处理办法，既避免不了了之，也避免处理过重。

鉴于当前论文代写、买卖问题的严重性和危害性，建议开展针对这一领域的专项治理。为了加强对论文代写、买卖行为的震慑，应当将涉事人录入科研诚信严重失信行为数据库，实行联合惩戒。同时，相关执法部门要加大对论文中介、假冒学术期刊的打击和治理力度，铲除这一黑色产业链。

（三）细化科研诚信管理制度体系和工作机制

从 2018 年 5 月出台的《关于进一步加强科研诚信建设的若干意见》，到 2020 年 9 月正式实施的《科学技术活动违规行为处理暂行规定》，科研诚信建设的制度体系和工作格局已经初步建立，但操作层面的制度规范和工作机制

---

① 《关于印发〈科研诚信案件调查处理规则（试行）〉的通知》，国家自然科学基金委员会网站，2019 年 10 月 11 日，http：//www. nsfc. gov. cn/csc/20340/20289/46016/index. html。

② 中国社会科学院中国廉政研究中心编《中国反腐倡廉建设报告 No. 9》，社会科学文献出版社，2020，第 131 页。

还有待细化和深化。如《关于进一步加强科研诚信建设的若干意见》《科研诚信案件调查处理规则（试行）》，都明确规定科技部和中国社科院分别负责统筹自然科学和哲学社会科学领域科研诚信案件的调查处理工作。后者还强调，“对引起社会普遍关注，或涉及多个部门（单位）的重大科研诚信案件，可组织开展联合调查，或协调不同部门（单位）分别开展调查”。但从一些学术不端案例，特别是涉及地位较高学者的学术不端案例未能得到及时调查处理看，以上规定有待进一步落实。换句话说，科研诚信工作机制已经建立，但尚未很好运转起来。此外，高校和科研单位与设在科技部、中国社科院科研诚信管理办公室（以下称“科研诚信管理部门”）之间的信息沟通机制尚未建立。发生科研诚信案件的单位并没有向科研诚信管理部门主动报告情况，后者也很难对科研诚信案件的调查、处理进行跟踪、督促和指导。

今后应加强和完善四个方面的制度和机制：一是科研诚信案件信息沟通机制。发生学术不端问题被举报的单位，应在第一时间告知科技部或科研诚信管理部门，后续调查处理情况也要及时报告。二是科研诚信案件调查处理督办机制。发生学术不端问题被举报的单位，如果在规定时间没有开展调查，或对查实的学术不端问题没有做出处理，科研诚信管理部门要及时介入，督办落实。三是科研诚信案件联合调查机制。对引起社会普遍关注，或涉及多个部门（单位）的重大科研诚信案件，由科研诚信管理部门组织开展联合调查。四是科研诚信案件信息披露机制。所有科研诚信案件调查处理的结果（涉及国家秘密的除外），应当由责任单位或科研诚信管理部门通过媒体向社会公开，接受舆论监督，同时发挥案例的警示教育作用。2020 年 9 月 16 日，科技部网站发布了《关于论文造假等违规案件查处结果的通报》，披露了“9 起涉及购买论文、违反论文署名规范、套取财政科研资金的违规案件处理结果”①，媒体进行了报道，社会广泛关注，取得很好效果。这一做法应当坚持和推广。

① 《关于论文造假等违规案件查处结果的通报》，科技部网站，2020 年 9 月 16 日，http：//www. most. gov. cn/tztg/202009/t20200915_ 158751. htm。

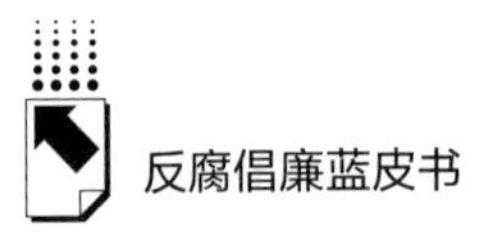

（四）发挥学术打假专业人士作用，加强反学术不端技术手段建设

学术不端具有较强的隐蔽性，识别学术不端需要相应的专业知识，因此学术打假是专业性很强的工作，专业的事应当由专业的人来做。科研诚信建设的实践证明，能够识别并热衷于曝光学术不端的学术打假专业人士，在打击学术不端方面发挥着不可替代的重要作用。国外的 PubPeer、Retraction Watch、For Better Science 等学术打假专业网站，在曝光国际学术不端方面发挥了十分重要的作用，中国学者发在国外期刊上的不少问题论文，就是通过这些网站曝光的。为了更有力打击学术不端，中国需要更多的学术打假专业人士，需要更多的学术打假专业网站。要支持学术打假人士的工作，支持建立更多学术打假专业网站。

网络信息技术手段，是打击学术不端的又一利器。中国知网开发的学术不端检测系统，在识别抄袭、剽窃论文方面发挥了积极作用，今后应当进一步完善其功能，提高服务的便捷性。目前，知网的学术不端检测服务在高校毕业生中需求量极大，但只面对机构用户免费提供。一些商人从机构工作人员手中购买用户名和密码，在网上出售学术不端检测服务，抬高价格，一些学生不堪重负。这一问题应引起重视，尽可能为毕业生提供便捷、廉价甚至是免费的学术不端检测服务。还应加强其他学术不端识别技术手段的开发和应用。据《自然》杂志报道，来自纽约雪城大学的机器学习研究人员利用 AI 技术开发出一款论文图像查重软件，能在短时间内查出大量疑似重复的图像，这项技术或许将为学术造假乱象的解决带来曙光①。AI 技术在打击学术不端领域的应用，将极大提高识别学术不端的效率，也将极大遏制学术不端的发生。

---

① 《Nature：学术造假者瑟瑟发抖，论文图像查重 AI 技术重拳出击!》，腾讯网，2020 年 9 月 18 日，https：//xw. qq. com/cmsid/20200918A0DWT900。

（五）破立并举，将学术评价机制改革落到实处

近年来，有关部门出台一系列改革科研与人才评价的文件和制度，力图破除“唯论文”、SCI崇拜、重量轻质等不良倾向。就目前来说，这些改革措施还有待进一步落地。下一步，各高校和科研单位要认真研究和消化有关部门出台的一系列科研与人才评价改革的文件和制度，尽快对本单位的相应制度进行修订和完善，建立符合时代要求和学术发展规律的科研与人才评价制度，坚决克服“唯论文”、SCI崇拜、重量轻质等不良倾向。

应当看到，相对于打击学术不端，改革学术评价难度更大、任务更艰巨。实际上，过去普遍采用的（尤其是基础研究领域）重论文、“以刊评文”、量化考核的做法，很大程度上是学界自发形成的，是各种合力的结果。虽然弊端很多，但可能是成本最低、代价最小、效率最高的管理方式，因此被各高校和科研单位广泛采用。在找到新的行之有效的评价方式之前，不宜仓促废弃现有的评价方式。探索建立新的学术评价体系，应当十分慎重，注意避免两个问题：一是“圈子文化”。在发挥同行评议作用时，应当注意同行专家的广泛性，“组织实施部门要完善规则，引导学者在参加各类评审、评价、评估工作时遵守学术操守，负责任地提供专业评议意见……遵守利益相关方专家回避原则”①。二是新的“大锅饭”。要真正建立能够体现标志性成果质量、贡献和影响的评价标准和评价方式，“引导广大科研人员聚焦主业、守正创新，在解决科学问题和实际问题上动脑筋、下功夫，让科技创新成果源源不断涌现出来”②。

---

① 《教育部　科技部印发〈关于规范高等学校SCI论文相关指标使用　树立正确评价导向的若干意见〉的通知》，中国政府网，2020年2月18日，http://www.gov.cn/zhengce/zhengceku/2020-03/03/content_5486229.htm。

② 《营造风清气正的科研环境》，《人民日报》2020年9月25日，第5版。

表 1　学术不端案例统计(2019. 9 ~ 2020. 8)

序	涉事人	单位	身份（职务）	职称	涉及(嫌)不端行为类型	发生时间（年）	曝光或披露时间	曝光方式	调查、处理情况
1	高庆蕾	华中科技大学	教师	教授	学术造假(PS 科研数据、一图多用)	不详	2019. 10	网络曝光	调查,失去国家杰青资格
2	杨洁	潍坊学院	教师	副教授	抄袭	2018	2019. 10	知情人网络举报	撤销副教授职称,调离教师岗位
3	曹雪涛	南开大学	校长	工程院院士	涉嫌学术造假(实验图片)	2003 ~ 2018	2019. 11	国外学者网络举报	调查,不存在学术不端
4	李红良	武汉大学	基础医学院院长	教授	涉嫌学术造假	1999 以来	2019. 11	网络曝光	调查,不存在学术不端
5	裴刚	中国科学院	上海生命科学研究院	中科院院士	涉嫌学术造假(实验图片)	不详	2019. 11	网络曝光	调查,不存在学术不端
6	耿美玉	中国科学院	上海药物研究所所长	研究员	涉嫌学术造假	2019	2019. 11	网络曝光	调查,不存在学术不端
7	杜晓伟	北京科技大学	博士生	无	博士论文抄袭	2016	2019. 11	不详	撤销博士学位
8	郭彦努	杭州师范大学	教师	不详	论文抄袭	2019	2019. 1	被抄袭者通过网络举报	记过,调离教学科研岗位
9	余小刚	南京理工大学	硕士生	无	硕士论文抄袭	2017	2019. 11	媒体披露	撤销硕士学位
10	董广辉	兰州大学	教师	教授、青年长江学者	涉嫌论文剽窃、歪曲引文内容等	2014 ~ 2018	2019. 12	南京某高校教授吴庆龙实名举报	调查,结果不详

续表

序	涉事人	单位	身份（职务）	职称	涉及（嫌）不端行为类型	发生时间（年）	曝光或披露时间	曝光方式	调查、处理情况
11	杨超	新疆大学	博士生	讲师	论文抄袭	2018	2019.12	媒体披露（澎湃）	撤销博士学位
12	张兆杰	聊城大学	硕士生	无	硕士论文抄袭	2018	2019.12	媒体披露（澎湃）	撤销硕士学位
13	周德明	北京大学	医学院院长	长江学者	涉嫌学术造假	2016	2020.1	国外学者网络举报	调查，没有学术不端，但涉及不严谨
14	刘雷	中国科学院	计算所编译、实验室员工	不详	学术造假（欺瞒与虚假陈述）	2020	2020.1	网络舆论质疑	调查，涉事人停职检查
15	安海忠	北京地质大学	教师	教授	涉嫌一稿多投、一稿多发	2013	2020.2	知情人网络举报	不详
16	林洁	中原工学院	教师	不详	论文抄袭	2019	2020.3	被抄袭者微博实名举报	调查，涉事人道歉
17	徐玉芬	中国科学院	科研人员	工程师	环评书抄袭	2019	2020.3	媒体披露（澎湃）	启动问责，结果不详
18	胡红梅	深圳如意小学	副校长	不详	作品剽窃，侵犯著作权	2020	2020.3	知情人网络举报	撤销副校长职务、调离教学岗位、撤销荣誉称号
19	戴美凤	江苏大学	教师	教授	未注明引用出处	2015	2020.4	国外期刊曝光	认定为科研失信行为，严重警告
20	桂冠	南京邮电大学	教师	教授	涉嫌学术造假	2017～2020	2020.5	国内媒体曝光	不详

续表

序	涉事人	单位	身份（职务）	职称	涉及（嫌）不端行为类型	发生时间（年）	曝光或披露时间	曝光方式	调查、处理情况
21	董晨	清华大学	医学院院长	中科院院士	涉嫌学术造假（一图多用，重复使用）	不详	2020.5	国外学者网络举报	不详
22	贾桂林	电子科技大学	硕士生	无	硕士论文抄袭	2007	2020.6	媒体报道	撤销硕士学位
23	刘宇宸	天津大学	硕士生	无	硕士论文抄袭	2018	2020.7	不详	撤销硕士学位
24	林鲤	厦门大学	硕士生	无	硕士论文造假	2018	2020.7	不详	撤销硕士学位
25	詹启敏	北京大学	常务副校长、医学部主任	工程院院士	涉嫌学术造假	1998～2019	2020.7	国外学者网站曝光	未调查，个人回应不存在学术不端
26	杨辉	中国科学院	上海神经所	教授	涉嫌论文抄袭、科研造假	不详	2020.7	海外学者付向东实名举报	不详，杨辉致谢付向东的贡献并致歉
27	石晓庚	河北大学	硕士生	无	涉嫌硕士论文抄袭	2005	2020.7	被抄袭者实名举报	调查，结果不详
28	徐坤	华中科技大学	教师	讲师	涉嫌论文抄袭	2017	2020.7	被抄袭者实名举报	调查，不认定学术不端
29	杨志超	广西艺术学院	硕士生	无	毕业设计抄袭	2020	2020.7	向校方实名举报	撤销硕士学位
30	万仕同	人民日报社	《新闻战线》杂志总编辑	不详	受贿（帮人发文，非法敛财 824 万元）	2014～2019	2020.8	不详	判处有期徒刑 10 年，罚金 50 万元

资料来源：均来自国内主流媒体的公开报道。

B.10
大数据助力基层走出监督困境
——基于“清廉中国”大数据实验室的研究分析

中国社会科学院中国廉政研究中心课题组*

摘　要： 绝大多数监督监察对象在基层，绝大多数违纪违法行为也发生在基层。如何在更大范围整合运用监督力量、提升基层监督能力，成为基层纪检监察机关迫切需要解决的问题。本文对基层开展大数据监督的重大意义与背景进行了阐述，分析了各地在大数据监督实施过程中遇到的障碍与问题，以江华瑶族自治县兴建大数据实验室为例，系统地描述了江华瑶族自治县大数据监督的成功经验，并从大数据监督的功能定位必须精准、大数据监督会推动政府履职的结构性改变、大数据实验室的建设原则、“大数据巡视”应作为贯通其他监督方式的新型监督方式、要提高数据运用的质量和效率等角度出发，对大数据监督未来的发展提出了几点思考。

关键词： 大数据监督　基层治理　基层监督　大数据实验室

党的十九届四中全会《决定》强调“必须健全党统一领导、全面覆盖、权威高效的监督体系，增强监督严肃性、协同性、有效性，形成决策科学、

* 课题组成员：蒋来用，中国社会科学院中国廉政研究中心秘书长、社会学研究所廉政建设与社会评价研究室主任；王阳，上海大学上海研究院社会学专业硕士研究生。执笔人：蒋来用、王阳。

执行坚决、监督有力的权力运行机制，确保党和人民赋予的权力始终用来为人民谋幸福”。但是，如何提升监督的有效性一直是一个现实而紧迫的课题。近年来，越来越多的地方正在积极探索运用大数据这一现代科技手段来提升纪检监察机关精准监督能力。2020 年 6 月，中国社会科学院中国廉政研究中心课题组在湖南省永州市江华瑶族自治县了解到，江华瑶族自治县通过兴建大数据实验室，探索利用大数据监督来提升基层监督能力，在医保领域监督上取得了显著成效，这是一项很有意义并具有推广价值的实践创新。

一　基层开展大数据监督的重大意义与背景

如何提高监督的有效性一直以来都是国家关注的重点。中共中央总书记、国家主席习近平同志在十九届中央纪委四次全会上的重要讲话明确要求，“继续健全制度、完善体系，使监督体系契合党的领导体制，融入国家治理体系，推动制度优势更好转化为治理效能”。中央政治局常委、中央纪律检查委员会书记赵乐际同志在十九届中央纪委四次全会上也做了进一步的要求，提出“要聚焦解决体制性障碍、机制性梗阻、政策性创新方面问题，通过监督发现问题症结、提出整改意见、倒逼深化改革、完善制度机制，把公权力置于严密监督之下，推动构建系统完备、科学规范、运行有效的制度体系，提供高质量党内监督、国家监察，促进国家制度和治理体系提质增效”。实践经验显示，传统的人力监督与以举报为主的监督方式已然无法满足高质量党内监督与国家监察的需求，国家亟须采取信息化手段来提升监督效能。

近些年来，国家层面十分重视大数据等信息技术在国家治理中的应用。党的十九届四中全会《决定》提出“要建立健全运用互联网、大数据、人工智能等技术手段进行行政管理的制度规则，推进数字政府建设，加强数据有序共享”。《中央纪委国家监委信息化工作规划（2018～2022 年）》也明确要求“要推动纪检监察业务与现代信息技术深度融合，推动纪检监察工作向数据化、精细化方向发展，推动监督执纪问责和监督调查处置更加科

学、严密、高效”。中央文件指明了信息革命时代背景下借助数字技术等科技手段赋能政府治理体系和治理能力现代化的改革方面。大数据技术就是信息化技术中的典型代表，大数据作为一项新型技术，有着巨量的信息、快速的信息处理能力、不同来源信息的整合、数字化的操作方式四大特性。其特点在于可以对收集的海量数据进行快速、高效的相关性分析，直观快速地挖掘出数据与背后事物间的内在关系，通过多数据库比对，可以发现单数据库无法发现的虚假与隐蔽信息。利用大数据技术，可以建立起横向关联与纵向追溯的监督网络，让权力留痕并数据化，为权力监督提供便捷的技术路径与制度支撑，解决在“制度牢笼”下出现的虚监、弱监现象，在信息源、信息处置流程等方面实现信息流建构的根本性变革，有效地将数据优势转化为治理效能。

正是因为大数据技术可以拓宽线索来源，有效提升监督有效性，因此中央也多次要求各地探索应用大数据监督。例如，十九届中央纪委三次全会报告指明，“要搭建互联网、大数据监督平台以强化日常监督，拓宽线索来源”。赵乐际在十九届中央纪委四次全会上的工作报告中更是聚焦基层监督工作，强调“要在更大范围整合运用监督力量，提升基层纪检监察机关监督能力，建立权力运行可查询、可追溯的反馈机制，加强信息化监督平台建设，以公开促公正、以透明保廉洁”。

近年来，越来越多的地方开始探索应用大数据监督，大数据监督对于基层监督有着重要意义，这主要体现在以下五点。

（一）改善基层被监督对象多与监督力量有限的困境

当前绝大多数监督监察对象在基层，绝大多数违纪违法行为也发生在基层。在纪委监委合署办公之前，纪委的监督对象只包括党员，那些非党员干部则不在纪委的监督范围内。随着纪委监委合署办公，监督对象扩展成为全体国家公职人员。近年来，纪检监察干部队伍扩充得很快，但人数的快速扩充并没有带来监督力量的快速增强。传统监督模式大多是人为监督、事后监督，费时费力还时常存在疏漏。监督对象的全面化意味着要实现监督的全覆

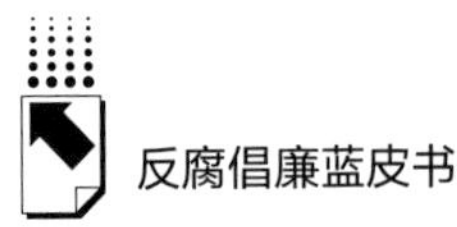

盖，但靠传统的人力监督已经很难实现对监督对象的日常监督以及全面监督，特别是对于监督对象的深层次监督。大数据监督的优势在于通过数据的整合与运用，建立起一个横向关联与纵向追溯的监督网络，让监督线上化、线索数据化、流程可视化以及范围全面化，有效改善了日常监督无力、全面监督困难、监督浮于表面的现实困境。

（二）为基层监督提供管用的监督手段

在基层监督过程中，一些领域的违法行为往往十分隐蔽，在这些领域中监督缺乏有效的治理手段。例如扶贫领域的腐败问题大多为一些虚假冒领、贪占扶贫物资类案件，这类案件查处难度并不大，但发现起来却比较困难。虚报多一点，发放少一点，通常也只有几个村干部自己知道，一般人难以发现，有的扶贫户利益受损了，自己也并不知晓。职能部门的监管也遇到类似问题，例如某些医院在表面上都是合法合规，但背地里医院与医院之间、医院与患者结成了利益共同体，钻取制度漏洞，巧妙规避医保局的监管。依靠医保局传统的人力监管，根本无法发现这些深层次问题。可以发现，一些基层违法违纪分子依靠“草根智慧”练就了一身“隐身术”“避弹术”，甚至穿上了“防弹衣”。纪委监委虽说有着不少的监督手段，但真正管用的却不多，能够发现挖掘深层次线索的手段几乎没有，一些隐蔽性问题依靠常规手段往往无法识别。梳理已查处的案例发现，违纪者往往钻了基层监管的空子，倚仗暗箱操作，将贪腐行为巧妙地掩盖。大数据监督通过多数据库之间的碰撞与比对，可以发现单数据库所无法识别的问题，精准发现深层次、跨时空的线索，有效实现数据优势向治理效能转化。

（三）为破解基层“熟人社会”监督难提供有效途径

基层监督难，很大一方面难在人情干扰较多，进而导致全面从严治党的“神经末梢”乏力。中国基层社会是一个典型的“熟人社会”，基于血缘、地缘、姻亲等关系，织起了一张张庞大而复杂的人际关系网。人们彼此熟悉、相互关照，同时也有可能出现寻找捷径、超越规则、营私舞弊，

甚至徇情枉法。因为“熟”，纪检监察干部在监督时往往会碍于情面，不敢也不愿意去真监督，存在“怕得罪人”的心理。有些干部掉入人情泥淖，认为日后还要与监督对象“低头不见抬头见”，实在抹不开面子、拉不下脸，如果在这个过程中再遇到说情的，就有可能“高抬贵手，使监督失之于宽松软”。基层社会这种面子文化怪圈严重阻碍了监督的开展，只有依靠技术手段才能祛除“关系网”的影响和“说情风”的干扰，只有通过客观“无情”的数据才能管住主观“有情”的人脑。大数据监督的优势在于客观发现违法违纪线索，用“客观数据”管束“主观意识”，用“自动生成”代替“主观决定”，这也减轻了纪检监察干部的心理压力，刨除了人情因素的阻碍，真正实现严厉公正监督。此外，大数据监督还可以减少部分因为不愿监督所产生的“不作为”现象，能更好地促进监督人员执法履职。

（四）为“清廉中国”建设打下坚实基础

近年来，学术界与实务界都在积极倡导“清廉中国”建设，学者们从各个角度对“清廉中国”进行了论述，一些省市在实践中也进行了有效探索。县域层面的干部直接面向群众，直接与群众开展互动，群众的获得感、幸福感、安全感往往取决于县域治理的好坏。县域作为“清廉中国”建设的重要单元，县域廉政与群众的利益紧密相关，这不仅关乎以人民为中心的理念能否在基层落实，而且关系着“清廉中国”建设的成败。只要全国各县域都达到廉政治理的要求，那么“清廉中国”建设自然而然就实现了。因此，“清廉中国”建设的关键在于实现县域廉政。目前，在县域的廉政治理上缺乏管用的手段，传统的监督方式费时费力，一些深层次线索靠人力监督根本无法识别。从目前的发展趋势来看，县域的廉政治理一定要借助技术手段来开展，利用大数据开展监督就是一个有效的途径。大数据监督不仅可以节省大量的人力、物力、财力，还可以拓展监督的广度与深度，实现监督的精细化与全面化，为县域廉政治理提供重要手段，最终为“清廉中国”建设打下坚实基础。

（五）为提升基层治理能力和治理体系现代化提供重要抓手

“要运用大数据提升国家治理现代化水平”“要建立健全大数据辅助科学决策和社会治理的机制，推进政府管理和社会治理模式创新”，习近平总书记的重要论断为推进国家治理体系和治理能力现代化打开了一条技术赋能的路径。从现状看，目前基层治理亟须借助技术变革来推动治理变革。大数据监督可以实现纪委监委监督的精细化与全面化，促使着各大职能部门更加科学、更加规范地履职。各大职能部门通过大数据监督也可以实现对监督对象的有效监管。地方党委以及地方政府借助大数据监督也能更好地开展基层精细化与科学化治理。总的来看，大数据监督可以为组织各部门提供有效的治理手段，从而最终推动基层治理能力与治理体系的现代化。

二　大数据监督在实施中遇到的障碍与问题

十九届中央纪委三次全会报告指明，“要搭建互联网、大数据监督平台以强化日常监督，拓宽线索来源”。近年来，大数据技术为监督执纪提供新思路成为纪检监察机关关注的新焦点，越来越多的地方开始积极探索将大数据这一现代科技手段应用于监督当中。

一些省份利用大数据技术建立了省级层面的监督平台。云南省搭建的民生资金在线监管平台实现了对涉及民生的各项资金从拨付管理到使用发放全过程的线上监控①。贵州省依托大数据技术，在扶贫民生领域、“三公”经费等重点领域、关键环节建立了扶贫民生领域监督、“三公”经费监督、审查调查监督管理、“黔纪党建云”四大系统，通过数据信息收集分析平台，实现对问题线索发现处置的智能监控，自动地对问题线索来源及处置过程进行收集，通过问题预警机制，对处置不到位的及时亮灯提醒，形成“进一

① 《云南：依托互联网建民生资金在线监管平台》，中央纪委国家监委网站，http：//www.ccdi. gov. cn/yaowen/201510/t20151004_ 138304. html。

办一结”完整监督链条[①]。湖北省纪委监委运用大数据技术打造了一个省市县三级互联互通的精准扶贫大数据监督平台。该平台汇集精准扶贫领域数据93项21.37亿条，实现对住房安全保障、贫困村提升工程、教育扶贫、健康扶贫、生态扶贫、社保兜底保障、金融扶贫七个方面19个精准扶贫项目政策落实情况开展监督检查[②]。

各大地区根据自身情况与现实需要也积极探索建立了具有地方特色的大数据监督平台。天津市纪委监委综合运用大数据等信息技术，以问题线索处置为核心，设定电子化问题线索办理工作流程，实现集中管理、规范流转、跟踪督办、实时查询、统计分析、向上报送等功能，打造了一条完整的监督链条，促使监督更快、更准、更有力[③]。沈阳市纪委监委开发建设集公示、监督、分析、决策于一体，涵盖数据备案平台、门户及业务平台、智能分析平台、云平台、信息安全平台五大组成部分的沈阳正风肃纪大数据监督平台，实现对每一笔资金的依据、来源、去向、发放，全程可记录、可留痕、可追溯[④]。贵州省黔东南苗族侗族自治州建立了“扶贫项目精准化监控平台”，利用全球卫星定位系统，导入扶贫项目基本信息和实施地点的GPS数据、图片，对全州扶贫项目点准确定位、实物化管理、全程监控[⑤]。浙江省金华市纪委监委建设的大数据廉政信息分析系统以公共数据交换中心数据和纪检监察机关内部掌握的廉情信息为主，其他外部重点单位数据采集为辅，涵盖全市的“人员、权力和事项”信息数据，既可以实现对各类基础信息

---

① 《中国纪检监察报头版头条、中央纪委国家监委网站头条深度关注我省“大数据”监督系统：大数据何以成监督利器?》，中共贵州纪委监委网站，http：//www.gzdis.gov.cn/ztzl/rjdqql/gzsj_39192/201902/t20190211_2251725.html。

② 《“大数据+大脚板”让监督更精准》，中央纪委国家监委网站，http：//news.hbtv.com.cn/p/1546296.html，2018年8月12日。

③ 《运用大数据，提高精准监督能力》，中央纪委国家监委网站，http：//www.ccdi.gov.cn/yaowen/201806/t20180624_174369.html，2018年6月24日。

④ 《沈阳：正风肃纪插上“科技翅膀”》，载中国社会科学院中国廉政研究中心编《中国反腐倡廉建设报告No.9》，社会科学文献出版社，2020。

⑤ 《凝聚反腐合力　护航脱贫攻坚》，中国纪检监察报，http：//www.jlh.gov.cn/news/showat/article_3620.html，2016年3月23日。

的快速查询，也能通过智能查询实现“以人找事”或“以事找人”的信息分析，还原权力运行痕迹，为高效监督提供客观、全面、精准的数据支持①。湖北省恩施土家族苗族自治州综合民政、林业、住建、财政等部门上报的涵盖 8 个方面的“源数据库”和 15 个方面的“比对数据库”，实行“专班、专人、专业”和“一月一督查、一次一方案”督查机制，开展日常“大数据”统计分析和数据比对，深挖“四风”和侵害群众利益的腐败问题②。广西北海市充分运用自主研发的“大数据 +”分析平台，联动涉农、惠农领域部门，通过筛查比对各县区新型农村合作医疗、残疾人补贴和公车使用情况等信息，为各级纪检监察机关“找问题”“排线索”，推动精准监督对症下药。③

各大地区运用大数据监督都取得了不错的成效，但是也存在一些亟待解决的共性问题，主要表现为以下几点。

（一）监督成本高，可持续性与可复制性差

大数据监督技术是非常管用的监督手段，在实践运用中已经产生了较好的效果，但从目前各地的建设情况看，成本高是一个普遍存在的大问题。这主要体现在两大方面：第一，平台建设成本高。一些发达地区在大数据技术开发和运营上投入了大量成本，大数据平台建设动辄上千万元甚至上亿元，这对于政府财政是一笔较大的支出。对于中西部地区尤其是贫困地区而言，政府财力通常不太雄厚，虽然它们更有现实需求去建设大数据平台，但这种高额投入最终令它们对大数据监督望而却步。第二，行政成本高。庞大的大数据监督平台需要配备大量的专业人员。一些地区为了线上与线下齐发力，

---

① 《运用大数据，提高精准监督能力》，中央纪委国家监委网站，http：//www. ccdi. gov. cn/yaowen/201806/t20180624_ 174369. html，2018 年 6 月 24 日。

② 《湖北恩施：运用“大数据”深挖隐形变异问题线索》，中央纪委国家监委网站，http：//www. ccdi. gov. cn/gzdt/dfzf/201606/t20160615_ 152333. html，2016 年 6 月 20 日。

③ 《大数据，让监督更有力量更有智慧——全区纪检监察机关运用科技手段整治民生领域腐败和作风问题》，广西纪检监察网，http：//www. gxjjw. gov. cn/staticpages/20200302/gxjjw5e5cbd8e－147006. shtml，2020 年 3 月 2 日。

还配备了大量的监督人员进行线下监督与线索核查。这就造成了大量的人力投入，不是一种经济的监督方式。高成本的监督往往难以持续，一些高投入地区的做法虽然有着显著成效，但是不具有推广性和可复制性。高投入的大数据监督不是廉政治理的价值取向，一种良性的大数据监督平台建设应该要用尽量少的资金就能达到精准有效监督的效果，并能在层级间与地区间进行推广与复制。

（二）大数据监督缺乏理论深度

从目前各地区大数据监督平台建设来看，大多地区的建设都缺乏理论深度。大数据监督的核心就在于算法比对，设计的算法有效需要有合适且管用的理论支撑。但从目前观察的情况来看，大多地区都没有在理论上开展细致的研究，这也导致大数据监督聚焦的领域大多是一些民生资金领域，呈现出的都是一些浅层次分析的结果，这是因为这些领域的数据经过简单的比对与分析就可以发现线索。对于像医疗、工程建设等复杂隐蔽的领域，大多地区往往不太去触及，其中很大的一个因素就是算法缺乏理论支撑，这就导致无法设计出一些真正管用、触及问题本质的算法。

（三）平台建设追求大而全，难以持续

一些地区的大数据平台建设之所以需要花费上千万元甚至上亿元，一个很重要的原因就是追求大而全。这主要体现在两大方面。第一，想要收集大而全的数据。虽然大数据监督的优势在于通过多数据库的比对与碰撞发现深层次线索，但是多数据库并不意味着要打通收集所有部门的数据。众所周知，部门间的数据壁垒问题是全国性难题，单靠地方政府推动就要打通收集到所有部门数据的可能性很低，而且要花费巨大的人力、物力、财力。一个管用、有效、经济的大数据平台建设需要的是一些管用关键的数据，过分追求数据的全面性往往会导致平台建设面临一些阻力，大数据监督难以落地。第二，想要建立功能齐全、全面多元的系统。一些地区在大数据监督平台上设置了各类业务系统，虽然表面看上去功能很齐全，但是各系统是否适合放

置在一起值得思考。例如一些地区把办案系统和监督系统混合建设，这虽然可以打造监督办案一体化的效果，但也带来了不少阻力，阻碍了平台建设的进程，最终导致大数据平台难以落地。总的来看，大数据监督应当奉行一个原则：不贪大求全，精度比数量重要，深度比广度重要。

（四）未将监督与审查调查有效区分

大数据的比对功能对于发现问题线索非常有帮助。大数据平台上部门数据越多，可能发现的问题线索越多。但是，大数据平台的数据越多，就需要掌握公民个人更多的信息，从而引起了社会的担忧，尤其是很多公职人员担心个人隐私过多泄露而产生危险。为了防止信息泄露，几乎所有的纪委监委大数据平台都将数据安全当成第一要务进行开发和管理。但在云计算、5G技术、人工智能技术快速发展和运用的时代，过多地将数据集中的做法泄露个人信息的风险仍然较大。另外监督与审查调查具有区别，审查调查需要更多的纵深的个人信息，但从监督而言，并没有必要针对个人搜集过多的信息，只要比对出普遍存在的问题即可。发现问题和线索之后，再通过审查调查为主的大数据进行更深度地查询。但是现在很多地方的大数据建设并没有将二者进行严格区分，造成监督对象对大数据监督系统有强烈的心理恐惧和抵触，纪检监察机关运用大数据监督顾虑较多，大数据监督除了在惠农、扶贫等民生领域运用之外，在其他领域往往并未得到有效推行和运用。

三　江华开展大数据监督的成功试验

（一）江华县情介绍

江华瑶族自治县处于湖南省西北部，位于湘、粤、桂三省（区）结合部，是湖南省永州市下辖县。江华瑶族自治县是国家级扶贫开发重点县，经济发展水平处于全省中等偏下，财政收入少，人均收入低，2017 年公共财政预算收入只有 11.49 亿元，全县城乡居民人均可支配收入也只有 14236

元。该县作为山区，产业基础薄弱，可供增收的资源少，工业占比十分低，是一个十分贫困落后的地区。但就是在这样一个贫困落后的地区，却找到了一条经济的、可持续的建设大数据监督的路子。既然在江华大数据监督平台建设都能够成功，那么对这一套方式只要进行推广，在中国任何其他地方就都可能成功。

（二）江华推进大数据监督工作的特点

为了促进监督往纵深处延伸，实现精准监督、全面监督、有效监督，江华县瑶族自治县纪委监委在县委、县政府的大力支持下，设立了清廉中国“大数据实验室”，并成立了江华瑶族自治县清廉中国“大数据实验室”建设工作领导小组，由县委书记任顾问，县纪委书记任组长，安排一名班子成员专抓，从相关部门抽调专门人员进行建设。通过对江华“大数据实验室”的调研，调研组发现江华的大数据监督工作相较于其他地区的做法存在以下四大特点。

1. 经费投入少

大数据监督必须要计算成本，讲求绩效，低投入高产出的建设道路才具有可持续性。江华瑶族自治县始终遵循小投入、小切口的原则，考虑县财政实际情况，在保证建设质量的基础上，优化资金使用效果，优化资源配置，节省一切不必要的花费，在一期工程建设过程中仅投入 30 多万元，就取得了显著成效，实现了小投入高产出的优良效果。

2. 数据采集不贪大求全，易于操作

部门间存在数据壁垒是政府内部长期存在的问题，出于体制限制以及安全、隐私等方面的考虑，想要短时间拿到所有部门的数据不太现实，而且操作起来难度很大。一些地方贪大求全，想要打通所有数据壁垒，花费了大量的人力物力，遇到了较大阻力，最终收效甚微。江华县纪委监委围绕监督目标与监督重点，有目的、针对性地进行数据采集，奉行精度比数量重要、深度比广度重要的原则，不贪大求全，经过反复讨论最终确定了前期平台建设需要的一些核心数据源。这既保证了对监管对象分析的全面性，又不影响各职能部门业务正常开展，消除了各部门对数据安全性和用处的顾虑。江华瑶族自治县纪委监委在采集数据时创新方式，明确大数据监督是为了帮助职能部门解决问题从而达到双赢而非找麻烦的目的，受到了职能部门的理解与支持。短时间内就采集到了来自财政局、卫健局、医保局等 16 个单位，包括公职人员个人信息、公职人员和医护人员亲属信息、居民参保信息、医保报销记录、医院住院记录在内的，由 40 个数据库组成的千万条数据。

3. 选择重点领域专项突破，直指违纪违法高风险领域

赵乐际同志在十九届中央纪委四次全会上强调“及时回应人民群众关切，坚持人民群众反对什么、痛恨什么，就坚决防范和纠正什么”。江华瑶族自治县纪委监委响应中纪委号召，不同于其他地方选择在惠农、扶贫等民生领域运用，而是选择最难攻破的领域入手。一期工程聚焦医保领域，二期工程准备聚焦工程招投标领域，坚定不移向违纪违法高风险领域着力。江华瑶族自治县选择医保领域作为一期重点工程，主要基于以下两方面考虑。

第一，响应国家、各级政府以及主管部门的要求。一是契合中央的决策要求。中共中央总书记、国家主席习近平同志在十九届中央纪委四次全会上强调要深入整治民生领域的“微腐败”，坚决查处医疗机构内外勾结欺诈骗保行为，建立和强化长效监管机制。十九届中央纪律检查委员会第四次全体会议公报也提到“要坚持分行业分领域深入排查，重点督促解决医疗等领域侵害群众利益问题，各地区要开展财政补贴资金‘一卡通’管理等专项治理”。2020 年 3 月，中共中央、国务院下发了《关于深化医疗保障制度改革的意见》，强调要着力推进监管体制改革，以零容忍的态度严厉打击欺诈骗保行为，确保基金安全高效、合理使用。2020 年 5 月 20 日，国家医保局办公室、财政部办公厅、国家卫生健康委办公厅、国家税务总局办公厅以及国务院扶贫办综合司也下发了《关于高质量打赢医疗保障脱贫攻坚战的通知》，强调各级医保部门要加大贫困地区基金监管力度，着力解决贫困人口住院率畸高、小病大治大养及欺诈骗保等问题，加大打击异地就医过程中的欺诈骗保行为。二是符合省、市医疗保障局的部署要求。湖南省医疗保障局、永州市医疗保障局根据国家医疗保障局的文件精神，也相继印发了

《2020年湖南省医疗保障工作要点》，提出要专项治理欺诈骗保问题。因此，江华县纪委监委聚焦医保领域，利用大数据技术挖掘深层次线索，实现对医保领域的全面监督，是对贯彻落实党中央、中纪委、全国各级医疗保障局、各级地方政府要求，结合地域特点深化拓展的有力探索。

第二，应对现状并回应群众关切的需要。一是面临医保收支不平衡与医保价格上涨的现实压力。调研组从江华瑶族自治县医保局了解到，目前永州市各区县的医保收支情况都不太良好，各区县大多已经出现了赤字情况。江华瑶族自治县相对而言较好，在2019年还实现了盈余，但2020年情况十分严峻，这可以归结为两大方面。一方面，贫困人口特困人员所占基金支付比例逐年攀升。从数据上来看，2019年贫困人员以及特困人员住院人数占住院总人数的39.5%，基金支付占比44.2%，2019年医保基金总支付相对于2018年上涨了接近14.4%。基金支出的快速增长也带动了医保价格的快速上涨，一些民众纷纷抱怨自己缴纳的医保费用大多用于特定小群体的住院花费，其中一大部分花费存在大病大治、欺诈骗保等行为，严重损害公平正义。另一方面，医保基金参保人数下降，基金收入面临危机。由于医保基金收取方式从以往政府代征收转为由税务局代收，选择性参保导致参保率降低、参保人群结构畸形化，最终变相造成基金支出变大。二是现行监督无法对医保领域的深层次腐败问题进行有效识别。这主要体现在以下三方面。第一，主管部门监管力量薄弱，监督对象点多面广，监督手段单一乏力。医保局目前监督的对象包括医院、药房在内的140多家单位，监督对象点多面广，主管部门的监管力量却比较薄弱。此外，医保局的监督手段也比较单一，例如针对挂床等现象，医保局虽然会开展临时的飞行检查，但这种突击检查难以实现全覆盖，打击力度比较小。而且要想实行全覆盖、常态化的下基层检查，需要消耗大量的人力、物力、财力。第二，监督有效性差，无法体现整体监督效能。通过调研，我们发现医保局的监管系统存在一定的局限性，无法识别病人在多医院间循环治疗等异常线索。而且，医保领域存在一个牢固的利益共同体，内部举报揭发的可能性比较小。病人由于专业知识不足，举报能力也比较弱。各地各级政府虽然也采取了一些行动，但是成效并不突出。第三，医保报销流程存在缺陷，冒名顶替骗保、异地骗保现象有所发生却无法有效识别。

4. 选择与科研机构合作，扎实做好理论研究工作

江华瑶族自治县清廉中国“大数据实验室”是在中国社会科学院中国廉政研究中心的指导下合作建立的，有着很高的运行起点。中国社会科学院中国廉政研究中心长期对互联网、多媒体、大数据、区块链等技术在全国监督中的运用效果及其影响进行跟踪观察，搜集了大量案例进行研究分析，发现在实践中大多地方开展的大数据监督都存在理论研究不足的问题。因此，江华瑶族自治县与中国廉政中心合作建立的大数据实验室高度重视算法设计，科学建构计算模型，用少量的数据进行大数据分析，提高了数据运用的质量和效率，实现了理论研究成果的有效转化。大数据实验室的算法设计与模型搭建主要分为关系网络拟合、业务模型设计、模型优化三个阶段。

（1）关系网络拟合阶段。在理论支撑与中国廉政研究中心团队的细微指导下，本文梳理出人、财、物、时、空五大关系脉络。①以人为纽带的人际关系网络。当今违法违纪呈现出小团体“联盟化”的特点，小团体成员互相关联、互相信任，结成了稳固的利益共同体。人物关系是任何案件线索发现和侦破的基础，人物关系的线索可以通过静态的身份关系以及动态的行为特征分析得出，通过对人物关系的拟合识别可能存在的利益共同体。②以资金为纽带的轨迹关系网络。资金关系是利益关系的外在表现形式之一，在贪腐案件中资金之间的分分合合与复杂流转，就像江河水系一样复杂，但无论资金怎么分离或者汇聚，最终会落到人身上。所以，亟待对资金的汇聚、分离、流转过程进行跟踪，形成流向轨迹图谱。通过资金关系寻找关系网络闭合，分析资金流动出入口，结合受益人或利益共同体分析，识别资金流转过程存在的回扣、暗箱交易等行为。③以物（标的物）为纽带的关系网，包括从房屋、车辆、项目物料、公共资产的交易、租赁、转移、报废信息中发现不正常的增值或减值线索，通过物品关系找差价，识别可能存在的利益输送情况。④以时间和以空间为纽带的关系网。时空关系是各种关系的天然属性，所有数据都存在天然的时空属性，时空关系是只能隐藏不能灭失，一

旦发生就永远不会消失，通过自动梳理每一事物的时空关系，尤其是一些重要节点的时空关系，可以找到重合情形。

（2）业务模型设计阶段。依据人、财、物、时、空的脉络关系，大数据实验室设计出涵盖多维度交叉碰撞、集体行为分析、个体特征分析三大业务模型。结合医疗报销管理制度，进一步构建了集体行为模型、医保积分计算模型、数据冲突碰撞模型、住院动态违规模型、医院总体违规模型等，对整体住院情况和重点医院进行了大数据横向碰撞和纵向动态分析，发现了大量线索明显、数据精准的异常信息。在模型设计过程中，大数据实验室创新性地应用了多层动态积分算法，从而实现了线索排序的优先级，便于监督抓重点、抓典型。该算法首先将积分划分为多个积分类，每个积分类又分为多个积分项；然后根据数据特征不同，计算每个积分项的总分；再后根据数据上下文特征、构成特征等计算每个积分项的权重；之后根据每个积分项的分数和权重计算出初步的总分；接着再分析该数据在数据全局中的地位，计算总分的加权值；最后根据总分的加权值算出总分，利用数学算法，把总分映射到 0 ~ 100 分之内。在最后的呈现效果上，某人或者某个集体得分越高则表明存在的问题越严重，需要重点进行监督与线索核查。

（3）模型优化阶段。大数据实验室模型设计是一个不断优化的过程，需要根据线下核实进行调整与再设计。总体的优化思路为：大数据模型的构建会输出初步异常线索，工作人员对原因进行分析并进行线下核查，以此验证线索正确与否，并不断强化平台的准确性以输出更多有效的线索，从而实现大数据模型的循环优化。

（三）大数据监督的明显成效

江华瑶族自治县借助大数据手段提升了监督的有效性，在医保领域发现了许多具有价值的重要线索，解决了多年想解决但是没有能力解决的问题，创新了基层监督方式，取得了显著成效，主要表现为以下四点。

1. 监督精准，发现大量问题线索，为监管和监督机构执法指明方向

大数据监督最大的功能就在于精准发现深层次线索。江华瑶族自治县大

数据实验室通过管用的算法设计和模型比对，精准发现了大量问题线索。这些问题线索存在违纪违法嫌疑，产生的原因不一，主要可以归因为监管系统不完善、制度不健全、个体层面故意实施这三大类。

（1）由于监管系统不完善所无法发现的问题线索。主要表现为以下几点。一是存在住院时间时空冲突的情形。大数据实验室输出的线索显示，存在4例住院时空冲突的案例，如果算上门诊则有104例。例如某儿童2018年4月25日至2018年4月29日在人民医院住院，而在2018年4月27日至2018年5月2日这个交叉时段内又在另一家医院住院，经过初步核查，大致确定存在冒名顶替的现象。二是存在患者所患疾病与患者身份年龄不符但报销成功的情形。例如男性患女病，儿童怀孕等现象明显违背人类认知常识，说明报销审核系统存在漏洞。三是存在同一身份证多个姓名且均报销成功的情形。大数据实验室输出的成果显示，一共存在95件同一身份证多个名字且均报销成功的案例。一些名字之间差得比较远，甚至姓都完全不相同，这就说明系统存在一些漏洞。

（2）由于制度不健全、被监管者对于制度执行不到位所产生的问题线索。通过系统输出的线索以及相关人员线下核查的反馈，发现出于相关制度的不健全与监管者的监管手段有限，一些机构有意进行规避，钻取制度漏洞。主要表现为以下几点。一是医院存在诱导村民集体住院的情形。违背《永州市江华县基本医疗保险定点医疗机构医疗服务协议》（以下简称《协议》）规定"各医院不得擅自以减免自付费用、集中接送等不正当手段诱导参保人员住院，不得集中接治病人，同天同村接治病人不得超过3人，两天内同村接治病人不得超过5人"。从2018年1月至2020年3月期间，违反此规定的医院共17家，涉及住院2388人次，报销基金金额超过500万元，特困人员占比最多高达52.98%。二是存在轻病同病名同医院违反时间间隔规定情形。《协议》规定"参保人员两次住院间隔时间不得少于28天"。而大数据实验室输出的结果显示，从2018年1月至2020年3月期间，因"颈椎病、腰椎病、慢性胃炎"等非重型疾病在同一家医院因相同疾病住院且间隔小于28天就涉及249人次，涉及金额超过73万元。

其中一家医院特困人员占比高达72%。三是存在特困人员与贫困人员占总住院人员比重、年度人均住院次数违反规定的情形。《协议》规定“年度累计人均住院次数不得超过1.25次，当月住院的特困供养人员与住院总人员占比不得超过5%，当月住院的农村贫困人员与住院总人员占比不得超过28%”。而大数据实验室输出的结果显示，近两年住院的特困供养人员与住院总人员占比超过5.5%的医院共15家，平均每家医院违规月份超12个月。农村贫困人员也是如此，情况比特困人员严重许多。从2018年1月至2019年12月共两年期间，住院人数超过20人且当年累计人均住院次数超过1.3次的共有17家本地医院，有家医院的人均住院次数在2019年高达2.13次。四是存在轻病在多家医院间循环性住院情形。大数据实验室输出的问题线索表明，存在一些病人住院病名循环、医院循环轮换、报销金额高、住院时长与间隔时长呈现一定规律的情形，共有304例。一位被采访的低保人员在访谈中向调查人员透露：“医院会隔一段时间就打电话给我，说安排车辆接我去住院。一般在医院住到一周左右，医院就会安排我出院。我问他们说病还没好怎么出院，医院的回复是如果我今天不出院后面就没车送我回家，所以我就只能选择出院。”医院这一行为违背了《协议》规定的“医院不得以医保局人次定额标准控制为由，将未达出院标准的患者催赶出院”以及“医院不得擅自以减免自付费用、集中接送等不正当手段诱导参保人员住院”。

（3）由于个人层面故意实施所产生的问题线索。像上述提到的住院时间时空冲突、患者所患疾病与患者身份年龄不符但报销成功、同一身份证多个姓名且均报销成功的现象，就存在个人故意实施的可能。调查人员对一些案例进行了线下核实，也坐实了存在个体违法违纪行为。

2. 监督方式管用，弥补了纪检监察机关及其监管机构监督手段不足的问题

通过建立大数据实验室，江华瑶族自治县纪委监委寻找到了管用的监督方式，增强了监督的有效性。一位纪委干部这样描述大数据监督所带来的变化：“以往我们纪委的再监督总是缺乏抓手，各个职能部门在工作汇报中都描述了部门在职能监督上所做的努力，但是职能监督是否有效、是否到位，

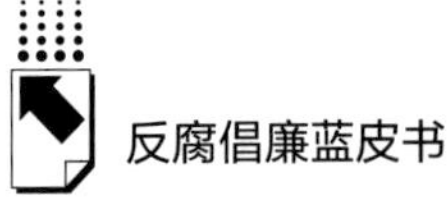

纪委监委无法识别。大数据监督的使用就大大增强了纪委监委再监督的能力。”一位医保局的领导这样评价大数据监督：“大数据监督平台的数据十分准确，简简单单一比对就发现了一些我们原本系统内所无法发现的深层次线索。就像冒名顶替这类案件，如果不是大数据比对查找出来，靠我们以往的人力排查根本无法识别。有了大数据监督这把利刃，我们就能发现医保系统存在的一些系统漏洞。”

3. 运用大数据推动各种监督贯通融合

党和国家监督体系有着纪律监督、监察监督、巡察监督、派驻监督、行政监督、司法监督等多种监督方式，但从实践上来看各监督之间还没有真正实现贯通融合。实现各监督方式的贯通融合，不仅要在制度衔接上下功夫，关键还在于要找到管用的手段将各种监督激活联动。一位派驻纪检组的干部向我们反映：“有了这个大数据监督平台，派驻纪检组就有更多的手段开展监督，查找线索也更加便捷。”大数据监督的核心职能就在于精准、大量发现问题线索，各类监督可以借助大数据平台加强监督的有效性，对于被监督对象进行精准监督。借助大数据手段，各类监督才可以真正实现有机贯通与融合，构筑监督有力的监督体系。

4. 推动基层治理深化改革

纪委监委既要监督保障执行，同时也具有促进完善发展的任务和职责。大数据监督的价值不仅在于提升纪委监委监督的能力，而且赋予了像医保局这样的职能监督部门所不具备的监督手段。借助于大数据监督平台所发现的线索，职能部门可以发现并填补自身系统存在的漏洞，规范内部的管理与运作，更好地履行部门职责。江华利用大数据监督迅速堵塞医保漏洞，完善了医保报销相关的制度规定，破除利益集团，促进了监督领域事业健康发展。大数据监督的刚性与精准性可以进一步推动基层治理深化改革，特别是针对那些以往改革推不动的深水区与利益盘根错节的高风险领域，大数据监督就给基层党委和基层政府手段与能力，最终实现基层治理体系与治理能力的提升。

四　对大数据监督未来发展的几点思考

大数据监督能够有效提升监督的精准性与有效性，应用大数据开展监督已然成为未来发展的一大趋势。但各地在大数据监督平台建设过程中，还存在一些亟须重视与解决的问题。对此，调研组结合江华瑶族自治县兴建“大数据实验室”的一些先进做法，对基层开展大数据监督进行了以下几点思考。

（一）大数据监督的功能定位必须精准

根据前文分析，一些地区将两者混合进行开发与使用，所以造成监督对象对大数据监督系统有强烈的心理恐惧和抵触，这也使得大数据监督在除惠农、民生之外其他领域推行难度大。地区的这种做法是错误的，大数据监督功能必须定位于监督，不能偏移成为审查调查的工具。大数据监督的出发点在于精准地、全面地、大批量地发现问题线索，这种监督具有广度、精度与深度，可以筛查出存在某类违纪违法的全部线索，但这种监督不针对个人。而审查调查的出发点是先明确被审查调查对象的具体信息，再查询其各类问题。可以发现，大数据监督和审查调查是两种截然不同的实践路径，大数据监督目的就是解决如何高效、精准、全面地发现问题，但这种发现并不知道会是谁。而审查调查则是建立在特定目标之上，是对特定目标所涉及的相关问题的查找。因此，要将大数据监督与审查调查中运用大数据查询个人财产、通讯、银行、出入境等信息严格区分开。

（二）大数据监督会推动政府履职的结构性转变，规范权力运行

大数据监督的优势在于通过多数据库的比对与分析，将以往一些深层次的、隐蔽性强的违法违纪问题挖掘出来，以公开促公正、以透明保廉洁。除了查找线索、堵塞违法违纪可乘之机，大数据监督还可以有效预防懒政怠政，督促政府部门积极履职。大数据监督实质上也是在建立一种权力运行可

查询、可追溯的反馈机制，权力运行必然留痕，而这种留痕会在数据上得以体现，通过权力的数据化，各部门该干什么、干了什么以及干得怎样在数据面前就一目了然。这种全面、深入、严密的监督具有很强的威慑功能，借助大数据监督，以往欺上瞒下、庸政懒政、形式主义等行为会得到一定程度上的监督、制约与限制，各大被监督对象无论出于主动或被动都会逐渐转变履职方式，更为科学规范地行使权力。当然，这种转变是一个逐步形成的过程，不可能一蹴而就，需要在观念上持续引导，在监督查处力度上逐步加大，思想与行动双管齐下，才能真正推动政府履职的结构性转变。

（三）大数据监督需要遵循小切口、小投入、可持续产出的建设原则

根据前文的分析，大投入的大数据监督模式不太具有推广性与可复制性。任何高成本的监督方式都会难以持续。监督必须要计算成本，讲求绩效，必须要走低投入高产出的路子才能持续。江华瑶族自治县地处中西部地区，经济发展水平处于全省中等偏下，是国家级扶贫开发重点县。出于自身经济发展水平考虑，江华瑶族自治县纪委监委在兴建大数据实验室上始终遵循小切口、小投入、可持续产出的建设原则，量力而行，力求做到每一笔钱都花在刀刃上。在大数据实验室建设初期，不贪大求全，而是聚焦某个重点领域进行突破。随着大数据实验室逐步成熟与完善，再由点到面开展多领域全面监督，增设其他管用模块，保证达成一种可持续产出。截至目前，江华在大数据实验室建设上才投入几十万元就已经取得显著的成效，可以说江华瑶族自治县纪委监委已经探寻到了一条大数据监督经济建设的路子，通过大数据监督平台的运行，还可以为财政节约大量支出。江华这种小切口、小投入、可持续产出的大数据实验室建设模式具有很强的推广性与可复制性，特别是对于像江华瑶族自治县这样的经济发展水平不高的县市而言，可以很好地保证小投入与大收益。可以试想，在江华瑶族自治县可以成功的大数据监督模式，在全国各个地区应该都具有很强的适用性，非常值得推广与复制。

（四）“大数据巡视”应作为贯通其他监督方式的新型监督方式

党的十九届四中全会《决定》提出要坚持和完善党和国家监督体系，健全党统一领导、全面覆盖、权威高效的监督体系，增强监督严肃性、协同性、有效性，形成决策科学、执行坚决、监督有力的权力运行机制，确保党和人民赋予的权力始终用来为人民谋幸福。党的十九届四中全会《决定》强调要推进纪律监督、监察监督、派驻监督、巡视监督统筹衔接，健全人大监督、民主监督、行政监督、司法监督、群众监督、舆论监督制度，发挥审计监督、统计监督职能作用。以党内监督为主导，推动各类监督有机贯通、相互协调。但从实践经验来看，虽然党和国家监督体系比较健全，监督手段比较多，但是有效性不高，特别是基层监督缺乏有效管用的手段。对此，是否可以考虑在监督体系中增加一种“大数据巡视”监督方式，将“大数据巡视”作为贯通其他监督方式的新型监督方式？“大数据巡视”的价值在于精准发现线索。各类监督都可以通过“大数据巡视”对被监督对象进行摸排与前期探索，这就大大增强了监督的有效性，可以有效贯通各大监督方式，更好地实现监督合力。各级党委和政府也可以通过“大数据巡视”为特定领域的专项治理进行摸排，促进决策更加科学，监督更加有力。

（五）要坚持线上线下相结合开展大数据监督

大数据监督提高了精准发现问题的水平，在更大范围内整合了监督力量，不仅强化了基层纪检监察机关的监督能力，而且为各大监督与监管部门提供了有效管用的手段。但我们需要清醒地认识到，大数据监督只是一种辅助手段，并不能解决一切问题。大数据监督的优势在于线索的发现与查找，对被监督对象的权力运行进行监督，但这只是解决了监督发现问题这一重要环节，真正线索的核实与调查以及后续的一系列环节还是需要依靠人力进行线下开展。因此，需要始终坚持线上与线下相结合的原则，构建线上精准监督、线下有力执行的联动机制。此外，相较于以往依靠信访举报所得来的少量线索，大数据监督的运行会带来大量线索，这也大幅增加了监督人员线下核实的任务，加重了监督人员的压力，单单依靠人力进行件件核实花费的力量太大。对此，大数据监督的智能化水平还可以再进一步提升，不能一直停留在线索发现层面，下一步可以探讨如何实现线索的智能处理。

（六）要提高数据运用的质量和效率

大数据监督的建设不能在一开始就贪大求全，而是要先聚焦某个领域进行突破，通过对一个领域的监督实践，可以不断对模型进行优化与升级。由点到面逐步推进，可以避免多领域齐头并进所带来的矛盾、混乱与低效。目前江华瑶族自治县的大数据实验室建设处在一期建设阶段，聚焦于医保这一重点领域，取得了积极成效，这也为下一阶段多领域监督的开展打下了坚实的基础。由点到面逐步推进，这既包括由单领域监督转向多领域监督，也包括由单一功能向多功能拓展，这些转变都离不开数据的扩展。数据扩展面临的最关键问题是部门间的数据壁垒，部门数据壁垒问题一直是全国长期以来难以解决的问题，但大数据时代所要求的数据共享已成为不可阻挡的趋势。无论是靠上级政府推动还是以线索来迫使部门共享数据，都要进一步打通部门数据壁垒，在外延上采集更多的数据，在内涵上采集更有价值的数据。数据的粒度越细，越能发现更精准更深层的问题。此外，由于各层级单位未来都有建立相对应的大数据监督平台的需求，如何实现各层级系统的对接也需要提前进行规划。过去各级单位重复建设所带来低效与数字孤岛给政府带来了极大伤害，这也背离信息化平台建设的初衷。大数据监督的最大优势就在于数据共享，数据共享的面越广，覆盖的范围越大，监督的有效性也会越强。

（七）基层治理改革要推进配套体制与机制建设

大数据监督在基层的运用会对基层治理产生巨大的变化，基层治理相应的结构、方式、思路都需要进行变革。总体来看，基层治理将形成建立在大数据监督平台基础之上的多部门协同治理机制。多部门协同监督虽然一直在强调，但在以往总是缺乏抓手，大数据监督平台的运行则是真正为各监督部门协作搭建起了桥梁，通过利用大数据平台发现的线索，各部门间可以开展有效的合作。纪委监委可以借助大数据平台提升对各职能部门再监督的有效性与精准性，职能部门可以利用大数据平台对被监管对象实现深层精准监督，不同监督方式之间也可以有效贯通，真正形成监督合力。此外，大数据平台也为地方党委和政府进行基层治理、开展专项整治提供了手段与抓手。要想实现上述改革，就需要在地方层面成立一个大数据监督中心，这个大数据监督中心应当由党委领导，服务于地方治理，各监督监管部门在授权内都可以使用。一个运行有效的机构势必需要配套的人才，大数据监督是否充分释放潜力关键还在于运用的人。因此，干部队伍专业结构也会发生相应的改变，大数据监督需要注重引进党建、法律、财政、金融、审计、信息化、外事等各方面人才，适应新时代新任务新要求，推进干部队伍专业化建设。各机构监督人员在掌握专业知识的基础上，也需要理解大数据监督的逻辑与方式，推进技术与专业的深度交流与配合。机制体制的创新以及专业人才梯队的建设最终将有效推动基层治理能力和治理体系现代化的实现。

B.11

国有企业反腐败存在的困难、问题与治理*

广东省国有企业纪检监察学会、广东省铁投集团纪委联合课题组**

摘　要：党的十八大以来，国有企业反腐败成效斐然。但在推进反腐败工作的过程中，国有企业固有的体制机制带来的反腐败困境，如同级监督牵掣多、监督手段有限、制度建设滞后、激励机制不到位等问题也暴露无遗，这其中有监督合力、制度刚性、经济激励等方面的原因，也有腐败预防、内控治理等方面的原因。如何加强新时代国有企业反腐败治理体系建设，本文以广东省管企业反腐败治理的具体实践，提出了“六个有机结合”，即政治监督与经济监督有机结合、主责监督与专责监督有机结合、纪检监督与全员监督有机结合、预防腐败与制度建设有机结合、内部监督与外部监督有机结合、监督执纪与公司治理有机结合，全方位发挥国有企业各要素的监督作用，以推进国有企业构建有效管用的反腐败科学治理体系。

关键词：国有企业　反腐败　困境治理

* 本文得到中国社会科学院中国廉政研究中心 2020 年重点课题（课题编号：LZZK2020A027）资助。

** 课题组组长：王松强，广东省铁投集团党委委员、纪委书记、监察专员。课题组成员：袁惠军，广东省铁投集团纪委副书记、纪检监察室主任；罗星明，广东省国有企业纪检监察学会副秘书长；叶君谊，广东省铁投集团纪检监察室副主任；谌华，广东省铁投集团纪检监察员；张承钧，广东省国有企业纪检监察学会秘书长助理。

国有企业是国民经济的重要组成部分，是中国特色社会主义的支柱，是我们党执政的重要经济基础，对提高综合国力、国防实力和民族凝聚力，巩固党的执政地位至关重要。在国有企业改革发展的进程中，腐败与反腐败的斗争从未停息。特别是党的十八大以来，党中央通过持续推进作风建设、严肃查处国有企业贪腐问题，极大地遏制和震慑了国有企业腐败蔓延的势头，反腐败斗争取得压倒性胜利并得到巩固发展，目前国有企业信访举报和案件数量总体上呈逐年下降趋势，政治生态进一步向好，从业环境得到有效改善。但也必须看到，一些国有企业中掌握资源分配权、人事任免权、资金调剂权的“关键少数”不收敛不收手的现象依然存在，国有资产出现重大流失损失现象仍时有发生，构建国有企业一体推进不敢腐、不能腐、不想腐的体制机制任重道远。因此，针对当前国有企业反腐败存在的困难和问题，进一步探索科学有效的治理路径和体系，加大国有企业正风反腐力度，对于维护市场公平环境、营造风清气正政治生态、清除深化国有企业改革障碍、实现国有资产保值增值、推动国有企业健康可持续发展意义重大。

一　当前国有企业反腐败的体制机制困境

习近平总书记多次强调，强化反腐败体制机制创新和制度保障，深入推进党风廉政建设和反腐败斗争。国有企业反腐败体制机制好坏决定着反腐败工作的成效。近年来，国有企业之所以出现愈反愈腐、前“腐”后继、成效不佳，其主客观因素固然很多，但根本原因还是体制机制出现了问题、走不出困境，主要表现如下。

（一）同级监督牵掣多，使反腐败的一些制度难以落地

国有企业同级监督就是各级纪委对同级党委班子成员实行监督的过程，这是党内监督的重要组成部分。党的十八大以来，为解决同级监督难问题，各级党委政府和纪委监委对国有企业纪检监察体制机制进行积极改革，推行“三个为主”，使国有企业监督执纪的客观障碍大大减少。但也必须看到，长

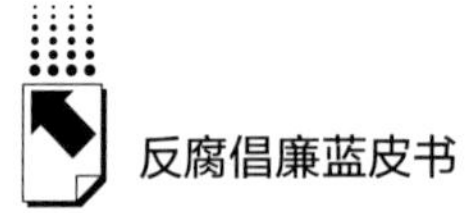

期以来一些国有企业主要领导由于认识上的偏差，认为纪委仅是班子组成的一分子，致使纪委监督的主观性与党委接受监督的自觉性难以并存，受权力垄断性和排他性的作用，一些党委班子成员习惯于把监督主客体关系看成是“监督与反监督”“制约与反制约”的对立，认为同级监督就是找茬子，是跟自己过不去，甚至当作是挑战主要领导权威，进而反感监督、抵触监督，自觉接受同级监督的意识淡薄。加之国有企业纪检监察机构负责人的企业人员身份没有变，纪检监察的人员编制、工作经费、薪酬待遇均受制于所在企业，特别是个人升迁去留、职业发展方向最终还是由同级党委决定，从而导致同级监督的主观意愿不足。开展同级监督，尽管党章和一些文件规定有明确要求，但就国有企业来说仍缺少相应的配套规章作保障，对监督内容、监督路径和监督成效等问题并未具体明确，企业“一把手”的政治觉悟和示范效应往往是风向标，直接关乎同级监督的效果。还有国有企业纪检监察机构负责人自身绩效与企业班子成员捆绑在一起，企业班子成员如有出事，影响绩效考评，其个人薪酬也将受到影响。或认为，有规章制度约束，又有上级和职工群众监督，是否开展同级监督影响不大，纪委重点应放在对企业组成部门及其党员干部的监督上。因此，在既要调动企业班子成员积极性又要通过加强同级监督确保班子成员不出事，使自身利益在企业整体薪酬体系中有相应的体现、自身工作绩效有合理的评价，也是不得不考虑的重要因素，这与国有企业纪检监察机构负责人开展监督执纪的主观能动性密切相关。据课题组在省铁投集团本部及10个下属企业中层以上干部抽样400人调查了解，认为开展同级监督难的人数占比接近一半，企业基本没有开展同级监督的占10.0%，开展同级监督取决于企业“一把手”的态度的占60.3%（见图1）。开展同级监督困难，使一些凡会触及同级班子成员利益监管制度的出台都会受到一定程度的抵制、掣肘或配合落实的意愿趋弱，现实上“上级监督太远、同级监督太软、下级监督太难”等现象在国有企业依然有不同程度的存在。

（二）激励机制不到位，使企业一些高层廉洁意识不强

国有企业良好的激励机制是适应市场竞争的客观要求，也是增强从业人

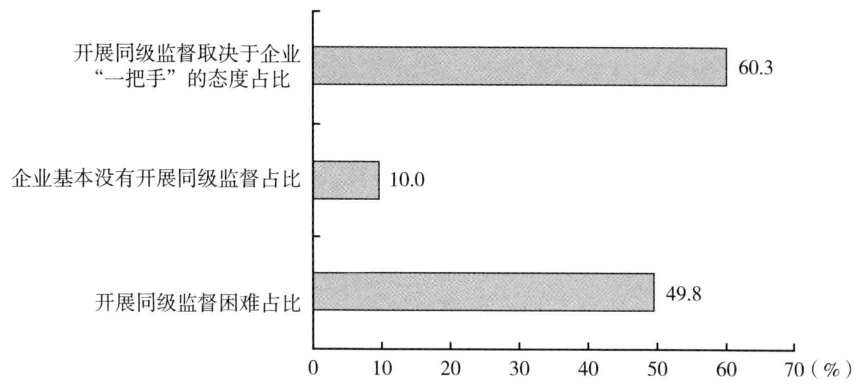

图1　课题组抽样调查一：国有企业纪委开展同级监督的情况

员廉洁意识的有效手段。但是，国有企业激励机制和薪酬体系设计与企业发展不相匹配的情况比较突出。目前，就国有企业集团层面来说，班子成员都属上级组织部门任命，是党在经济领域的领导干部。由于激励机制与市场脱节、约束机制又难以奏效，即使在当今高压反腐震慑的形势下，一些国有企业高管不收敛不收手的问题依然难以根除。这其中缘由固然很多，但长期以来的激励机制不科学引发的后续问题考量更是一个重要原因。如国有企业领导人员退休以后的生活，特别是国有企业退休人员移交社区管理后，其对能否享受“有尊严”生活等等，都有所顾虑。从纵向上看，由于国有企业严格执行限薪制度，不少集团层面领导班子薪酬甚至低于下属企业特别是上市公司或境外企业领导班子的薪酬水平，出现严重“倒挂”现象。如某省属企业集团领导班子年均薪酬 50 多万元，而所属一家上市公司的班子成员平均年薪却有近 300 万元。国有企业集团层面领导班子成员大多年龄偏大且面临退休，在位时负责整个企业经营管理活动，担负的责任大，其薪酬水平与责任压力却严重不对称，这容易导致个别企业领导人员在位有权时想捞点的心理趋强。从横向上看，都是组织任命的企业领导人员，一些国有企业领导人员的年薪高达一百多万至二三百万元（如一些境外国企、财经证券类国企等），而有的国有企业仅仅五六十万元年薪；还有，对国有企业领导特别是集团层面的领导退休之后的待遇政策差异较大，有“门路”的临退休时或可重回公务员体制内获得可靠的退休保障，有“关系”的则可以调到效益好的企业拿高额年薪；特别是集团层面班子成员不少是组织安排从政府公务员到国有企业任职的，公务员工资提高后，不少国有一级企业领导班子成员的年薪实际与公务员体制内的同一级别干部工资水平基本持平，但退休之后每月的工资仅为同级别退休公务员的1/4，即5000~6000元。而在国有一级企业班子成员序列时的年薪又只有下属企业班子成员的1/6~1/5，甚至比同级班子成员且长期在企业工作的退休金还要少很多（主要与在企业工作年限、年金有直接关系），这种国有企业领导人员极不公平的薪酬体制结构，极易诱发权力腐败，引发个别待遇较低的国企领导人员铤而走险，以不当获利达到补偿的目的。还有，国有企业如省属企业领导人员虽说在位时政治待遇上享受正厅、副厅待遇，但退休后的待遇相比类似政府体制内的同级别退休人员待遇有天壤之别，也客观上加大了国有企业领导人员的后顾之忧，降低了廉洁从业的主观自觉。这些年来，一些国有企业高层前腐后继、腐败案例频发多发，不能不说与激励机制和保障机制设计的先天性缺陷有关。课题组抽样调查结果显示，国有企业领导人员现在考虑退休后待遇保障问题的占75%，认为当前薪酬水平不合理的占79.3%，国企之间同级别领导人员的工资结构水平不公平的占58.3%。

（三）制度建设滞后，反腐败与国企深化改革呈现“两张皮”

当前，以坚持党对国有企业领导、完善中国特色社会主义企业制度、积极推进混合所有制改革、培育具有全球竞争力的世界一流企业、实现国企高质量发展为主要内容的各项国企深化改革举措正加快推进，但如果制度建设滞后，极易使反腐败工作与国企深化改革出现“两张皮”的现象。一是利益追求目标不同，容易在推进国企混改中滋生腐败。比如，国企混合所有制改革本意是利用民企优势激活国企发展活力、提升国企竞争力。但在实操中，由于各自利益追求目标不同，民企负责人追求的是自身利益，国企负责人得到的是“公”家利益，国企与民企负责人之间的责任心明显存在差异，一旦国企负责人有关激励约束机制不到位，就有可能诱使个别国企负责人与民企老板打着混改名义合谋侵占国有资产以谋取个人利益，造成国有资产流失。二是“三公”执行标准及待遇要求不同，容易在混改后的企业滋长“四风”。国企实行混改后，人员来源成分复杂，既有国企人员也有民企人员，观念、待遇、标准、诉求各不相同。如落实中央八项规定精神问题，执行接待标准或住宿、交通工具标准和薪酬及福利标准，民营企业派驻人员与国企人员执行标准可能会有较大差异，而民企对公关接待费用管理历来都比国企标准宽松，是按照国企标准执行还是按照民企标准执行？如果制度层面不能明确，纪检监察机构监督执纪就难以做到精准有效。还有，国企改革推行的招聘职业经理人等问题，招聘的职业经理人大多属国企高管，甚至是班子成员，同类型的国企干部与职业经理人薪酬差异过大，也势必会影响国企体制内的干部与之合作共事的积极性。经营竞争性企业大多要在市场上拼搏，当前形势下业务公关费用必不可少，但国有企业对业务公关费用的要求严之又严，许多经营性企业担心出问题大多取消了此类费用安排，即使列支了相关费用也不敢使用，唯恐在上级巡视巡察或审计时被抓“辫子”等等，这些问题都很难用制度来明确规定。特别各级制订的不少廉政规定内容其性质是适用于政府机关，但要求国有企业参照执行，而“参照”其实就是按此要求、并无例外，这样一来就忽视了国企的市场属性，缺乏说服力和可行性，给国有企业推进改革发展带来一定的束缚。三是企业主体背景不同，容易出现国企改革后的监督缺位现象。国有企业之间或国企民企之间混合重组改革，本应是按照《公司法》要求公平公正经营管理混改后的企业，但实质蕴含着企业背后主体的权力大小，权力大、背景深的企业往往拥有混改后的实质管控权。比如，省属企业与中央企业合资合作的一些企业经营管理或一些委托代建、经营的项目，由于制度规定不到位或体制机制不健全，特别是在省属企业核心竞争实力较弱且重点业务有求于中央企业的情况下，即使在省属企业控股承担主体责任的情况下，也容易出现“形管实不管”问题，省属企业纪检监察机构也难以监督，一些合资合作的混改企业极易出现权力监督“真空”的现象。

（四）公司治理复杂，使反腐败监督难以形成有效合力

国有企业经营的是全国人民的共同财富，加强党对国有企业的领导是根本指导原则，这决定着国有企业公司治理结构必须将政治监督融入公司决策层、经营层、监督层，与经济监督融为一体，必须以政治监督为引领，形成推进中国特色国有企业反腐败的监督合力。目前，由于国有企业公司治理结构的复杂性，反腐监督形成合力的难度较大。一是政治监督与经济监督结合不紧密，使反腐败监督成效欠佳。党建和党风廉政建设是促进企业形成良好政治生态、营造风清气正干事氛围的一个重要政治手段，国有企业发展质量高低也是检验一个企业党的建设和党风廉政建设工作好坏的重要标准。但现在一些国有企业谈及政治监督，往往习惯于把重点放在国有企业党的建设、党风廉政建设两方面有关指标的考核，忽视对国有企业经济管理活动情况的监督，上级党委纪委和监管部门主持考核，大多是按党建、党风廉政建设和经营绩效业绩分开进行，或以考核权重来体现政治监督和经济监督的结合度，造成少数国有企业经营业务和可持续发展起色不大但党建方面形式上看似不错而得高分拿高薪的现象。二是外部监督与内部监督结合不紧密，使反腐败监督合力疲软。从国有企业监督层面看，外部有上级党组织和纪委监委监督、外部审计监督、外部董事监督、巡视巡察监督、政府各职能部门监督等，内部也有企业纪检监察监督、内部审计监督、监事会监督、外部董事监督、党委巡查监督等，内外横向纵向监督力量不少，但各监督实体对上都有主管部门，监管信息难以沟通，监督合力难以形成，使企业决策层、经营层、监督层三个层面的公司治理结构和治理机制力度欠缺，甚至部分监督部门职权重叠，一旦出现问题，便想方设法规避推卸责任，造成平时“一人做事三人看”和无事时谁都在监督、出事时谁也不负责的怪象。特别是国有企业内外监督力量繁复、监督方向不同，都强调各自监督重要，强化各自存在价值，而事实上企业监督层面因缺少统筹监督力量的体制机制，致使各类监督的同向性和有效性难以得到保证。三是专责监督与业务监督结合不紧密，使反腐败监督目标不明。一些国有企业业务部门把岗位职责和业务流程

所规定的工作监督习惯于推卸给纪检监察机构，把纪检监察机构当成挡箭牌，造成业务管理职能监督与纪检监察机构专责监督主体之间用力错位，容易使国有企业纪检监察机构沉陷于对企业具体业务管理事务性活动的监督而忽视了对企业班子成员、管理部门和重点人员履职行为的监督，顾此失彼，目标不明。据调查统计，认为在国有企业反腐败工作中能彰显威慑力和有影响力的：纪检监察监督占72.3%、巡视巡察监督占77.3%、审计监督占72.3%，公司治理中的监事会监督占21.3%、外部董事会监督占20%，职能监督占49%（见图2）。

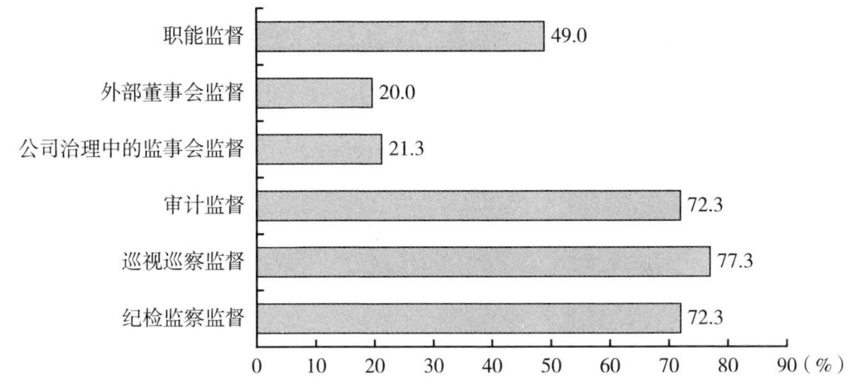

图2　课题组抽样调查二：在国有企业反腐败工作中能彰显威慑力和有影响力的监督方式

（五）监督手段有限，使预防腐败工作开展难度较大

监督是纪委第一职责、基本职责。没有监督，执纪问责和调查处置就没有基础。目前，国有企业纪检监察机构虽然设在企业监督一线，但监督手段和权威相对有限，以致预防腐败的一些工作难以有效开展。一是监督信息收集难。随着国有企业信息化建设进一步加强，不少企业业务部门相应建立了信息化管理系统，但基本各自为政。虽然有些国有企业尝试由纪委牵头整合各业务信息管理力量并建立廉情预警综合系统，但实质推进非常困难，主要在于一些业务部门强调各自工作的保密性、特殊性，有的不愿建立和开发业

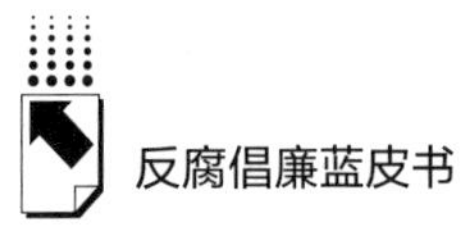

务管理信息系统，怕麻烦；有的虽然建立管理系统但关键信息不愿接入或选择性接入，怕泄密；有的秉持“家丑不可外扬”的心态发现有问题也不愿在系统上体现，怕追责，从而使监督信息共享的效果大打折扣。二是查询外调开展难。目前，国有企业纪检监察机构身份决定着其权威性、独立性不如各市县级纪委监委或各级纪委监委派驻组。虽然各省属企业都已成立省监委驻企业监察专员办公室，但企业人员的身份并未改变，外调查询工作开展仍然比较困难。如企业领导人员申报个人事项由组织部门负责，纪委只有在办案时经批准才可以查询有关情况。特别是目前省属企业中层以下管理人员都不需要填写个人报告事项，按照规定要求建立党委管理人员的廉政档案也没有具体标准，企业纪委要求每年报告一些个人事项内容因涉及其隐私问题而抵触者较多，外调也需经多道程序才能进行，事前预防监督工作开展难度大。三是监督力量整合难。国有企业人员一般利用经营活动谋利违法犯罪比较多，动机复杂、手法隐蔽，要想有效预防腐败，除有熟悉企业经营活动规律的办案或监督人才、能及时快速外调查询的保障机制外，更重要的是在国有企业内能形成以纪委牵头的各种监督力量整合，才能形成反腐败的有力“拳头”。目前，不少国有企业纪委书记只分管纪检监察工作，其在企业监督层面的领导、牵头地位尚没有相应的明确规定，且各类监督力量都有分管上级部门和分管领导，使一些国有企业纪委缺少发现腐败问题的抓手，有的只能坐等信访举报或相关职能部门提供问题线索，有的对监督执纪问责主业如何融入企业经营管理活动中借力用力开展监督等方面研究不够、办法不多。据调查统计，认为国有企业纪委在开展监督工作中信息不通畅的占45.5%，监督手段有限的占61.5%，监督力量没有形成合力的占62.5%（见图3）。

（六）队伍素质不高，使反腐败的高压威慑力彰显不够

国有企业纪检监察队伍是国有企业开展反腐败工作的重要力量。但必须看到，虽然近年来纪检监察体制改革使国有企业纪检监察机构力量有了很大增强，但人员整体素质不高的问题依然存在，与深化国有企业改革的需求还不相适应，一定程度上影响着反腐败工作的质量成效。一是队伍结构不合

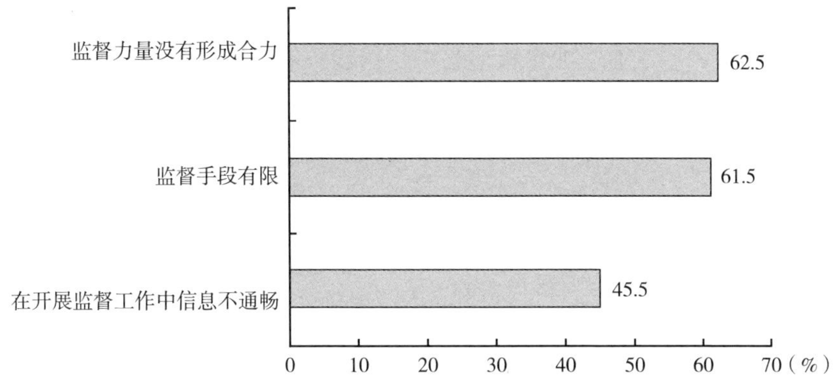

图 3　课题组抽样调查三：国有企业纪委在开展监督工作中遇到的困难

理。以广东省铁投集团为例，据调查统计，该企业纪检监察机构人员本科以上学历 18 人，占 62%，45 周岁以下的 13 人，占 44.8%，熟悉工程监管或法律等方面专业人才 13 人，占 44.8%。在国有企业，类似年龄偏大、熟悉企业业务运作的专业性人才缺少的现象还比较突出。解决国有企业纪检监察队伍结构问题不是纪委一家就能决定的，实质上一个国有企业纪检监察队伍结构的合理性完全取决于该企业“一把手”的思想认识和决策导向，以及上级有关部门的政策支持。二是能力素质不够高。纪检监察工作作为一项纪律性、独立性强的工作，有其自身的特点和规律，必须经过系统培训和专业教育培训。目前，国有企业从事纪检监察工作的人员大多是半路“出家”，没有经过纪检监察方面的专业教育和系统培训，通过短期培训或以干代学或“一知半解”开展工作的不少，能力素质难以适应国有企业纪检监察工作需要，其中大多是边干边学、从实践中学，导致企业一些纪检监察人员法规意识、纪律意识、程序意识不强，不知道如何开展政治监督和执纪问责，特别面对监察体制改革后对审查调查工作提出的更高标准、相关规章制度尚未建立健全等因素制约更是缺少思路对策，乃至于无所适从。业务不熟、专业不精，发现不了问题，也指导不了企业解决问题，加之查办案件少，形成不了高压震慑。三是工作定位不精准。党的十八大以来，国有企业纪检监察机构逐步推行以转方式、转职能、转作风为主的“三转”和开展“三个为主”

的纪检监察体制机制改革取得明显成效，主责主业意识大为增强。但受习惯性思维支配，一些国有企业纪检监察工作仍然不够精准，监督对象不清，以纪检监察监督代替业务职能监督、以对具体事项监督代替对人和组织监督的现象比较突出。一些具体企业业务如招投标、物资采购、投票选举等本是各职能部门事，整个流程纪检监察机构没有参与，仅个别环节安排纪委派人参加，然后让纪委背书的现象仍然存在。一旦出现问题，一些领导和这些部门便将责任推给纪委，造成纪检监察机构反腐败工作的严谨性、威慑力大为降低。

二　制约国有企业反腐败成效实现的原因

国有企业反腐败工作是一项系统工程，涉及企业经营管理方方面面和企业干部员工的日常生活。制约国有企业反腐败成效实现的原因很多，但主要原因有如下几点。

（一）过于强调专责监督，全员监督作用发挥不够

《党内监督条例》第九条明确规定：建立健全党中央统一领导，党委（党组）全面监督、纪律检查机关专责监督、党的工作部门职能监督、党的基层组织日常监督、党员民主监督的党内监督体系。由于惯性思维的作用，一些国有企业领导认为，反腐败是纪检监察机关的主业，应以纪检监察机关专责监督为主，因此，过于强调专责监督而忽视其他监督作用，严重影响国有企业反腐败工作绩效。一是党组织的全面监督落实不够。一些国有企业党组织对在党内监督中负主体责任、书记是第一责任人、班子成员在职责范围内履行监督职责的基本内涵要求理解不够，对如何开展全面监督工作缺乏思路，对班子成员或下属企业开展廉洁谈话少、组织各类监督检查少、研究本企业党内监督工作开展、完善各项监督制度做得不够，党委、纪委缺乏协同，遇到得罪人的事便推给纪委，造成一些国有企业反腐败工作全员参与少、纪委“单打独斗”多。二是党的工作部门职能监督作用发挥不够。党

的工作部门作为党的基层组织构成，理应加强职责范围内的党内监督工作，既要加强企业内部监督，也应强化本系统日常监督，落实好“一岗双责”，但实操中这些部门抓具体业务不抓监督的现象比较普遍，尤其是对身边人和系统内的业务廉政监督更是做得不够。据调研，一些集团业务部门除每年考核需要下企业外，真正做到每年对本系统开展监督工作的不足10%。职能监督发挥不够，使本可防控的廉洁风险频发多发。三是党员民主监督作用发挥不够。党务厂务公开是行使民主监督的有效途径，也是推进党风廉政建设和反腐败工作的重要手段。《中国共产党党务公开条例》第七条明确指出：加强对权力运行的制约和监督，让人民监督权力，让权力在阳光下运行。这些年，国有企业基本上都制订了党务厂务公开、民主监督制度，但大多流于形式，涉及真正权力规制和自身利益的事项都不愿公开，没有建立起企业与员工之间畅通的知情渠道，党务厂务公开工作能做实的不多。目前，国有企业网站或内部网站有关党务厂务信息基本上未按要求进行公开。

（二）过于强调荣誉激励，经济激励作用发挥不够

一些国有企业对领导干部过于强调荣誉、责任和要求，经济激励作用发挥和后顾之忧解决不够，尤其忽视存在于国有企业领导人员之间的许多不公平现象，使得一些国企领导铤而走险、腐败堕落。一是“提低扩中限高”政策落实不到位，有失公平的分配机制可能助长少数国企领导人员的腐败动机。党的十八届三中全会提出的“提低扩中限高”的改革政策在国有企业领导人员薪酬体系分配机制中尚未得到很好体现，同一级别企业领导人员薪酬在不同类型国企差别很大，有的年薪可以达到几百万元甚至上千万元，有的只有三四十万元，如金融类、证券类企业和境外国企年薪相当可观，同一纸组织任命却因企业经营的产业不同而薪酬待遇悬殊，加上国企领导人员选任环节存在的问题，也使得部分国企领导人员滋生心理不平衡乃至于涉贪涉腐。如近十年在某省属企业“一把手”涉及的腐败案件中，竟有80%以上发生在效益一般的经营性企业。二是荣誉激励与物质激励未能有机结合，不公平的退休待遇可能诱使少数国企领导人员出现畸形贪腐心理。目前，国有

企业领导人员由于严格执行限薪制度，在位时的薪酬不如民营企业高管，退休后退休工资不如政府公务员和事业单位一般干部；但其医疗待遇在退休前后与同级别公务员相差悬殊，特别当前面临着退休后移交社区管理之后其相应的医疗待遇更是得不到保障，加上退休后组织管理松散、组织关怀度降低也将带来巨大的反差，进而使得个别国企领导人员滋生利用在位时谋取私利的心理。三是组织安排与原生企业成长的国企领导之间待遇差别较大，不合理的待遇级差可能催生少数国企成为逐利腐败土壤。例如，同时在国有企业退休的原正团职军转干部，退休后的薪酬待遇也会相差三千多元，其原因就是属于组织安排的则可以享受国企军转干部退休补贴，而通过其他渠道（即使属于政府机关公务员序列）转任也不算是国企军转干部，不能享受国有企业军转干部退休补贴；但转业在政府机关的军转干部则可享受住房补贴。再有，长期在国有企业工作与先在政府机关后转任国有企业领导的人员，虽属于同级别但退休后年金发放也差别大，等等。这些制度设计的不合理，也造成了国企领导序列新的不公平问题，或催生个别领导趁在位有权时捞取利益的心理。

（三）过于强调制度设计，制度执行力不够

建设中国特色现代国有企业制度是企业管理的一项基础性工作，更是加强国有企业源头治理腐败的重要内容。这些年，国有企业根据建立中国特色现代国有企业制度要求，从党建工作融入、三重一大决策、运营业务管理、内控监督、绩效考核、薪酬分配等方面建立了一系列的制度规定，但也存在重视制度设计、忽视制度执行的现象。一是权力主导制度执行的现象较为普遍。一些国有企业领导和职能部门在设计相关制度体系时，大多着眼于怎么管住下属的权力，而对自身的权力支配往往放任之。一些国企领导人员认为制度是管下不管上，如制度一旦规制到自身权力时，就成了摆设，有的甚至带头违反相关制度规定。据调研，某省属企业每年新建或修订各项制度规定30多项，但真正执行落地的不足30%。二是制度执行缺少基本评估和问责机制。不言而喻，好的制度可以保障企业更快更好发展。现在国有企业制订

的不少制度，有的是趋时之用、有的是应景之作，是否符合企业实际没有认真研究；有的是一时之需，或可阶段性执行，但时间一长往往成为阻碍企业发展的因素。加上制度执行缺乏实操性的有效评估机制，也助长了一些国企人员以制度规定不适宜为借口不作为。据统计，广东省铁投集团党委为解决这一问题，于 2019 年底对所有公司规章制度体系进行梳理，共清理出不需要或待完善的制度 119 项，占 68.8%。三是制度设计的不科学性，使制度执行中遏制腐败的实际效力有限。国有企业经营管理的业务领域历来为反腐败工作重点。业务领域反腐败需要建立一个科学管用的制度体系。但任何制度体系即使再严密都会存在一些漏洞，需要在实际工作中不断发现问题弥补不足。目前，在国有企业中相关业务制度制定基本上都是由相对应的业务职能部门牵头制定，实际上他们既是制度制定者也是执行者，难免在制度构建中进行选择性的设计以规避监督，甚至有意预留权力操作空间。如果监督部门在监督过程中发现问题、指出整改意见，业务职能部门也多持消极态度，使通过制度规制权力、遏制腐败的效果大打折扣。

（四）过于强调惩治威慑，预防腐败作用发挥不够

一些国有企业存在过于强调惩治威慑作用，同步预防腐败方面工作力度不足，使本不该出现的国有资产重大流失损失问题发生了。一是片面强调惩治威慑，不愿在预防腐败监督上下功夫。国有企业纪委“三转”后，一些企业纪委从过去重视宣传、教育、制度、监督转而将主要精力用于办案，认为只有加大办案力度才能提升惩治威慑力，对企业纪委如何开展预防腐败监督，让企业少出事、不出事等方面研究不多，认为监督出不了成果，办案才能出业绩、有威慑，加之上级纪委考核评价时也时常将办案数、立案数作为一个企业纪委工作业绩的重要指标，因此一些国企纪检监察机构人员更不愿在预防监督方面去努力、下功夫。二是过于强调惩治威慑，目的在于用立案数掩盖预防监督的不作为。纪委监委首要职责是监督。《党内监督条例》明确了纪委监督职责，首要就是加强对同级党委特别是常委会委员、党的工作部门和直接领导的党组织、党的领导干部履行职责、行使权力情况的同级监

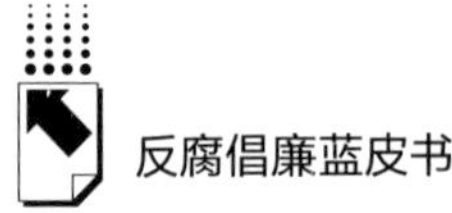

督。国有企业纪委人员编制、薪酬、经费等各项保障需要企业支持，因此其对开展同级监督是否会影响自身工作开展，顾虑较多。监督上难有作为，也只有通过办案审查、强化惩治威慑、提高立案数来提升纪委地位，同时赢得年终考评好的成绩。目前，在一些国有企业确实存在腐败案件办得不少但腐败问题却屡屡发生的怪象。震慑作用有限，实际上折射出企业纪委预防腐败工作不实不细的问题。三是发挥惩治治本功能不足，使惩治工作在推动预防腐败方面效能欠佳。目前，国有企业出现同一类腐败问题反复发生的现象，同一性质的企业发生的腐败问题结果还会在本企业发生，这其中的重要原因还是过于强调惩治威慑功能、治标不治本。不少国有企业纪委办案后大多以立案、审理、处分或移送人员、整理案卷档案就算大功告成，不重视形成一份管用深刻的剖析报告和原因分析材料，也没有形成一份具体指导企业改进工作的纪检监察建议书，更没有形成“一个案件、举一反三、警示一片、整改到位”的警示教育机制，更毋庸说以案件剖析为突破点推动企业形成扎实整改的工作机制，惩治腐败与预防腐败出现“两张皮”的问题。

（五）过于强调外部监督，内控治理作用发挥不够

内控治理是公司治理的核心，是在企业内部建立起自我约束、自我控制、自我监督的内部机制，与外部监督如能形成合力，就能织就一张管用有效的反腐败治理工作网。目前，在推进国有企业反腐败治理工作中，对完善内控治理、发挥自我监督作用做得不够，未能构建起多系统、多行业、多部门共同参与发挥作用的反腐败工作协同机制和工作格局。一是外部董事、审计专员、专职监事发挥作用不突出。在国有企业建立外部董事制度、审计专员制度和监事会制度是完善公司法人治理结构的重要一环，这些人专业能力强，熟悉企业经营，担负着企业重大决策、战略发展、经营管理等专业监督工作，是反腐败治理体系的重要“探头”。但在实际过程中，这些岗位人员大多只是从专业角度对企业某些决策、事项提出建言，很少能向纪委监委提供一些有价值的具体问题信息，反腐败作用彰显

不足。二是董事会、经营层、监督层职责不清，个别企业主要负责人权力过于集中，内控治理形同虚设。实际工作中，一些国有企业公司法人治理结构仍不够完善，内部控制机制形同虚设。有的企业主要领导身兼数职，有的企业董事长不仅兼任党委书记，还兼任总经理；有的企业董事长、党委书记还兼任纪委书记。一个规范的企业，董事长、总经理应该各司其职、各负其责，但不少国有企业董事长“一权独大”现象比较突出，不但负责战略规划和决策部署，还负责具体执行和经营管理活动，董事长、总经理一肩担，使董事会、经营层、监督层本应相互制衡的关系不复存在，企业主要负责人自由裁量权过大，给腐败滋生留下空间。三是国有企业股权结构多元，因内控治理作用不突出，通过利益交换而产生腐败。一方面，目前国有企业股权单一、一股独大、全资控股的比较多，混改比例不高，同一企业体制内人员相互监督乏力，一荣俱荣，极易形成利益同盟关系，出现“靠企吃企、共同发财”等腐败现象。另一方面，国企进行混改后，由于民企派出人员与国企派出人员各自利益主张不同，如果内控治理乏力，极易出现国企外派人员通过输送国有企业利益以谋取个人好处。从广东省属企业发生的“一把手”腐败案例可以看出，80%的国企“一把手”都是通过与民企合作或成立合资公司等手段来达到侵占国有资产权益的目的。

（六）过于强调行政管理，廉洁文化作用发挥不够

我国国有企业自诞生之日起实施行政化管理体制日久，受惯性思维影响，目前国有企业仍存在过于强调行政管理、廉洁文化作用发挥不够、反腐败工作思想基础薄弱等现象。一是因过度行政管理造成决策管理低效率。政府相关职能部门和国企监管部门对国有企业仍然管得过细，各种名目繁多的重复性监督检查、考核评价、会议培训，各种经营项目事无巨细地层层审批和请示报告，一些用于政府机关的制度规定也被要求国有企业参照执行，使企业穷于应付。特别是在市场经济环境和加大追责问责的前提下，面对市场商机稍纵即逝等问题，会议研究、请示报告、审批流程等行政管理链条拉得

过长，造成了国有企业决策低效，助长了不担当不作为的风气，加重了国有企业管理行政化色彩。企业领导的职务升迁很大程度上取决于上级组织安排，通过各级管理层分配并行使行政权力进行自上而下的行政管理，使企业领导养成了只对上级负责，而不对企业或市场负责的经营管理思维，造成一些国企领导集权滥用、等级观念、不愿接受监督，极易滋长“四风”和腐败等问题。二是用过度行政管理替代廉洁文化建设。国有企业建设廉荣贪耻、干净干事的廉洁文化，有利于推动国有企业反腐败工作，促进企业高质量发展。一些国有企业领导认为企业文化建设是个长期酝酿的过程，成效不明显，考核没要求，因而推进廉洁文化进企业的动力不足。实际上廉洁文化也是鲜明的企业领导人文化。这些年，广东省属企业发生的“一把手”腐败问题，其主要负责人在企业的表现都属行事风格强势类，热衷行政用权，无视廉洁文化建设，职工群众则对领导层腐败问题见怪不怪、熟视无睹。三是廉洁文化建设方式简单，难以入心入脑。由于认识不足，一些国有企业满足于一般性的学习文件、参观学习、警示教育或办几次墙报就是所谓廉洁文化建设，党员领导干部“身边人”参与廉政教育活动做得不够，催人警醒的警示教育做得不多，没有将廉洁文化融入企业制度文化、监督文化、管理文化、决策文化、家风文化中，以致国有企业“衙内腐败”“裙带腐败”问题时有发生。

三　十八大以来国有企业构建反腐败治理体系的轨迹

回顾总结党的十八大以来国有企业构建反腐败治理体系的轨迹，归纳起来主要有以下六个特点。

（一）坚持将“两个责任”做实落细，为构建国企反腐败治理体系提供了基本框架

党的十八届三中全会提出，党风廉政建设党委负主体责任，纪委负监督责任。2014 年 3 月，时任中央纪委书记的王岐山强调：“中央企业党委（党

组）要切实担负起企业党风建设和反腐败工作的主体责任，企业党风建设和反腐败工作的最终责任人是党委（党组）书记。”2014 年 4 ~5 月，王岐山同志 6 次主持召开中央和国家机关部委、国有企业和国有金融机构党组（党委）书记座谈会，特别强调落实党风廉政建设主体责任和监督责任关键看行动、根本在担当，要守土有责、守土尽责，牢固树立不抓党风廉政建设就是失职的意识，绝不能只重业务不抓党风、只看发展指标不抓惩治腐败；特别指出国有企业纪检监察机构在党风廉政建设中负监督责任，要通过强化监督责任，促进主体责任落实。2015 年 7 月，中共中央办公厅印发《关于在深化国有企业改革中坚持党的领导加强党的建设的若干意见》，对国有企业党组织落实主体责任提出明确要求。广东省国资委认真贯彻落实“两个责任”要求，并于 2014 年出台了省属企业落实“两个责任”具体实施意见，明确了省属企业党委主体责任，纪委监督责任落实的原则、内容和要求，首次将省属企业党委落实主体责任情况纳入考核内容，提出省属企业纪检监察机构主要负责人提名考察以上级纪委为主、省属企业纪委落实监督责任考核评价以上级纪委为主，考核优秀的纪委书记可以享受总经理薪酬待遇、副书记可以享受总经理助理薪酬待遇等，对省属企业做实落细“两个责任”、推动反腐败工作向更高层次发展起到了重要作用。特别是党的十九大后，随着国家监察体制改革深化和全面从严治党主体责任清单印发，国有企业纪检监察机构落实“三为主”进一步明确，“两个责任”进一步清晰，为国有企业构建反腐败治理机制提供了重要制度保障。

（二）坚持小切口推动大变局，为构建国企反腐败治理体系提供了有效路径

党的十八大以来，以习近平同志为核心的党中央坚持以作风建设切入，以小切口推动大变局，切实解决了管党治党“老虎吃天不知从哪下口”的问题。2012 年，中央政治局审议通过了密切联系群众、改进工作作风的八项规定；2013 年 4 月 19 日，习近平总书记主持召开中央政治局会议，明确提出了“四风”的表述。八项规定在以上率下的示范和引导中，不断拓展

到每一名党员和每一级党组织，成为我党作风建设史上的一张亮丽名片。国有企业认真贯彻落实习近平总书记和党中央有关作风建设的部署要求，从规范企业领导人员职务消费、开展会员卡专项清退、严肃查处收受“红包”礼金、集中整治违规打高尔夫球、会所腐败、违规公款吃喝、清理违规福利和津补贴、领导干部利用名贵特产类特殊资源谋取私利等入手，坚决查处一批国有企业领导人违反中央八项规定精神的案件，制订完善落实中央八项规定精神的具体制度和措施等，净化了国有企业政治生态，推动了国有企业作风建设的根本好转。课题组在中央纪委国家监委网站上检索发现，为有效遏制“四风”蔓延势头，这些年国有企业从物资采购、工程招投标、公款消费、商务接待等方面扎紧制度笼子，集中整治领导人员亲属违规经商办企业、承揽项目等突出问题。作风建设这一小切口在构建国有企业反腐败治理机制中发挥了重要作用。

（三）坚持与时俱进的理念，为构建国企反腐败治理体系提供了制度遵循

党的十八大以来，中央高度重视反腐倡廉法规制度建设，与时俱进制定有关党内法规，补齐制度建设短板。2013 年 12 月，中央通过《建立健全惩治和预防腐败体系 2013～2017 年工作规划》，对加强反腐倡廉法规制度建设做出部署；中央印发《十八届中央政治局关于改进工作作风、密切联系群众的八项规定》及其实施细则，并根据形势需要，随即出台《党政机关厉行节约反对浪费条例》《党政机关国内公务接待管理规定》《关于厉行节约反对食品浪费的意见》等一系列配套法规制度。党的十八大以来，先后制定修订了 190 多部中央党内法规，仅仅在 2019 年一年就制定修订 14 部条例，占现行条例 1/3 以上，出台数量为历年之最。特别是党的十八大以来，中央总结管党治党理论和实践创新成果，两次修订纪律处分条例，两次修订修改巡视工作条例，着力提高纪律建设和巡视工作的政治性、时代性、针对性。这些年，国有企业制度建设坚持与时俱进理念，从落实“两个责任”考评、贯彻中央八项规定精神实施细则、规范企业领导人员职务

消费和薪酬福利津贴、逐步改革和建立起外部董事会、审计专员制度等，推动了制度体系的修订和完善，这些为国有企业反腐败工作迈向更高层次提供了制度保障。

（四）坚持反腐败无禁区、零容忍，老虎苍蝇一起打，为构建国企反腐败治理体系形成了压倒性态势

根据课题组对中央纪委国家监委网站相关数据梳理，从十八大到十九大五年间，共立案审查省军级以上党员干部和其他中管干部440人，厅局级干部8900人。县处级干部6.3万人，处分基层党员干部27.8万人。十九大之后，继续保持反腐败高压态势，仅2019年就立案查处涉黑涉恶腐败和“保护伞”问题3.8万件，给予党纪政务处分3.2万人，涉嫌犯罪移送检察机关4900余人。这些年，国有企业党风廉政建设和反腐败工作紧紧融入全国范围内反腐败斗争的形势和背景中，国有企业各级纪检监察机构坚持反腐败无禁区、零容忍。据统计十九大以来中央纪委国家监委网站通报国企党纪政务处分情况，国有企业领域违纪违法人员达129人，其中国企“一把手”45人，占比35%；涉嫌受贿犯罪的占124人，占比96%，充分说明国有企业领域反腐败工作一刻没有放松，真正落实了习近平总书记提出的“三个坚持”要求，这也是国有企业夺取反腐败斗争压倒性胜利的重要保证。

（五）坚持做好四种形态，强化预防腐败理念，为构建国企反腐败治理体系提供了策略支持

党的十八届纪委六次会议全面阐述了“四种形态”的内涵，即让咬耳朵、扯袖子、红红脸、出出汗，成为常态，党内处分、组织调整成为大多数，重处分、重大职务调整是少数，严重违纪涉嫌违法立案只能是极少数。十九大新修订的党章在党的纪律一章中专门列入“四种形态”。2018年新修订的《中国共产党纪律处分条例》把“四种形态”作为党的纪律处分的基本原则之一。十八大以来，各级纪检监察机关在坚持反腐败力度不减、节奏不变的同时，按照“惩前毖后、治病救人”的原则，把监督执纪“四种形

态”的内在要求贯穿到执纪审查和案件审理的全过程。2016年底中央办公厅印发了《纪检监察机关监督执纪“四种形态”统计指标体系（试行）》，这为国有企业纪检监察机构实践“四种形态”提供了参照标准。用好“第一种形态”，关键在于做好长期监督和日常监督。十九届中央纪委三次全会提出，做实做细监督职能，着力在日常监督、长期监督上探索创新、实现突破。这些年，国有企业纪检监察机构正在积极探索由惩治治标向惩治与预防并重达到治本目标的工作思路，积极运用实践“四种形态”，牢牢把握监督职能，定位向监督聚焦，责任向监督压实，力量向监督倾斜，特别是广东省国有企业认真落实省纪委提出的综合运用“七看”工作法（看违纪情节、看危害程度、看时间节点、看动机原因、看认错态度、看一贯表现、看群众口碑）、念好问责工作“严、准、适、通、扩、用”六字诀，为国有企业探索和开展新型预防腐败工作提供了新的思路。

（六）坚持先治标再治本，最后实现标本兼治，为构建国企反腐败治理体系提出了目标要求

十八大以来，国有企业紧跟中央反腐败方略，坚持标本兼治、先治标后治本，一体推进不敢腐、不能腐、不想腐。在推进不敢腐上，聚焦十八大以来不收敛不收手，问题线索反映集中、群众反映强烈，政治问题和经济问题交织的腐败案件，突出查办重大投资决策、资金资产管理、重大工程建设、金融投资等重点领域岗位的职务犯罪案件。据统计，从2012年之后的三年间，广东省就查处国有企业工作人员贪污贿赂案件1075人，占同期查办案件总人数的13.6%。从罪名来看，其中贪污案329人，贿赂案657人，挪用公款案67人，集体私分案22人，其中要案79人（厅级以上17人）。在推进不能腐上，广东省纪委监委深入推进省管企业纪检监察体制改革，设立监察专员办公室和企业纪检监察室，剥离企业纪委书记分管与监督无关的业务职责，完善相关规章制度体系，强化同级监督意识，做到了纪检监察力量和反腐败工作只能加强、没有削弱。在推进不想腐上，省管企业自上而下分批开展党的群众路线教育实践活动和“三严三实”专题教育，建立“两学一

做”学习教育常态化制度，广泛开展“不忘初心、牢记使命”主题教育，党内教育由“关键少数”拓展到“绝大多数”，使省管企业各级党员干部理想信念更加坚定，纪律规矩意识更加强化，不想腐的自觉越来越强，为构建有效的反腐败体制机制提供了重要支撑。

四　新时代国有企业反腐败治理体系建设策略

国有企业纪检监察机构要自觉增强大局意识和全局观念，适应新形势新要求，以构建新时代国有企业反腐败治理体系为主线，重点聚焦习近平总书记关于着眼“两个大局”推动国有企业高质量发展、突出科技创新着力优化和稳定产业链供应链、新阶段深化国有企业改革、建设廉洁丝绸之路加强境外国企腐败问题治理、抓好常态化疫情防控五个方面重要指示精神落实情况开展各项工作，确保党中央决策部署在国资国企领域落实到位。

（一）政治监督与经济监督有机结合，发挥企业纪检监察机构的专责监督作用

政治植根于经济，经济决定于政治，政治监督从来离不开经济监督，经济监督必须为政治监督服务，只有两者有机结合，国有企业反腐败工作才能做到方向明、目标准，事半功倍。一是牢牢把握政治监督属性，推动政治监督具体化、常态化。要在政治监督内容上实现再聚焦，精准把握政治监督的内涵。在实践中，重点要把推动各国有企业党委（党组）贯彻落实习近平总书记有关国有企业的重要讲话、指示批示精神情况摆在首位，建立重大政治要件台账，加强对国有企业各领域各方面重大决策部署、重大任务推进情况的监督检查，坚决清除一切阻碍国家制度执行、影响治理体系和治理能力现代化、提升国有企业管理水平的消极因素。要找准政治监督的切入点，把政治监督的内在要求与国有企业职责定位、重点任务结合起来，强化对“三重一大”决策合法合规性审查，善于从具体业务、具体案例入手，从政治眼光上分析问题发现问题，看一个国有企业领导政治水平关键看其是否按

照中央要求把国有企业做大做强做优，看员工群众对企业改革发展是否满意，看中央和省委的指示要求在企业贯彻落实没有，并通过这些现象积极查找背后更为深层次的个人政治态度问题，切实把政治监督的要求贯穿于监督执纪全过程，防止国有企业出现政治上的“两面人”。特别在日常监督中，各级国有企业纪检监察机构要优先从政治上进行监督检查，及时发现和纠正政治偏差；在线索处置中，优先处置反映政治方面的线索；在廉政意见回复中，优先审查政治方面的问题反映；在审查调查中，优先查处政治问题与经济问题交织的腐败案件；在推进标本兼治中，优先解决和整改政治问题。二是围绕企业职责使命和业务特点开展监督，实现政治监督和经济监督有机贯通。党的十九届四中全会提出了坚持和完善党和国家监督体系的命题，在开展监督的过程中要及时把党中央这一部署转换为具体工作中的理念思路、制度机制和治理实践。重点要围绕国有企业的职责使命，把压实企业党委管党治党政治责任和推动履行职责有机结合起来；围绕公司经营管理，把政治监督的要求贯穿到企业治理和具体工作中，监督检查企业党委（党组）在实际工作中贯彻中央决策部署以及对加强科技引领创新、攻克“卡脖子”关键技术落实情况，防止政治监督泛化、空化、虚化；围绕重点领域、重点岗位、关键环节，对重点人、重点事、薄弱环节等加强分析研判，查找履行职权、机制制度、思想认识等方面存在的风险点，通过审计监督、党委巡视巡察监督与纪检监察监督的有机结合，坚持查办案件、防控风险、挽回损失、堵塞漏洞、制度建设、监督整改“六位一体”，使政治监督与经济监督作用相得益彰。三是保持反腐败高压态势，为开展政治监督和经济监督提供保障。监督与惩治一体两面，须臾不可分割，只有保持反腐败高压态势，持续形成“不敢腐”的震慑，政治监督工作才能有效开展。国有企业纪检监察机构必须抓住惩治这一手不放松，紧盯十八大特别是十九大以来不收敛不收手、严重损害党的执政根基、已经成为全面从严治党障碍等突出问题，及时查纠违反中央八项规定精神和“四风”变异等不正之风，严肃查处企业重大项目、并购重组、境外投资、国企混改等关键环节中靠企吃企、设租寻租、内外勾结、利益输送侵吞国有资产等腐败问题，为开展政治监督和经济监督提供保障。

（二）主责监督与专责监督有机结合，发挥各级党组织的主体责任作用

党风廉政建设党委主体责任落实如何决定着纪委监督责任落实的质量，纪委监督责任落实如何反之影响着党委主体责任落实的效果，两者一脉相承、联系紧密。国有企业纪检监察机构推进反腐败治理机制建设中要始终注重借力于党委的主体责任监督力量，发力于自身专责监督潜力，发挥好各级党组织的主体责任作用。一是发挥党组（党委）主体责任的引领作用。2020 年 3 月，中央办公厅印发《党委（党组）落实全面从严治党主体责任规定》，对党委（党组）落实全面从严治党主体责任应当遵循的原则、责任内容、责任落实、监督追责等作了明确规定。国有企业要协助并监督各级党组织自觉发挥牵头抓总作用，将全面从严治党要求与企业改革发展有机统一起来，建立国企党组织主体责任清单管理制度，切实做到主体责任履责内容清单化、履责载体项目化、履责过程痕迹化、履责考核数据化、履责导向科学化，将主体责任压深压实压细；建立国企党组织和领导班子落实主体责任定期约谈制度。定期针对国企各级党组织和领导班子在党风廉政建设方面存在的问题和要求，至少每半年开展一次约谈提醒工作，督促其更好地履行好主体责任和强化“一岗双责”意识；建立国企党组织和领导班子述责述廉制度，定期向国企全体党员和员工群众公布，并接受企业党员和员工评价；推进党组织领导下的职工民主管理与经营层依法行使管理权相融合，通过民主选举产生职工董事、职工监事等重要途径切实加强企业民主管理，鼓励职工代表有序参与公司治理。二是发挥党组（党委）第一责任人的推动作用。国有企业纪检监察机构要通过建立完善党委书记与纪委书记就党风廉政建设和反腐败工作的定期汇报和沟通联系机制，及时提醒并督促党委（党组）书记认真履行全面从严治党第一责任人职责，时刻牢记不抓是失职、抓不好是渎职的管党治党政治责任，切实做到重要工作亲自部署、重大问题亲自过问、重点环节亲自协调、重要案件亲自督办。协助企业党委建立“一把手”定期提醒谈话制度，对本级班子成员和所属企业主要负责人存在的政治、思

想、工作、生活、作风、纪律等方面苗头性、倾向性问题，应当及时进行提醒谈话；发现落实全面从严治党责任不到位、管党治党问题较多、党员群众来信来访反映问题较多的，应当及时进行约谈。三是纪委要把监督专责与协助职责有机结合起来。国企纪检监察机构要善于将协助职责和监督专责有机结合，正确处理好监督和协助二者之间的辩证关系，在协助中借力于党委全面监督、服务于纪委专责监督。一方面，国有企业纪检监察机构要主动协助党委定期组织召开党风廉政建设专题会议及党风廉政建设和反腐败工作形势研判会，针对在监督检查、审查调查、巡视巡察中发现的问题，协助党委找出企业内部经营管理过程中的薄弱环节，逐条分析原因，提出工作建议。要积极协助党委开展好每年一度的纪律教育学习月活动，办好党章党规党纪学习班，利用身边人身边事和典型腐败案例加强警示教育，引导企业各部门积极查找并主动化解廉洁风险点，使预防腐败工作融入纪律教育学习月活动中，提高预防腐败监督工作水平。另一方面，国有企业纪检监察机构要通过建立企业领导人员廉政档案、完善重大事项请示报告制度、运用好纪检监察建议书和提示提醒函、开展党委重大决策部署落实情况专项监督检查等形式，协助企业党委（党组）落实全面从严治党主体责任，持续构建起党委（党组）全面监督、纪检监察机构专责监督以及职能部门专业监督贯通融合、协调协同的大监督格局，在有效协助中不断提升国有企业纪检监察机构的地位与作用。

（三）纪检监督与全员监督有机结合，发挥企业业务部门的职能监督作用

国有企业点多面广人多、经营管理活动范围繁多复杂，人少事多矛盾突出的国有企业纪检监察机构只有将纪委监督的权威性与调动企业全员监督的积极性有机结合起来，实现人人都是监督员、事事都有监督眼的目标，国有企业反腐败治理才能上水平出实效。一是强化企业纪检监察机构独立性、权威性。要针对企业纪委人员编制、工作经费、薪酬待遇、升降去留受制因素较多的这一实际情况，进一步明确企业纪检监察机构的职责权限，规范内部

机构和人员编制设置，完善纪检监察工作保障机制，为纪检监察工作规范化、法治化提供保障。如明确规定国有企业各级纪委书记、副书记提名考察、考核评价均由上级纪委会同组织部门负责，纪委书记的劳动人事、薪酬福利、考核评价等由上一级（省纪委监委或省国资委）统一管理，考核结果直接与薪酬挂钩，并作为提拔任用的重要依据；规定纪委书记参加企业经营管理活动时，排名在总经理之后、其他副职之前；党内排名在党委副书记之后，其他党委委员之前；明确纪委副书记排名在企业其他中层正职之前，树立监督者与监督工作的权威性。二要强化“监督的再监督”工作定位。国有企业纪检监察机构要积极创新“监督的再监督”实现方式，使纪检监督更聚焦、更精准、更有力。要重点针对管党治党突出问题特别是腐败和作风问题，按照“谁主管、谁负责”的原则，找准责任主体，落实主体责任，推动建设完善相关体制机制。充分发挥监察体制改革后新成立的企业党风廉政建设协调小组作用，整合各企业职能部门专业监督力量，发挥各业务部门职能监督作用，完善监督信息共享互通机制，推动“一岗双责”要求落到实处。充分发挥企业纪委书记可以牵头或分管党委巡察和内部审计等监督工作优势，强化监督工作整体联动，统筹纪律监督、监察监督、审计监督和巡察监督工作力量，着力构建既分工负责、衔接贯通，又协同配合、相得益彰的统筹联动工作格局，增强监督有效性。三是强化专业部门职能监督作用。国有企业腐败问题往往与企业经济活动紧密相关，专业性、隐蔽性很强。要针对国有企业经营管理活动许多业务管理制度大多由各专业部门制订并执行这一特点，强化各专业部门职能监督作用。国有企业纪检监察机构要建立完善并监督开展各专业部门职能监督工作机制，定期听取各职能对本部门本系统开展监督检查工作情况。要建立案件或重大问题发生“一案双查”、倒逼责任追究机制，看专业部门是否开展监督、是否对存在的问题进行整改、是否定期查找并及时解决本部门本系统的廉洁风险，是否对存在的制度风险漏洞进行及时补正修改，构建全员监督、全员参与的预防腐败工作机制，将职能监督责任全面压紧压实到每一个分管领导、责任部门和责任人，切实改变纪委监督“单打独斗”、势单力薄的现状。

（四）预防腐败与制度建设有机结合，发挥业务制度在预防工作中的把关作用

制度建设是预防腐败的重要基础性工作。国有企业良好的制度体系是防治腐败的“倍增器”。国有企业纪检监察机构特别要注重将预防腐败要求融入企业各项业务制度建设中，充分发挥好业务制度的防腐治本作用。一是融入内控管理，建立健全党风廉政建设制度体系。要按照注重预防的要求，把党风廉政建设的各项要求融入企业改革、生产经营等各项管理之中，落实到业务工作之中，使反腐倡廉建设与企业生产经营的重点工作同步推进、有机结合、优势互补。要把廉政建设体系中的教育、监督、制度、预防、惩治等基本环节分解为有形的量化要素，内化为经营管理活动监管过程中的标准化、程序化流程，融入企业管理制度体系之内。要从查找权力运行和廉政风险点入手，针对腐败现象易发的关键部门、重点岗位，建立重点防范的制度和预警措施，形成覆盖各部门、各岗位环环相扣的制度链，实现内控体系制度建设和党风廉政制度建设的有机结合，进一步扎紧业务制度“篱笆”，切实防止以权谋私等腐败问题发生。建立完善与经营目标考核机制相衔接的制度建设监督考评机制，开展多种形式的制度制订和制度执行情况的监督考评工作，并与奖惩、薪酬挂钩，奖优罚劣。二是融入关键少数，建立健全国有企业领导人员分类分层廉洁管理制度。牢牢抓住国有企业领导人员这个关键少数，区分国有独资、参股、混改企业在执行中央八项规定精神、薪酬分配、激励约束、人员招聘等执行标准，进一步研究不同企业类别与层级，根据选任制、委任制、聘任制等不同的选人用人方式，推行与选任方式相匹配、与企业功能性质相适应、与经营业绩相挂钩的差异化薪酬分配等激励办法；以贯彻落实“三重一大”决策制度为契机，明确追究决策经营监督责任等配套保障措施，规范各级企业主要领导人员职责和权限，从源头上规范企业领导人员和有业务处置权人员的经营管理行为和廉洁自律行为。建立完善国有企业领导人员薪酬待遇公平保障制度体系，可先统一确定同一级别或等级的国企领导干部的薪酬基数，再根据企业发展难度系数、经营管理特

点、预期绩效目标和个人努力情况来确定一定额度的绩效奖励，防止同一组织任命不同企业的领导人员薪酬待遇奇高奇低现象，分类分层有序解决国有企业领导人员退休待遇保障偏低问题，对经营性、风险性较大的竞争性企业可建立企业领导人员退休廉洁保障金制度，对尽职履责到位的企业领导人员在退休后发放一定额度的廉洁保障金；认真解决好原公务员身份后组织安排到国有企业任职的军转干部领导人员和管理人员的退休待遇补贴问题，防止因分配制度上的不公平诱发腐败动因。三是融入业务监管，建立健全权力运行监督制约与业务管理流程相一致的制度体系。要坚决防止预防腐败与制度建设“两张皮”的现象。国有企业纪检监察机构不仅要抓好党风廉政相关制度体系建设，更应关注并加强对业务部门制定的相关业务管理制度情况的监督审查，看业务部门制订的规章制度是否符合上级要求，权力运行点是否有监督制约或阳光公开，平时查办案件中发现的问题整改是否在业务管理制度中得以体现，特别是对重大问题的决策程序、选人用人程序、大额资金管理程序、工程建设和物资采购招投标监管程序、国有企业混改工作等制度建设是否能起到止腐、防腐作用，每年针对企业业务管理制度建立由专业人员参加的专项审查机制，发现制度漏洞及时发出监察建议书，及时修改，补齐短板。要建立完善因业务制度出现漏洞造成的腐败问题追究职能部门责任制度，督促职能部门在制度建设上履职尽责，使国有企业制度建设在预防腐败工作上真正发挥出应有作用。

（五）内部监督与外部监督有机结合，发挥外部监督在企业监督力量的协同作用

当前，国有企业改革已进入深水区。加快国有企业改革发展、提升国有企业反腐败治理能力、实现国有经济做强做大做优，单纯依靠国有企业自身内部监督远远不够，必须借助外部监督力量、发挥外部监督“政治体检”作用，以其创新性和灵活性，合力切入国有企业内部，对国有企业反腐败工作形成有力支撑。一是有机结合多种外部监督方式形成监督合力。一方面，充分借助和发挥上级巡视巡察和企业党委内部巡察作用，加强纪检监察监督

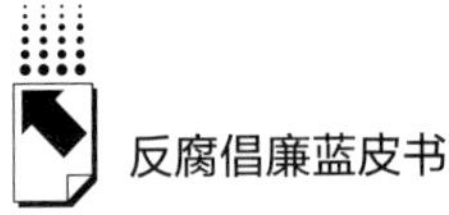

与巡视巡察监督之间的密切配合，如结合省委巡视组巡视省属企业时可针对具体问题采取“嵌入式”巡察，针对具体人、具体事可采取专项巡察，针对巡视发现的问题可采取整改工作“回头看”式巡察等，充分发挥巡视巡察监督的机动性、灵活性、权威性特点，发现问题，形成震慑。国有企业纪检监察机构要积极协助并支持、融入巡视巡察工作中，针对企业的日常运作情况、对廉政风险点的了解掌握比较全面的特点，积极为巡视、巡察组提供相关信息，借助巡视巡察监督力量进一步摸清情况，提高纪检监察监督的有效性、针对性。另一方面，充分借助和发挥审计监督作用，重点关注被审计企业和相关人员重大违纪违法行为情况、所在行业有关法律法规及其执行情况，以及出现重大违纪违法行为的动机和原因等，建立完善企业内部纪检监察机构与内部审计部门密切配合联动、线索融入核查、共同分析研究的工作机制。同时，加强与各属地纪检监察机关和司法机关的协作配合，充分发挥属地纪检监察机关和司法机关在线索处置、初步核实、审查调查、案件审理上的有利条件，建立起协同监督、信息共享、联合调查的体制机制，形成监督合力。二是统筹运用信息技术和第三方咨询强化廉情预警分析。要善于运用大数据、“互联网 +”强化对国有企业重点领域廉洁风险防控，争取企业党委支持，建立并完善、整合各业务管理信息系统，研究设立各业务领域预防腐败的关键指标，加强顶层设计并建立廉情预警信息系统，通过必要的事前监督和对事中数据信息的梳理控制，确保国有企业“三重一大”事项不出现重大廉洁风险，有效消除廉洁隐患。探索建立并开展通过聘请专业人员对企业一些具体经营行为和重大工程项目建设情况实施第三方专家评估制度，用专家的专业眼光来研究判断企业领导人员的经营行为是否合法、管理流程是否合规、廉洁风险是否存在，防范可能产生的腐败。三是充分运用好其他有效的外部监督力量。逐步推进规范的董事会建设，对竞争性企业施行外部董事参与的董事会结构，加强外部董事队伍建设，强化外部董事选聘和管理，从现职国有企业领导人员中选聘一批经验丰富的人员转任专职外部董事，发挥外部董事专业监督作用，建立完善外部董事定期与企业纪委有关部门沟通联系机制，有效发挥其专业监督作用。建立完善国有企业审计专员与

监察专员沟通联系机制，使内部纪检监察监督与外部审计监督形成监督合力。建立完善国有企业特约监察员制度，选聘并邀请能负责、有担当的在职员工、专业人员和党外企业负责人或在企业有一定影响的人员担任特约监察员，延伸基层企业的监督触角。探索与同级企业、重大业务往来单位构建党风廉政联动共建机制，通过信息交流互通、监督资源分享、宣传教育合作、廉洁风险联控、廉政监督联动、纪律审查协作，内外一体、协同有效的综合监督网络，着力提升国有企业反腐败治理水平（见图4）。

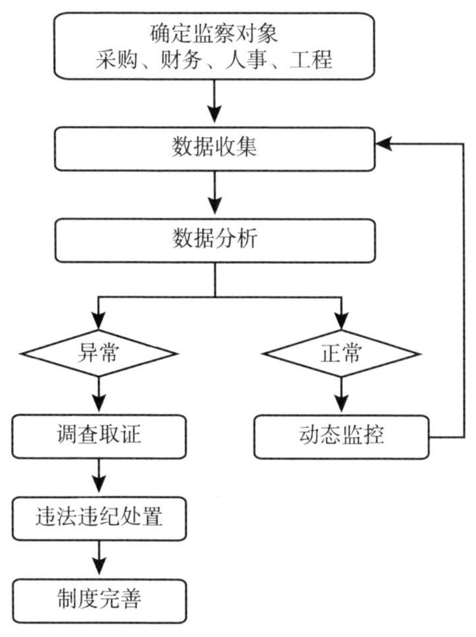

图4　利用大数据实施纪律监督流程

（六）监督执纪与公司治理有机结合，发挥企业风险内控监督的制衡作用

良好的公司治理结构和内控机制可以使国有企业反腐败治理起到事半功倍的作用。各级纪检监察机关和国有企业纪检监察机构要依据党管国有企业的重大政治原则要求，积极推动和改进国有企业公司治理结构，促进监督执

纪与公司治理要求有机结合，加强企业风险内控管理，提升国有企业反腐败治理能力。

一是推动落实完善中国特色国有企业公司治理结构。认真落实《中国共产党国有企业基层组织工作条例（试行）》，按照“先易后难”的原则，将国有独资、全资和国有资本绝对控股企业先行完成党建工作和基层组织建设要求写入公司章程；对合资公司、参股公司、上市公司成熟一个推进一个，把党的领导融入公司治理各环节，在公司章程中明确党委、纪委职责和组织架构，落实党组织在公司法人治理结构中的法定地位。探索党内监督与法人治理监督相融合，形成党组织与董事会、经理层、监事会各司其职、各负其责、协调运转、有效制衡的公司法人治理结构，为有效落实“两个责任”打牢制度地基。

二是积极构建“党委领导、纪委协调、部门参与、全面覆盖、权威高效”的大监督体系。新时代党和国家监督体系是一项系统性、全局性工程，要求各个监督主体密切配合、同向发力。国有企业覆盖面广、资产规模大、利益链条长，不同行业、不同企业有不同的特点，业务复杂性高、专业性强，仅仅依靠纪检监察机构单打独斗难以得到根本性改观，必须坚持在国有企业党委的统一领导下，由纪委牵头整合企业所有监督力量，着力打造全方位的大监督体系，并在制度规定和公司治理上加以明确和有效规范。如企业财务、法务部门侧重于事前预防与财务报销审批、大额资金拨付、经营合同审查等，过滤不合法不合规的行为和事项，防患于未然；企业监事会侧重于事中监督与事后评价；企业内部审计与党委巡察侧重于发现存在的问题、监督整改问题；纪检监察组织协调，建立由纪委书记牵头的企业监督工作联席会议制度，吸纳纪检监察、内部审计、财务、法务、工程管理、物资采购、招投标、党建等部门负责人参加，定期召开会议沟通监督信息，强化各监督力量的协调配合，构建问题与案件移送机制，使各项问题得到全面、及时、有效的准确处置。各监督职能部门在党委、纪委统一领导下，立足各自监督手段，形成优势互补、无缝对接的监督网络，实施事前事中事后全链条监督，形成发现问题、报告问题、解决问题、整改问题以及问责追责的监督闭环（见图5、图6）。

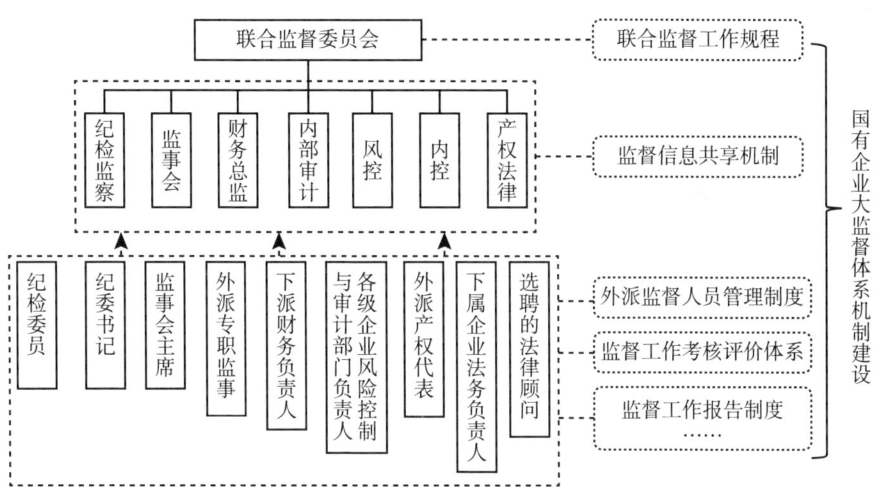

图5　国有企业构建大监督体系设想

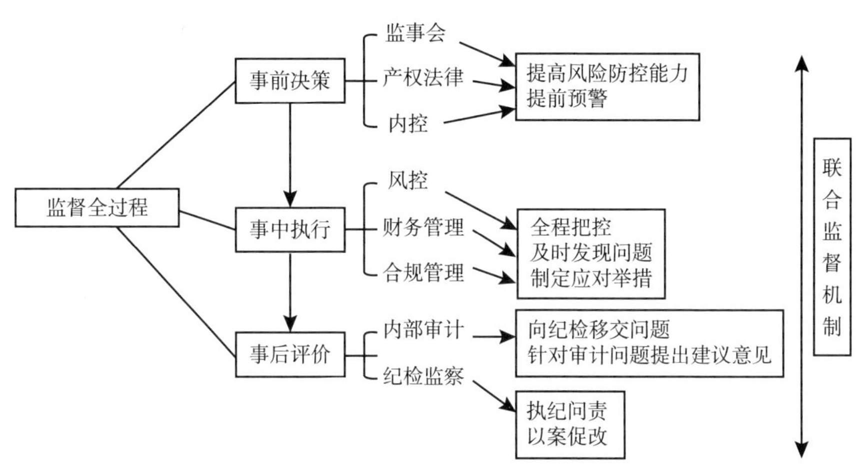

图6　互相配合、各司其职的联合监督体系

三是不断创新日常监督的方式方法。将日常监督融入公司治理过程中，除了用好参加和列席党委会、董事会、总经理办公会、民主生活会及各专业专题会、监督检查、调研督导等常规手段外，还应根据新形势新要求，不断探索管用实用的新方法。如推动以案促改常态化，把每年企业内部查办的重点案件，作为深化监督、创新监督的“金矿”，坚持一案一剖析制度，认真

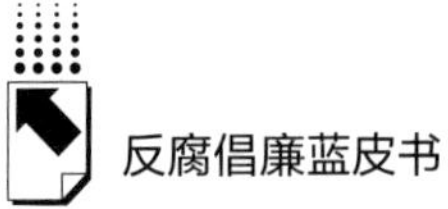

剖析企业在党的领导、党的建设、内部治理中存在的突出问题，有针对性地提出纪检监察建议。要积极运用好专项治理方式，深入分析重点领域、业务系统存在的普遍性问题，集中力量进行整治，如近期国有企业开展的“管企吃企”“子女亲属经商办企业”“总部机关化”等专项整治活动，对清除国有企业腐败土壤起到了很好作用。要充分调动国企资源，编织全系统“一张网”、传播“好声音”，努力打造廉洁宣传教育新格局，激发群众参与监督的积极性。地铁、机场、铁路、交通、航运等公共事业领域企业要充分利用行业特色，在市区交通要道、企业总部写字楼、航站楼、车站、轮船等场所持续滚动式投放新颖活泼的公益广告、海报、微视频等，全方位弘扬正能量价值观，营造廉洁从业氛围。要探索创新廉洁教育方式，通过举办廉洁论坛、廉洁主题演讲、廉洁知识考测等形式，广泛开展廉洁文化进企业、进基层、进岗位、进家庭活动，让每位企业领导人员和职工群众对廉洁文化耳濡目染，对廉洁理念内化于心，为推进国有企业反腐败治理工作夯实思想基础。

案例篇

Regional Reports

B.12 山西朔州：破解“双管干部”条块分割监督难题的实践与探索

孟贵芳*

摘　要：由于条块分割的体制划分,对工作地点及党组织关系在地方、干部管理权限在主管部门的“双管干部”的监督工作,是一项亟待关注的理论课题，也是一项需在实践中深化探索的现实课题。本文在对关于“双管干部”的研究现状和地方（部门）探索进行述评的基础上，从山西朔州市纪委监委查处的“双管干部”违纪违法典型案例切入，深入“解剖麻雀”，剖析案发原因,研究发案规律,分析驻地单位与地方纪委监委在开展纪检监察协作联动工作中存在的薄弱环节；聚焦破解“看得见的管不了、管得了的看不见”监督难题，探究朔州市纪委监委探索建立的和驻地单位在纪检监察工作中信息沟

* 孟贵芳，山西省朔州市委常委、市纪委书记、市监委主任。

通、线索移送、成果共享“三项机制”，客观评估协作联动机制的运行状况以及对“双管干部”强化监督的初步成效；着眼加强对“双管干部”的监督协作联动，从理论和现实相结合的角度提出相关思考和设想。

关键词：“双管干部”　条块分割　“三项机制”　山西朔州

党的十九大以来，以习近平同志为核心的党中央一以贯之、坚定不移推进全面从严治党，不断深化纪检监察体制改革，实现了纪律监督全覆盖和监察监督全覆盖。党的十九届四中全会提出，“健全党统一领导、全面覆盖、权威高效的监督体系，增强监督严肃性、协同性、有效性，形成决策科学、执行坚决、监督有力的权力运行机制”。朔州市纪委监委在推进纪检监察体制改革、强化监督执纪执法工作中，坚持对标对表、守正创新、主动履职，积极探索对工作地点及党组织关系在地方、干部管理权限在主管部门的“双管干部”的监督工作，有效破解“看得见的管不了、管得了的看不见”的条块分割监督难题，在织密织牢监督网络、统筹联动加强监督上先行先试、积极探路，为一体推进不敢腐不能腐不想腐、推动驻地单位与地方纪委监委共同构建持久风清气正的政治生态提供了有益探索。

一　文献综述与问题提出

根据资料检索，学术界对条块分割体制下加强“双管干部”管理问题的关注和研究较多，而对强化“双管干部”监督问题涉猎较少，可资参考的文献资料相对匮乏。1991 年 11 月 15 日，中共中央组织部印发了《关于干部双重管理工作若干问题的通知》（组通字〔1991〕35 号），着眼健全和完善干部双重管理制度，对主管与协管双方职责权限和任免程序作了相应规定，重在从干部人事的角度厘清双方职责、强化管理合力、细化任免程序。

刘朝东发表的南昌大学2007年硕士论文《江西省干部双重管理体制问题研究》，就双重管理体制中主管方和协管方在执行程序、履行职责、沟通协调、干部监督等方面存在的问题与缺陷作了比较细致的分析，并提出了相应对策建议。针对“加强监督，建立科学的监管体系”这一对策，提出了“构建上级组织部门对主协管双方的监管体系、构建主协管双方的相互监督体系、构建主协管方对被管单位的监督体系、完善被管单位的内部监督机制”等具体建议。该文从组织部门的视野着眼、从管理学的视角出发，尽管对双重管理干部监督工作中存在问题与相关对策着墨不多，但立论充分、论据扎实、颇有见地。《中国纪检监察报》于2017年11月1日，发布了叶研的文章《如何对“双重管理干部”违纪问题进行监督执纪》，对“双管干部”违纪问题由谁审查、由谁做出党纪处分的问题作了具体分析，是从纪检监察工作角度，对“双管干部”监督问题发表较早的一篇理论探讨，具有一定的前瞻性、针对性和可操作性。

从一些地方（部门）的具体实践来看，对地方纪委监委与驻地企业（单位）开展协作配合进行了不断探索，努力破解“双管干部”监督难的问题。据《中国纪检监察报》2014年2月24日刊登瞿芃、王渊采写的《加强“统筹联动” 打破“条块分割”》一文介绍，2014年，四川省纪委整合监督资源，加强统筹联动，着力构建以“目标同向、资源同享、防线同筑、廉洁同创、民心同聚”为主要内容的“五同共建”机制。四川省纪委发挥职能作用，加大统筹力度，在消除驻川单位案件检查工作盲区、加大联合查处力度方面取得明显成效；把137家党的关系在四川的中央驻川单位厅级干部党风廉政建设情况全部纳入管理，在构建全域覆盖的执纪监督网络上主动探索，成就值得肯定。2020年7月20日，中央纪委国家监委网站刊登了李灵娜的《中管企业纪检监察机构加强与地方纪委监委协作配合》一文，文中介绍，“今年4月，中国石化与湖北省政府商谈战略合作协议期间，中国石化纪检监察组与湖北省纪委监委同步就加强纪检监察方面的合作进行沟通，进一步健全和落实日常联系沟通、问题线索联动处置、案件调查协作保障、监督检查协同配合等4项工作协作机制”。在纪检监察体制改革深入推进的背景下，一些中管企业纪检监察机构主动探索与地方纪委监委协作配合及联合审查调查机制，在推动企地协作监督上先行一步，最直观的变化是办案质量、数量和效率明显提升。上述列举的四川省和中管企业纪检监察工作中的两个事例，前者是在纪检监察体制改革之前实施的，后者是在深化纪检监察体制改革的进程中实施的；前者是地方纪委监委主导推动，后者是中管企业纪检监察机构主动谋划，反映了不同时期、不同监督主体、不同层级的纪检监察机构，在探索加强对“双管干部”监督的途径和方式上取得了进展、积累了经验，也还需在具体实践中进一步深化完善。

二　刘某、杨某案件暴露的“双管干部”监督难题

2019 年 6 ~9 月，朔州市纪委监委查办了华电煤业有限公司山西分公司原党支部委员、副总经理刘某严重违纪违法案。刘某在担任华电煤业集团下属的朔州市平鲁区茂华下梨园煤业公司总经理、矿长期间，私设“小金库”，在长达 7 年的时间内，请客送礼金额高达上百万元，拉拢腐蚀驻地相关职能部门党员干部和公职人员 300 余人。从层级看，涉及朔州市、平鲁区以及煤矿所在的乡镇、农村；从身份看，既有党政领导干部，又有一线执法检查人员，还有输电接线人员及农村干部；从部门看，包括能源、环保、国土、公安、安监、税务、供电等 26 个单位。2019 年 9 月，刘某被开除党籍，其涉嫌犯罪问题被移送检察机关依法审查起诉。该案时间跨度长、牵涉人员多、违纪频次高、负面影响大，是一起驻地企业领导干部利用监管盲区，拉拢腐蚀当地相关党员干部和公职人员，严重影响朔州政治生态的典型案例。

2019 年下半年，市纪委监委查办了朔城区神头镇水磨头村原村委会主任杨某严重违纪违法案。据查，2016 ~2018 年，杨某为了其在神头二电厂的相关工程得到“照顾”，以过节为名向二电厂 12 名管理人员及干部职工送礼，涉及二电厂内管理部、综合部、汽运公司、检修公司等多个部门，以及分支机构公司经理、办公室主任、财务人员等多个岗位。这是一起地方人

员拉拢腐蚀驻地单位相关人员的典型案件。

在这两起案件中，刘某的日常监督管理权在华电煤业集团有限公司，党组织关系属于朔州市属地管理；杨某案件中涉及的神头二电厂一些管理人员的监督管理权在神华国能集团有限公司，党组织关系归朔州市属地管理，从中暴露出监管体制、日常管理、内控制度、廉政预警、警示教育等方面一些不容忽视的问题。从监管体制上深入反思剖析，重要原因在于驻地企业的内部制度执行不严格，其上级主管部门监管存在“盲区”；也反映了驻朔单位和地方纪委监委之间监督信息不畅、问题线索不能及时移送等问题。经统计摸底，朔州市辖区内共有中央、省属驻朔单位60余家，党组织关系在朔30余家。在剖析典型案例、开展走访调研、进行综合研判的基础上，发现中央、省属驻地单位和地方纪委监委在开展协作联动方面，还存在以下薄弱环节。

（一）思维理念转变不到位，开展协作监督动力不足

对驻地单位而言，有的认为自身有主管部门、有纪检监察机构及其他监管机构，面对地方纪委监委的协同监督、协作联动要求，认为是“多管闲事”，甚至存在一定的抵触思想和排斥心理；对地方纪委监委而言，有的认为自身承担的本职工作日益繁重，和驻地单位一道搞协作联动分散精力，认为是“不务正业”，存在思维偏差和工作惰性。由于思想观念转变不到位，因此开展协作联动的主观意愿和客观效果大打折扣。

（二）条块分割，职责交叉，监督管理存在盲区

客观上，中央、省属驻地单位，面临垂直管理与属地管理的条块分割问题。驻地单位特别是大型国企组织架构大、机构分布广、单位层级多、管理半径长，对分支机构监管的穿透性、即时性、实效性不足，特别是对苗头性、倾向性问题反应不敏锐、预警不及时，对“八小时之外”的监督更是鞭长莫及、力不从心，容易出现“管得了的看不见”的情况。而地方纪委监委由于职责权限限制，难以对驻地单位开展有效监督和制约，导致出现

"看得见的管不了"的问题。对党组织关系在地方、干部管理权限在上级主管部门的"双管干部"，由于上级监督太远、同级监督太软、地方纪委监委监督太松，因此容易造成监管的"真空地带"，甚至为权力的滥用、腐败的滋生留下空隙。

（三）工作机制不够完善，尚未形成协作监管合力

双方缺乏有效的沟通协作机制，尚未形成衔接顺畅、协调一致的运行机制。具体表现为沟通协调机制缺失，一些驻地单位与当地纪委监委沟通联系极少，除个别协查工作外，在日常工作中极少往来，造成双方信息不通、交流不畅、相互隔绝的局面。联动协作机制不足，在开展主题教育、廉政教育、集中培训、以案促治等工作中，往往是各搞各的、各顾各的，尚未形成同频共振的工作格局和齐抓共管的严管态势。

（四）纪检监察资源分散配置，共建政治生态任重道远

中央、省属驻地单位和地方纪委监委均承担着维护地方风清气正政治生态的职责义务。从资源配置看，驻地单位纪检监察机构的监督力量、专业程度、从业经验、审查调查等纪检监察工作水平与地方纪委监委相比差距较大，但在加强内控机制、促进合规发展等方面有其特长；地方纪委监委在调查手段、专业能力、留置基地建设、看护队伍等方面有较大优势。双方各自为政、隔离运行的状态，不利于纪检监察资源优化配置，也不利于同心协力共建良好政治生态。

三　建立"三项机制"强化对"双管干部"监督

基于中央、省属驻朔单位与朔州市纪委监委在协作联动中存在的薄弱环节，针对"双管干部"如何加强监督管理这个现实问题，需坚持问题导向，担当政治责任，打通关节、疏通堵点、突破瓶颈，在制度机制上破题探路，推动形成全覆盖、无缝隙的监督体系。朔州市纪委监委制定了信息沟通、线

索移送、成果共享“三项机制”，推动与驻地单位在纪检监察工作中协作联动规范化制度化常态化，具体在以下方面开展了协作联动。

（一）搭建沟通联动平台

市纪委监委和驻朔单位建立联席会议制度。明确市纪委常务副书记（市监委副主任）为召集人，市纪委监委机关综合室承担具体工作，监督检查室分别联系中央、省属驻朔单位。驻朔单位分别指定一名分管同志负责出席联席会议和开展日常协作联动工作。市纪委监委机关领导班子成员及有关部室负责人、驻朔单位党委（党组）主要负责人及纪检监察机构主要负责人出席。联席会议每季度召开一次，研究部署沟通、协作、联动工作有关事项，协调解决双方工作中存在的问题。建立联席会议制度，为双方协作联动提供了制度化的沟通平台，互通信息、互促共进。联席会议制度建立以来，市纪委监委为驻朔单位协调解决相关问题 30 余件；驻朔单位就加强对“双管干部”的监督积极提出意见建议，共同推动落实。

（二）探索联动监督机制

稳妥审慎探索开展联动监督检查、共同组织协查、开展联合办案等模式，努力实现监督全覆盖、常态化、高质量。针对重要节点查纠“四风”问题，双方同步派出监督检查组，开展巡回式、无缝隙监督检查。针对在监督执纪执法工作中需要借用对方人员的，市纪委监委机关组织部将借用人员纳入本系统人才库，借用时向驻朔单位制发借用公函，借用期满后做出工作鉴定；驻朔单位如业务需要，市纪委监委也可派工作人员在一定期限内参与帮助工作。

（三）线索双向快捷移送

明确市纪委监委在监督执纪执法过程中发现涉及驻朔单位及人员的问题线索，由市纪委监委案件监督管理室统一移交驻朔单位。按照分级负责、归口管理的原则，涉及驻朔单位管辖内的问题线索，按有关程序移送驻朔单位纪检监察机构；涉及驻朔单位管辖外的问题线索，按有关程序移送驻朔单位的上级纪检监察机构。驻朔单位在监督执纪执法中发现的涉及市纪委监委管辖的问题线索，直接移交市纪委监委案件监督管理室。

（四）同步开展以案促治

将驻朔单位纳入以案促治参加单位，和地方各部门各单位同部署、同督导、同落实，发挥案件查办治本功能。市纪委监委机关查结刘某、杨某等严重违纪违法案后，深入“解剖麻雀”，查找“病灶”，医治“病根”，在全市范围内部署开展了以刘某、杨某等案为镜鉴的以案促治专项整治。专项整治精心设计了“读、写、谈、纠、开、盯、建、管”8 个规定动作。“读”，即组织班子成员认真阅读刘某、杨某等人撰写的《忏悔录》和《关于遏制请客送礼不正之风的几点建议》；“写”，即要求涉案单位班子成员撰写检视反思材料；“谈”，即市县两级党委书记、纪委书记对涉案单位党组书记、纪检监察组组长层层开展约谈；“纠”，即通过“一缴三写一鉴定”的办法纠正错误，要求涉案人员主动退缴收受的全部礼品礼金，写出收受过程、写出深刻书面检查、写出今后拒收保证书，单位对其出具近 3 年来个人现实表现鉴定材料；“开”，即开好宣布处分决定会、警示教育会和民主生活会；“盯”，即紧盯重要节点、关键时段，严查违反中央八项规定精神、“四风”隐形变异问题；“建”，即建立健全相关规章制度；“管”，即地方纪委监委与驻朔单位强化协同共管，共同维护良好政治生态。驻朔单位和地方各级各部门一道，全程参与了做好查办案件“后半篇文章”的专项工作，达到“查处一案、教育一片、治理一方”的效果。

（五）推动实现资源共享

在区域范围内推动纪检监察资源要素合理配置，实现信息资源、培训资源、监督资源优势互补、共建共享。建立定期通报制度，市纪委监委定期向驻朔单位通报省纪委监委和市委关于全面从严治党的决策部署、查处的典型案例、开展的专项活动等；驻朔单位将上级党委、纪委关于全面从严治党的

安排部署通报市纪委监委。双方相互推送纪检监察工作信息，加强信息互通。建立一体培训制度，市纪委监委将驻朔单位纪检监察干部纳入全市纪检监察系统培训计划，采取集中培训、组织调训、上门讲学、提供培训资料等方式，提升驻朔单位纪检监察人员综合素质。建立成果共享制度，在开展经验交流、学术研讨时，共同分享工作经验和理论成果。根据工作需要，市纪委监委提供市廉政教育基地、右玉县廉政教育馆、谈话场所供驻朔单位使用。部分驻地单位纪检监察机构负责人反映，原来处于“孤军奋战”的状态，现在能够及时得到地方纪委监委的信息支持、人力支持、资源支持，通过借力、借势、借智，达到效能倍增的效果。

总之，实施“三项机制”以来，驻朔单位和地方纪委监委通过信息共享、工作共推、问题共商，初步实现了工作效能叠加，协作联动工作出现了积极变化。一是强化贯通协同意识，实现了同频共振。通过定期通报、列席会议、工作联动等措施，增强了协作协同的自觉性，促进了沟通联络常态化，驻地单位和地方纪委监委从过去的条块分割、往来不多，到相互配合、互促共进。二是整合纪检监察资源，实现了优势互补。在一个区域范围内，畅通垂直管理部门、驻地企业和地方纪委监委的合作通道，实现了办案人员、教育培训、谈话场所等资源的合理利用。三是搭建工作协作平台，实现了高效顺畅。通过规范细化联席会议制度，明确了谁召集、谁参加、谁承办、谁落实，提供了制度化的沟通联系平台和常态化的紧密协作机制，沟通联络更为便利快捷，强化了双方协作联动的组织保障和制度保障。四是填补监管盲点盲区，实现了有效覆盖。强化协作监督和信息反馈，将监督触角延伸到“空白地带”，从过去的“管得了的看不见、看得见的管不了”到齐抓共管，推动监督从“有形覆盖”向“有效覆盖”稳步推进。五是夯实共建共管责任，实现了生态净化。同步开展以案促治、教育警示、专项整治等工作，驻地单位和地方纪委监委深化了对正风肃纪反腐是系统工程的认识，增强了贯彻落实“两个责任”的自觉性，强化了共建共管政治生态的政治担当，推动地方和驻地单位共同实现政治生态持久的风清气正。六是激活工作创新活力，实现了良性互动。随着“三项机制”的深入推进，驻地单位与地方纪委监委在交流融合、协力发展中越走越“勤”，越走越“近”，越走越“亲”，推动了观念转变、视野拓展，激发了创新活力，实现了工作提速、提质、提效。比如，受此启发，人民银行朔州市中心支行纪委针对过去地方纪委监委金融查询需到数个商业银行分别出示手续且协调不畅的问题，在银行系统内部协同联动，优化金融查询流程。地方纪委监委只需提供相关手续给人民银行朔州市中心支行纪委，该纪委统筹相关商业银行集中查询后，统一将查询结果反馈地方纪委监委，实现了“一个口子进出”，提升了工作效能。

四　深化“双管干部”监督协作联动的思考

从朔州工作实践来看，从建立健全沟通、协作、联动机制入手，探索破解“双管干部”条块分割监督难题，是一项需要在实践中不断深化完善的工作，也带来如下思考与启示。

（一）坚持对标对表、守正创新，持续深化纪检监察体制改革

当前，纪检监察体制改革已由前期的夯基垒台、立柱架梁，中期的全面推进、积厚成势，进入系统集成、协同高效的新阶段，需聚焦解决体制性障碍、机制性梗阻、政策性创新方面问题，实现纪检监察工作理念思路、体制机制、方式方法的与时俱进、不断创新。2019 年 11 月，《中央纪委国家监委关于纪检监察机关（机构）在监督检查审查调查工作中开展协作配合指导意见》出台，从操作层面对工作地点（党的组织关系）在地方、管理权限在主管部门的公职人员涉嫌职务违法和职务犯罪案件协商确定管辖的原则、程序等予以明确，为各纪检监察机关（机构）规范、顺畅、高效开展协作配合提供了具体指引。十九届中央纪委对深化派驻机构改革做出重要部署，要求“完善派驻监督体制机制，健全派驻机构与地方纪委监委协作机制”，为地方纪委监委开展与驻地单位纪检监察协作联动提供了依据。因此，需坚持对标对表，守正创新，牢固树立监督管辖权限意识，做到帮忙不

添乱、到位不越位，同时，主动担当，拉长链条，将地方纪委监委与驻地单位的协作配合，由单纯的监督检查审查调查工作层面向信息互通、资源共享、齐抓共管等方面拓展延伸。

（二）坚持问题导向、标本兼治，一体推进不敢腐不能腐不想腐

一体推进不敢腐、不能腐、不想腐，不仅是反腐败斗争的基本方针，也是新时代全面从严治党的重要方略。针对刘某、杨某等严重违纪违法案暴露出的监管漏洞和制度缺陷，需坚持问题导向，深入剖析案发原因，分析腐败发生机理，准确把握内因和外因、自律和他律、治标和治本的辩证关系，在一体推进“三不”中加强对“双管干部”的监督管理。注重从严惩戒，坚持无禁区、全覆盖、零容忍，坚持重遏制、强高压、长震慑，坚持受贿行贿一起查，发现一起，查处一起，持续强化不敢腐的震慑；注重制度约束，加强对权力集中、资金密集、资源富集部门和行业的监督，督促发案单位做好反思剖析、警示教育、建制堵漏、深化整改工作，扎牢织密不能腐的笼子；注重提升觉悟，统筹推进党性教育、纪法教育和道德教育，深入挖掘中华优秀传统文化、革命文化、社会主义先进文化中的廉洁元素，从思想源头上消除贪腐之念，着力增强不想腐的自觉，形成“三不”相互支撑、协调推进的叠加效应，实现由“惩治”向“善治”深化。

（三）坚持系统思维、统筹推进，努力增强监督的协同性

按照十九届中央纪委四次全会部署，坚持系统集成、协同高效，健全党和国家监督体系，增强监督严肃性、协同性、有效性，推动新时代纪检监察工作高质量发展。着眼构建党统一指挥、全面覆盖、权威高效的监督体系，搭建沟通平台，增强监督合力，推进各个监督主体既各司其职、各尽其责，又密切配合、一体推进，形成有机协同的新机制，使监督工作更加有力、更加精准、更加高效。在内部贯通上，健全纪律监督、监察监督、派驻监督、巡察监督衔接制度，优化四位一体、各有侧重、互为补充、相互协调的监督体系，不断提升“四个全覆盖”的质量；在驻地单位与地方纪委监委之间，

主动适应健全党和国家监督体系要求，抓住联动的关键点，找准协同的着力点，打通各个环节，贯通各种手段，形成同向发力、同频共振的监督局面；在外部衔接上，以党内监督为主导，强化纪委监委监督的协助引导推动功能，加强与人大监督、民主监督、行政监督、司法监督、审计监督、财会监督、统计监督、群众监督、舆论监督的有机贯通、相互协调，推动党和国家监督体系不断提质增效。

（四）坚持齐抓共管、同向发力，共同维护风清气正的政治生态

政治生态优良与否，直接关系党的形象，关系人心向背，关系事业兴衰，关系经济社会发展大局。政治生态风清气正，地方干部群众和驻地单位都是受益者，否则，政治生态一旦受到污染，双方都是受害者。营造良好政治生态，既需要地方各级各部门认真维护，也需要驻地单位积极参与，形成双方协力共建的良性互动。2020 年 5 月，习近平总书记视察山西时再次强调，山西要牢记系统性塌方式腐败的沉痛教训，镜鉴常照、警钟长鸣，既做好刮骨疗毒、重整旗鼓的工作，又做好修复生态、培植土壤的工作。要坚持“严”的主基调不动摇，强化协作协同，增强互动联动，压实各方责任，探索对驻地单位开展政治生态测评、研判和反馈机制，以责任落实、制度跟进、监督到位推动管党治党责任从“要我做”向“我要做”转变，维护政治生态从“一家做”向“大家做”转变，增强区域党风廉政建设和反腐败斗争的整体效能，朝着习近平总书记指明的“努力实现党内政治生态持久的风清气正”方向迈进。

破解“双管干部”条块分割监督难题尚处于初始阶段，如功能定位尚不完全清晰、职责边界仍然相对模糊、长效保障机制尚不够健全，等等。全面从严治党是系统工程，要靠全党、管全党、治全党，实现全方位、全领域、全覆盖、全过程监督。因此，在有待于中央纪委国家监委加强顶层设计、赋予相关权限、出台操作规范的同时，地方纪委监委还需深入总结实践经验，健全完善制度，加强统筹联动，稳步推进监督全覆盖，以便实现对“双管干部”的监督达到“看得见”与“管得了”的统一。

B.13

江苏苏州：用大数据贯通“四项监督”研究*

江苏省苏州市纪委监委课题组**

摘　要：　习近平总书记指出，“要善于运用互联网技术和信息化手段开展工作”。十九届中央纪委四次全会提出“完善纪律监督、监察监督、派驻监督、巡视监督统筹衔接制度”。苏州市纪委监委强化探索实践，不断丰富完善“四项监督”制度机制，以中央纪委信息化试点任务为引领，建立“一云一数一平台”，通过信息化手段推动“四项监督”统筹衔接，构建“大数据 + X”监督模型，发挥大数据赋能作用，实现数据联通、平台贯通、业务协同，形成用大数据贯通“四项监督”的苏州路径，有力推动纪检监察工作高质量发展。

关键词：　大数据　贯通　四项监督　江苏苏州

* 基金项目：本文系中国社会科学院中国廉政研究中心 2020 年重点课题“用大数据贯通‘四项监督’研究”（LZZK2020A013）的阶段性成果。

** 课题组组长：邹洪凯，苏州市纪委副书记、市监委副主任；田芝健，苏州大学马克思主义学院院长，教授，博士生导师。执笔人：邹洪凯；田芝键；王虎，苏州市纪委常委、市监委委员、党风政风监督室主任；孙通，苏州市纪委监委监督审查技术室副主任；吉启卫，苏州大学马克思主义学院马克思主义政党与国家治理研究中心副主任、博士后研究人员；王炳，苏州市纪委监委党风政风监督室四级主任科员；毛瑞康，苏州大学马克思主义学院博士生。课题组联系人：王炳。

一　用大数据贯通“四项监督”的价值与意义

自古以来，数据在国家治理中起着重要作用。《孙子兵法》“算则胜，不算则不胜；多算胜，少算则不胜”中的“算”就是指利用数据来估算和分析各种复杂的情况。习近平总书记指出，“信息化为中华民族带来了千载难逢的机会，必须敏锐抓住这一历史机遇”“要善于运用互联网技术和信息化手段开展工作”。在“互联网+”时代，大数据应用已然成为全社会发展趋势。用大数据贯通“四项监督”是全面贯彻落实党中央战略部署的必然要求，是有效解决“四项监督”突出问题的重要抓手，是苏州纪检监察机关践行职责使命的重要载体，具有重大战略价值与深远现实意义。

（一）是全面贯彻落实党中央战略部署的必然要求

以习近平同志为核心的党中央立足中华民族伟大复兴战略全局和世界百年未有之大变局，高度重视大数据建设和应用工作。习近平总书记深刻指出：“要运用大数据提升国家治理现代化水平”。当前，数字技术革命正如火如荼，数字技术革新推动的信息化进入新阶段。党的十九届四中全会把监督工作、反腐败工作纳入国家制度和治理体系做出顶层设计，把党和国家监督体系上升为中国特色社会主义重要制度、上升为治理体系和治理能力现代化重要任务做出部署安排，强调要“推进纪律监督、监察监督、派驻监督、巡视监督统筹衔接”，要求“健全信息沟通、线索移交、成果共享机制，做实监督全覆盖、增强监督有效性”。习近平总书记重要讲话精神和党中央战略部署为纪检监察机关探索用大数据贯通“四项监督”提供了理论指导和实践遵循。面对党风廉政建设和反腐败斗争新形势，纪检监察机关必须不断提高政治站位，认真围绕主责主业主动顺应科技发展潮流，将大数据、信息化等现代化技术优势融入正风肃纪反腐工作中，为监督执纪插上“科技的翅膀”，为纪检监察工作高质量发展、推动全面从严治党添动助力。

（二）是有效解决“四项监督”突出问题的重要抓手

党的十八大以来，以习近平总书记为核心的党中央以坚定决心、顽强意志扎实推进全面从严治党，党和国家监督体系和监督能力现代化建设取得重大进展，但也面临突出问题。习近平总书记在十九届中央纪委四次全会上指出，“目前，各方面监督总体上有力有序，但协同衔接不够顺畅的问题比较突出，日常监督不够严格，办法不多、效果不强”。具体表现为：责任落实不够到位。地方党委统筹“四项监督”的领导体制尚未健全，监督主体不同程度存在“自扫门前雪”的思想偏差，条线、条块“惯性”思维还在；统筹衔接不够全面。对“四项监督”如何统筹衔接还缺少顶层设计和总体规划，现有制度还不够细化，哪些需要衔接、与谁衔接、怎么衔接，缺乏具体、规范、可操作的运行规则，导致“铁路警察，各管一段”；力量统筹不够到位。“四项监督”横向上存在力量配备不平衡现象，派驻监督力量相对偏弱，派驻“探头”“哨兵”作用没有充分发挥。从纵向上看，越往基层监督对象和监督力量越呈现“正三角”和“倒三角”的反向配比，人员力量很难统筹起来考虑、打通起来使用；监督手段不够灵活。目前大多是监督平台在利用信息化设计监督流程、固化监督流程、优化监督流程上还不够深入，“事后追查多、事先预警少”“一事一查易、举一反三难”仍然存在。问题是时代的声音，传统监督手段正面临“老办法”不管用的现实困境恰恰精准指明了当前“四项监督”的难点热点问题所在。大数据针对“四项监督”症结，从源头上破解了监督动力来源、监督流程优化、监督合力发挥、监督效能提升等重点问题，成为新时代有效解决“四项监督”突出问题的重要抓手。

（三）是苏州纪检监察机关践行职责使命的重要载体

习近平总书记在江苏考察时强调，“发展走在前面的地方应该先行探索”，“为全国发展探路是中央对江苏的一贯要求”，并把“两个率先”作为江苏的“光荣使命”。省委召开常委会专题研究苏州市工作，强调苏州市要

在更高的坐标系中提升发展标杆，继续当好全省改革开放、创新发展的探索者。市委召开常委会强调要再创一个激情燃烧、干事创业的火红年代，勇当“两个标杆”、争做“强富美高”新江苏建设先行军排头兵。这迫切要求苏州市纪检监察机关在服务苏州高质量发展中展现新气象、担当新使命、贡献新作为。监督是纪检监察机关基本职责、第一职责。苏州市纪委监委坚持以习近平新时代中国特色社会主义思想为指导，扎实履行协助职责和监督责任，不断丰富完善“四项监督”制度机制，落实习近平网络强国战略思想，结合中央纪委赋予苏州市“基层监督力量整合协同信息化建设试点”任务，建立“大数据分析研判工作区”，引入云计算和数据治理技术，实现数据联通、平台贯通、业务协同，通过信息化手段打通“四项监督”统筹衔接的有效路径，促进党内监督与其他监督贯通融合，使各监督主体依托信息平台加强联络、增强合力，充分发挥监督保障执行、促进完善发展作用，更好地推动制度优势转化为治理效能，纪检监察工作网络化、数字化、智能化水平显著提升，推动全面从严治党向纵深推进，有效扛起苏州纪检监察机关职责使命。

二　苏州用大数据贯通“四项监督”的做法与成效

近年来，苏州市纪委监委把信息化建设作为新时代纪检监察工作高质量发展的重要内容，持续推动信息技术与纪检监察工作深度融合，运用信息化手段从成果运用、信息互通、力量整合等方面探索“四项监督”贯通融合的实践路径，确保“四项监督”上下贯通、左右衔接、集成联动，取得了显著成效。

（一）注重“信息覆盖”，筑牢大数据贯通“四项监督”技术支撑，提升监督智慧化水平

苏州市纪委监委以高质量推进“网络通、业务通、数据通”为目标，研究制定《苏州市纪检监察信息化发展工作方案（2019～2022年）》，形成

涵盖云计算平台、数据资源中心和应用赋能平台的“一云一数一平台”信息化整体框架。

1. “一云”实现网络通

针对信息化建设普遍存在各自为政、软硬件资源重复投入和数据孤岛等问题，与阿里云公司合作，在全省率先引入云计算技术，配套网络、72TB存储、288颗CPU内核+3168GB内存云计算能力等硬件基础设施，建成苏州市纪检监察云计算平台。苏州市纪检监察机关纪检内网的信息系统均依托云服务部署，实现“一集约四统一”：集约化建设、统一规划、统一管理、统一服务、统一运维，从最底层防范信息孤岛的产生。

2. “一数”实现数据通

“大数据”是指以多元形式，许多来源搜集而来的庞大数据组，往往具有实时性，体现了中国先哲“至大无外”的思想。针对信息系统割裂、数据多头采集和准确度不够等问题，我们建设数据资源中心和专门数据管理团队，将办案和办公系统产生的数据汇聚至数据资源中心，通过制定数据标准和业务标签，按照“人、事、案、组织、线索”五个维度贯通10亿余条数据资产。以人的维度为例，将分散在内部业务数据、外部社会数据、互联网数据中关于人的各类信息予以整合打通，以身份证号作为主关键字进行关联，形成包含近300个信息字段的宽表。目前，数据资源做到了“三覆盖三贯通”，即监督对象和数据覆盖全市56万余名党员、覆盖3.6万余个党组织、覆盖24万余名监察对象；贯通内外部信息5类470余项、贯通监督检查业务全流程6类20余种、贯通监督检查与审查调查，探索从有形覆盖到有效覆盖的转变。苏州市数据治理体系的相关做法得到了中央纪委信息中心和省纪委的高度评价。同时，配套建成了大数据分析研判工作区，通过技术与机制相结合的方式推动“数据通”科学发展。

3. “一平台”实现业务通

针对部分信息系统重复建设、部分业务依赖传统方式开展等问题，坚持“增、并、串”并举，通过流程梳理和固化，增补信息系统缺项，新建了综合办公平台、监督工作平台、廉政档案系统等8个信息系统；通过合并原有

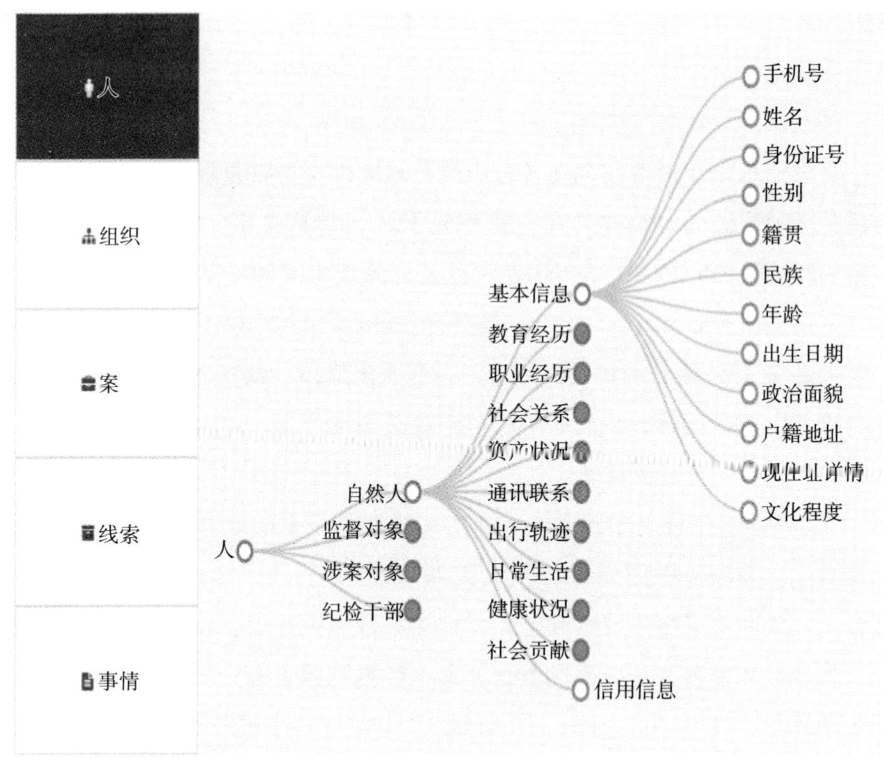

图1　“人”维度的架构

重复建设系统，将督查督办、信息报送、公文流转等8个系统合并为2个；通过信息数据联通，将各个系统串联起来，逐步形成了办案系统、办公系统“10+10”集成应用体系。

横向实现办案信息化，设立检举举报、案件管理、监督执纪、审查调查、巡察整改、留置管理、履责纪实、政治生态等10个子系统，构成办案应用系统。比如，着眼于做实巡察整改接续监督，建成运行苏州市委巡察整改督查系统，督促被巡察单位通过政务内网及时反馈整改情况，并将相关数据同步至纪检内网的巡察接续监督模块，便于监督检查室及派驻纪检监察组对巡察整改情况进行日常监督。

纵向实现办公信息化，设立综合办公、组织人事、教育培训、干部监督、廉政档案、决策分析、无纸化会议等10个子系统，构成办公应用系统。

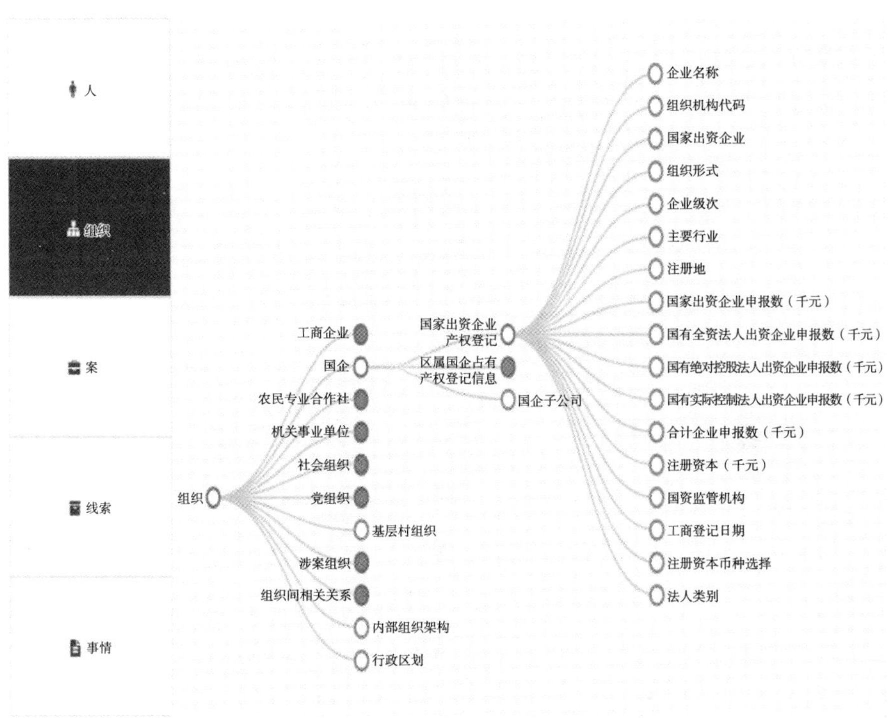

图 2　“组织”维度的架构

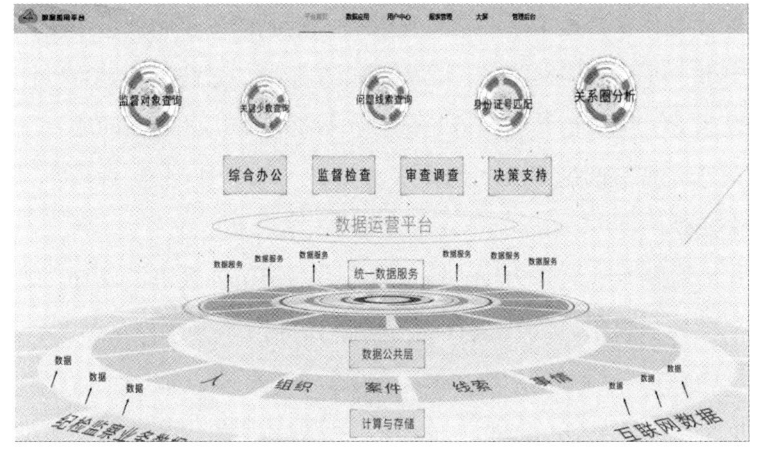

图 3　苏州市纪检监察数据运营平台

比如，建成苏州市纪委“掌上通”移动办公平台，目前已涵盖办文、办事、办会等各类移动应用30余项，实现了公文流转、外出报备、公务出行、日常考勤等非涉密工作的手机端不见面审批办理，使得审批流转时间大幅缩短，办公效率明显提升。同时，在纪检监察内网、政务外网、移动互联网建设三个应用集成门户，打通各类自建业务系统和部分统建系统，各部门依托应用集成门户开展工作，通过“一站式”集成门户登录，共享数据资源，推动“业务通”融合发展。

（二）注重“数据赋能”，探索大数据贯通“四项监督”科学路径，促进监督提质增效

1. 坚持同步推进，优化“四项监督”统筹衔接

借助信息化手段，可以及时获得鲜活、客观、全面的信息，在此基础上，立足实际、综合研判、部署工作，让开展“四项监督”工作和大数据应用“齐步走”，注重解决“谁来统筹衔接、统筹衔接什么、怎么统筹衔接”等问题。比如，在市属国有企业纪检监察机构改革初始，探索“监督延伸到哪里，数据就感知到哪里”的工作模式，构建了覆盖4600余名国企监督对象的监督模型，促进监督检查室与国企纪检监察机构形成数据和工作衔接。整合业务室、技术室、信息化部门力量，通过建立监督数据模型，发起专项治理，党风政风监督部门、监督检查部门、派驻机构都可以作为统筹衔接的发起方，统筹衔接的内容是通过大数据筛查出的疑似问题，统筹衔接通过“问题筛查—问题下发—问题核查反馈—数据成果迭代应用”的信息化流程来实现。

以挂证取酬专项监督为例。监督检查室在信访处理中发现有反映2名国企干部存在挂证现象，监督检查室与信息化部门举一反三，从具体事情出发，分析问题背后的规律，建立了2个监督数据模型，分别是公职人员在两处以上取酬或缴纳社保、公职人员挂证单位与任职单位不一致，通过对证书资格信息、社保缴纳信息、个人所得税明细申报信息、监督对象信息等进行筛查，排查出公职人员在两处及以上单位缴纳社保或取得工资薪金疑似人员

1884 人，公职人员虽然不存在重复社保或取得工资情况，但挂证单位和监督人员所在单位不一致的疑似人员 1506 人，合计 3390 人。在此基础上，在全市开展了专项治理，经线下核查，全市共对 84 人实施党纪政务立案，对 580 人给予第一种形态处理，涉及退款人员 244 人，退缴违规违纪所得 1376 万元。同时按照“三不”一体的思路，推动出台相关制度，堵塞漏洞，探索从监督向治理的提升。该专项治理贯通了监督检查部门、党风政风监督部门、派驻机构和板块纪委监委。

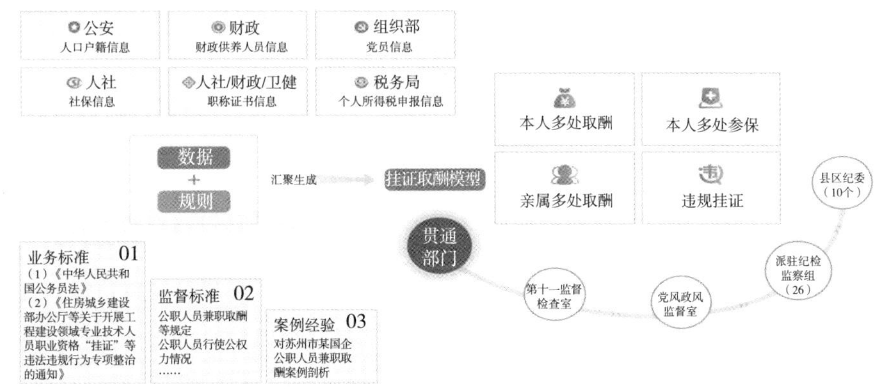

图 4　挂证取酬监督模型

2. 坚持系统思维，推进内外部监督数据运用

紧紧围绕群众反映强烈的突出问题，统筹安排监督主体从实际工作出发，强化内外部数据的比对分析，开展大数据监督，为问题线索调查核实、谈话突破、证据获取提供重要依据和支撑。目前，苏州市已经形成四风问题类（违规公款吃喝、公款旅游、违规收送礼品礼金、私车公养）、防范利益冲突类（违规经商办企业、国企违规同业经营）、八小时外监督类（被治安处罚、涉诉纠纷、关联失信行为）等 40 多个监督模型，并探索运用数据成果推进低保、物业管理、教育、医保等专项监督。

以查纠“四风”问题情况为例。违规收送礼品礼金、违规发放津补贴或福利、违规公款吃喝这“三大顽疾”在苏州市也一直位居违反中央八项规定精神问题前列。这三类突出问题都和公款有关系，也都涉及财务报销的问题。为此，我们将税务部门的发票信息、财政部门的预算支出报销信息与组织人社部门提供的全市党组织及机关事业单位信息进行碰撞、比对，再通过设定开票金额、开票时间等条件，进一步过滤筛选，疑似问题信息在平台上一一呈现。比如，针对公款购买购物卡、预付卡的行为，通过设定税率为0，排查此类开票信息。通过平台发现，某镇福利院2019年6月3日有两张购买预付卡的发票信息，总额达1.5万元。经调查，该单位以工会名义购买了超市购物卡发放给职工作为端午节福利，违反了节日慰问不得发放现金、购物卡的规定，该福利院院长、工会主席、办公室主任3人受到诫勉谈话处理。

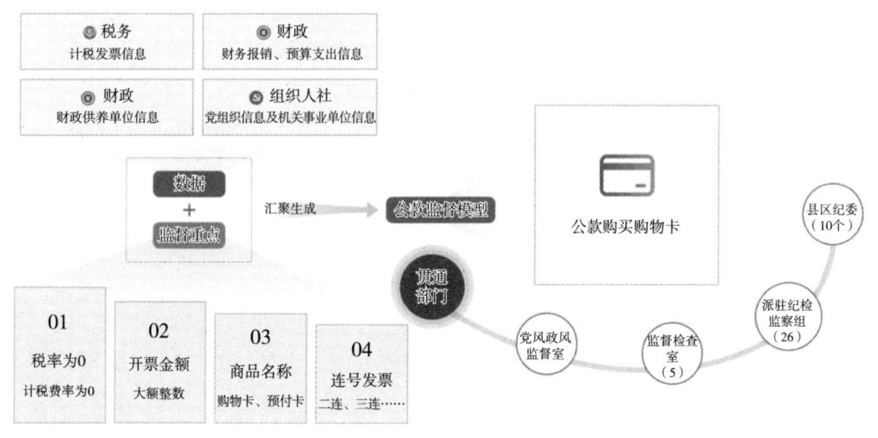

图5　违规使用公款监督模型

通过对疑似信息深挖彻查，还能发现一些更为隐秘的违纪行为。某街道机关事务管理中心有一张6万多元的预付卡发票。经过核查，虽然不是违规发放购物卡问题，但发现了该单位一名工作人员违反廉洁纪律方面的问题。该人在经办工作服采购工作时，为了得到购买预付卡的返点，擅自购买了与合同金额等额的预付卡，再用预付卡购买工作服，获得返利2000多元，被给予党内警告处分。

老问题得到进一步查处，一些隐形变异问题也能被及时发现。比如，随着公车改革的深入推进，公车私用问题得到了有效遏制，私车公养问题开始出现。我们从市行管局收集了市县两级公务用车信息，又从中石油、中石化收集了公务加油卡使用信息，对高频加油、柴汽混加、高标低标汽油混加、油卡购物等情况进行深入排摸。通过排查比对，筛选出441条较为突出的疑似问题进行核查，查实存在问题266条，其中存在私车公养问题107条。运用第一种形态处理161人，立案72件，留置1件。在私车公养专项治理过程中，我们针对发现的管理缺失和制度漏洞，督促职能部门出台全市公务用车管理配套细则，进一步细化完善公务用车编制配备、使用维修、定点加油等制度，切实扎牢“不能腐”的笼子。

3. 坚持信息互通，助力“四项监督”同向发力

将监督信息产生主体作为统筹衔接的发起方，将不同监督部门产生的信息通过线上流程共享给其他监督部门，从而形成监督合力，推动信息数据使用实战化，通过大数据平台深度挖掘违纪违法问题。

以大数据支撑巡察监督为例。巡前提供日常监督信息支撑，通过监督检查平台，监督检查部门可以动态掌握各联系单位情况，运用监督模块排查疑似问题，增加发现问题的精准性，提供巡前支撑。2019年苏州市委第八轮巡察开始前，通过监督平台“一键搜”功能，发现市公积金中心一笔12000元左右大额租车费用，并将该情况反馈巡察组，建议予以关注。巡中信息化手段找准靶向。巡察组进驻后对该发票附件实施重点检查，发现了旅游景点的行程单。且该单位在2015～2016年，连续出国（境）团组3批次、14人，存在系统性违纪可能，巡察组将该问题线索移送市纪委监委。巡后多部门联动推进整改处置。由审查调查室牵头负责、派驻纪检组协同配合审查调查、监督检查室做好“后半篇”文章。经调查，查实了该单位公款旅游的违纪问题，并对4名处级干部、2名科级干部立案处理。后期，监督检查室对该单位制发《纪律检查建议》。信息化助力巡察接续监督。对巡察反馈的各类问题，以信息化手段逐项分解，与整改措施一一匹配，形成电子化明细，供巡察办和监督室共同掌握，便于双方动态跟踪督查。

（三）注重“优势延伸”，推动大数据贯通“四项监督”扩展运用，提升监督综合效益

监督是治理的内在要素，在管党治党、治国理政中居于重要地位。大数据的优势在于数据运用，积少成多、以量变促质变，跟进监督、创新监督，切实发挥监督保障执行、促进完善发展作用。

1. 向政治生态监测评估延伸

十九届中央纪委四次全会指出：“坚持履行协助职责和监督责任有机结合，整体把握地区、部门、单位政治生态状况。”当前，党风政风监督部门、案件监督管理部门、执纪监督部门、派驻机构、巡察机构都在对各级各部门开展监督，但谁也说不清楚某个地方、单位的政治生态是好是坏，都只能从自己的“一亩三分地”客观描述，缺乏整体研判。为此我们构建了以47个监测指标为核心的苏州市政治生态监测预警与分析研判——“衡镜”系统，综合评估被监测地区的党风、政风和社会风气。不仅考量党风廉政建设和反腐败工作，更突出对党的建设、意识形态、经济社会发展等指标的综合评价，多维度评估被监测地区政治生态状况。

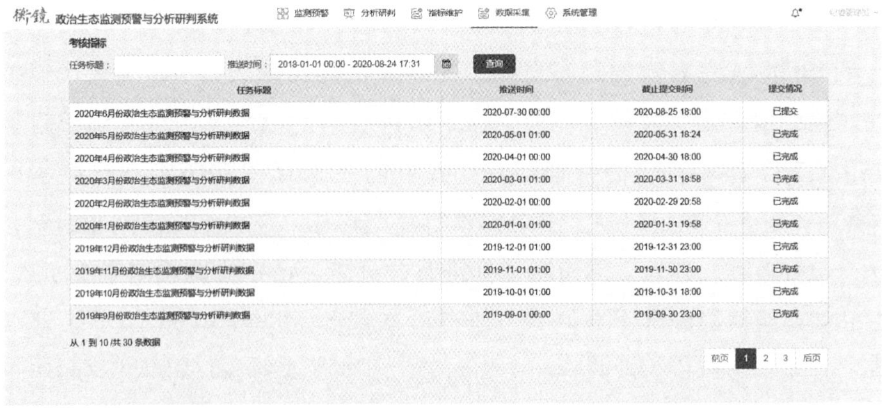
衡镜 政治生态监测预警与分析研判系统
监测预警
分析研判
指标维护
数据采集
系统管理
考核指标
任务标题：
推送时间：
2018-01-01 00:00 - 2020-08-24 17:31
查询
任务标题
推送时间
截止提交时间
提交情况
2020年6月份政治生态监测预警与分析研判数据 2020-07-30 00:00 2020-08-25 18:00 已提交
2020年5月份政治生态监测预警与分析研判数据 2020-05-01 01:00 2020-05-31 18:24 已完成
2020年4月份政治生态监测预警与分析研判数据 2020-04-01 00:00 2020-04-30 18:00 已完成
2020年3月份政治生态监测预警与分析研判数据 2020-03-01 01:00 2020-03-31 18:58 已完成
2020年2月份政治生态监测预警与分析研判数据 2020-02-01 00:00 2020-02-29 20:58 已完成
2020年1月份政治生态监测预警与分析研判数据 2020-01-01 01:00 2020-01-31 19:58 已完成
2019年12月份政治生态监测预警与分析研判数据 2019-12-01 01:00 2019-12-31 23:00 已完成
2019年11月份政治生态监测预警与分析研判数据 2019-11-01 01:00 2019-11-30 23:00 已完成
2019年10月份政治生态监测预警与分析研判数据 2019-10-01 01:00 2019-10-31 18:00 已完成
2019年9月份政治生态监测预警与分析研判数据 2019-09-01 00:00 2019-09-30 23:00 已完成
从 1 到 10 /共 30 条数据
前页
1
2
3
后页

图 6　苏州市政治生态监测预警与分析研判——“衡镜”系统数据采集界面

苏州市纪委监委充分运用贯通“四项监督”后的数据资产，加强在政治生态监测评估方面的探索，以“纪检监察云大数据平台”为支撑，构建

数据自动链接功能，结合采集数据的关键字，利用数据库的匹配功能抓取数据，已采集有效数据 58 万余条，有效利用了“四项监督”成果。同时，“四项监督”的监督主体根据系统提供的账号，登录系统，分析查找联系地区的政治生态状况，找准抓住工作中存在的问题，解决对被监测地区政治生态情况“看不见”“听不到”“说不出”的问题，进一步提升“四项监督”统筹衔接质效。

2. 向服务六稳六保工作延伸

纪检监察工作要自觉服从服务党和国家大局，紧紧围绕贯彻落实习近平总书记重要指示批示和党中央决策部署，特别是常态化疫情防控、做好“六稳”工作、落实“六保”任务，做实做深日常监督，确保一项一项落到地、见实效。

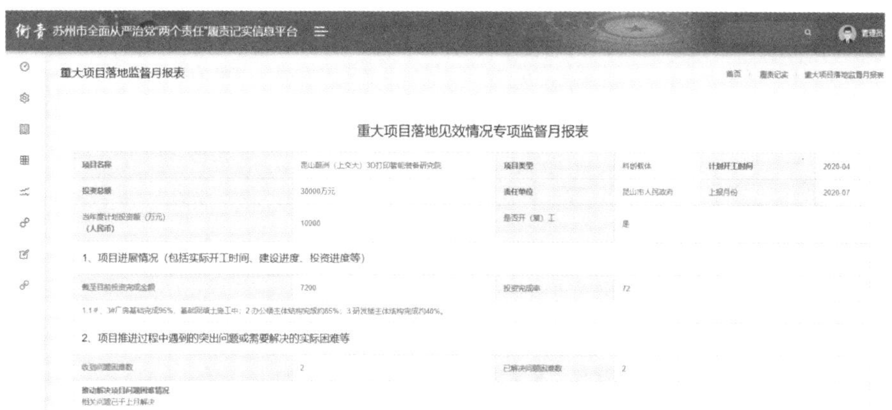

图 7　苏州市全面从严治党“两个责任”履责纪实平台重大项目落地监督界面

抓发展必须抓项目，这是改革开放以来江苏发展的一条基本经验。2020 年 3 月以来，苏州市纪委监委切实对重大项目落地见效情况开展专项监督，依托“履责纪实”信息平台对项目进展情况跟进监督，动态掌握各地各部门履职尽责情况。利用数据实时可视化监督，分类显示省、市重点项目的概况、开工率、产业分布等情况，实时查看重点项目总数、年度总投资、年度计划总投资和项目推进情况，及时开展有针对性的督查。开展审批预警智能化监督。找准“再监督”的切入点，用“五色”标记项目审批流程状态，实行智能预警，全方位监督部门履职情况，全流程跟进审批进度，发现阻碍项目进展的问题，及时协调督促解决。如，太仓市纪委协调职能部门实施并联模拟审批，将原本 50 天的审批流程压缩到了 9 天，确保了西交利物浦大学附属太仓实验学校的建设进度。依托“一张蓝图”精准化监督。“一张蓝图”融合了城市总体规划、土地利用总体规划、控制性详细规划、绿地绿线及生态红线等专项规划线。市纪委监委利用“一张蓝图”查询定位项目，全程跟踪项目从立项到验收全生命周期数据，通过规划图层叠加的方法对项目进行合规性检查，一旦发现违规情况，第一时间介入督办。

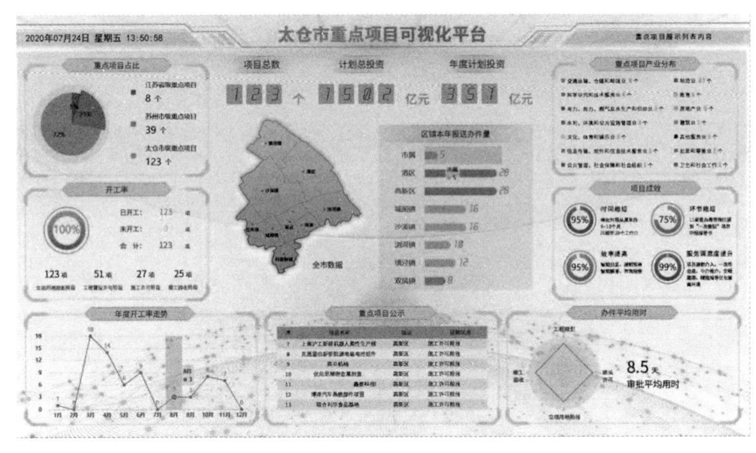

图 8　太仓市重点项目可视化平台

3. 向构建基层监督体系延伸

近年来，苏州市纪委监委紧盯村（社区）“小微权力”，构建以“一人一委一网”体系（村、社区纪委书记、纪检委员，村务、居务监督委员会，廉勤监督网）和“一单一图一环”机制（权力清单化、流程图表化、监督闭环化）为核心的立体监督网，实现党内监督、村级民主监督和群众监督有机贯通。在此基础上，我们将监督信息化延伸到镇（街道）村（社区），建设基层廉勤监督平台，使基层权力在阳光下运行，民生项目在网络中监管，群众诉求在平台上解决，监督力量在系统中融合。

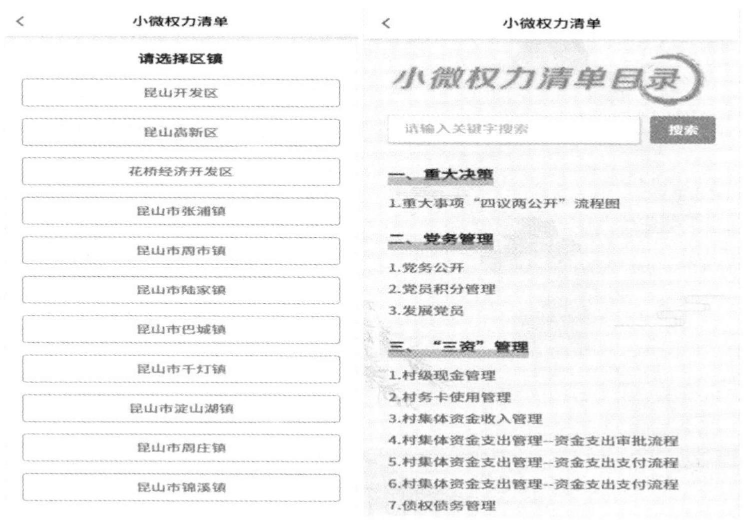

图 9　基层信息化监督平台小微权力界面

一是基层权力在阳光下运行，实现权力事项“码上知”。针对群众以往不知道村（社区）有哪些权力、有了问题该怎么反映等问题，在县域范围内推出统一的二维码，群众只要扫一扫，就能查看各项小微权力清单，包括重大决策、村务管理、三资管理、工程项目等权力事项，每项权力都详细制定运行流程图和风险提示，既推动干部照单用权，也方便群众按图办事。

二是民生项目在网络中监管，实现权力运行“码上督”。群众随时可以线上反映遇到的问题，反映廉勤类的，直接提交镇纪委处理；反映民生类问题，自动链接到市 12345 民生服务平台，平台会随机生成查询码，以便群众查询处理结果，真正做到随手拍、可查询、有结果。村（社区）纪委书记、纪检委员对村（居）务监督委员会和廉勤监督队伍反馈到村、社区的问题整改情况，及时通过监督平台进行“再监督”，真正把问题在基层进行有效化解。

三是群众诉求在监督中解决，实现问题诉求“码上办”。引导基层廉勤监督队伍更好地履行群众监督职责，紧盯农村人居环境整治、乡村产业

图 10　基层信息化监督平台重点权力事项监督界面

振兴、农村集体"三资"等群众关注的重点、热点问题，发挥基层廉勤监督队伍"一线监督"优势，靠前监督、主动监督，不断提升基层治理能力和治理水平。群众坐在家中就能查看村、社区各类公开事项，畅通普通群众反映问题的便捷渠道，让群众诉求"一键直达"，实现问题诉求"码上办"。

三　苏州用大数据贯通"四项监督"的经验与启示

苏州以习近平新时代中国特色社会主义思想为指导，围绕健全党统一领导、全面覆盖、权威高效的监督体系，运用信息化监督流程进一步优化"四项监督"统筹衔接，准确把握"四项监督"的特点优势，充分运用大数据优势推进信息化建设、强化信息化应用、深化信息化治理，纪检监察工作数字化、网络化、智能化水平显著提升，为统筹衔接"四项监督"开展监督检查提供了有力抓手，推动治标向治本迈进了一大步，全面提高监督治理

效能。相关做法得到中央纪委信息中心充分肯定，形成如下五方面的经验启示。

（一）坚持党的领导是用大数据贯通“四项监督”建设的根本保证

办好中国的事情，关键在党。中国共产党领导是中国特色社会主义最本质特征，是中国特色社会主义制度最大优势。坚持党的领导是用大数据贯通“四项监督”建设的根本保证。新时代党和国家监督具有鲜明政治属性，纪检监察监督最根本最核心的是加强政治监督。“四项监督”本质上都是政治监督，都要着力发现和纠正政治偏差。近年来，苏州市委以习近平新时代中国特色社会主义思想和党的十九大精神为指导，本着对党和人民高度负责的态度，不断提高政治站位、强化责任担当，把领导全市大数据贯通“四项监督”工作作为切实增强“四个意识”、坚定“四个自信”、做到“两个维护”的具体载体，认真把习近平总书记关于加强监督重要论述与苏州实际紧密结合起来，不折不扣执行党中央、中央纪委对纪检监察工作的全覆盖、全方位、全过程的重大决策部署，持续推进党的纪律检查体制改革、国家监察体制改革、纪检监察机构改革在苏州落地生根，在构建巡察上下联动监督网、强化上级纪委监委对下级纪委监委的领导等重大战略任务上下功夫，进一步优化构建“四个全覆盖”的监督新格局，有力推进“四项监督”统筹衔接，在攥指成拳、形成合力、各展所长、优势互补上形成新态势，切实增强监督的针对性和有效性，坚决扛起用大数据贯通“四项监督”建设任务负总责的政治责任，确保用大数据贯通“四项监督”建设正确方向。

（二）纪检监察机关履职尽责是用大数据贯通“四项监督”取得实效的主体保障

做好用大数据贯通“四项监督”工作重点在落实、难点也在落实。习近平总书记在十九届中央纪委四次全会上强调，“纪委监委要在贯通各类监督上主动作为”，以党内监督为主导，推动各类监督有机贯通、相互协调。

苏州市纪委监委贯彻落实党中央和中央纪委重大决定，以党章和党内法规、《中华人民共和国监察法》等法律法规为准则，不断树立大数据、大监督思维，坚持用数据贯通、用数据决策、用数据监督、用数据创新，进一步扩充内外部数据项目、内容，尽可能打破所有“信息孤岛”和“数据烟囱”，不断扩充、升级“大数据＋X”监督模块，探索“数据碰撞—叠加比对—多向运用”的模式，深入运用人工智能、区块链等新一代信息技术，推进“四项监督”统筹衔接、外部监督贯通协调、基层监督协同高效，为纪检监察工作高质量发展提供强有力支撑，推动全面从严治党向纵深发展。紧密围绕市委中心工作，认真贯彻落实苏州市委关于运用大数据贯通“四项监督”工作各项要求，充分发挥巡察工作领导小组和纪委监委领导班子统筹协调作用，建立健全工作联动机制，围绕市委确定的监督工作目标任务，协助市委推进“四项监督”统筹衔接，加强纪委监委机关及其派驻机构与巡察机构协作配合，形成监督合力。坚持制度先行，完善“四项监督”统筹衔接制度，强化纪委监委协助引导推动动能，增强监督权威性、协同性、有效性。2020 年 2 月，苏州市纪委监委研究制定《关于加强纪律监督、监察监督、派驻监督、巡察监督统筹衔接的工作方案》，出台六个方面具体制度，制定数据共享方案，在数据联通、平台贯通的基础上，以解决“四风”顽疾为重点，举一反三，构建监督预警模型，在实践中贯通“四项监督”，提高监督的针对性和有效性，推动系统治理和长效机制建设。此外，苏州市纪委监委还进一步健全监督检查部门、派驻机构、巡察机构工作协作联动机制，监督检查部门注重加强对派驻机构的联系指导，强化与巡察机构、派驻机构的信息互通；巡察机构注重及时向监督检查部门、派驻机构通报发现的相关情况，形成工作互动；派驻机构注重与巡察机构一同督促检查被监督单位党组织的整改落实情况，监督检查部门也要注重以督促巡察整改为抓手发挥监督作用，不断提升“四个全覆盖”质量，不断提高纪检监察工作数字化、网络化、智能化水平。

（三）全流程优化监督体系是用大数据贯通“四项监督”的重要条件

一方面，理清监督主体统筹衔接关系是用大数据贯通“四项监督”的

基础。首先，职能需精准定位，全面厘清各监督主体之间的职责边界，避免职能重叠、效率低下。比如，监督检查室重点监督市级部门领导班子及其主要负责人，班子其他成员由监督检查室统筹指导，派驻纪检监察组具体负责日常监督。其次，机制需系统集成，实行党风政风监督室牵头抓总、监督检查室划片作战、派驻纪检监察组前置延伸、巡察机构定期体检，实现对监督对象、监督内容、监督方式、结果运用的统筹谋划、靶向聚焦、分类施策。最后，力量需统筹整合，坚持一家人、一盘棋，全面打通市县之间、机关与派驻之间、纪检监察与巡察之间，干部双向交流、统筹使用的通道。

另一方面，打通整合内外各类数据资源是用大数据贯通“四项监督”的关键。习近平总书记指出：“信息资源日益成为重要生产要素和社会财富，信息掌握的多寡成为国家软实力和竞争力的重要标志”。纪委监察机关要立足“监督的再监督”，整合优化现有各种数据资源，打通数据“孤岛”。首先，确保监督对象全覆盖。全面实现区域、单位、人员、信息四个全覆盖。同时，按照隶属关系梳理地区、单位和个人信息，形成党组织树状结构图。内外部各类数据按照采集周期动态汇聚，为贯通“四项监督”提供基础数据支撑。其次，确保监督时段全天候。全程不下线，24 小时对海量数据进行清洗、组合、碰撞，机器按规则自动输出比对结果，有效克服监督力量不足。发生即发现，平台建立与数据源单位实时对接，公款吃喝以及购买烟、酒、购物卡行为一经发生，平台即可发现预警。平台连接省国税“金税三期”税控发票系统，预设受票单位、品名、金额等条件，被监督单位开具单位抬头的公款发票，一经开出平台即能掌握情况，实现实时监督。最后，确保监督角度全方位。建立时间轴、坐标系、评价表等模型，围绕纪法衔接打造监督汇聚点。可从个体与整体、定性与定量、时间与空间等多个角度开展分析工作，对单位行政行为、党员及监察对象个人行为开展全方位“体检”。解决了以往定期“抄火表”后再人工比对的滞后性。以组织统一社会信用代码、个人身份证号码为唯一标识，与行政败诉，赌博、吸毒、嫖娼、酒驾毒驾被给予治安处罚的信息，被逮捕、公诉、判决的刑事案件信息进行交叉比对，行政处罚决定、逮捕决定、法院判决等一经生效，前述既定事实信息自动传至平台，并预警提醒及早做出处置。

（四）构建“大数据＋X”监督模块是用大数据贯通“四项监督”的应有之义

党的十九大要求“增强改革创新本领，善于运用互联网和信息化开展工作，推动全面从严治党向基层延伸”。习近平总书记强调“运用大数据提升国家治理现代化水平，建立健全大数据辅助科学决策和社会治理的机制，推进政府管理和社会治理模式创新”。纪检监察机关应坚持问题导向，举一反三，通过数据碰撞、精准识别、发现和解决问题，推动综合治理和源头治理，深化“大数据＋X”监督模式，比对纵横差异、发现潜在问题、分析历史趋势，提高“四项监督”针对性和有效性。

首先，服务支持决策。充分挖掘数据富矿，利用数据信息衍生出新的信息，为决策提供参考，动态掌握主要业务指标以及评价“四项监督”整体情况，既能直观展示“四项监督”贯通后的各项业务指标数据、同期变化以及全省位次，也能掌握各地、各派驻机构和监督检查部门的整体情况。开发巡察接续监督、以案促改等工作流程，谁牵头、谁发起，数据资源中心汇聚的数据按流程节点推送至各监督主体，实现数据实时共享。通过线上流程化协作，实现派驻机构上下联动，推进联合监督检查、联席会议磋商、开展专项治理等方面力量整合。其次，深化监督推动。信息化建设的目的全在运用。选取典型个案进行分析，围绕“管好关键人、管到关键处、管住关键事、管在关键时”深入解剖麻雀，数据资产与业务需求相结合设计监督模块，通过数据碰撞、精准识别，形成批量线索，并适时组织专项督查和检查，通过发现一个问题解决一类问题，查处一个案件规范一个领域。紧跟信息技术发展潮流，在大数据中心的数据支撑下，发挥区块链技术不可篡改、全程留痕、方便追溯等优势，探索“大数据＋区块链”技术应用。采用人机结合的思路，探索“大数据＋人工智能”，运用语音识别和微表情分析等人工智能技术与电子笔录进行结合，鉴别口供真伪，洞察心理变化，挖掘笔

录价值，为“系统查、查系统”提供科技支撑。最后，注重动态跟踪。党风廉政建设和反腐败斗争不断深入，违纪违规问题也在隐形变异。为打破监督对象“耐药性”，平台借助对海量数据的多重关联分析、交叉分析，不断练就“火眼金睛”本领，一步步由表及里、去伪存真，层层揭开违纪违法的“隐身衣”。比如，对于防范利益冲突的问题，平台运用工商登记注册、股权投资、人口户籍信息，核查党员领导干部及直系近亲属是否担任企业“董监高”，是否投资所分管领域及行业中的企业，一经发现将跟踪研判是否构成利益冲突。

（五）扎牢数据铁笼是用大数据贯通“四项监督”的必要条件

大数据不仅是一场技术革命、经济变革，也是一场国家治理的变革。党的十八大以来，以习近平同志为核心的党中央高瞻远瞩，把大数据战略上升为国家战略，做出建设数字中国的战略部署，并对运用互联网技术和信息化手段开展反腐败工作提出要求。2020 年 7 月，赵乐际同志在江苏调研时强调，“监督工作要注重依托信息化平台，办案工作也要重视信息化手段的运用和支撑，把监察法、监督执纪工作规则、监督执法工作规定等有关规定要求落到实处，提升问题线索管理的规范化水平”。

苏州纪检监察机关遵循务实、管用、高效基本原则，针对信息化建设普遍存在各自为政、软硬件资源重复投入和数据孤岛等问题，与阿里云公司合作，在全省率先引入云计算技术，建成苏州市纪检监察云计算平台。在全面提升大数据建设硬件条件时，苏州切实加强对纪检监察权力运行各个环节制约和监督，确保纪检监察权力始终在法治的轨道上运行，保证数据安全。一是健全制度规范。围绕数据的“采集、存储、应用”全周期加强安全管理，注重加强数据接入规范、数据治理规范、数据安全规范等制度设计，与资料来源单位签订数据共享协议，明确数据采集范围、方式和扎口管理部门，确保采集工作有序开展；在存储环节突出安全加密，利用云计算平台实现数据分析存储和访问控制，通过“专人专线”“严控输入输出”等一系列的涉密网络的数据标准规范执行数据保护；在应用环节突出授权分级使用，出台

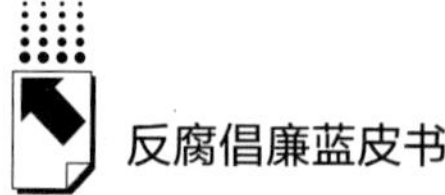

《关于保障纪律监督、监察监督、派驻监督、巡察监督统筹衔接的数据共享方案》，规范数据共享，同时强化日志管理，对各类疑似违规查询操作予以及时预警。二是注重公民合法权益保护。出台《涉密信息查询平台使用管理暂行办法》，对涉及公民隐私的数据信息，严格按照监督执纪工作规则和监督执法工作规定中关于查询类措施使用的要求，依照“一事由一申请”原则经严格审批后按程序操作，并明确所有接触查询结果的纪检监察干部均承担保密义务。三是探索内部权力管理约束机制。围绕信访办理、线索处置、谈话函询、初步核实、审查调查、案件审理6个重点环节和办件时效要求，绘制专项业务流程图，探索建立纪检监察权力运行监督平台，通过系统自动备案，实现业务全程留痕、签批存档、过程可追溯、质效可评价。定期开展监督分析研判，严防权力失范失控。一旦发现疑似存在违规或超范围查询、执行回避制度不严、违规接触涉案人员等风险点，预警信息15分钟内即可推送至纪检监察干部监督部门，切实提升监督时效。

B.14

四川苍溪：探索解决“谁来监督纪委”问题的实践与思考

四川省广元市纪委监委课题组

摘　要：纪委监委作为履行党内监督和国家监察的专责机关，自身权力谁来监督、怎样监督成为当前社会关注的焦点。近年来，四川省广元市苍溪县纪委监委秉持“信任不能代替监督”理念，运用“互联网+”手段，建立县级纪委监委权力运行网络监督平台，将监督检查权等6项重点外部权力和县纪委常委会重大事项决策权等5项重点内部权力的行权依据、行权过程、行权结果全部在网上公开，将县纪委监委班子成员和机关各室（部）51项岗位权力同步公开，围绕“六大纪律”将纪检监察干部八小时内外容易触犯的事项，细化成28项可量化、可评价指标，实现纪委监委全部权力网上运行、纪检干部网上监督、执纪问责网上公开。为扩大知晓面和参与度，推动网络监督效应最大化，又创新建立了电脑版和微信版的“监督问责”直通车，让群众更加便捷地查询和监督纪委监委的权力。建立权力运行网络监督平台和“监督问责”直通车，主动把纪委监委权力在网上公开，以公开促公正、以公正促公信，既保障了群众的知情权、参与权、监督权，增强了满意度和获得感；又提升了纪检监察工作的透明度和公信力，真正实现“让人民监督权力，让权力在阳光下运行”。

关键词：监督　纪委　网络平台　四川苍溪

随着纪检监察体制改革的不断深入，纪检监察机关成为唯一头顶党徽国徽、肩负党内监督和国家监察两项职能的监督专责机关，如何确保党和人民赋予的权力不被滥用，惩恶扬善的利剑永不蒙尘，成为全党全社会关注的焦点和纪检监察机关自身建设的重大课题。近年来，四川省广元市苍溪县纪委监委坚持“刀刃向内”，开通县级纪委监委权力运行网络监督平台，着力打造公开、公正、公信纪检，在破解“谁来监督纪委”难题上进行了有益探索。

一 网络监督平台的建设背景

基层纪检监察机关直接面向基层、服务群众，如何行使好党内监督和国家监察两项职能，加强自身权力运行制约和监督，是我们迫切需要思考解答的问题。

（一）从政治的高度考量

党中央十分重视纪检监察队伍建设，习近平总书记先后提出“要解决好谁来监督纪委的问题”“信任不能代替监督，各级纪检监察机关要完善监督制约机制，严格执行各项纪律，自觉接受党组织、人民群众和新闻舆论的监督”“让人民监督权力，让权力在阳光下运行”系列指示，中央纪委将纪检监察机关自身建设作为重要内容在历次纪委全会上提要求、作部署。纪检监察机关和纪检监察干部必须当好“两个维护”的忠实践行者，坚持打铁自身硬，带头接受监督，树立绝对忠诚、干净、担当的良好形象。

（二）从法规的维度考量

新修订的《中国共产党党务公开条例（试行）》于 2017 年 11 月 30 日正式通过并实施，规定了各级党组织党务公开的内容和范围、程序和方式，明确纪律检查机关应当严肃查处违反中央八项规定精神，发生在群众身边、影响恶劣的不正之风和腐败问题；对党员领导干部严重违纪涉嫌违法犯罪进

行立案审查、组织审查和给予开除党籍处分；对党员领导干部严重失职失责行为进行问责等情况进行公开。要求有条件的党的组织可以建立统一的党务信息公开平台，保障党员民主权力，及时回应党员和群众关切，以公开促落实、促监督、促改进。

（三）从现实的角度考量

2012～2015 年，苍溪连续两任县委书记、两任县政协主要负责人，60 余名科级干部先后被查处，其中也包括 2 名纪检监察干部，教训十分惨痛。该县黄猫乡时任纪委书记向某某在公安机关办理户籍档案时，为网上追逃人员伪造户籍原始资料证明、提供虚假证言，受到党内严重警告处分，并免职处理。该县歧坪镇时任纪委书记郭某某在查处一村干部因挪用地震补助资金的案件时，因未按规定召开党员大会宣布处分决定，造成群众上访不断，受到党内警告处分。究其原因，根源在于办事不公开不透明，导致权力任性、违纪违法。

二　网络监督平台的建设过程

自 2015 年 6 月起，苍溪县纪委针对“谁来监督纪委”开展探索，逐步建立起一套权力全面公开、监督全民参与、干部全员覆盖的监督天网，主要经历探索机制、上网运行、实现直通三个阶段。

第一步：建立“四单三同两责”权力运行监督机制

坚持“权力定界定岗定责、风险可视可防可控、监督同步同轨同向”的原则，建立“四单三同两责”权力运行监督机制，即公开权力清单、流程清单、风险清单、防控清单，坚持监督与权力运行同步、同轨、同向，追究主体责任和监督责任。

1. 公开“四单”

梳理出监督检查权、廉政审查权、信访处置权、审查调查权、纪律处分权和申诉办理权 6 项重点外部权力，县纪委常委会重大事项决策权、机关干

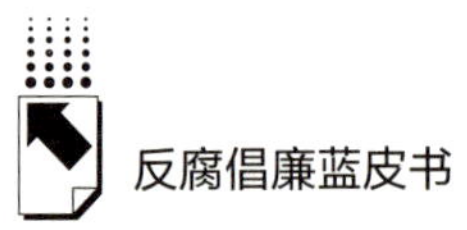

部调配权、纪检干部推荐提名、大额资金使用权、绩效管理权 5 项重点内部权力，以及班子成员和机关各室（部）51 项岗位权力；同时，紧扣纪委机关、班子成员、各室（部）的权力运行流程和关键节点，采取自己找、群众提、相互查、组织评、集体定的方式，排查出信访跑风漏气、隐瞒违纪事实、压信压案不查、办关系案人情案金钱案、干部推荐提名掺杂个人感情、大宗物资采购弄虚作假等 194 个廉政风险点，制定防控措施 320 条，全部对外公开。

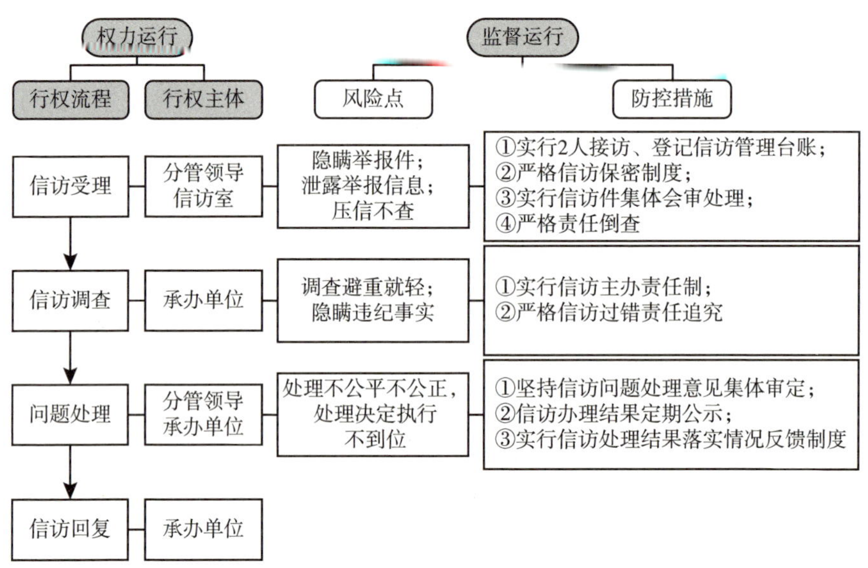

图 1　信访处置权运行流程及风险防控

2. 坚持“三同”

围绕动议、决策、执行等时间节点，确定监督措施，同步跟进监督，对超越法定权限或不按流程行使的，及时“叫停”；对权力运行过程全程留痕，通过公开栏及时公开，广泛接受监督；建立“月清单、季通报、年述评”等制度强化组织监督，通过邀请“两代表两委员”、基层纪检干部对县纪委班子以及机关干部测评的方式，引导各方力量对纪检监察权力进行监督。

3. 追究“两责”

依据权力行使结果，建立相对应的监督公开栏，定期对监督检查、信访处置、纪律处分和机关“三公”经费使用、大宗物资采购等明细情况全部公示公开，以结果公开倒逼过程规范。对日常权力运行监督、防控措施执行、违规行权人员处置不到位的，从严追究县纪委班子成员“两个责任”。

第二步：建立权力运行监督网络平台

传统公开栏受众面窄，知晓率低，群众参与监督不便捷，如何让监督机制发挥最大效应？借助“互联网＋”“让监督插上科技翅膀”，便成为苍溪县纪委新的探索方向。

通过深入研讨、反复论证和不断优化完善，2016 年 5 月，苍溪县权力运行监督平台正式建成。该平台链接在“廉洁苍溪”网站上，平台页面包括主要职责、权力构架、权力监督、干部监督、网络举报五个板块。

图 2　苍溪县纪委监委权力运行监督平台页面

“主要职责”板块系统展示单位集体、领导班子成员、中层机构职责职权，便于群众认识和了解；“权力构架”板块系统展示单位权力体系和监督体系，便于群众了解和监督。

“权力监督”是权力运行监督平台的核心部分，围绕县纪委监委的“重点权力”实行行权依据、行权流程、行权结果“三公开”。行权依据公开，就是按照法定职责必须为、法无授权不可为的原则，对每项易产生腐败的重点权力，将相关法律法规、党纪党规、政策依据全面公开，做到权力来源有据可查、行权行为有法可依。行权流程公开，就是坚持一项权力一套运行流程、一个风险节点一套防控措施、一张防控清单一套监督措施，将权力清单、流程清单、风险清单、防控清单和行权主体、监督主体、追责主体全面公开。行权结果公开，就是按照公开是常态、不公开是例外的原则，对行权具体结果逐项公开，确保群众的知情权和监督权。

“权力监督”坚持组织监督与群众监督、网上监督与网下监督、权力监督与干部监督相结合。组织监督侧重对行权过程监督，网下发现问题，提出整改意见；网上记录留痕，督促限期整改；网下调查核实，实施责任追究；网上公示结果，接受社会监督。群众侧重对行权结果监督，通过自身办事经历和了解的情况，对照网上公开的行权流程，如发现违纪违规问题，可“一键举报”，直通县纪委干部监督室。

“干部监督”是权力运行监督平台的又一重要板块，围绕“关键岗位”实行精准监督、精准举报、精准问责。该板块按照纪检干部执行“六大纪律”方面设置28项评价指标，将县纪委班子成员、内设机构负责人、派驻派出纪检监察组织负责人全部纳入，接受干部群众对“八小时内外”的监督评判，使干部随时随地心存敬畏、严守底线。

图3　苍溪县纪委监委“干部评价”页面

“网络举报”板块系统展示我要举报、举报办理、举报查询“三个窗口”，便于群众举报和举报办理查询。

第三步：开通“监督问责”网上直通车

为扩大知晓面和参与度，使网络监督效能发挥到最大，2018 年 12 月，苍溪县又升级建立了电脑版和微信版的“监督直通车”，让群众更加便捷地查询和监督纪委监委的权力。

图 4　苍溪县微信版六大监督直通车和“监督问责”页面

“监督直通车”建立了单独的系统管理后台，除了数据录入和基础信息管理外，还设置了“监督举报跟踪”“廉政档案查询”“社会评价管理”等管理系统，为监督执纪工作提供参考。

在“监督举报跟踪”系统，干部监督室可对群众负面评价或举报问题进行处置，在规定期限内完成调查，并将处置结果通过网络平台短信反馈给举报人，在公开办理结果的同时，一并公开办理举报件的纪检干部姓名及联系方式。群众也可通过举报手机号码经短信验证查询举报办理情况，对结果存在疑问的，可直接联系或再次举报，这样不仅缩短了信访举报办理时间，也有效避免了群众举报来回跑。

评价举报办理结果查询		
举报内容		
举报人：一村民	单位或住址：东溪镇大堰村	联系电话：1589227****
被举报人：郑千生	单位及职务：大堰村	日期：2017-01-21 15：34：09
举报标题：违规向贫困户收取建房资料费		
内容：尊敬的东溪党委政府领导，首先我用四十余年的党龄向您们承诺，我们所反映的情况绝对属实！原大堰村支书郑千生于2016年向本村建卡贫困户收取建房资料费150元，后经相关渠道证实，此资料费属违规收取。相信您们也知道，资料费的情况。值此反腐风口浪尖之际，脱贫攻坚如火如荼之时，郑竟还有此般误国坑民之举，此人贪腐之心，自私之心极其严重！向最弱势的群体伸手就是最好的证明！肯请政府严查！企盼给老百姓一个公正的答复！同时向领导您们呈明，您们可以调查取证，大堰村的贫困户也表示愿意配合调查！必要时我们也可提供相关的录音资料！值此支部换届之际，我们几名老党员向政府检举此事，希望政府能为我们的联合支部选出德才兼备的领头人才是我们今天的真正目的！倘若我们本地没有适合的人选，您们上级委派也可！总之，绝不可让郑这般无德之人当我们的领头人！望上级酌情处理！万谢，静候回音。		
办理结果		
承办单位：东溪镇纪委	承办人：白会琼	联系电话：0839-5782011
回复内容：一村民，您好！您反映的问题已收悉。经核查，郑千生在2016年7月向该村6户D级危房改造户每户收取了150元共计900元，同时发现镇村建员田鹏利用工作之便，在村干部上报C、D级危房改造户资料时，要求村干部向其交纳每户50至100元的资料费，2014年至2016年共违规收取该镇23个村184户C、D级危房改造户资料费16150元，全部用于个人开支。2017年5月31日，镇纪委给予田鹏党内严重警告处分。责令将违规收取费用退还群众，对涉及的其他村干部进行警示谈话。（如果没有解决问题，请及时登录平台作出相应评价，7天后系统将默认该问题已得到解决，感谢您的参与！）		

图5　苍溪县“监督举报跟踪”公开纪检监察干部信息页面

平台正式运行以来，共公开行权依据29个、行权流程126项、行权结果2500余条，全县12次正风肃纪监督检查800名拟提拔干部廉政审查、240件群众举报办理、520名干部纪律处分和43次县纪委常委会决策事项、86名纪检干部推荐提名等行权结果做到了按月公开，直通车查询监督人数近20万人次，收到12名纪检干部评价举报，查处6人。

三　网络监督平台的实际效果

建立县纪委监委权力运行网络监督平台，主动公开权力、广泛接受监督，真正实现纪检监察权力在阳光下运行、纪检监察干部在聚光灯下工

作。经过近年来的运行，平台得到社会广泛关注和干部群众普遍认可。中央纪委在“党风廉政建设创新成果展示平台”多次刊载，人民日报、四川日报、廉政瞭望、四川改革动态多次刊登权力运行网络监督平台的经验做法。衡水、晋中、达州、自贡、南充等省内外纪检同行70余批次亲临参观考察。

（一）解决了“谁来监督纪委”的问题

权力来源于人民，用权必须接受人民监督。在纵深推进全面从严治党过程中，苍溪县纪委通过建立权力运行监督平台，让纪委权力在网上运行、纪检干部监督在网上进行、执纪问责结果在网上公开，把纪检监察机关的权力晒出来，让人民群众真正成为监督的主体，有效防止了纪检监察机关权力运行“灯下黑”的问题。“五龙镇原纪委书记张某某因生活作风问题，被群众在平台上点对点举报，干部监督室很快就查证属实，免去其镇纪委书记职务，给予张某某党内严重警告处分，并通过平台短信回复信访举报人。”谈起通过平台查处的第一个纪检干部，县纪委监委干部监督室负责人唐慧相记忆犹新，以前干部群众一般情况下不敢不愿举报纪检干部，建立平台后，搭建了一个纪检干部和群众背靠背的监督平台，顾忌就没那么多了。

（二）锁定了“监督纪委什么”的问题

权力是腐败的根源，干部是权力的核心。通过建立权力运行监督平台，各方聚焦了纪委监委机关6项外部重点权力和5项内部重点权力，这是容易滋生腐败的关键事项，也是广大群众和系统干部关注的焦点。每项权力逐一梳理了运行流程、风险点和防控措施，确保监督更加精准。同时，通过“干部监督”板块将班子成员、中层干部、下属机构主要负责人作为日常监督重点，强化了对“关键少数”“八小时内外”的监督。县司法局原纪委书记刘某某在对群众反映公职人员从事有偿司法服务的问题后，没有对涉嫌违纪问题提出明确的纪律处理意见，也未对相关人员进行纪律处分或将违纪线

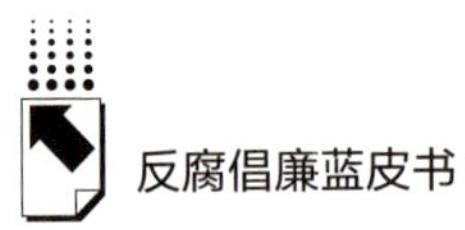

索移送县纪委处理。县纪委通过平台发现问题后，对其压案不查、瞒案不报行为给予了严肃处理。“这个案子让我深受教育，权力真的不能乱用，信访处置和案件办理都公开了，有无数双眼睛随时在监督我们，如果发现了问题就‘和稀泥’，是过不了关的，当时看是保护了别人，到头来终会害了自己。”县司法局原监察室主任王敏提起昔日的分管领导因履行监督责任不力被问责感触颇深，明确表示在以后的工作中将始终坚守纪律规矩底线，做到执纪执法者必先守纪守法。

（三）明确了“怎么监督纪委”的问题

建立权力运行监督平台，实现了自上而下的组织监督和自下而上的群众监督有机结合。通过公开权力运行流程和结果，可适时检视纪检监察干部“在轨”履职情况，倒逼干部规范用权、依法用权、廉洁用权。群众也可以通过电脑、微信等方式查询纪检监察干部履职情况，对存在质疑的进行举报，让纪检监察干部随时随地在监督的环境下工作生活，确保纪检监察干部真正成为忠诚干净担当的表率。亭子镇海螺村村民多次向镇纪委反映该村违规收回产业扶持资金问题，但该镇原纪委书记王某某对群众反映的问题久拖不决，群众便通过平台举报该问题，县纪委通过深入调查发现问题属实，最终王某某也因履行监督责任不力受到党内警告处分，并在“监督问责”直通车上进行公开。海螺村老百姓坦言，“以前只看到干部提拔的时候公开了，没想到我们通过平台举报纪检干部，不仅把钱退我们了，还把干部处分公开了，纪委是真的敢拿自己开刀啊！”

建立县纪委监委权力运行监督平台，把监督检查、信访办理、审查调查等权力都晒出来，揭开了纪委监委的神秘面纱，彰显了纪检监察机关努力打造“透明权力、透明干部”的担当和勇气，近年来收获的是干部群众对纪委监委的认识和理解、对全面从严治党的拥护和支持，打通了人民群众监督纪检监察工作的“最后一公里”。

四　网络监督平台的提升思考

（一）坚持点上提升，让网络监督更加精准

纪检监察体制改革后，《监督执纪工作规则》和《监督执法工作规定》相继出台，对监督执纪执法重点和程序有了新的规定，必须与时俱进对县纪委监委重点权力、行权流程、风险点和防控措施进行再梳理、再完善，让平台既契合纪检监察体制改革要求，又贴合网络传播的规律，更符合广大群众的认知使用习惯，确保平台监督更加精准有效。对此，还需要对公开的形式、查询的方式、监督的渠道进一步简化、优化，让群众看得懂、查得到、能参与，只要敲一敲键盘、点一点鼠标、动一动手机，随时随地都能精准查询、精准评判、精准举报。

（二）坚持面上拓展，让网络监督全域覆盖

党的十九届四中全会指出，要“坚持权责透明，推动用权公开，完善党务、政务、司法和各领域办事公开制度”。在对纪委监委探索网络监督取得实效的基础上，可在全县面上推广，通过“一县域一平台、一单位一页面、一权力一清单”的形式，将管钱管事管人的重点单位、易产生腐败的重点权力、关键岗位的重点干部全部纳入网络平台监督，构建县、乡、村三级联动、全域覆盖的网络监督体系，确保党委重大决策部署到哪里，监督就跟进到哪里，重点权力和重点岗位在哪里，平台就覆盖到哪里，真正实现有形监督和有效监督的有机统一。

（三）坚持立体监督，让治理效能更加凸显

党的十九届四中全会将“坚持和完善党和国家监督体系，强化对权力运行的制约和监督”作为推进国家治理体系和治理能力现代化的重要内容。网络监督平台作为基层全面从严治党的实践探索，必须站在提高治理

能力、优化县域政治生态的高度，增强其使用的实效性。要充分发挥大数据统计分析优势，对全县干部廉勤情况进行自动汇总分析，精准锁定哪个领域容易出问题、哪些权力容易出问题、哪类干部容易出问题，容易出现什么问题，为精准治理提供根本遵循。同时，网下形成监察建议，责成相关责任单位针对问题举一反三、建章立制、堵塞漏洞，从源头杜绝问题再次发生。

五　进一步做好网络监督的建议

（一）坚持顶层设计与基层实践有机结合

推行网络监督是推进国家治理体系和治理效能现代化的生动实践，近年来全国各地在开展网络监督方面进行了积极探索，形成了一批卓有成效的经验成果，但有一些地方在网络监督上搞“一阵风”，甚至为创新而创新，导致监督流于形式、缺乏质效。因此，必须坚持对网络监督的统一领导、规划，充分发挥顶层政治站位高、理论研究深的优势，加强对基层探索实践取得成果的分析研究，将自上而下的顶层设计和自下而上的基层实践有机结合，逐步建立一套与当前经济社会发展水平和人们认识能力相适应的网络监督模式，促使网络监督规范化、法制化。

（二）坚持鼓励创新与有序推进统筹兼顾

推进网络监督符合时代发展进程，国家在鼓励探索创新网络监督的同时，应坚持循序渐进、稳步推动的原则，既要对网络监督进行必要的指导和规范，又要督促职能部门聚焦重点、分步实施，避免脱离实际、一哄而上、盲目投入等现象。同时，要加强网络监督法制化建设，健全完善网络监督权益保障等相关制度规定，强化网络监督的规范和约束，增强透明度和公信力，确保网络监督始终在正确的轨道上依法有序推进。

（三）坚持党内监督与其他监督贯通协同

网络监督是党和国家监督体系的重要途径，不仅便捷高效，而且受众广、成本低，特别是有了人民群众的广泛参与，网络监督更具生命力，实现监督无处不在。但网络监督是一把“双刃剑”，网络炒作、恶意举报等问题已然成为当前影响社会和谐稳定的重要因素，因此在规范网络监督的同时，还应坚持以党内监督为主导，探索推动网络监督与党内监督、人大监督、民主监督、行政监督等职能监督贯通协同，建立起目标统一、步调协同、优势互补、资源共享的“大监督”格局。

B.15
浙江杭州：推进清廉乡村建设的实践与思考

杭州市纪检监察学会课题组*

摘　要：推进清廉乡村建设，是杭州市委贯彻落实党中央全面从严治党向基层延伸重大决策和浙江省委强化清廉浙江建设、助推基层治理重要部署的创新举措。本文以杭州为例，认真分析推进清廉乡村建设的背景，系统总结近年来的做法成效，分别是构建了清廉乡村建设的“四梁八柱”，推动了反腐败取得压倒性胜利并不断巩固发展，积极开展了基层纪检监察组织规范化建设，培育了一批具有典型性的示范点，呈现具有杭州识别度的清廉乡村建设经验。同时客观分析了推进清廉乡村建设过程中依然存在的三对“矛盾”。建议下一步抓好四个方面，即进一步发挥目标引领作用，推动清廉乡村建设高质量发展；一体推进“三不”体制机制建设，准确把握其中的辩证关系，提升标本兼治的科学化水平；深化纪检监察体制改革，提升基层纪检监察组织监督工作的规范化专业化水平；强化基层纪检监察干部队伍建设，培养忠诚干净担当的清廉“战士”，着力构建形成可良性循环、可宣传推广的清廉乡村建设政治生态系统。

* 课题组成员：唐小辉，杭州市纪委常委、杭州市纪检监察学会秘书长；汪盛华，杭州市纪委市监委研究（法规）室主任；徐敏红，杭州市纪委市监委研究（法规）室副主任；楼磊，杭州市纪委市监委研究（法规）室主任科员；俞永炎，杭州市纪委市监委党风政风监督室主任科员；金伟东，杭州市纪检监察事务服务中心政工师、助理研究员。执笔人：金伟东。

关键词：　清廉乡村　反腐败斗争　政治生态　浙江杭州

党的十九大以来，习近平总书记多次向全党发出警示："基层不牢，地动山摇。"清廉乡村建设是贯彻落实全面从严治党向基层延伸的重要内容，是推动实施乡村振兴战略的重要抓手，是助推基层治理现代化的重要保证，事关全局、事关根本。杭州作为"三地一窗口"[①] 省会城市，市委自觉扛起为浙江发展闯关、为全国改革探路的重要使命，在 2018 年 7 月，率先制定《关于贯彻落实省委决定、扎实推进清廉杭州建设的实施意见》，其中明确提出了推进清廉乡村建设的战略目标。经过两年多实践，推动形成了相关杭州素材、杭州经验。

一　推进清廉乡村建设的相关背景

（一）从历史传承看，党中央历来高度重视清廉乡村建设相关工作

早在中国共产党诞生之初，以毛泽东同志为代表的第一代领导集体就高度重视党在乡村群众中的清廉形象，并在此基础上创立了"工农武装割据"思想，蹚出了农村包围城市，最后夺取全国政权的革命道路。据记载，一次行军途中，毛泽东得知有的红军战士因饥饿吃了农民地里的苞米。他立即通知部队集合，就地进行群众纪律教育，并亲自在一块竹牌上写道："因为我军肚子饿了，为了充饥，把你的苞米吃光了，违犯了纪律，现在把两元钱（光洋）埋在地里，请收下。"[②] 在长期革命过程中，第一代党的领导集体先

---

① 浙江省"三地一窗口"：2020 年 5 月 29 日，浙江省召开领导干部会议传达贯彻全国两会精神，时任浙江省委书记车俊明确提出要进一步强化"三地一窗口"的使命担当，"三地一窗口"即中国革命红船起航地、改革开放先行地、习近平新时代中国特色社会主义思想重要萌发地，努力成为新时代全面展示中国特色社会主义制度优越性的重要窗口。

② 韩彦庆、李涛：《"第一军规"：无往不胜的力量源泉》，《农村·农业·农民（A 版）》2017 年第 8 期，第 52 页。

后制定了“三大纪律八项注意”等纪律规矩，形成了“密切联系群众”等优良作风，最终沉淀为全心全意为人民服务的党的根本宗旨，成为中国共产党区别于其他政党的根本标志。

新中国成立初期，部分乡村党员干部居功自傲、基层留用人员良莠不齐，少数乡村干部贪污腐化，形式主义、官僚主义作风盛行，严重破坏党在乡村群众中的清廉形象。比如有的老党员认为，“革命到头了”，以人民群众救世主的身份出现，贪图享受，脱离群众，做官当老爷，他们经常挂在嘴边的话就是“老子打了天下，享受些又怎么样！”① 针对这些问题，党中央先后部署开展了声势浩大的农村“三反”运动、整风整社运动及“四清”运动等，强调必须打掉官气，防止脱离群众，保持清正廉洁形象，坚决查处了一批贪污腐败、腐化堕落分子，纯洁了乡村党员干部队伍。

改革开放以来，以邓小平同志为核心的党中央做出了“执政党的党风问题是有关党的生死存亡的问题”的重要论断，对‘文化大革命’期间是非不分的风气，党内民主生活不畅的风气，改革开放后党的内部弥漫着消极腐化的风气、党员领导干部以权谋私的风气”等不良风气进行整治，为改革开放保驾护航。不久后被称为“改革开放第一案”的前海丰县委书记王仲因利用职权侵吞缉私物资、受贿巨额索贿案，在当时引起了极大的震动。1983 年党的十二届二中全会通过《中共中央关于整党的决定》，第三期整党主要在村、区、乡中进行。通过三期整党，清理出犯有严重错误的人 43074 名。通过党员登记和组织处理，开除党籍的共有 33896 人，不予登记的 90069 人，受到党纪处分的有 184071 人，使广大乡村党组织进一步纯洁。

（二）从上级要求看，党的十八大以来把基层党风廉政建设摆到更加突出的位置

党的十八大以来，以习近平同志为核心的党中央把基层党风廉政建设摆到更加重要的位置。党的十八大报告强调党面临“四大危险”，其中“脱离

① 《中共党史参考资料》（七），人民出版社，1980，第 139 页。

群众的危险”“消极腐败的危险”等都与清廉乡村建设密切相关；提出建设“三清”[①] 目标，干部清正不清正、政府清廉不清廉、政治清明不清明，乡村群众最有发言权。十八届中央纪委六次全会做出了“推动全面从严治党向基层延伸”的战略部署。

党的十九大报告强调“凡是群众反映强烈的问题都要严肃认真对待，凡是损害群众利益的行为都要坚决纠正”，要通过不懈努力换来“海晏河清、朗朗乾坤”。2018 年 9 月，中共中央、国务院印发《乡村振兴战略规划（2018 ~ 2022 年）》，提出要努力“加强农村基层党风廉政建设……弘扬新风正气，抵制歪风邪气”。2020 年 1 月 15 日，习总书记在十九届中央纪委四次全会上强调，要“深入整治民生领域的‘微腐败’、放纵包庇黑恶势力的‘保护伞’、妨碍惠民政策落实的‘绊脚石’……”同年 3 月 29 日，习总书记在浙江考察时强调：“对群众工作要‘多用情、多用心、多用力’，严肃查处损害群众利益、伤害群众感情的行为和群众身边的‘微腐败’。”这些精神和决策部署为杭州开展清廉乡村建设提供了遵循，指明了方向。

浙江省委为贯彻落实党的十九大精神，推动全面从严治党向基层延伸，明确提出清廉浙江、清廉村居建设战略目标。2018 年 7 月，浙江省委第十四届三次全会审议通过了《中共浙江省委关于推进清廉浙江建设的决定》，明确提出“努力打造干部清正、政府清廉、政治清明、社会清朗的清廉浙江”的战略目标。明确到 2022 年，反腐败斗争取得压倒性胜利，不收敛、不收手的腐败犯罪案件增量明显下降，领导干部腐败犯罪案件数量明显下降，行贿案件数量明显下降，党员干部纪律意识、规矩意识明显增强……到 2035 年，清廉浙江建设的各项制度机制成熟定型，权力运行规范有序，社风民风清朗，清廉文化深入人心，社会整体清廉程度显著提升，清廉成为浙江的风尚落实，清廉浙江全面建成。同时明确提出要推进清廉村居建设，确定“开展扶贫领域腐败问题专项治理，把惩治‘蝇贪’同开展扫黑除恶专项斗争结合起来”等 7 项重点工作。浙江省纪委在 2020 年 3 月 27 日召开全

---

① 党的十八大提出的“三清目标”，即干部清正、政府清廉、政治清明。

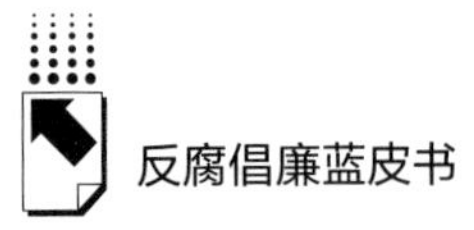

省“强化清廉村居建设、有力推动基层治理”工作推进会，强调“清廉村居建设是清廉浙江建设的重要组成部分……”贯彻省委省纪委决策部署，必须推进清廉乡村建设。

（三）从杭州实践看，推进清廉乡村建设是落实上级精神、在更高水平上深化全面从严治党向基层延伸的题中应有之义

工作有基础，较早开展了清廉乡村建设相关工作。早在2003年杭州就探索系统化推进清廉乡村建设的相关工作，制定了构建覆盖乡村的反腐保廉体系实施规划。2007年出台了全面加强基层党风廉政建设的实施意见，创新形成了农村、社区、国有企业“三域一体”整体推进的基层党风廉政建设工作格局。2008年在全国率先提出打造“廉洁杭州”的战略目标，构建形成以党政清廉、干部勤廉、社会崇廉“三位一体”为基本框架的工作格局，群众对杭州党风廉政建设和反腐败工作的满意度从2007年的83.6%提高到了2011年的89%。

实践有需要，清廉乡村建设是全面落实党的十九大精神和浙江省委关于推进清廉浙江建设的决定的创新之举。2017年7月27日，杭州市委制定了扎实推进清廉杭州建设的实施意见，明确做出了推进清廉杭州、清廉乡村建设的战略决策。实施意见提出了2022年和2032年两步走的战略目标，其中2022年的目标跟浙江省委确定的目标基本一致，2032年的目标是在全省率先完成清廉建设目标任务，比浙江省委确定的目标提前了3年。这些目标的提出不仅正式开启了推进清廉乡村建设的新征程，也决定了全市上下必须自觉树立“头雁标准”、扛起“头雁担当”，努力展示“头雁风采”，着力构建与“重要窗口”建设相匹配的“清廉乡村之窗”，推动形成更多具有杭州气派和鲜明辨识度的清廉乡村实践范例。

形势在倒逼，反腐败斗争形势依然严峻复杂。近年来，杭州经过不懈努力，乡村反腐败斗争取得压倒性胜利并不断巩固发展，但对形势的严峻性和复杂性一点也不能低估。从严峻性看，近年来查处的乡村腐败问题依然不少、增量仍在发生，一些基层腐败问题性质十分恶劣，心存侥幸、不

收敛不收手的大有人在，小官大贪时有发生；侵害群众利益问题量大面广，民生资金、“三资”管理、征地拆迁、教育医疗等领域腐败问题依然易发多发，啃食群众安全感、获得感。从复杂性看，基层腐败不是简单孤立的几种类型、几个现象，而是多种类型、现象相互交织、相互诱发，新型乡村腐败问题日趋复杂。杭州滨江区 2019 年查处的虞某某涉黑涉恶案件，该团伙长期以非法手段垄断基层工程建设等资源，其中不少腐败类型相互交织，最后处置了区内党员干部 30 余人。要解决这些问题，必须推进清廉乡村建设。

二　杭州推进清廉乡村建设的探索与实践

杭州市委高度重视清廉乡村建设。2018 年以来，市委正式做出了推进清廉乡村建设的战略部署，2020 年专题开展了“强化清廉乡村建设、推动基层治理专项工作”，推动了全市党内正气持续上升，社会风气持续上扬，山清水秀政治生态进一步优化，干部群众满意度进一步提高。主要做法如下。

（一）强化目标引领，构建形成了推进清廉乡村建设的“四梁八柱”

1. 坚持目标导向，建立健全“1+5+X”工作框架

“1”是一个目标，即清廉乡村建设战略目标，“5”是若干工作模块，“X”是若干工作重点任务。2018 年 12 月，杭州市委出台《关于推进清廉乡村建设为乡村振兴提供坚强保障的实施意见》，明确了 1 个战略目标，即清廉乡村建设；确定了 5 个工作模块，即“坚持党的领导、坚持标本兼治”等；分解为 16 项具体工作任务，即“严明党的政治纪律和政治规矩、严肃基层党内政治生活、全面压实管党治党主体责任、全面推进监察职能向基层延伸、深入推进区县（市）委巡察工作、严肃查处基层群众身边‘微腐败’、做好扫黑除恶专项斗争监督执纪问责工作、打造乡村清廉文化阵地”等，构建形成了“1+5+16”工作框架。2020 年 4 月，根据浙江省纪委

《强化清廉村居建设、有力推动基层治理专项工作意见》、浙江省农办和省民政厅《关于推进清廉村居建设的实施意见》，制定杭州市《强化清廉乡村建设、推动基层治理专项工作方案》，将清廉乡村建设战略目标进一步分为“完善工作机制、深化‘三小’监督、精准监督执纪、发挥巡察职能、加强组织领导”5个工作模块，分解为34项具体工作举措，构建形成了更加科学更加系统的“1+5+34”工作格局，为全市全面推进清廉乡村建设翻开了新的一页。

2. 强化统筹协调，推动形成齐抓共管的工作格局

2018年7月，市纪委十二届三次全会通过关于落实省市决定、勇当“五争”先锋、为建设清廉杭州提供坚强保证的实施意见，同年12月制定责任分工方案，明确了推进清廉乡村建设的牵头领导和牵头部门，指导督促全市各地各单位加强清廉乡村建设，推动形成上下联动、同向发力、齐抓共管的良好氛围。2020年5月，为进一步强化统筹协调作用，市纪委印发了《关于做好强化清廉村居建设专项工作数据统计报送和定期通报工作的通知》，实施“全市各区、县（市）及乡镇（街道）、基层站所、村（居）干部专项工作情况月报送制度”，要求各地各相关单位每月报送工作推进情况，并在市纪委内网开设通报专栏，定期通报，报表内容涵盖监督执纪、审查调查等20余项数据，形成动态监督全市190余个乡镇（街道）3144个村（社）清廉建设的格局。

（二）一体推进“三不”体制机制，乡村反腐败取得了压倒性胜利并不断巩固发展

1. 坚持“严”的主基调，始终保持查办腐败案件的高压态势

2018年以来，杭州对乡村基层腐败问题始终坚持稳高压态势、稳惩治力度、稳干部群众对持续正风反腐的预期，突出重点大力减存量、遏增量，以持续保持高压震慑筑牢“三不”一体推进的坚实基础。比如，紧盯基层群众身边的不正之风和腐败问题，持续推进信访“三清”行动、持续开展扶贫领域腐败和作风问题专项治理、民生领域专项整治、

扫黑除恶专项斗争、整治漠视侵害群众利益问题和不担当、不作为、不落实“三不”问题等。2019 年全市查处“三不”典型问题同比增长 20.5%。

2. 坚持标本兼治，建立健全不能腐的约束机制

2018 年以来，杭州高度重视机制制度建设，着力筑牢不能腐的约束机制，市级层面围绕清廉乡村建设建立健全相关机制制度 30 余个，各区县（市）和乡镇（街道）及村（社）也相继出台配套制度，初步形成了贯通市县乡村四级不能腐的制度框架体系。比如，2020 年市纪委制定出台《关于进一步提高监督工作质效的意见（试行）》，指导推动全市上下建立健全专题会议制度、完善沟通会商机制和责任督考机制、健全廉情抄告制度等，把党委（党组）的全面监督与纪委监委的专责监督融为一体，推动形成党统一领导、全面覆盖、权威高效的监督体系，为清廉乡村建设提供“顶层设计”、强化制度支撑。再比如，2019 年 7 月，创新制定《关于建立健全村级“三小”监督体系深入推进清廉乡村建设的指导意见》，以村级小微权力运行、小型工程建设、小额资金管理“三小”工作为抓手，以强化大公开、促建大监督为核心，推动基层权力在监督下公开规范高效运行，构建起“三小”领域不能腐败的机制制度，切实防范侵害村社基层群众利益问题。2020 年 1 ~ 5 月，全市农村涉纪信访较上年同期下降 38.2%。

3. 坚持筑牢思想堤坝，不想腐的自觉不断增强

把清廉文化建设作为推进不想腐的重要抓手，灵活运用主题活动、典型示范等形式和载体，有针对性地在乡村党员干部中开展理想信念宗旨教育、党章党规党纪教育，推动党员干部不忘初心、牢记使命。做好查办案件“后半篇文章”，利用身边的同级同类案例开展警示教育，开展以“14 个一”为主要内容的集中警示教育活动。受警示教育触动，截至 2020 年 5 月，有 32 名党员干部向纪委监委主动投案、向组织讲清问题。打造 14 条清风之旅专线，推动“廉洁好家风”主题教育活动进村入户，组织廉戏下乡巡演，举办“清气满钱塘”交响音乐会和“玉琮杯”清廉微电影大赛等，以丰富

的艺术形式传播清廉理念，增强全市乡村党员干部“不想腐”的内生动力。不少作品获得了国家级荣誉，如杭州市萧山区廉政小品《防不胜“访”》登上中央电视台，《满地找牙》被评为第五届“包公杯”全国反腐倡廉曲艺作品征集活动舞台节目类精品节目第一名。

（三）深化纪检监察体制改革，乡村基层监督质效有新提高

1. 打造“家门口的监委”，有效破解基层监督“最后一公里”难题

2018年7月，出台《杭州市区县（市）监察委员会派出监察办公室片组协作工作指导意见（试行）》，建立了乡镇（街道）监察办公室片组协作机制，在监督检查、协同办案、联动办信、联审协审等方面作了规定，为有效整合乡镇（街道）监察办公室工作力量、形成监督合力、推动乡镇（街道）监察办公室成立后工作规范高效开展、促进监督职能全面发挥提供了制度保障。2019年以来，杭州在全省率先完成乡镇（街道）监察办公室全覆盖、建立监察工作联络站、首设村（社）监察联络员，建立健全基层监察工作系列机制制度，构建了贯通市县乡村四级的监察监督网络。全市3144个行政村全部设立监察工作联络站，聘任站长2940名、联络员7334名。2019年，全市乡镇（街道）运用第一种形态处理2689人次，党纪政务处分270人次。

2. 开展乡村纪检监察机构规范化建设，基层监督专业化水平迈上新台阶

2020年8月，杭州研究制定《杭州市乡镇（街道）纪检监察机构规范化建设标准》，明确了场所建设标准、设备配置标准、制度建设标准、队伍建设标准等，统筹推进基层纪检监察机构标准化建设。研究出台乡镇纪检监察机构工作规程、派出乡镇（街道）监察办公室履职办法和村（社）监察联络员管理办法，其中工作规程统一规范乡镇（街道）纪检监察机构工作报告、调查研究、安全保密、档案管理、内部监督等工作制度，细化乡镇（街道）纪检监察机构工作内容，制定实施履职清单；履职办法明确派出乡镇（街道）监察办公室承担监督职责和部分调查、处置职责，行使部分监察职权，推动建立日常监督、线索处理、调查处置、

案件剖析等方面工作流程；管理办法建立健全村（社）监察联络员履职清单、工作例会、定期报告等基层监察工作系列机制制度。

（四）积极培育典型示范点，形成了一批清廉乡村的实践范例

1. “理念驱动”型清廉乡村建设示范点

杭州市余杭区径山镇等地以“清廉就是生产力、治理力、凝聚力、执行力”等理念为指导，驱动清廉乡村建设迈上新台阶，相关理念已被全市普遍认同，写进市委市纪委重要文件。比如径山镇小古城村始终牢记15年前（2005年1月4日）时任浙江省委书记习近平同志到该村考察调研时的叮嘱①，坚持“众人的事情由众人商量”理念，以“发挥群众主体作用”为着力点，以强化乡村权力制约与监督为关键，创新形成“四议工作法”协商民主模式，强化小古城村清廉建设、推动基层治理和相关工作走在全省全国前列，该村先后获得国家和省市等荣誉80余项。四议工作法，即议什么，针对不同渠道、层次、平台和不同村民小组需求，研究确定20条议事协商目录，做到应商尽商；谁来议，成立村民主协商议事会，纵向设7个网格协商小组，横向设百姓议事会、乡贤商事会等5个议事平台，实现对全村990余户农户全覆盖；怎么议，设置“提审议决”四环节，通过各渠道把各层各类群众和组织的意见与诉求提上来，由议事会初审和村党委终审，再提交协商议事会组织小规模协商初议、村两委或村班子会决议，涉及村集体发展的大事则提交村民代表大会或户主会决议；建立一支“3＋X”监督队伍（3是村监会3人，X是专家、利益相关村民等）开展督评结合，确保议的结果合法有效。再比如余杭区中泰街道南峰村坚持“清廉就是生产力、凝聚力、执行力”，该村书记认为“只要把清廉做到极致，把公开做到极致，百姓就会服你，再难的工作也能推动得了”。在该理念的指导下，该村先后制定村规民约等制度20余项10余万字，对农村建房、“三资”管理等都作了规范，使清廉建设有了制度保障。近年来，该村完成了“九峰生活垃圾

① 当时叮嘱的内容为：“村里的事情要大家商量着办，要发挥村民主体作用。”

焚烧发电厂项目"[①] 等不少省市急难险重任务，保障了省市 9 个大项目（涉及资金上百亿元）在该村落地，该村集体经济也从十几年前倒欠几十万元到 2020 年收入约千万元，年平均复合增长率 40% 以上。目前这些理念已经逐渐成为全市各乡镇（街道）和村（社）共识，为清廉乡村建设提供了源源不断的思想动力。

2. "党建引领"型清廉乡村建设的示范点

城市小区组织层级多、隶属关系复杂、组织体系与清廉建设不尽匹配。为此，下城区探索大力推行小区（网格）党建工作，加快业委会、物业企业党组织覆盖，构建"小区党支部—业委会—物业服务企业"新三方治理架构，使社区推进清廉小区建设有了组织基础和机制制度保障。同时还在小区党组织与社区党组织之间实行"双向培养、交叉任职"，推动小区党组织实体化运作。一年来，该区有效破解了金都华庭、平安居等一批矛盾突出小区的难点问题，2019 年全区物业方面信访投诉量同比下降 40% 以上。目前该项工作已经在全市推广。据统计，截至 2019 年底，杭州市业委会和物业项目的党组织覆盖率分别达 92% 和 88%，478 名业委会主任、物业负责人进入社区"两委"兼职。2020 年 7 月，市委总结各地做法，研究出台《关于加强和改进居民小区党建工作的指导意见（试行）》，专列"民主监督"一款，授权社区党组织"组织各方代表对小区重点项目、小区经营性收益等业主公共资金收支、问题处置等进行全程监督，定期公示工作情况"。要求"小区党组织要协助街道、社区做好小区业委会的筹备和换届工作，对业主大会议事规则、管理规约、选举办法等具体事项提出意见、把握方

① 余杭中泰垃圾焚烧厂事件，是指 2014 年 5 月发生在杭州城西，民众为反对杭州市余杭区中泰乡九峰村生活垃圾焚烧发电厂项目建设，封堵高速公路省道、打砸车辆等违法事件。中泰垃圾焚烧厂规划选址中泰乡原九峰矿区，四面环山，部分居民担心，焚烧厂的建设所产生的烟尘，排放的二噁英等有害物质会影响周边的空气、水源和土壤等，并对周边居民的身体健康产生影响。在一些不明真相和冲动群众的煽动下，余杭中泰及附近地区人员规模性聚集，封堵 02 省道和杭徽高速公路，一度造成交通中断，一些不法分子甚至趁机打砸、损坏车辆，围攻殴打执法民警和无辜群众。2014 年 5 月 12 日余杭中泰事件中 53 名犯罪嫌疑人被依法刑拘，11 名违法犯罪嫌疑人主动向警方投案。

向。”探索建立“小区党组织与业委会‘双向培养、交叉任职’制度，引导小区业主党员参选业委会，推动具备业主身份的小区党组织书记通过法定程序竞选兼任业委会主任，新组建或新换届业委会中的党员比例原则上不低于50%”。探索构建“小区党组织、业委会、物业服务企业”新三方治理架构，制定议事规则和工作流程，定期联席会商，形成制约监督关系。目前不少城市社区趁村级组织换届和业委会换届之机，将这项机制嵌入其中，推动这项机制在全市落地见效，成为城市社区推进清廉建设的重要保证。

3. “数字赋能”型清廉乡村建设的示范点

杭州是城市大脑的诞生地，市纪委主动把数字赋能作为推进清廉乡村建设的重要引擎，推动乡村纪检监察工作提“智”增效。落实市委《关于做强做优城市大脑打造全国新型智慧城市建设“重要窗口”的决定》《杭州市强化数字赋能推进“六新”发展行动方案》等，把强化清廉乡村建设融入数字化建设当中，充分发挥数字赋能清廉建设的优势。目前市一级大数据基础平台已形成具有一定规模的信息数据“蓄水池”，四大类90项信息实现“一站式”便捷化查询，银行账单、通讯话单、智能检索三大分析系统，可对监察对象进行多角度、多维度画像。截至2020年8月，全市82个乡镇（街道）试点开展数字赋能清廉乡村建设工作，设立智慧化监督平台29个，汇集数据资源近5亿条，预警风险隐患2.64万条，督促整改问题6082个，处置问题线索200余条，处理群众反映问题4000余个，为清廉乡村建设提供了有力的数据保障。2020年上半年试点乡镇（街道）的纪检监察信访同比下降12%～80%。各地也积极探索数据赋能，提升问题线索“云发现”能力，涌现出萧山区“码上工程”、余杭区“AI监督”、富阳区“线上村务”和建德市“数字监察”等一批亮点。比如余杭区良渚街道探索建立AI监察系统，运用科学的算法，定期将银行、公共资源交易中心及公安的相关数据和村级财务、工程等数据进行比对，当出现不相符、不匹配问题时，系统自动预警，并将异常数据递交街道纪检监察机构进行调查核实。萧山区义桥镇创新“无现金收支”模式，把银行中各村（社）资金流水信息导入乡镇（街道）智慧监管平台，及时掌握村级资金流向，有效将村级财务收支情况转化为银行流水的数字化形态。2019 年义桥镇涉村财务违纪问题零发生。

三　存在的主要困难与问题

经过多年的实践探索，全市上下对清廉乡村建设的共识更趋坚定一致，工作基础更加扎实稳固。但客观地看，一些顽固性老问题还没有解决，新情况新问题又不断出现，这些问题概括起来，主要表现为三个“矛盾依然存在”。

1. 标本兼治力度不断加大与顶风违纪和腐败行为仍时有发生之间的矛盾依然存在

比如村级信访问题居高不下，党的十九大以来，全市平均每年反映农村（社区）干部检举控告量占总量的 42.35%。信访主要涉及领域有“三资”管理、土地征迁、养老指标分配、农村建房管理、村级工程项目等，其中涉及村社“一把手”占比相对较高。同时，乡村涉黑涉恶问题明显增多，反映村干部垄断农村资源、侵吞集体资产以及勾结黑恶势力分割群众利益等问题明显上升，一些基层农村存在“村霸”和宗族势力、黑恶势力祸害百姓现象，甚至村两委主要干部都参与其中，对清廉乡村建设起到极大的破坏作用。再比如随着村集体经济发展、各地村（社）集体经济体量巨大，有的区（县）市股份经济合作社分红高达上亿元，村（社）集体经济领域潜在廉洁风险随之增加，对清廉乡村建设提出了新的更高要求。

2. 整体提升清廉乡村建设水平与各地各单位之间落实力度不平衡的矛盾依然存在

有的村社没有站在全面从严治党向基层延伸的战略高度、“三地一窗口”省会城市的全局维度去思考和推进清廉乡村工作，对清廉乡村建设的理解浮于表面。认识不到位的结果直接导致有的地方和单位推进清廉乡村建设有目标、有规划，但缺少精准落地的具体载体、措施，照搬照抄多，结合实际谋划部署推进做得不够，务实管用的个性化举措更少；有的缺少力量投

入，抓日常工作时紧时松，以应付上级为主，存在形式主义问题。

3. 持续推进管党治党责任落实与基层党组织落实责任层层递减之间的矛盾依然存在

清廉乡村建设党委负主体责任，但有的区县（市）全面从严治党主体责任存在层层递减现象，存在“上热中温下凉”“水流不到头”的情况，特别是有的非党口分管领导认为清廉乡村建设是纪委的事，与自己关系不大。主体责任意识弱化的表现之一，就是对村社党组织、纪检组织队伍建设不重视。据统计，目前杭州一些村（社）党组织在工作力量配备上存在班子缺员、干部断层、后备缺乏的“三缺”等问题。比如2020年换届前，某街道14个村（社）中，不少村（社）两委班子负责人“超期服役”，换届后都要退下来。

四　下一步改革的方向

推进清廉乡村建设开头两年是打基础阶段，也取得了明显成效。2022年是推进清廉乡村建设第一个阶段性目标的收官之年，2032年是全面建成清廉乡村的收官之年。目前清廉乡村建设已经进入高质量发展的新阶段，时间紧迫、任务繁重，必须咬住既定的目标持续发力、久久为功。

（一）进一步发挥目标引领作用，推动清廉乡村高质量发展

1. 把清廉乡村建设提升为“一把手”工程

切实把推进清廉乡村建设上升为全面从严治党向基层延伸的重要方略，党委（党组）要切实履行全面从严治党主体责任，定期召开专题会议听取清廉乡村情况专题报告；党委（党组）书记要切实履行“第一责任人”责任，切实把清廉乡村工作责任抓在手上，扛在肩上；纪检监察组织要及时向党委（党组）报告或通报监督工作中发现的问题，一起综合分析地区、部门、单位的政治生态状况，抓好整改落实，推动清廉乡村日常工作落地见效。借鉴杭州做法，党委（党组）和纪委（纪检组）

要健全“四责协同”[①] 监督格局，完善“四力贯通”[②] 监督体系，打造“四化融合”[③] 监督模式，督促各地各单位各司其职、各尽其力，一条心、一股劲、一盘棋，推动乡村朝着海晏河清、朗朗乾坤的美好前景阔步迈进。

2. 健全项目化管理机制

紧扣清廉乡村建设总目标和确定的阶段性任务，实施项目化分解和管理监督，每个项目都有工作方案、责任分工、时间表和路线图，按图“施工”、定期“监理”、适时“评估”，确保各项工作朝着“乡村基层腐败案件数明显下降，群众的获得感和满意度大幅提升”等 2022 年、2032 年两个时间节点确定的目标不断前进。

3. 试点构建以清廉乡村为核心的考核评价体系

首先，探索建立清廉乡村工作评价体系。清廉乡村建设是探索性工作，没有现成的考核评价标准，必须敢于先行先试，条件成熟的区县（市）和乡镇（街道）要及时总结经验做法，制定符合本地实际的又具有一定普遍性的清廉乡村工作评价体系，形成评价客观、可复制可推广的评价标准，提升清廉乡村规范化、科学化水平。其次，将清廉乡村建设的评价标准与党委（党组）主体责任和纪委监督责任相结合，与乡村全面从严治党的指标体系贯通起来，探索形成新的清廉乡村考核指标体系，强化党建工作责任制考核对清廉乡村建设的推动作用。

4. 培育更多可复制的清廉乡村实践范例

发挥榜样的无穷力量，有计划、分批次地做好典型示范点培育和总结推广工作。对清廉乡村建设中探索形成的理念先行、党建引领、数据赋能等成

---

① 构建“四责协同”监督格局，就是要聚焦“两个维护”，突出强化责任落实，积极搭建履责平台，推动党委（党组）党内监督主体责任、书记“第一责任人”责任、班子成员“一岗双责”和纪检监察机关监督责任更好协同起来，构建“责任共同体”。

② 完善“四力贯通”监督体系，就是要建立完善协调衔接机制，促进党组织监督、纪检监察机关专责监督、派驻监督和巡察监督四支监督主干力量相互贯通，通过完善统筹协调、协作联动、信息共享等机制，推动实现监督手段互补、信息互通、成果共享、效能提升。

③ “四化融合”监督模式，就是常态化监督、精准化监督、专业化监督、信息化监督相互融合的模式。

熟范例，适时召开清廉乡村工作经验交流会，推动各地各单位学习交流，吸收借鉴，营造你追我赶的工作格局。结合各地各单位实际，因地制宜、分层次、分类别地培育更多的清廉乡村，串珠成链，构建形成“清廉乡村群”，形成“群岛效应”，推动更多清廉“盆景”向“全域风景”转变，汇聚形成可持续、可良性循环的全域清廉政治生态。

（二）进一步深化一体推进“三不”体制机制，巩固和发展反腐败压倒性胜利

1. 进一步准确把握一体推进“三不”机制的辩证关系

清廉乡村建设能不能建成？建成后会不会反弹？这些都离不开一体推进“三不”机制建设这个反腐败斗争的基本方针和新时代全面从严治党的重要方略。下一步，要充分认识到“不敢腐”是前提，“不能腐”是关键，“不想腐”是根本，必须理顺三者的有机联系、辩证统一关系，统筹地、贯通地而不是割裂地、片面地抓好落实，实现同向发力、协同发力。特别是在推进“不敢腐”时，注重挖掘“不能腐”和“不想腐”的功能，形成标本兼治合力。

2. 深化运用“四种形态”

“四种形态”是党的十八大以来反腐败斗争的重要创新成果，是贯通规、纪、法，囊括教育警醒、惩戒挽救和惩治震慑功能的重要手段，是一体推进“三不”的重要载体。要推动各乡村党组织带头运用、精准运用、经常运用“四种形态”特别是“第一种形态”，把全面从严治党的氛围更好地带动起来。乡村纪检监察组织要精准把握政策策略，通过有效处置化解存量、强化监督遏制增量，实现政治效果、纪法效果、社会效果相统一。

3. 保持“不敢腐”的震慑

坚持有贪必肃、有腐必反，坚决查处侵害乡村基层群众利益的不正之风和腐败问题，为根治乡村基层腐败支撑起坚固“后墙”。驰而不息向乡村“四风”亮剑，从严查处不收敛不收手行为，防止老问题复燃、新问题萌发、小问题坐大。从严查处形式主义、官僚主义。加大对贯彻中央和省市委决策部署只表态不落实、维护群众利益不担当不作为、困扰基层的形式主义等突出

问题的查处力度。巩固深化扶贫资金发放、“三资”管理等重点领域专项整治成果，严肃查处各种贪污挪用、截留私分，虚报冒领、优亲厚友的行为。

4. 强化“不能腐”的约束

及时总结乡村基层腐败问题发生的特点和规律，建立健全机制制度，推动用制度管权管事管人。对于乡村基层的每一个案件查办、每一轮巡察结束后，都深挖问题根源，督促做好整改“后半篇文章”。引导留置对象从“局内人”角度，向案发单位撰写建议书，查找制度上的“空白点”，推动完善风险防控机制制度建设。

5. 筑牢“不想腐”的防线

利用好典型案例和忏悔录，做实做细同级同类干部警示教育，告诫、警醒其他公职人员，提高警示教育针对性实效性。坚持以社会主义核心价值观为引领，以传承发展中华优秀传统文化为核心，以乡村公共文化服务体系建设为载体，培育文明乡风、良好家风、淳朴民风。加快本地清廉文化资源库建设，把清廉文化融入文明乡村建设当中，注重家风建设，引导党员干部修身律己、廉洁齐家。

（三）进一步深化纪检监察体制改革，不断提升乡村基层监督规范化专业化水平

1. 加强上级纪委监委对下级纪委监委推进清廉乡村建设工作的领导

借鉴杭州2018年出台《关于加强市纪委市监委对区县（市）纪委监委领导的实施意见》中的做法，建立健全区县（市）纪委监委向市纪委市监委报告工作制度，加强对区县（市）纪委组织人事工作、监督检查和审查调查工作的领导，推进纪检监察工作双重领导体制具体化、程序化、制度化。借鉴杭州做法，开展清廉乡村建设专题月报制度，对各地推进清廉乡村工作实施动态监督，营造赛场赛马、争先恐后的工作氛围。

2. 加强上级纪委监委对区县(市)纪委监委推进清廉乡村建设工作的指导协调、监督管理

市级层面适时研究出台全市统一的乡镇（街道）纪检监察组织履职规

范化指导手册，对信访举报、线索处置、谈话函询、初步核实、监督检查、审查调查等业务流程进行细化。区县（市）层面，指导推动制定和细化乡镇（街道）纪检监察组织履职清单和监察工作联络站履职清单，创新建立协作片区制度，以及监察工作联络站参与村（社）巡察、信访核查、问题线索处置等工作机制，为推进清廉乡村建设提供机制制度保障。

3. 推广农村“三小”监督体系建设

“三小”是做好乡村党风廉政建设和反腐败工作的重要领域。借鉴杭州强化“三小”监督体系建设的做法，进一步细化村级小微权力清单，实现清单对权力事项的全覆盖；进一步强化村级小型工程过程监管，探索建立白名单、黑名单制度，形成“良币驱逐劣币”的效果。进一步创新小额资金拨付方式，探索推广村级公务卡、惠农补贴一卡通等办法，减少中间环节，消除村（社）干部随意预领款等不规范行为。

4. 深化“数字赋能”

借鉴杭州城市大脑建设经验，探索建设与之相匹配的清廉乡村建设小脑，推动清廉乡村建设提“智”增效。积极运用大数据、云计划、人工智能等现代信息技术，聚焦镇村两级小微权力运行、鼓励基层加强政治生态“廉情码”“无现金收支”、数字驾驶舱、AI 监察系统等数字监督平台建设，运用数据比对、分析、碰撞实现机器换人、人机交互，提高发现问题的精准性和有效性，推动基层监督能级全面提升。

5. 探索加强村（社）主要干部“一肩挑”后全方位监督管理的有效机制

2020 年村级组织换届后，村（社）书记主任将“一肩挑”，任期由三年变五年，客观上使权力更加集中。建议把对村（社）主要干部的监督管理摆到更加重要的位置，以本次换届为契机，坚持德才兼备、以德为先原则，选好用好管好新任村（社）主要干部；对新任村（社）主要干部坚持教育警示在先，强化纪律和廉洁教育，从上岗一开始就绷紧纪律之弦；探索建立新形势下村级权力监督制约机制，完善并严格执行党务和村（居）务公开制度，建立健全村（社）主要干部履职正面和负面清单制度等，确保村（居）主要干部依法规范履职；强化上级纪委监委和村监会等对村（居）

主要干部的监督，对新任村（社）主要干部违纪违法问题做到发现一起、查处一起、震慑一片；同时创新实施容错免责备案制度，为敢担当、善担当、能成事又廉洁自律的村（社）主要干部撑腰鼓劲。

（四）进一步深化乡村纪检监察干部队伍建设，培养忠诚干净担当、敢于善于斗争的清廉乡村“战士”

1. 把好入口关

坚持德才兼备、五湖四海、公道正派的原则，加大乡村纪检监察干部培养管理和选拔任用、轮岗交流工作力度，优化乡村纪检监察干部队伍年龄、知识结构，注重引进党建、法律、财政、金融、审计、信息化等各方面人才，选优配强乡村基层纪检监察队伍。

2. 强化考核评价

完善乡村纪检监察干部考核评价体系，把有力有效推进清廉乡村建设内容作为纪检监察干部考核评价重要指标和提拔的重要参考。探索实施乡村纪检监察干部单列考核，为乡村纪检监察干部坚定斗争意志、扛起斗争任务解除后顾之忧，增加尽心履职的底气和硬气。

3. 推进乡村纪检监察干部队伍专业化培训

实施乡村纪检监察干部应知应会知识培训全覆盖工程，制定乡村纪检监察系统全员培训工作规划，突出实务培育内容，强化全员学习调研培训，通过上挂下派岗位练兵、实战练兵，培养一批与清廉乡村建设能力素质相匹配的新时代纪检监察干部，把乡村纪检监察干部的政治基础和业务功底不断夯实。

4. 坚持“严管厚爱”强化队伍管理

铁面无私清理门户，严肃查处执纪违纪、执法违法行为，坚决清除乡村纪检监察队伍中发现的以权谋私、以权搞特殊、蜕化变质的害群之马，持续防治“灯下黑”。探索建立容错免责备案制度，推动容错免责从“事后认定”到“事前备案”，促进乡村纪检监察干部主动担当、敢于担当。

创新实招

Innovation Practice

1. 北京：加强“互联网+”医保服务监管

疫情防控期间，为方便广大参保人员就医购药，北京市医保局积极打通“互联网+”医保报销渠道，燕化医院开通首个“互联网+”医保服务功能。北京市定点医院经卫生健康行政部门批准开展互联网复诊服务，按照自愿原则提出申请，医院进行信息系统升级改造并通过验收后，与市医保中心签订协议，将为患者提供常见病、慢性病互联网复诊服务纳入医保报销。定点医院为患者提供互联网复诊服务时先对患者进行电子实名认证，发生的“互联网复诊”项目可实时分解、即时结算。患者凭在线开具的处方，经定点医院确认后可选择到定点医院取药、到定点零售药店取药或药品配送上门服务，三种方式在取药时均可持社保卡实时结算。北京市通过“互联网+”医保服务的方式既方便了患者就医购药，又加强了相关监管。北京市要求定点医院、零售药店要严格落实线上实名制就医，规范医疗行为，为患者建立和妥善保存电子病历、在线处方、购药记录等信息，做到诊疗、处方、交易、配送全程可追溯，实现信息流、资金流、物流全程可监控；医保要建立在线处方审核制度，确保基金安全，实时监控分析互联网复诊服务费用数据，跟踪异常情况，建立专项检查机制，严厉打击违法违规行为，依法依规严肃处理，畅通举报投诉渠道。

（资料来源：课题组搜集整理）

评析：2020 年 3 月，国家医保局、国家卫生健康委联合印发《关于推进新冠肺炎疫情防控期间开展“互联网 +”医保服务的指导意见》，要求各地将符合条件的“互联网 +”医疗服务费用纳入医保支付范围；鼓励定点医药机构提供“不见面”购药服务；同时加强医保基金监管。这项举措不仅是疫情防控的权宜之计，也是顺应互联网、人工智能等发展趋势而采取的创新监管举措。根据“互联网 +”医疗服务特点，对线上医疗服务行为加强监管，有利于保障诊疗、用药合理性，防止虚构医疗服务，确保医保基金安全。

2. 广东深圳光明区：开展“企业不行贿”行动

2020 年 5 月 27 日，深圳市光明区委出台《关于一体推进不敢腐不能腐不想腐　建设廉洁先行示范城区的行动方案（2020 ~ 2025）》，开展“企业不行贿”行动是推动不能腐的重要一环。光明区纪委监委成立“三不”一体推进办公室，开通了“企业不行贿救助热线”（0755 – 88211630），对辖区内企业反映的公职人员不作为、乱作为、吃拿卡要、效率低下、形式主义、官僚主义等问题专门受理、专人负责、专项督办。热线开通 2 个月共收到咨询、救助电话 40 余个。区委统战部会同区纪委监委、区工信局、区国资局等部门，推动辖区企业成立“光明区廉洁企业联盟”，目前 40 余家区内知名企业加入并做出“永不行贿”公开承诺。区工商联积极引导企业导入实施“反贿赂管理体系深圳标准”。企业在财务、采购、运营、销售、人力资源、法律和监管活动等方面加强控制，及时发现问题和改进内控管理，降低贿赂风险。区纪委监委还探索建立不行贿“红黑名单”奖惩机制，将无行贿犯罪记录的企业列入“红名单”，将存在行贿犯罪记录的企业列入“黑名单”。政府单位在制定及执行教育服务、科技创新、资金扶持、人力资源、住房保障、项目招投标、社会保障、税收服务等政策时，对“红名单”企业给予鼓励支持和服务便利，对“黑名单”企业予以限制或禁止。2018 年以来，光明区共查处破坏营商环境类案件 93 宗，处分 77 人。2019

年以来，全区新引进纳统企业项目43个，在2020年1~7月实现营收119.5亿元，贡献纳税7.53亿元。

（资料来源：课题组搜集整理）

评析： 通过开展“企业不行贿”行动，有效搭建了企业、行业组织、政府单位共同参与、高效沟通、互动互助的平台机制，既可以提升企业廉洁风险防控意识，提高企业反贿赂管理水平，也有利于推动预防腐败向社会领域延伸，铲除腐败滋生的土壤，营造良好的营商环境。但此项行动需要机制化和透明化，与党政机关办事公开、“放管服”改革、诚信体系建设等有机结合，经常性开展营商环境满意度调查和检查，不断提高政府公共服务质量和效率，让热线真正管用好用而不是摆设，“红黑名单”奖惩作用能够有效约束和引导企业行为。

3. 四川达州：开展千名纪检监察干部进万家活动集中整治群众信访问题

2019年以来，为大兴调查研究之风，推动纪检监察干部在认识上、态度上、情感上、作风上、工作上打通联系服务群众“最后一公里”，不断提升人民群众的获得感满意度，市纪委监委在全市范围内开展“千名纪检监察干部进万家”主题活动。在活动中，纪检监察干部坚持“带信下访”，聚焦越级反映、重复反映、反映集中、反映强烈、涉及群众切身利益的信访举报问题，深入了解情况，精准处理矛盾。一是开展立体式走访。组织各级纪检监察干部，分片分类前往基层一线，宣传政策、听取情况、收集问题、化解民诉。1979名纪检监察干部深入1637个村（社区），走访群众1.4万户，摸排问题线索439件，收集解决群众诉求1457件，整治政治生态重点村160个。二是开展标杆式整治。定期信访预警。每季度树立出信访反映突出的乡镇和单位，以“发点球”的方式书面反馈各县市区党委，督促认真剖析、切实解决。开展信访重点乡镇整治。对22个信访量大且重复访、越级访问题突出的乡镇开展专项整治。2019 年 1 ~8 月，22 个乡镇信访下降 60%。开展院坝四会，听取群众意见。乡镇纪委每半年选择一个重点村，组织召开院坝集中接访会、“三问”质询会、警示教育会、信访反馈评议会，已经实施 887 个村和社区。三是精盯重点人员，实行精准式化解。对反映问题已经查结仍不断信访、实质上涉及个人诉求和私人纠纷的信访人员，由各级纪检机关领导班子成员牵头包案，组建专班、蹲点调研、驻点解剖、包案化解。全市蹲点化解重复信访、越级信访等重点信访问题 411 件，满意率 95.4%。2019 年 1 ~8 月，全市受理信访举报 1827 件，较上年同期下降 35.5%；其中检举控告类 905 件，下降 53.2%；重复件 118 件，下降 10.6%；上级转送件 396 件，下降 32.3%。

（资料来源：四川省达州市纪委监委）

评析：农村基层信访总量大，重复访、越级访突出，信访查实率不高是长期以来普遍存在的难题，四川达州通过组织开展千名纪检监察干部进万家活动，在工作方式上变被动为主动，深入基层一线，直面群众，开展调查研究。在工作方法上坚持精准研判，摸清、找准问题根源，及时有效解决问题，不断提升人民群众的获得感、幸福感和满意度。

4. 四川广元：全面构建“4321”精准监督模式

广元市纪委监委牢固树立“以精准监督推进精准治理”的理念，在反复调研和实践基础上，探索形成“四规则、三清单、两考核、一画像”精准监督模式，做深做实监督首责，持续优化政治生态。制定“四项规则”致力于权责边界精准锁定。针对纪检监察体制改革后各级纪检监察组织不知“监督什么”“怎么监督”和监督事项“不聚焦”、权责边界“不清晰”的问题，出台市（县区）纪委监委机关、派驻部门纪检监察组、派出乡镇片区纪检监察组、乡镇纪委监察室四类监督检查工作规则，逐一明确各自监督对象、监督事项、监督方式、监督手段、监督结果应用和监督弃权乱权滥权追责情形。建立“三张清单”致力于两个责任同步落地。针对各级党委（党组）、纪委监委（纪检监察组）履行管党治党两个责任不知“抓什么”“怎么抓”的问题，出台《广元市全面从严治党“三张清单”》，建立党委（党组）主体责任清单、单位（岗位）权力风险防控清单、纪委监委（纪检监察组）监督责任清单，统一明确清单内容和评定标准，照单履责、失责追责。制定“二类考核”致力于监督职责一目了然。制定《市（县区）纪委监委机关监督检查考核指标》和《派驻（出）纪检监察组监督检查考核指标》，从政治监督、日常监督、创新监督、监督评价方面设置 4 个一级指标 22 项二级指标，逐一明确各自监督事项和评价标准，监督什么、监督到什么程度、达到什么标准、如何检验，清清楚楚、一目了然。绘制“一幅画像”致力于政治生态全景展现。出台《广元市政治生态评估办法》，从党委（党组）的领导力和公认度、班子成员的示范力和廉洁度、干部队伍的执行力和纯洁度、人民心中的公信力和满意度等维度设置 4 个一级指标 15 项二级指标，统一明确评判原则和评定标准，每半年进行一次全覆盖政治生态“画像”，评估结果抄送党委政府领导干部为其履行主体责任和“一岗双责”提供依据。自 2020 年 4 月以来，广元市纪委监委采取分类建点示范推、三本台账全面推、智慧监督升级推“三步走”战略，推动“4321”精准监督模式取得初步成效，监督效能明显提高。监督检查发现问题线索占总数的 26. 5%，同比上升 7 个百分点；对干部队伍问题较多、政治生态较为脆弱的 9 个单位，采取“四责同追”方式，严肃追究了党委主体责任、一把手第一责任人责任、班子成员“一岗双责”、纪检监察组组长监督责任，起到了良好的震慑警示作用。

（资料来源：课题组搜集整理）

评析：纪委监委作为党内监督和国家监察的专责机关，监督是基本职责、第一职责。但一些基层纪检监察组织不知“监督什么”“怎么监督”，有的以检查代替监督，有的把行业监管当作纪委监督，制度优势难以有效转化为治理效能。纪检监察工作短板在监督，突破口和着力点也在监督。广元市纪委监委探索构建的“4321”精准监督模式，最大特点就是清晰细化了各级党组织全面从严治党“三张清单”的具体内容和评定标准，精准界定了各级纪检监察组织的监督对象、监督内容、监督方式、监督结果运用，规范确立了各级各部门政治生态评判的基本原则和具体内容，让监督更加聚焦、更加精准、更加有力，以监督工作高质量推进新时代纪检监察工作高质量发展。

5. 江苏苏州高新区：建立常规巡察督查评估机制

江苏省苏州市高新区为加强对常规巡察整改情况的督查评估，制定出台《关于对巡察反馈意见整改落实情况开展督查评估的实施办法》，从巡察整改责任落实、任务落实、综合测评、创新工作 4 个方面细化 10 项评估指标 36 个得分扣分项，由纪检监察、巡察、组织、宣传以及相关业务主管部门共同组建评估小组，从多个维度对巡察整改效果进行量化打分。出台《关于对村（社区）巡察反馈问题整改落实情况开展督查评估的工作意见》，建立“审、评、督”工作法，镇（街道）党（工）委和巡察机构加强对整改报告的“审”核把关，邀请村（社区）两代表一委员、党员代表、村民（居民）代表等对整改情况进行现场质询评议，派出监察员办公室和乡镇（街道）纪（工）委落实继续监督，巡察机构适时组织开展“回头看”监察。2018 年以来先后对 51 个村（社区）开展督查评估。

（资料来源：课题组搜集整理）

评析：认真贯彻落实巡视巡察整改要求是提高政治站位、切实发挥巡视巡察“利剑”作用的必然要求。苏州市高新区在实践中通过开展督查评估的办法加强对常规巡察整改落实，探索出了一条符合当地实际的、落实巡察整改的有效机制，有利于切实做好巡察整改“后半篇”文章，提升巡察工作质效，推动全面从严治党向基层延伸。

6. 浙江绍兴：创造性运用“枫桥经验”推动基层纪检监察全覆盖

为解决基层监督人手不够、能力不足、专业化程度不高等问题，近年来绍兴市创造性运用新时代“枫桥经验”，构建了以标准化、协同化、信息化、网格化为主要内容的基层监督新模式。在办公场地、工作流程、干部队伍等方面推进标准化建设，扎实基层纪检监察工作软硬件基础。统筹运用委机关、乡镇纪委、监察办和派驻机构等工作力量，形成纵向指挥有力、横向协作紧密、整体联动高效的片区协作机制，变原来的“单独作战”为“联合会战”，实现力量协同。构建乡镇基层公权力监督信息平台，向上联通县级监督平台，向下连接村级监察信息员，实现公职人员廉政档案、镇村监察对象情况“一键查询”，日常监督发现问题、群众信访举报、监察信息员上报信息“一网办理”，日常监督数据分析、农村政治生态评估和分色预警提醒“一图成像”。组建由基层站所干部、驻村指导员、村监委主任、网格员和退休干部组成的监察信息员队伍，主动搜集监督对象的问题信息，做到情况在一线掌握、监督在一线发力，打通基层监督的“神经末梢”。总之，绍兴市以新时代“枫桥经验”为基础，创设“四化”机制实现了对基层公权力的良好监督，2019 年处置问题线索数量同比增长了 136.1% 。

（资料来源：课题组搜集整理）

评析：发源于绍兴的“枫桥经验”是基层治理的一面旗帜，将新时代“枫桥经验”运用于基层监督实践是一大创新，对基层监督诸问题的解决具有积极作用。实际上，绍兴市的“四化”建设正是新时代“枫桥经验”党建引领、源头预防、抓早抓小、群策群力的突出体现，有利于完善党统一领导、全面覆盖、权威高效的基层监督体系，也有利于从苗头遏制基层权力运行失范问题，提升基层监督能力和监督效能。同时，绍兴市基层监督的创新经验还将对基层治理与社会发展产生撬动效应，保障基层“一肩挑”模式的平稳运行，增强基层公权力的公信力，助推政商关系与营商环境的改善，涵养良好的政治生态与社会风气以及助力脱贫攻坚等国家战略的实施等。

7. 浙江萧山：清廉村社“码上工程”赋能基层治理现代化

2019年以来，浙江省杭州市萧山区纪委、监委深刻把握治理数字化趋势，坚持“好用+管用、赋能+减负”，紧扣基层信访易发多发根源，围绕群众最关切、问题最多发的权力腐败领域，搭建清廉村社“码上工程”监督平台，主要包括“两端一池一舱”的整体架构：“两端”即一个管理端，依托电脑实现村务录入、审核、预警、整改的全流程留痕管理；一个公开端，依托手机实现村务公开、诉求受理、结果反馈的码上“知、督、办”；“一池”即数据池；“一舱”即数字驾驶舱，三级联动，层层下钻，精准分析、实时呈现。通过“做大数据池”“做精预警值”“做强模型块”，萧山区实现了阳光村务互动、精准监督处置、四责协同落实的闭环运行，有效推动基层监督更好融入基层治理。

（资料来源：课题组搜集整理）

评析：浙江萧山聚焦群众关切关注、权力事项集中、廉政风险集中的重点事项和领域，积极构建清廉村社“码上工程”，有效发挥了数字技术在基层监督领域的赋能作用，形成了“微信治村”“清廉小脑”等诸多监督治理“微创新”模式。通过对小型工程、村社资产管理、土地征收等数据进行集成审核、阈值设置、分析预警，倒逼基层公权力规范运作，推进清廉村社与基层治理互促相融。这项创新很好地贯通了纪委专责监督和职能监督，实现了区级层面线上即时监督和镇村层面线上线下监督的上下联动。总的来看，萧山区清廉村社“码上工程”赋能基层治理的实践，走出了一条党委主抓、数字赋能、推动治理的新路子。

8. 新疆塔城：以评促改提高案件质量

新疆塔城地区纪委监委每个季度对下级纪检监察机关开展一次案件质量评查，进一步完善了案件质量评查机制。塔城纪委围绕“事实清楚、证据确凿、定性准确、处理恰当、手续完备、程序合规、执行到位、管理规范”8个方面23项具体内容，制定详细的案件质量评查标准及评分说明，采取逐案评查、交叉互评、集中点评、跟踪督查等方式，对案件认真评查、打分，评定等次。该地区纪委监委在评查结束后，持续做好后半篇文章，对发现的问题研判分析，形成问题清单，及时通报反馈，督促整改落实。该地区纪委监委针对存在的共性问题，采取以典型案例解析、现场释疑解惑等方式进行集中讲评；针对部分评查中排名靠后的县市，每季度安排2个工作日开展驻点指导，手把手教方法，现场解答遇到的问题和困惑。为防止评查整改“走过场”，该地区纪委监委每季度不定期对上一季度参与评查的案件整改情况进行“回头看”，对于评查过程中反复出现、整改不及时的问题，记录在案，点名通报，确保案件质量评查取得实效。

（资料来源：《中国纪检监察报》）

评析：案件质量评查是提高案件质量的重要途径。新疆塔城纪委监委选聘公检法、审计等单位的业务骨干，将其纳入审理专家咨询人才库，这些专家可协助审理案情复杂、涉及面广、专业性强的案件，从而提高案件审理工作的质量和水平。采取的逐案评查、交叉互评、集中点评、跟踪督查等工作方式有效实现了以评查促进问题整改、倒逼案件质量提升的目的。

9. 陕西紫阳：建立执纪执法团队工作机制

2020年，紫阳县以深入推行执纪执法工作团队制度工作模式，不断提升干部队伍专业化水平。县纪委监委创新推行执纪执法工作团队机制，统筹纪检监察室、派驻纪检监察组、镇纪委现有人员力量，以“1+1+N”的模式对人员进行优化组合，组建5个执纪执法工作团队。即一名县纪委常委（监委委员、正科级纪检监察员）+一名工作队长+N个单元（纪检监察室、派驻纪检监察组、镇纪委），组建执纪执法工作团队。实行县纪委常委负责制，通过县纪委常委有计划地带队深入镇村和部门核查调查重点、疑难、复杂案件，协调县镇各方力量推动工作。团队分管常委根据工作需要和案件特点，可以在团队内优化人员结构，抽调人员进行融合办案，并“一对一”制定轮训计划，通过分阶段、有步骤的实战演练，促进基础薄弱的纪检监察干部迅速强业务、精技能。把责任“打包”压实到团队，出台制度办法，规范团队运行。制定工作制度，严格内部管理，团队内各成员有分有合，协同推进监督检查审查调查工作。“执纪执法工作团队机制”有效解决了常委责任压不实，副书记、常委责任不明晰的问题，有效解决了各镇纪委、委机关各室（部、组、中心）单元力量不足问题，各监督检查审查调查单元，不再是“单兵”作战，战斗能力得到大幅提升；有效解决了干部个体能力提升不够快的问题；有效解决了不同纪检监察组之间、纪检监察组与纪检监察室，以及委机关与各镇纪委工作量各自不同、忙闲不均、工作水平不一、干部力量发散带来工作推进整体不够均衡，薄弱环节难以夯实的现实问题。

（资料来源：陕西省紫阳县纪委监委）

评析：通过推行执纪执法工作团队机制，使各层级责任更加明晰具体，且尽可能地充分挖掘、激发、提高、压实各个层级、各个单元及个体能力水平、工作责任，内控机制更加严密、灵敏、高效，“两个责任”得到进一步贯通压实，很务实管用，解决了一些实际问题，这既是纪检监察干部专业化建设的具体生动实践，也符合纪检监察工作高质量发展要求。

10. 贵州玉屏：紧盯“关键少数”、重点领域、关键岗位

玉屏侗族自治县纪委监委选择有代表性的重点行业部门和乡镇，分析部

门和乡镇监督的重点领域和对象，精准到人，通过开展调研、拟定实施方案、公开责任清单和流程图、建立健全完善制度、建立监督台账、制作廉政风险牌、开展警示教育、组织廉洁文化活动、固化改革成果等多方位开展监督。截至目前，该县开展6次调研，完善权责清单455项，制作权力运行图330余幅，制定和完善相关制度51个，开展定期或者不定期督查23次，制作廉政风险牌186块，开展警示教育24次，制作173个廉政寄语提示牌。该县纪委监委重点聚焦脱贫攻坚、统筹推进疫情防控和经济社会发展等各项重大政治任务，拟定“三本台账三张清单”，即“关键少数”、重点领域、关键岗位责任落实台账；主体责任清单、监督责任清单、“十紧盯”政治生态清单，打造知责、明责、诺责、守责、担责、述责、督责、问责的监督责任闭环。

（资料来源：贵州省玉屏侗族自治县纪委监委）

评析：监督专业化、精细化、规范化是提高监督质效的重要途径。玉屏县紧盯“关键少数”、重点领域、关键岗位，做到具体部门具体分析，凸显监督专业化；清单化明责，凸显“细”；台账化督责，凸显规范。这对提高纪委监委监督工作质量和效率具有积极借鉴意义。

11. 贵州铜仁：“四个导向”抓实政治生态分析研判工作

近年来，铜仁市在政治生态分析研判工作中，紧紧围绕谁来研判、研判什么、怎么研判以及研判结果怎么运用等问题，坚持任务导向、目标导向、问题导向和结果导向，创新研判方式方法，实现政治生态分析研判工作程序化、规范化、具体化。一是坚持任务导向明确研判主体，解决谁来研判的问题。探索建立政治生态分析研判工作机制，形成党委统一领导、纪委组织协调、部门协作配合、被研判单位积极参与的工作格局，实现政治生态分析研判工作各方责任闭环落实。二是坚持目标导向设置研判指标，解决研判什么的问题。围绕政治生态“画像”，采取主观与客观相结合、赋分与扣分相结合、定量与定性相结合“三结合”方式精准设置研判指标，研究制定《铜仁市纪委机关党内政治生态分析研判参考指标表》，力求精准勾勒政治生态清晰“轮廓”，全面反映政治生态“全貌”。三是坚持问题导向确定研判方式，解决怎么研判的问题。在研判方式方法上下功夫，探索推出“355”一体推进工作法，即在研判方式上，实行市级研判与区（县）研判联动、常态性研判和综合性研判联动、被动研判和主动研判联动的“三联动”机制；在研判过程中实行启动研判、收集资料、初步研判、集中研判、反馈意见“五步法”。在研判措施上实行测、谈、查、析、督“五手抓”。实现高质研判与高效研判有机统一。四是坚持结果导向用好研判成果，解决研判结果使用的问题。将研判结果作为决策参用的依据、作为考核利用的依据、作为整改使用的依据。通过采取“四个导向”举措，2019 年，铜仁市 12 个区（县、高新区、开发区）共查摆问题 1919 个，提出整改意见建议 993 条；市直部门查摆问题 607 个，分析原因 114 条，制定整改措施 136 条。

（资料来源：贵州省铜仁市纪委监委）

评析：习近平总书记反复强调，要加强和规范党内政治生活，着力净化党内政治生态。加强政治生态建设，首先要做好政治生态分析研判，有病施治、无病强身。贵州铜仁坚持任务导向、目标导向、问题导向和结果导向，围绕谁来研判、研判什么、怎么研判以及研判结果怎么运用等问题，推进政治生态分析研判制度化、常态化、精细化、科学化，加强对政治生态分析研判成果的运用，压紧压实管党治党政治责任，推动政治生态建设向纵深发展。

12. 湖南绥宁：管好“三小”整治“小微权力”腐败

近年来，湖南省绥宁县纪委监委紧盯“小官、小事、小钱”，将监督渗透到群众关心关注的要害处，多措并举，重拳整治农村基层“小微权力”腐败问题，为决战脱贫攻坚提供坚强纪律保障。第一，管住小官，规范小微权力运行。将村党支部（总支）书记、村委会主任、村文书列入村干部“小微权力”管理使用的监督对象，在各乡镇配备一支村务监督员队伍，发挥群众“身边纪委”作用。特别是对重大事项不履行“四议两公开”、违规处置集体资产、白条支出，截留、挪用专项资金，脱贫攻坚弄虚作假，落实低保优亲厚友，推进危房改造徇私舞弊等情况进行重点监督。同时，综合运用“四种形态”，及时敲打和提醒，让村干部坚守底线，不踩红线，不碰高压线。第二，盯紧小事，规范小型工程建设。实行村级重点项目备案监管制度，通过“一报备二参加三审核四监督”的备案监管制度，保障村社小型工程有序实施。同时，加强与财政、审计、税务等职能部门沟通协作，形成监督合力，聚焦易地扶贫搬迁、危房改造、产业发展等461个扶贫项目开展专项清理，做到逐村、逐户、逐项目“三个不漏”。第三，看牢小钱，规范小额资金管理。整合县、镇、村三级监督力量，在乡镇打造“乡镇监察办公室+村纪检委员+村民监督委员会、村务监督委员”的监督机制。围绕扶贫资金“从哪儿来”“到哪里去”，聚焦防范小额资金拨付漏洞问题，前移监督关口，对到村产业扶贫、农村公路和村级综合服务平台资金使用与管理开展专项清理，严查虚报冒领、贪污侵占、截留挪用等问题，既管好人，又管好事。截至目前，共清查资金1.8亿元，对虚报冒领、截留挪用等32名相关责任人给予党纪政务处分。

（资料来源：清风网）

评析：小微权力腐败已经成为推进农村基层治理的重大障碍。农村基层自治组织中村官的权力异化和制度的不完善导致类似腐败问题频发。小微权力腐败的根源是国家行政体系和社会自治体系之间权利关系的规范失序，是行政权与自治权博弈的结果。湖南省绥宁县紧盯“小官、小事、小钱”，对重点领域进行监督，健全规范监督机制等做法，发挥了积极作用。

13. 广西平南：干部下乡扫码用餐遏制吃喝风

近年来，广西壮族自治区平南县采取“互联网+”手段，从严管理公务消费和公务接待，既使干部管得住嘴，刹住吃喝风，又让干部放得开腿，安心做好工作。2020 年 9 月，该县下发《关于进一步从严明确乡镇基层公务接待工作有关纪律要求的通知》，要求县直部门单位工作人员下乡开展公务活动一律在乡镇廉政食堂就餐，用餐费用由个人支付，采用扫描二维码的方式结算，坚决刹住吃喝接待风，杜绝餐饮浪费。各乡镇统一在廉政食堂收费处张贴付款二维码，标明每餐的费用标准，由专人进行管理，并建立食堂收支台账。实行干部下乡扫码付费用餐以来，基层“吃喝风”得到有效遏制，乡镇公务员接待费用平均节约 30%。

（资料来源：《党风廉政建设》）

评析：作风建设需要从细处着手。公款吃喝看似生活小节，但它能腐蚀人的思想，侵蚀党的肌体，瓦解执政根基。公款吃喝之风，实际上是奢靡享乐之风，容易成为集体腐败的源头。干部下乡通过扫二维码的方式支付个人工作用餐费用，既防止了铺张浪费，又减轻了乡镇的接待负担。有助于营造良好的干部形象，形成良好的干部作风。

14. 山东：建立“直通车”机制纠治形式主义官僚主义

2020 年，山东省纪委监委出台工作方案，建立纠治省直部门加重基层负担、搞责任甩锅等形式主义官僚主义问题“直通车”机制，通过上下直通联动，深挖细查表现在基层、根子在省直部门的问题。根据“直通车”机制安排，市、县（市、区）纪委监委在日常监督、监督检查、审查调查和巡察监督等工作中发现的省直部门加重基层负担、搞责任甩锅等形式主义、官僚主义问题，直报省纪委监委，由省纪委监委依规依纪依法督促整改或核查处置。省纪委监委在每市选取 1 个县（市、区）作为联系点，定向监测、主动摸排，有针对性地组织察访，对发现的共性问题倒查省直部门责任。省纪委监委结合案件质量评审，采取复核案卷等方式，对表现在基层、根子在上面的形式主义、官僚主义问题深挖细查、倒查责任。对发现的一般性问题，以督促省直部门整改纠正为主；对涉嫌违纪确需追责问责的，稳慎精准处置，确保综合效果。截至 11 月底，山东省纪委监委通过“直通车”机制共收集问题 583 个，逐一甄别核实后，部分问题台账已转至山东省委办公厅、省政府办公厅，督促落实作风建设主体责任，推动相关部门对照参考、改进工作。

（资料来源：课题组搜集整理）

评析：形式主义、官僚主义影响政策的权威性和政策执行的有效性，伤害群众的感情，背离党的性质宗旨。建立直通省级纪委监委的工作机制，体现上级对形式主义官僚主义问题的高度重视，对整治形式主义官僚主义产生巨大震慑作用，有助于纠治形式主义官僚主义问题，进一步把广大基层干部干事创业的手脚从形式主义的束缚中解脱出来。

15. 四川梓潼：创设“道德超市”推农村治理改革

四川梓潼县新桥村等一些村庄创设“道德超市”，运用家庭道德积分制创新推动农村社会治理。首先是健全运行管理办法。整合驻村工作队、第一书记、村党组织和监委会负责人等人员力量，成立专项工作小组、道德积分评议小组、管理监督小组，采取乡镇财政支持、村级集体经济投入和社会捐赠等方式筹集运行管理资金，每季度对积分管理、登记、兑换等情况进行监督检查，建立工作台账。其次是量化道德积分标准。每户基础道德积分为 10 分，设置各级表彰奖励、义务劳动等 13 项加分项目及违反红白喜事公约、破坏生态环境等 8 项扣分项目，加分 1～100 分/次，扣分 5～10 分/次，评议小组每季度通过“发现线索—核实—评定—公示—复核—积分存入”的程序对每户遵纪守法、勤劳致富等情况进行评议，确定增减积分。再次是规范积分兑换程序。制定《家庭道德积分储蓄卡》，在村群众户均一本，评议小组每季度将评定积分统计登记入储蓄卡，1 分等值 1 元，道德积分超出 10 分部分可兑换牙刷、洗脸盆、保温杯等等价日常生活物品，已兑换积分予以核减清除。最后是强化积分结果运用。依托村规民约、“三评两审”，年度积分排名前十的通过“红榜”表彰，进行公益岗位、帮扶基金、评优评先等物质及精神激励；倒数 3 名通过“黑榜”通报，进行取消评优评先评比、公开批评、开展劳动等惩处，并将年度积分纳入参军、入职、入党等重要考评依据。

（资料来源：课题组搜集整理）

评析：美丽乡村建设、扶贫攻坚、乡村振兴等政策让大量资金资源向农村倾斜，广大农民得到了实惠。但政策实施过程中也出现一些被帮扶对象违反村规民约的情况，如有的用扶持资金大操大办、吃喝浪费甚至赌博，没有达到帮扶的效果；有的只知道索取但不懂得感恩和回报社会，村里的公益活动不愿参加，村两委的工作不积极配合。梓潼县一些村庄积极探索推行“道德超市”，将帮扶与教育管理结合，与村民的道德评价、乡风建设嵌套在一起，健全完善制度机制，引导村民移风易俗，对农村基层治理建设具有重要的推广价值。

16. 北京朝阳：函报通报促问题整改到位

朝阳区纪委监委的“一函报一通报”是开展同级监督的实践探索。2020 年以来，北京市朝阳区纪委监委狠抓同级监督，重点落实主体责任。朝阳区纪委监委以专题函报方式推动督促各个区委、区政府一把手和班子成员履职尽责，并且同时加强对日常监督发现问题的通报。朝阳区纪委监委定期给区委提供下级单位“廉政病历”，区纪委将信访举报、网络舆情、案件查办等 7 个方面情况汇总分析后向区委常委会通报，点名道姓指出问题领域、问题单位、责任认定、处置建议等，由区委一把手亲自部署。针对市委巡视、区委巡察、审计监督等发现问题，朝阳区委要求分管区领导做到“凡具体问题必现场督办，凡领域问题必组织约谈，凡难点问题必统筹调度”。

（资料来源：《中国纪检监察报》）

评析：做好同级监督，成为当前党内监督的一个重点和难点。同级监督是我们党加强自身建设、加强权力监督制约、有效预防腐败的重要抓手，但是尽管已有相关制度和政策的支持，纪委在同级监督上仍旧普遍存在监督力度不够、监督执行困难以及监督成效不显著等问题。北京朝阳区纪委监委的"一函报一通报"的形式，把纪律监督、监察监督、派驻监督、巡察监督统衔接筹贯通起来。并且定期汇总梳理出重点问题清单，由区纪委常委会进行研判，最终形成履责问题专题函报和通报，向区委、区政府和班子成员发送。"一函报一通报"可给同级党委提供决策参考，推动同级党委及时解决履责尽责过程中存在的问题，可有力推动具体问题的整改落实。

17. 河北秦皇岛：探索推行"听证式回访""阳光回访"机制

2020 年，秦皇岛市积极推进信访举报工作的制度化、规范化建设，探索建立了"听证式回访"等机制，针对实名检举控告查结后"点对点"回访不满意的，及时邀请人大代表、政协委员、特约监察员、当地群众代表、实名举报人参加，以现场听证的方式开展回访，反馈调查处理情况，详细答疑解惑，解读相关政策，有效消除举报人疑义。同时，针对匿名检举控告，该市着力破解以往查结后无法答复、反馈、回访，容易引发重复信访、越级信访等问题，在全市推行匿名检举控告办理工作"阳光回访"工作办法，在案发当地乡村、部门、单位等一定范围内，面向全体党员、干部、群众公开反馈调查结果，及时回应群众关切，并认真听取群众意见建议，有针对性地改进信访举报办理工作。该市纪委监委聚焦群众反映强烈的信访问题，开展"存量清零、增量随清"行动，通过有效解决信访举报的各类问题取信于民。制定《推进信访线索"动态清零"工作十条措施》，出台《关于建立健全信访举报重复件处置工作机制》，建立完善群众诉求协同解决机制，本着"事要解决"的原则，以监督促职能部门履职尽责，以压实党委主体责任促化解、保稳控，一体推进问题解决。2020 年 1 ~ 10 月，该市各级纪检监察机关共接受检举控告类信访1583件次，同比下降52.6%，其中，市纪委监委接受检举控告类信访813件次，同比下降55.9%。

（资料来源：中央纪委国家监委网站）

评析：重新信访、重复举报既浪费了宝贵的政治资源，又易引发社会矛盾，是困扰基层反腐倡廉建设的一大难题。河北省秦皇岛市纪委监委探索推行的“听证式回访”“阳光回访”机制从多个方面为破解这一难题给出了方向。实行党风廉政建设责任制，要坚持党委统一领导，党政齐抓共管，纪委组织协调，部门各负其责，依靠群众的支持和参与。邀请人大代表、政协委员、特约监察员、当地群众代表、实名举报人参加，使纪委监委在党委领导下最大限度地发挥了组织协调作用，又引入了人大、政协和群众力量的参与，这就在回访过程中嵌入了相互制约监督机制。正所谓阳光是最好的消毒剂，针对匿名检举控告的“阳光回访”工作办法，将公开透明机制引入信访工作中，既对举报人的顾虑予以最大限度的关切，又防止了信访件因匿名问题而石沉大海。此外，通过现场听证、在案发地公开反馈调查结果的方式，将群众对信访举报的疑问化解在发生地，及时有效化解了潜在的基层矛盾。上述做法，从消极层面而言化解了执纪执法权被滥用的风险，从积极层面来看提升了基层反腐倡廉的效能。

18. 湖南株洲天元区：“公开听证”化解信访难题

2020年7月，针对信访人不满意调查处理结果多次越级重复信访或者反复缠访闹访等情况，湖南省株洲市天元区纪委监委探索建立纪检监察信访听证机制，出台了《株洲市天元区纪检监察机关信访听证制度（试行）》，通过公开信访事项调查处置等情况，邀请人大代表、政协委员、基层干部和群众代表对信访事项处理结果现场测评。根据信访听证结果运用的相关规定，参加听证人员对听证会形成的意见满意度超过半数以上，则处理意见为区纪委监委对该信访事项的最终处理意见。此做法维护纪检监察机关调查结论的权威性和公信力，让更多群众真正了解事实真相、明辨是非，扩大了社会监督效应。下一步，区纪委监委将常态化落实信访听证制度，促使更多疑难复杂信访事项得到有效化解。

（资料来源：课题组搜集整理）

评析：将“公开听证”的形式引入信访问题解决过程中，把问题摆到桌面上来说，形式新颖、程序合理合法，是一种政府与公众之间信息沟通和建立信任的方式。公开调查情况和处理结果，并且听取各方代表意见，体现客观公正公开原则，有助于在公众面前揭开纪检监察机关以往“神秘”的形象，提高其权威性和公信力，让更多人参与到监督过程中。

19. 江西德安：创新村组“三资”监管模式

村组财务信访举报问题时有发生，村组“三资”管理乱象影响了农村社会的稳定，改革势在必行。江西省德安县出台《“一三六”组级财务管理办法》，建立“一三六”管理模式——“一清三审六监督”模式，加强对全县村民小组集体资金管理。“一清”即通过农村集体资产清产核资，对全县985个村组集体“三资”变动情况开展一次全面“清家底、清账目、清问题”清查体检，归档管理。“三审”即实行组财村代管，每一笔资金支出由村民小组、理财小组、村“两委”三层审核。“六监督”即由村委会、农技站、财政所、民政所、派出所、纪委（监察办公室）等乡村两级六部门实行联合监督，建立联合监督机制。此外，德安县建立乡村组“三资”监管平台。平台与市民生资金监管平台连接，实行数据互通、信息共享、机制互接，具有公开公示、预警监管、信息共享、政策宣传、统计分析等多种功能，并出台《“三资”监管平台管理的试行办法》。通过此平台，实现对村组“三资”的方位信息化监管。自实行“一三六”监管模式以来，德安实现了基层“三资”监管规范化、透明化、信息化，基层治理效能明显提升。

（资料来源：江西省德安县纪委监委）

评析： 推进“三资”监管是基层治理的重要环节，也是整治农村基层不正之风和腐败问题易发多发的重点。德安县创新村组“三资”监管模式，运用信息化监管方式，规范了基层治理“微权力”，有助于提升基层治理体系和治理能力现代化水平。做实“三资”管理对推动乡村振兴具有重要积极意义，激活了基层发展“动力源”，夯实了乡村振兴的基础保障。创新“三资”监管模式，取得效果，有效地避免和防止集体资产流失、资金的“占用乱用借用”，化解矛盾纠纷，维护社会稳定，改善了党群干群关系。

20. 新疆巴州：实行信访预警提醒机制

2020 年度，新疆巴音郭楞蒙古自治州纪委实践信访预警提醒机制，这一机制通过分析研判当地特定时期各行各业、各个领域以及各个地区信访当中频发的突出问题，并针对这些问题提出对策建议，向下级纪委监委下发《信访预警告知书》。州纪委提醒下级纪委针对发现的问题提前介入、督促整改，即时向州纪委监委反馈处置结果情况。“您好，我是州纪委监委工作人员，请问您的富民安居房批下来了吗?”“批下来了，非常感谢你们。”这是巴州纪委监委信访室副主任王任远与尉犁县古勒巴格乡一名村民之间的对话。这名村民所反映的问题处理结果正是得益于该州纪委监委的信访预警提醒。数据显示，2020 年新疆巴音郭楞蒙古自治州各级纪检监察机关共受理检举控告类信访举报 889 件次，同比下降 17.1%。

（资料来源：《中国纪检监察报》）

评析： 新疆巴州纪委不断创新信访工作方法，坚持“预防为主、标本兼治”，建立健全信访预警机制，巴州纪委监委通过对信访举报件的预警提醒，立即启动预警机制，通过数据比对、综合研判，发现问题所在。巴州纪委监委向问题部门或地区纪委下发《信访预警告知书》，要求具体纪委监委靠前监督，认真排查侵害群众利益的问题。有效做到抓早抓小，把问题处理在最前端。

附　　录

B.16 2020年党风廉政建设和反腐败工作十件大事

1. 十九届中央纪委四次全会提出把“严”的主基调长期坚持下去

2020 年 1 月 13 日，习近平总书记在中国共产党第十九届中央纪律检查委员会第四次全体会议上发表重要讲话，要求以新时代中国特色社会主义思想为指导，全面贯彻党的十九大和十九届二中、三中、四中全会精神，一以贯之、坚定不移全面从严治党，坚持和完善党和国家监督体系，强化对权力运行的制约和监督，确保党的路线方针政策贯彻落实，为决胜全面建成小康社会、决战脱贫攻坚提供坚强保障。习近平总书记指出，党的十八大以来，我们探索出一条长期执政条件下解决自身问题、跳出历史周期律的成功道路，构建起一套行之有效的权力监督制度和执纪执法体系，这条道路、这套制度必须长期坚持并不断巩固发展。

2020 年 3 月，中共中央办公厅印发《党委（党组）落实全面从严治党主体责任规定》，并发出通知，要求各地区各部门认真遵照执行。《规定》共 5 章 25 条，明确了党委（党组）落实全面从严治党主体责任的总体要求、主要内容、落实机制和监督追责等内容。

2. 多项涉及党风廉政和反腐败斗争的法律法规颁布实施

2020 年 1 月，中共中央办公厅印发《纪检监察机关处理检举控告工作规则》，并发出通知，要求各地区各部门认真遵照执行。《规则》共 10 章 58 条，主要规定了检举控告的接收和受理、检举控告的办理、检查督办、实名检举控告的处理、检举控告情况的综合运用、当事人的权利和义务、诬告陷害行为的查处，以及纪检监察机关及其工作人员在处理检举控告中的工作要求和责任等。2020 年 7 月，中央、省、市、县四级纪检监察机关 12388 举报网站手机站点全部开通上线，范围覆盖全国 3500 多个县级以上纪检监察机关。

2020 年 3 月，中共中央办公厅印发《党委（党组）落实全面从严治党主体责任规定》，并发出通知，要求各地区各部门认真遵照执行。《规定》共 5 章 25 条，明确了党委（党组）落实全面从严治党主体责任的总体要求、主要内容、落实机制和监督追责等内容。制定《规定》是党中央健全全面从严治党责任制度的重要举措，为全面落实党委（党组）全面从严治党主体责任、推动全面从严治党向纵深发展提供了重要保障。

2020 年 6 月 20 日，第十三届全国人民代表大会常务委员会第十九次会议通过了《中华人民共和国公职人员政务处分法》，自 2020 年 7 月 1 日起施行。《政务处分法》共 7 章 68 条，分为三个板块，第一板块为第一章总则，主要规定了立法目的、政务处分基本原则及工作方针等内容；第二板块为第二章至第六章，是主体部分，主要规定了政务处分的种类和适用、违法行为及其适用的政务处分、政务处分的程序、复审复核、法律责任等内容；第三板块为第七章附则，主要规定了授权制定具体规定、本法溯及力及生效日期。

2020 年 12 月，中共中央修订印发了《中国共产党党员权利保障条例》。新修订的《条例》共 5 章 52 条，分为三个板块。第一板块为第一章总则，主要规定了立规目的、指导思想、党员权利保障的原则和总体要求等内容；第二板块为第二章至第四章，是主体部分，明确了党员有哪些权利、怎样行

使权利，党组织应当采取哪些措施保障党员权利，各级党组织和领导干部在党员权利保障工作中的职责任务以及责任追究等内容；第三板块为第五章附则，规定了授权制定相关规定、解释机关及生效日期。

3. 纪实专题片《国家监察》产生强烈反响

2020 年 1 月 12 ~ 16 日，由中央纪委国家监委宣传部联合中央广播电视总台摄制，反映纪检监察体制改革成效的五集纪实专题片《国家监察》在中央电视台综合频道播出。专题片共五集，分别为《擘画蓝图》《全面监督》《聚焦脱贫》《护航民生》《打造铁军》，选取 20 余个近两年来发生的真实事例、案例，生动讲述坚持和完善党和国家监督体系、强化对权力运行的制约和监督、巩固和发展反腐败斗争压倒性胜利的故事。专题片全景展现了以习近平同志为核心的党中央以自我革命的勇气，谋划、领导、推动纪检监察体制改革，健全党统一领导、全面覆盖、权威高效的监督体系，探索走出一条党长期执政条件下强化自我监督有效途径的生动实践道路。

4. 追逃追赃“天网2020”行动正式启动

2020 年 3 月 30 日，中央反腐败协调小组国际追逃追赃工作办公室启动“天网 2020”行动。根据安排，国家监委牵头开展职务犯罪国际追逃追赃专项行动，最高人民法院牵头开展犯罪嫌疑人、被告人逃匿、死亡案件追赃专项行动，公安部牵头开展“猎狐”专项行动，中国人民银行会同公安部等相关部门开展预防、打击利用离岸公司和地下钱庄向境外转移赃款专项行动，中央组织部会同公安部等开展违规办理和持有因私出国（境）证件治理工作。2020 年 1 ~ 11 月，追逃追赃“天网 2020”行动共追回外逃人员 1229 人，其中党员和国家工作人员 315 人、“红通人员”28 人。

5. 持续治理形式主义官僚主义

2020 年 4 月，中共中央办公厅印发《关于持续解决困扰基层的形式主义问题为决胜全面建成小康社会提供坚强作风保证的通知》，围绕持续筑牢克服形式主义官僚主义的思想政治根基、坚决纠治贯彻落实党中央决策部署中的形式主义问题、切实防止文山会海反弹回潮、进一步改进督查检查考核方式方法、着力提高调查研究实效、完善干部担当作为的激励机制、深化治理改革为基层放权赋能、坚持以上率下狠抓工作落实8个方面提出具体要求。2020年1～11月，各级纪检监察机关查处贯彻党中央重大决策部署有令不行、有禁不止，或者表态多调门高、行动少落实差，脱离实际、脱离群众，造成严重后果问题3023起。查处文山会海反弹回潮，文风会风不实不正，督查检查考核过多过频、过度留痕，给基层造成沉重负担问题580起。此外，查处履职尽责、服务经济社会发展和生态环境保护方面不担当、不作为、乱作为、假作为，严重影响高质量发展问题52536起。

2020年5月，中央文献出版社出版中共中央党史和文献研究院编辑的《习近平关于力戒形式主义官僚主义重要论述选编》。该书分9个专题，收入有关重要论述182段，摘自习近平2012年11月15日至2020年4月23日的讲话、报告、指示、批示等70多篇重要文献。其中许多重要论述是首次公开发表。

6. 全国政法队伍教育整顿试点工作启动

2020年7月8日，全国政法队伍教育整顿试点工作启动，5个市本级和4个县（市、区）的有关政法单位以及2所监狱作为试点单位开展试点工作。试点工作突出抓好清除害群之马、整治顽瘴痼疾、弘扬英模精神、提升能力素质四项任务。其中，将坚持无禁区、全覆盖、零容忍，坚持重遏制、强高压、长震慑，清查对党不忠诚不老实的“两面人”，彻查黑恶势力“保护伞”，深查执法司法腐败，严查党的十八大以来不收敛不收手的腐败，以清除害群之马来维护政法队伍肌体健康；坚持以突出问题整治带动面上问题整改、作风形象改观，集中整治违反防止干预司法“三个规定”，违规经商办企业，违规参股借贷，配偶、子女及其配偶违规从事经营活动，违规违法减刑、假释、暂予监外执行，以及有案不立、压案不查、有罪不究等六项顽瘴痼疾。根据部署，各地政法机关试点工作在当地党委领导、纪委监委和组织部门参与支持、政法委组织协调下，由政法单位党组（党委）具体实施。

7. 纪检监察机关加强监督执纪坚决制止餐饮浪费行为

2020年8月，习近平总书记对制止餐饮浪费行为做出重要指示，要求

加强立法，强化监管，采取有效措施，建立长效机制，坚决制止餐饮浪费行为。8 月底，中央纪委国家监委印发《关于贯彻落实习近平总书记重要批示精神 加强监督执纪坚决制止餐饮浪费行为的工作意见》，要求各级纪检监察机关把监督节约粮食、坚决制止餐饮浪费作为一项重要任务，紧盯各级领导机关、党员领导干部和公职人员等重点对象，把节约粮食、制止餐饮浪费作为落实中央八项规定精神、纠治“四风”的重要方面，纳入监督检查、巡视巡察的重要内容，强化日常监督。督促各地区各部门各单位认真执行《党政机关厉行节约反对浪费条例》《关于厉行节约反对食品浪费的意见》等法规制度，结合实际完善节约粮食、反对浪费相关规定，督促有关方面进一步完善党政机关公务接待、国有企业商务接待、单位食堂和接待场所管理等规定，细化相关要求。

8. 中央纪委国家监委推进纪检监察工作公开透明，主动接受各界监督

2020 年 8 月 10 日，十三届全国人大常委会第二十一次会议听取了国家监察委员会主任杨晓渡作的关于开展反腐败国际追逃追赃工作情况的报告。这是国家监委成立以来首次向全国人大常委会报告专项工作。报告专项工作，充分体现了在党中央集中统一领导下反腐败工作体制机制的上下贯通、顺畅高效，有力展现了国家监察体制改革形成的治理效能，彰显了中国特色社会主义制度和国家治理体系的显著优势。

2020 年 11 月 26 日，中央纪委国家监委首次召开向国家监委特约监察员通报工作会，就特约监察员关注的整治形式主义官僚主义、整治扶贫领域和群众身边腐败和不正之风、惩治涉黑涉恶腐败和“保护伞”问题、增强问责的精准化规范化等方面工作做了通报。会议采取情况通报与互动交流相结合的方式进行，来自中央国家机关、高校、企业、基层等不同行业领域的 12 名特约监察员参加会议。中央纪委国家监委为切实做好特约监察员工作，不断丰富与特约监察员沟通交流的形式，为特约监察员履职尽责创造有利条件，决定组织委机关有关单位不定期召开工作通报会，向特约监察员通报本单位重点工作情况，并进行现场交流，接受特约监察员的监督。

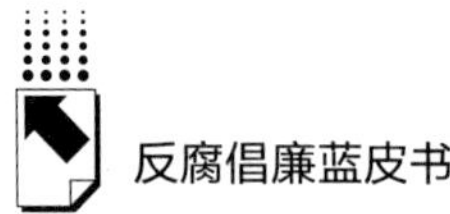

9. 国家医疗保障局建立医药价格和招采信用评价制度整治医药回扣

2020 年 8 月 28 日，国家医疗保障局印发《关于建立医药价格和招采信用评价制度的指导意见》，要求各地于 2020 年底前建立并实施信用评价制度，涉及医药商业贿赂等 7 种失信行为的医药企业将被纳入失信“黑名单”。在 2020 版医药价格和招采失信事项目录清单中，“医药购销中，给予各级各类医疗机构、集中采购机构及其工作人员回扣或其他不正当利益”列主要失信情节首位。药企一旦出现失信行为，将面临书面提醒告诫、依托集中采购平台向采购方提示风险信息、限制或中止相关药品或医用耗材挂网、限制或中止采购相关药品或医用耗材、披露失信信息等处置措施，失信行为涉及省份数量达到规定条件的，还将由国家医保局医药价格和招标采购指导中心启动全国联合处置。

10. 纪检监察机关围绕统筹疫情防控和经济社会发展重大决策部署加强监督检查

中央纪委国家监委和地方各级纪委监委在以习近平同志为核心的党中央坚强领导下，在防控疫情斗争等大战大考中忠诚履职尽责，深入推进纪检监察工作高质量发展。疫情防控初期，中央纪委办公厅下发《关于贯彻党中央部署要求、做好新型冠状病毒感染肺炎疫情防控监督工作的通知》和《关于贯彻中央政治局常委会会议精神进一步加强疫情防控监督工作的通知》明确监督重点和工作方式方法，特别是对纠治疫情防控工作中的形式主义、官僚主义问题做出专门部署，为地方各级纪检监察机关开展工作提供指导。31 个省区市和新疆生产建设兵团纪委监委均成立疫情防控监督工作领导小组，以严明纪律督促各地各部门担当尽责。随着国内疫情好转，中央纪委国家监委印发通知、意见，周密部署，因时因势调整监督重点，围绕统筹疫情防控和经济社会发展做好监督工作。中央纪委常委会召开会议，学习贯彻习近平总书记在统筹推进新冠肺炎疫情防控和经济社会发展工作部署会议上的重要讲话精神，研究部署落实措施。各级纪检监察机关及时调整，一手抓疫情防控监督，一手抓督促推动经济社会发展，确保复工复产、复市复学等政策措施落实落地，切实把“两手”统筹好协调好。同时，充分发挥职能作用，把整治形式主义为基层减负深度融入纪检监察工作全局，紧盯形式主义老问题和新表现强化监督，加大问题查处和通报力度。特别是在疫情防控监督工作中，着力整治“表格防疫”“文件防疫”和扎堆检查等问题，推动解决无谓耗费基层干部大量时间精力等问题。作为新冠肺炎疫情防控决胜之地湖北省，仅2020年上半年就查处疫情防控工作中失职失责和违规违纪问题14534个，处理15509人。以零容忍态度坚决查处抗疫斗争中作风漂浮、失职失责的党员干部，展现了党在风险挑战之中更加注重自身建设的决心意志和自觉自信。

Abstract

Report on Combating Corruption and Upholding Integrity in China No. 10 is one of the research accomplishments in 2020, which demonstrates the research outcomes achieved by the research team, through the questionnaire surveys and the investigations of national conditions. It consists of six sections, including a general report, regional reports, reports on special topics, reports on enterprises, evaluation reports, innovative practice and appendix.

The general report comprehensively combs the performance and effectiveness of the nationwide building good conduct and political integrity and the fighting against corruption in China over the past year. The research team concludes that, the supervision system of the Party and the country has demonstrated its governance effectiveness and its thumbs-up style of work. The deterrent of not daring to corrupt has been effectively maintained, and the cage of not being able to corrupt system has become even tighter. The previous year witnessed the continuously standardized supervision of the public funds, assets and resources, the increasingly obvious supporting role of social credit system, and the improving corruption prevention and control system. According to the questionnaire survey conducted by the research group, the high pressure situation of anti-corruption continues to be maintained, and the anti-corruption system is pragmatic and effective, with the obvious effect of political supervision, the high degree of integrity, anti-corruption satisfaction and confidence of public officials, the dwindling unwillingness to corrupt and the guaranteed sense of happiness, acquisition and security enjoyed by the general public. However, the survey indicates that the risk of corruption and the act of seeking relationship do exist, the risk and cost of bribery are not high enough, the society has a relatively higher degree of tolerance on corruption, formalism and bureaucracy are still prominent, and the information disclosure at the grass-roots level is unbalanced. The research group suggests that the construction of incorruptibility should be vigorously promoted, and the high-pressure situation of anti-corruption needs to be sustained. Measures should be adopted to address and systematically tackle with bribery so as to solidify the social foundation of anti-corruption and to accurately eliminate formalism and bureaucracy. The quality of information disclosure should be improved to meet the needs of modernization of improving the level of "intelligent governance", with the expectation of constantly releasing the effectiveness of the Party and state supervision system.

The evaluation reports specially design an evaluation system for the information disclosure of discipline inspection and supervision organizations. Based on the information disclosed on the website, the reports make an accessment on the information disclosure of discipline inspection and supervision organizations in localities, and makes an analysis of the current situation of information disclosure of discipline inspection and supervision organs, pointing out the existing problems, and putting forward some countermeasures and suggestions for further enhancement of the information disclosure of discipline inspection and supervision organs.

The special reports include papers on various aspects: one report, based on the research group's questionnaire survey on the behavior and attitude of Chinese consumers' food and beverage waste, thoroughly explores the current situation of food and beverage waste in China and its causes and existing problems, and proposes to strengthen the incentive and restraint mechanism with equal attention to accountability and incentive in order to establish a long-term mechanism to strictly supervise the implementation of the system; another report introduces the measures taken recently in China to counter academic misconduct based on the analysis of several typical cases of academic misconduct with strong social resentment over the past years, and puts forward the countermeasures and suggestions for rectification. In addition, based on the research of "Clean China" big data laboratory in Yongzhou, Hunan Province, the research group evaluates the role of big data in promoting supervision and gettiing rid of supervision dilemma at grassroots level. The article entitled "*The Difficulty and Governance of*

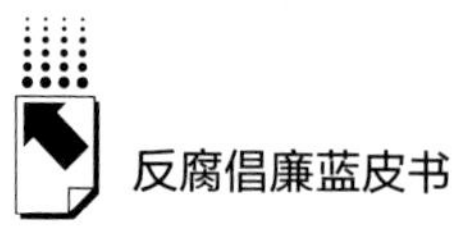

Anti-corruption in State-owned Enterprises" summarizes the successful experience of state-owned enterprises, studies on the practical issues that hinder the state-owned enterprises to improve the "three non-corruption" mechanism, and puts forward suggestions for the Party and the state to further establish the "three non-corruption" mechanism in state-owned enterprises.

The regional reports respectively focuses on the practice and exploration of solving the problem of "dual management cadres" segmentation and supervision in Shuozhou, Shanxi Province, the research of "four supervision" with big data in Suzhou, Jiangsu Province, the practice and thoughts on problem of "who supervises the Discipline Inspection Commission" in Cangxi, Sichuan Province, and the practice and thinking of promoting clean and honest rural construction in Hangzhou, Zhejiang Province, introducing the experiences and typical practices of local Discipline Inspection and Supervision Commissions at all levels in promoting the high-quality development of anti-corruption grassroots level.

Based on experts' recommendation and evaluation, the Innovation Practice section presents and analyzes typical practices from the news reports published in *Journal of China Discipline Inspection and Supervision*, *China Discipline Inspection and Supervision*, and *Journal of Building Good Conduct and Political Integrity* in 2020, as well as the resources collected during the investigation of national conditions.

The appendix contains a list of top 10 events (selected on the basis of experts' evaluation) highlighted in the campaign of Building Good Conduct and Political Integrity and Fighting against Corruption across China in 2020.

Contents

Ⅰ General Report

Abstract: In 2020, the supervision system of the Party and the state continues to demonstrate its governance effectiveness and capability, with the construction on ths style of work widely acknowledged and highly praised. The deterrent of not daring to corrupt has been effectively maintained, and the cage of not being able to corrupt system has become even tighter. The previous year witnessed the continuously standardized supervision of the public funds, assets and resources, the increasingly obvious supporting role of social credit system, and the improving corruption prevention and control system. According to the questionnaire survey conducted by the research group, the high pressure situation of anti-corruption continues to be maintained, and the anti-corruption system is pragmatic and effective, with the obvious effect of political supervision, the high degree of integrity, anti-corruption satisfaction and confidence of public officials, the dwindling unwillingness to corrupt and the guaranteed sense of happiness, acquisition and security enjoyed by the general public. However, the survey indicates that the risk of corruption and the act of seeking relationship do exist, the risk and cost of bribery are not high enough, the society has a relatively higher degree of tolerance on corruption, formalism and bureaucracy are still prominent, and the information disclosure at the grass-roots level is unbalanced. The research group suggests that the construction of incorruptibility should be vigorously promoted, and the high-pressure situation of anti-corruption needs to be sustained. Measures should be adopted to address and systematically tackle with bribery so as to solidify the social foundation of anti-corruption and to accurately eliminate formalism and bureaucracy. The quality of information disclosure should be improved to meet the needs of modernization of improving the level of "intelligent governance", with the expectation of constantly releasing the effectiveness of the Party and state supervision system.

Keywords: Supervision System; Style of Work Construction; Anti-corruption; Discipline Inspection and Supervision; Social Integrity

Ⅱ Evaluation Reports

Abstract: In 2020, the project team evaluated the information disclosure status of the websites of the local discipline inspection and supervision commissions twice. The results show that the information disclosure status of the websites of the local discipline inspection and supervision commissions at all levels has improved significantly, presenting the following features: the higher the level of the discipline inspection and supervision organs, the better the online information disclosure work turns out; the information disclosure work of the higher level has a strong leading and exemplary effect on the lower level; the level of information disclosure at the local discipline inspection and supervision commissions has been improved significantly with the evaluation results showing the phenomenon of "the strong remains advanced, and the weak are always incomplete". However, some commissions for Discipline Inspection and Supervision do not pay enough attention to information disclosure, with the prominent problem of "high profile up and low key down", obsolete content on websites with lousy reading experience, incomplete coverage and lack of openness, and inactive interaction with the public. It is suggested that the top-level design and professional guidance of the local discipline inspection and supervision organ website information disclosure should be enhanced, delivering pressure from up to the bottom, to strengthen the supervision and assessment of information disclosure, and to attach greater importance to the third-party assessment on information disclosure. Greater efforts are suggested to make on intensifying the study, training and exchange programs of information disclosure, strengthening the information disclosure of the county and district discipline inspection and supervision committees, cultivating a good cultural atmosphere of information disclosure, and improving the overall quality of information disclosure.

Keywords: Discipline Inspection and Supervision; Information Disclosure; Evaluation Index System

Abstract: Based on the information on the websites of the discipline inspection and supervision committees of 31 provinces (cities, districts), this paper evaluates the information disclosure work of the Provincial Discipline Inspection and Supervision organs. In current stage, the construction and openness of Provincial Discipline Inspection and Supervision organs' platform turn out relatively sound and perfect, and the information disclosure of structural organizations is generally similar, with relatively comprehensive departmental budget and final accounts, concrete information on personnel and staff, timely and comprehensive work reports of the plenary session of the Discipline Inspection Commission. The information disclosure of inspection work and its process are more standardized in order, with powerful and effective information of "Notification exposure", and the wider participation in supervision. However, some problems on information disclosure could be noted on the following aspects, including incomplete organizational structure, inadequate information on department revenue and expenditure, and insufficient, information on the construction of social participation and interaction channels. It is suggested to comprehensively strengthen the website construction, systematically enhance the transparency of the information disclosure, continuously strengthen the notification and exposure, and deepen and broaden the interaction and exchange.

Keywords: Discipline Inspection Commission; Information Disclosure; Evaluation at the Provincial Level

Abstract: In August and December 2020, the project team conducted assessment work twice on the information disclosure of the websites of 32 provincial capitals and cities of vice provincial level, based on the information disclosed on the discipline inspection and supervision websites. The evaluation work conclude that the construction of most of the discipline inspection and supervision platforms for publicity is generally good, the information of organizations is commonly available, the information of departments budget and final accounts have made significant improvement, the disclosure of rules and regulations of superior authorities is more comprehensive, the disclosure of annual work report has achieved leapfrog progress, the information of inspection and inspection progress has been fully publicized, the information of "Notification exposure" has gradually been improved with enhanced deterrent force, and relatively sound channels for public participation. Nevertheless, problems still exist, including less attention has been paid to website construction, incomplete information disclosure of organizational structure, improvement to be made on the comprehensiveness and timeliness of department revenue and expenditure information disclosure, poor disclosure of system regulations at the same level, delayed disclosure of work reports of the plenary sessions of the Commission for Discipline Inspection, unbalanced disclosure of information in exposure reports, unavailable contents of inspection work from higher authorities, and insufficient social participation, which needs to be solved. It is suggested that more attention should be paid to website construction in order to enhance information disclosure, and efforts should be made to establish a system of press conference system by actively utilizing website.

Keywords: Discipline Inspection Commission; Information Disclosure; Evaluation at Vice Provincial Level

Abstract: Based on the information disclosed on the websites of discipline inspection and supervision of the districts and counties under the jurisdiction of Beijing, Tianjin, Shanghai and Chongqing, this report evaluates the information disclosure of the websites of the discipline inspection and supervision commissions of all the districts and counties under the jurisdiction of the four municipalities in 2020, and concludes that the construction of the public platform has been gradually improving, the information of the organizational structure turns to be more comprehensive, the information of department revenue and expenditure is more standardized and the number of rules and regulations has increased. The work reports of the plenary sessions of the commissions for discipline inspection have been gradually made public, and the information of "Notification exposure" seems more powerful. However, at the same time, some problems still exist, including the imperfect construction of the public platform, the great regional disparities in the revenue and expenditure disclosure of each departments, the insufficient disclosure of the regulations at the same level, the unbalanced information disclosure, the need to publicize the content of the inspection from the higher authority, and the urgent need to optimize social participation. It is suggested that with clarified function orientation, criteria and standardized system should be introduced to promote the standardization of being public, and the public interaction mode should be upgraded to optimize the channels of social participation.

Keywords: Discipline Inspection Commission; Information Disclosure; Evaluation at Level of Distvicts and Counties Under Municipalitie

B.6 Evaluation Report on Information Disclosure of Municipal Discipline Inspection Commissions / 140

Abstract: In August 2020, the project team evaluated the information on the websites of the discipline inspection and supervision commissions of randomly selected 54 prefecture level cities. It concludes that the construction of the public platform was relatively standardized, the information disclosure in key areas was sufficient and widely reported, the efforts of institution and policy interpretation have been continuously increased, and the information disclosure of inspection and supervision was persistently promoted. At the same time, some problems still exist in the construction of the discipline inspection and supervision websites of prefecture level cities, including inadequate information disclosure, incomplete policies and regulations disclosure, insufficient work report disclosure, unavailable punishment decisions, and insufficient interaction with the public. In December, the project team once again evaluated the discipline inspection and supervision websites of the above 54 evaluation objects, and compared the evaluation data with those in August. It turns out that the scores of the vast majority of the evaluation objects had been greatly increased, indicating that the information disclosure work of the municipal discipline inspection and supervision commissions has been constantly improving. However, the project team finds that the municipal discipline inspection and supervision websites are not inclusive enough in disclosing the inspection information from the superior. It is suggested that the timeliness of information disclosure should be strengthened, comprehensiveness of information disclosure should be enhanced, more attention should be paid on key areas and key information disclosure, and the proportion of public interaction in information disclosure should be increased.

Keywords: Discipline Inspection Commission; Information Disclosure; Transparency; Evaluation at Prefecture Level Cities

Abstract: 108 county-level discipline inspection and supervision commissions from 27 provinces and autonomous regions are randomly selected and sampled by the project team. The openness and transparency of the information disclosure have been assessed and evaluated twice in September and December 2020 respectively. The evaluation work concludes that it has gradually become a consensus the information of county-level discipline inspection and supervision commissions should be publicized, the content of information disclosure is relatively wide-ranging, the function of publicity and education has been strengthened, the highlights and features of localities have been displayed, and the wisdom of discipline inspection has been properly tapped into and used. However, some problems still exist, including the weakening of the website construction of the county-level discipline inspection and supervision commissions, the incomplete information disclosure, the insufficient online interaction channels with the public, and the lack of distinction with local characteristics of the website. The project team suggests that the political stance should be elevated, aiming to substantially conduct the work of information disclosure and adhering to the people-centered philosophy in active acceptance of the supervision of the public, the main responsibility should be focused to improve the pertinence of information disclosure with highlighted local characteristics, so as to create more channels for publicity, and the high-quality development of discipline inspection and supervision should be enhanced with expanded website function.

Keywords: Discipline Inspection Commission; Information Disclosure; Evaluation at County Level

Ⅲ Special Reports

Abstract: At present, the overall situation of food waste in China is still serious. The majority of people have personally experienced food waste and the food and beverage enterprises fail to prevent such behavior. However, the overwhelming majority of people dislike the phenomenon of food waste with a passion and are enthusiastic about participating in curbing food waste. The primary cause of food waste is the lack of awareness of austerity, which may lead to serious harm to food resource and affecting national food security. Sichuan cuisine, Northeastern cuisine, Cantonese cuisine, running banquets, hot pots and buffets, and dining banquets such as wedding and birthday banquets, business banquets, and official receptions are commonly seen in table meals with food waste in China. Although the catering waste behavior in official reception has changed for the better, it still needs to be strictly prevented from rebounding. In this regard, adhering to the principles of legal governance, coordinated governance, classified governance, and precise governance, as the governing bodies of Party Committees and government, regulatory agencies, industry associations, catering companies, media platforms and ordinary consumers must be the governing bodies, and by means of legislation, it is crucial to set up a long-term mechanism of equal constraints. With the the prerequisite of high-quality development of the catering industry by means of publicity and education, and through the participation of the whole society and technological empowerment, it is hoped that a green development model and environmentally friendly lifestyle that dare not waste, unable to waste, and unwilling to waste will be nurtured to take shape.

Keywords: Food Waste; Incentive and Restraint Mechanism; Anti-food Waste Law

Abstract: Since September, 2019, new progress has been made in the governance of academic misconduct and the construction of scientific research integrity with a great number of academic misconduct cases exposed, involving influential academic figures and large-scale paper fraud. Importance has been placed to the unhealthy trends in academia, and the issue of fraud in education and culture has captured widespread attention. The relevant departments have introduced a series of regulations and documents to control academic misconduct and to reform scientific research evaluation system, and the institutional system and working mechanism of scientific research integrity construction have been further improved. During the "14th Five-Year Plan" period, the scientific research integrity education to strengthen scholars' immunity to academic misconduct should be further carried out, and the investigation and punishment of scientific research integrity cases should be facilitated to truly reflect "zero tolerance", in hoped of improving the scientific research integrity construction system and strengthening the working mechanism, giving full play to the role of anti-counterfeiting professionals. Meanwhile, it is expected to strengthen the construction of technical means for academic misconduct detection, and to effectively implement the reform measures for scientific research and talent evaluation.

Keywords: Academic Misconduct; Scientific Research Integrity; Academic Anti-counterfeiting; Scientific Research Evaluation; Talent Evaluation

Abstract: The vast majority of people being supervised and monitored are working at the grassroots level, and a great percentage of the violations of disciplines and laws also occur at the grassroots level. It has become an urgent problem for grassroots discipline inspection and supervision departments that how to integrate and utilize the supervision force in a larger scope and improve the supervision ability of basic level government. This paper expounds the significance and background of supervision with big data at the grassroots level, analyzes the obstacles and problems encountered in the implementation process of supervision with big data in different places. Taking the construction of big data laboratory in Jianghua Yao Ethnic Autonomous County as an example, this paper systematically depicts the successful experience of big data supervision in Jianghua Yao Ethnic Autonomous County. Finally, suggestions are put forward for the future development of big data supervision based on the following perspectives, including the accurate functional orientation of big data supervision, big-data-supervision-led structural change of government performance, the construction principle of big data laboratory; the "big data inspection" used as a new supervision method integrating other supervision methods and the quality and efficiency of data application utilization.

Keywords: Big Ddata Supervision; Local Governance; Grass-root Supervision; Big Data Laboratory

Abstract: Since the 18th National Congress of the Communist Party of China, the campaign against corruption in state-owned enterprises has been largely successful. However, in the process of advancing the anti-corruption work, due to joint supervision, rigid systems and economic incentives as well as corruption prevention, internal control and governance, anti-corruption difficulties caused by inherent systems and mechanisms of state-owned enterprises, such as obstructions to supervision at the same level, limited means of supervision, lagging system construction and inadequate incentive mechanisms, are thoroughly exposed. Regarding how to enhance the construction of state-owned enterprises' anti-corruption governance systems in the new era, based on the practice of the province-administered enterprises in Guangdong on the anti-corruption governance, "six organic combinations" are presented herein, including organic combinations of political supervision and economic supervision, principal supervision and specific supervision, discipline supervision and all-staff supervision, corruption prevention and system construction, internal supervision and external supervision, supervision discipline execution and corporate governance, so as to give full play to the supervisory role of state-owned enterprises in all elements to advance the construction of effective anti-corruption scientific governance systems in state-owned enterprises.

Keywords: State-owned Enterprised; Anti-corruption; Dilemma Governance

Ⅳ Regional Reports

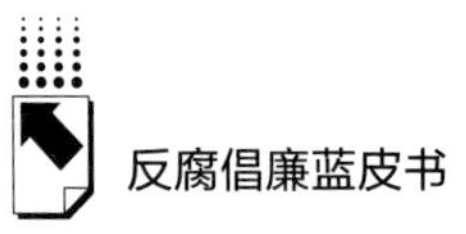

Abstract: It is such a theoretical and practical subject deserving special and urgent attention that, due to the division of the system, the supervision of the "Double Management of Cadres " meaning one's working place in and the Party organization belonging to locality while the authority of the cadre management going to the competent departments, which needs to be further explored in practice. Based on the current research of the " Double Management of Cadres" and the review of the locality (department) exploration, this paper thoroughly analyzes the reasons and laws of the crime referring to the typical cases of violation of discipline and laws by cadres under double management investigated by the Commission for Discipline Inspection and Supervision of Shuozhou, Shanxi, focusing on the vulnerable spots of the coordinated work during the discipline inspection and supervision between the local governments and the local Commission for Discipline Inspection and Supervision. Special attention has been paid to the supervisory problems of contradiction between "fail to supervise what we see" and "fail to discover what we supervise" and to the exploration of the three mechanisms (information communication, clue transformation, results sharing) established by the Commission for Discipline Inspection and Supervision of Shuozhou in the work process of discipline inspection and supervision with local governments. This paper objectively evaluates the operation condition of collaborative linkage mechanism and its preliminary outcome of the enhanced supervision of the "Double Management of Cadres" . In order to strengthen the supervision and coordination of the "Double Management of Cadres", relevant thoughts and suggestions have been shared in view of combining theory with reality.

Keywords: "Double Management of Cadres"; Division; Three Mechanisms; Shuozhou, Shanxi

B.13 Suzhou, Jiang Su: Research on "Four supervision" with Big Data / 307

Abstract: General Secretary Xi Jinping pointed out that "Internet technology and information technology should be properly employed to carry out our work". The Fourth Plenary Session of the 19th CPC Central Commission for Discipline Inspection proposed the need to perfect the system of disciplinary supervision, supervisory supervision, stationed supervision, and inspection supervision. The Commission for Discipline Inspection and Supervision of Suzhou has being intensified its practice in exploring to continuously enrich and improve the "four supervision" system and mechanism. Guided by the pilot tasks of digitalization of the Central Commission for Discipline Inspection, Suzhou established an information system of "one cloud, one figure, one platform", promoting the integration of the "four supervisions", and constructed a "big data + X" supervision model, giving full play to the empowerment role of big data, so as to achieve data connection, platform connection, and business collaboration. The information system is conducive in forming a Suzhou Path through the "four supervision" with big data, effectively promoting the high quality development of discipline inspection and supervision.

Keywords: Big Data; Connection; Four Supervisions; Suzhou, Jiangsu

B.14 Cangxi, Sichuan: Practice and Reflection on "Who Will Supervise the Discipline Inspection Commission" / 329

Abstract: The Commission for Discipline Inspection and supervision serves as a special organ for performing inner-party supervision and state supervision. It has become a focal point lately that who and how to supervise its own power in current society. In recent years, the Commission for Discipline Inspection and supervision of Cangxi County, Guangyuan City in Sichuan Province, adhering to the belief that "supervision can't be substituted by trust" and adopting the means of "Internet Plus", managed to establish a platform of network supervision for the power operation on the county level discipline inspection commission to publicize online which include the basis of exercise, process of exercise and result of exercise for 6 key external powers such as supervisory and inspection powers and 5 key internal powers, such as decision-making power on major issues of the county commission for discipline inspection. The infotmation of powers of the 51 post in held of the staff in the County Commission for Discipline Inspection and Supervisory Committees and various sections (departments) are disclosed online at the same time, focusing on the "six disciplines", and subdividing the issues that are proned to be violated by discipline inspection and supervision cadres within eight hours into 28 quantifiable and indicators that can be evaluated to realize the full powers of the Commission for Discipline Inspection and Supervision being operated online, supervised by disciplinary inspection cadres online, carried out and held accountable online. In order to increase public awareness and to expand participation in hopes of maximizing the network supervision effect, the PC and WeChat versions of the Express of "supervision and accountability" have been initiated and installed for more convenient inquiry and supervision of the power of the discipline inspection commission and supervision commission online by ordinary people. The establishment of the network supervision platform for power operation and the Express of "supervision and accountability", taking the initiative to publicize the power of the discipline Inspection and Supervision Commission on Internet and to enhancing justice by openness, as well promoting public trust by justice, not only guarantees the people's rights to know, to participate and to supervise, boosting the sense of satisfaction and acquisition, but also promotes the transparency and credibility of the discipline inspection and supervision work, fully realizing of "letting the people supervise the power and the power run in the sun".

Keywords: Supervision; Discipline Inspection Commission; Network Platform; Cangxi, Sichuan

Abstract: Pushing forward the clean countryside construction has been a major decision for Hangzhou Central Party Committee in implementing the policy of extending comprehensive strict Party self-governance down to the grassroots level by the CPC Central Committee, as well as an innovative measure in promoting clean Zhejiang Construction and grassroots level governance of CPC ZheJiang Provincial Committee. Taking Hangzhou as an example, this paper making an analysis of the background of developing a clean countryside and systematically summarizing the experiences and achievements in practice over the past years, namely the "multiple pillars" to construct the clean rural areas was conducted, which has made consistent and overriding progress in anti-corruption. Moreover, the standardized construction of grassroots DIS organizations has been actively carried out, and a number of exemplary bases have been cultivated, presenting the clean rural construction experience with Hangzhou local characteristics and recognition. Meanwhile, three pairs of "contradictions" existing in the process of promoting clean rural construction have been analyzed with objectivity. It is recommended that the following four aspects should be focused in next step: respectively, to further play the role of goal lead in promoting the high quality development of the clean countryside construction; to strengthen the construction of "three zero" mechanism in accurate grasp of the dialectical relationship in order to improve the scientific effectiveness in addressing both symptoms and root causes; to deepen DIS reform of developing the standardization and professionalization of the work in grassroots DIS departments; and to facilitate the construction of the grassroots DIS cadre team, cultivating incorruptible "warriors" with loyalty and building a positive cycle of political ecosystem of a clean countryside that can be publicized and popularized.

Keywords: Rural Incorruptibility; Struggle Against Corruption, Political Ecology; Hangahou Zejiang

V Innovative Practice

皮 书

智库报告的主要形式
同一主题智库报告的聚合

皮书定义

皮书是对中国与世界发展状况和热点问题进行年度监测，以专业的角度、专家的视野和实证研究方法，针对某一领域或区域现状与发展态势展开分析和预测，具备前沿性、原创性、实证性、连续性、时效性等特点的公开出版物，由一系列权威研究报告组成。

皮书作者

皮书系列报告作者以国内外一流研究机构、知名高校等重点智库的研究人员为主，多为相关领域一流专家学者，他们的观点代表了当下学界对中国与世界的现实和未来最高水平的解读与分析。截至 2021 年，皮书研创机构有近千家，报告作者累计超过 7 万人。

皮书荣誉

皮书系列已成为社会科学文献出版社的著名图书品牌和中国社会科学院的知名学术品牌。2016 年皮书系列正式列入“十三五”国家重点出版规划项目；2013~2021 年，重点皮书列入中国社会科学院承担的国家哲学社会科学创新工程项目。

权威报告·一手数据·特色资源

皮书数据库

ANNUAL REPORT(YEARBOOK) DATABASE

分析解读当下中国发展变迁的高端智库平台

所获荣誉

- 2019年，入围国家新闻出版署数字出版精品遴选推荐计划项目
- 2016年，入选“‘十三五’国家重点电子出版物出版规划骨干工程”
- 2015年，荣获“搜索中国正能量 点赞2015”“创新中国科技创新奖”
- 2013年，荣获“中国出版政府奖·网络出版物奖”提名奖
- 连续多年荣获中国数字出版博览会“数字出版·优秀品牌”奖

成为会员

通过网址www.pishu.com.cn访问皮书数据库网站或下载皮书数据库APP，进行手机号码验证或邮箱验证即可成为皮书数据库会员。

会员福利

- 已注册用户购书后可免费获赠100元皮书数据库充值卡。刮开充值卡涂层获取充值密码，登录并进入“会员中心”—“在线充值”—“充值卡充值”，充值成功即可购买和查看数据库内容。
- 会员福利最终解释权归社会科学文献出版社所有。

数据库服务热线：400-008-6695
数据库服务QQ：2475522410
数据库服务邮箱：database@ssap.cn
图书销售热线：010-59367070/7028
图书服务QQ：1265056568
图书服务邮箱：duzhe@ssap.cn

社会科学文献出版社 SOCIAL SCIENCES ACADEMIC PRESS (CHINA) 皮书系列
卡号：574123667379
密码：

S 基本子库
UB DATABASE

中国社会发展数据库（下设 12 个子库）

整合国内外中国社会发展研究成果，汇聚独家统计数据、深度分析报告，涉及社会、人口、政治、教育、法律等 12 个领域，为了解中国社会发展动态、跟踪社会核心热点、分析社会发展趋势提供一站式资源搜索和数据服务。

中国经济发展数据库（下设 12 个子库）

围绕国内外中国经济发展主题研究报告、学术资讯、基础数据等资料构建，内容涵盖宏观经济、农业经济、工业经济、产业经济等 12 个重点经济领域，为实时掌控经济运行态势、把握经济发展规律、洞察经济形势、进行经济决策提供参考和依据。

中国行业发展数据库（下设 17 个子库）

以中国国民经济行业分类为依据，覆盖金融业、旅游、医疗卫生、交通运输、能源矿产等 100 多个行业，跟踪分析国民经济相关行业市场运行状况和政策导向，汇集行业发展前沿资讯，为投资、从业及各种经济决策提供理论基础和实践指导。

中国区域发展数据库（下设 6 个子库）

对中国特定区域内的经济、社会、文化等领域现状与发展情况进行深度分析和预测，研究层级至县及县以下行政区，涉及省份、区域经济体、城市、农村等不同维度，为地方经济社会宏观态势研究、发展经验研究、案例分析提供数据服务。

中国文化传媒数据库（下设 18 个子库）

汇聚文化传媒领域专家观点、热点资讯，梳理国内外中国文化发展相关学术研究成果、一手统计数据，涵盖文化产业、新闻传播、电影娱乐、文学艺术、群众文化等 18 个重点研究领域。为文化传媒研究提供相关数据、研究报告和综合分析服务。

世界经济与国际关系数据库（下设 6 个子库）

立足“皮书系列”世界经济、国际关系相关学术资源，整合世界经济、国际政治、世界文化与科技、全球性问题、国际组织与国际法、区域研究 6 大领域研究成果，为世界经济与国际关系研究提供全方位数据分析，为决策和形势研判提供参考。

法律声明

“皮书系列”（含蓝皮书、绿皮书、黄皮书）之品牌由社会科学文献出版社最早使用并持续至今，现已被中国图书市场所熟知。“皮书系列”的相关商标已在中华人民共和国国家工商行政管理总局商标局注册，如LOGO（ ）、皮书、Pishu、经济蓝皮书、社会蓝皮书等。“皮书系列”图书的注册商标专用权及封面设计、版式设计的著作权均为社会科学文献出版社所有。未经社会科学文献出版社书面授权许可，任何使用与“皮书系列”图书注册商标、封面设计、版式设计相同或者近似的文字、图形或其组合的行为均系侵权行为。

经作者授权，本书的专有出版权及信息网络传播权等为社会科学文献出版社享有。未经社会科学文献出版社书面授权许可，任何就本书内容的复制、发行或以数字形式进行网络传播的行为均系侵权行为。

社会科学文献出版社将通过法律途径追究上述侵权行为的法律责任，维护自身合法权益。

欢迎社会各界人士对侵犯社会科学文献出版社上述权利的侵权行为进行举报。电话：010-59367121，电子邮箱：fawubu@ssap.cn。

社会科学文献出版社